BU KARANLIKTAN ÇIKIŞ VAR!

ZAMANIN RUHU

Halk Kitabevi

HALKKİTABEVİ®

Yılmaz Basım®
Yayıncı Sertifika No: 17111

Kitap Adı: Bu Karanlıktan Çıkış Var!
Zamanın Ruhu

Yazar: Cüneyt AKMAN
Kapak Tasarım: Ece DUR
İç Tasarım: Tunahan COŞKUN

Baskı - Cilt: Alioğlu Matbaacılık Ltd.Şti. Sertifika No:11946
Orta Mah. Fatin Rüştü Sok. No: 1/3/A
Bayrampaşa/İSTANBUL
Tel: 0212 612 95 59

ISBN: 978-605-9350-47-1

HALK KİTABEVİ, Yılmaz Basım Yayın ve Dağıtm
Tic. Ltd. Şti.' nin alt markasıdr.

Yılmaz Basım® 2016

Topçular Mah. Gürbüzler Cad. Şehit Kubilay Sok. 8/A
Eyüp / İSTANBUL
Tel: 0 212 674 60 60 - Faks: 0 212 501 24 91
www.yilmazbasim.com e-mail: info@yilmazbasim.com

BU KARANLIKTAN ÇIKIŞ VAR!

ZAMANIN RUHU

CÜNEYT AKMAN

İçindekiler

ÖNSÖZ

Bu kitapta 35 sene müddetçe değişik yerlerde yayımladığım, bazen de yayımlayamadığım yazılar yer alıyor. 35 sene, içinde bulunduğumuz zamanın ruhunu kavramaya yetecek kadar uzun bir süre... İnsana geriye dönüp baktığında ülkenin hikayesini özetliyor; ileriye baktığındaysa kullanabileceği bir perspektif bile sunuyor.

Yazı hayatı ve gazetecilikteki bu 35 sene kolay geçmedi. Siyasetle aktif olarak uğraşmaya başladığımdan beri ise neredeyse 42 sene geçmiş. O zamandan beri pratik mücadele yanında, kalemle mücadeleyi sürdürmeye de gayret ettim. Mümkün mertebe yanlış uzlaşmalara girmeden, doğru bildiklerimizi söylemeye, yazmaya çalışarak... Bunun bedeli bazen tehditler, bazen polis soruşturması, bazen işsizlik, bazen görmezden gelinmeydi. Gazeteciliğe başladıktan belli bir süre sonra artık büyük basın kartellerinde çalışmama kararı aldım; büyük zorluklarla da olsa kararıma uydum. Oralarda çalışanlara, basın emekçilerine bir diyeceğim yok; tersine saygım var. Ama bugün içinde bulunduğumuz karanlığın oluşmasında vurdumduymazlıkları, bazen de aktif destekleriyle pay sahibi olan o güç odaklarına ortak olmak istemedim. Kalemim de belki daha özgür kaldı.

Bu kitaptaki yazılarda bazı yıllar için büyük boşluklar da göreceksiniz. Bu da söz konusu tercihlerin doğal bir sonucu maalesef... Kimi zaman işsiz olmak yanında, hiçbir yerde yazı yazdırılmayan aylar, hatta yıllar oldu. Kimi zaman 12 Eylül faşizminin sürek avından kurtulmak için kaçak geçen aylar... Bazen doğru söylediğiniz için dostlar tarafından bile görünmez kılınmaya çalışıldığınız zamanlar... Hepsi geldi geçti... Ama hemen her zaman yazmaya, ülkenin yolculuğunun günlüğünü tutmaya çalıştım; baskı rejiminde yaşayan bir sosyalist olarak kendi kişisel güncemi tutmaktan her daim kaçınmış olsam da...

Yazılarımın bir kısmı -sanırım Marx öyle ifade etmişti- alevlerin eleştirisine tabi tutuldu. Yani emanet ettiklerim tarafından sakıncalı görülerek ya da korku saikiyle yakıldı. Kimisi polis soruşturmalarında ve benzeri savrulmalarda kayboldu. Bazılarını zaten isimsiz yazmıştım; suretleri bende bile yok. Kimi isimli yazıların yayımlandığı kaynaklar artık elimde bulunmuyor. Sonuçta Zamanın Ruhu'nun ardından koştuğum bu yolculukta bazı zamansal boşluklar bulunsa da bunun sebebi her zaman benim tembellik ya da yorgunluğumun koşuda geri bıraktırması değildi.

Bu kitapta uzun teorik yazılarıma yer vermedim. Sadece bazı önemli yazılardan küçük alıntılar, kısa bölümler aldım. Atlanılan yerleri (...) ile belirttim. Kaynakları verdim; isteyen okuyucular bunların tamam halini bulabilir. Ekonominin matematiği ile ilgili kısımlar da bu kitapta yok. İnsanlarımızın çoğu eğitim sistemimiz nedeniyle matematiği sevmez; ben de küçükken sevmezdim. Belki bir gün o yazıların da bir kısmını kitaplarda toplamam mümkün olur. Zaten bu kitapta ekonomi yazılarımın da ancak çok küçük bir bölümü var. Esasen teorik olmayan kısa siyasi yazıları ve köşe yazılarını biraraya getirdim. Sadece yer yokluğundan değil, bu ülkenin yolculuğu en kısa ama görünür haliyle oralardan takip edilebildiği için.

Sonuçta 35-40 senelik bu yolculuk neye yaradı? Bu kitabı biraz da bunu görmek için derledim. Çoğunlukla söylediklerimin, yazdıklarımın öyle esaslı bir etkisi olmuştur diyemem. Yine de bu yolculukta Zamanın Ruhu'na karınca kararınca kimi etkiler bıraktığıma inanıyorum.1980 sonrasında solun, sosyalizmin bütün kaynakları yok edildiğinde, en temel kavramların bile unutulmaya yüz tuttuğu zamanlarda, ortalığı sol adına bir takım ideolojik düzenbazların kapladığı, en basit sol formasyondan yoksun kişilerin ideolog, teorisyen vb. diye ortaya çıktığı zamanlarda solun geleneğini canlandıran ve bu sahtekarları ifşa eden önemli yayınların kuruluşunda ya da yazı kurullarında bulundum. Bugün hâlâ olanca tahrifata rağmen bir sol, bir demokrasi nüvesi varsa biraz da o ilk yeniden doğum mücadeleleri sayesinde vardır.

Gazeteciliğimde de iki ayrı ve birbirinden farklı akış oldu. Birincisi çok sayıda ekonomi yayını yapmam; diğeri sol gelenekteki politik yazılar... Bazen bu ikisinin kesiştiği ekonomi-politik yazıları da yazdım ve kimileri bu seçmede yer alıyor. Ekonomi üzerine çıkardığım dergilerin bazılarının satış rekorları hâlâ kırılabilmiş değil. Oralardaki kimi yorumlarım bugün bazı kanun ve yönetmeliklerde kendine yer bile buldu. Oralarda çok da yolsuzluk ve usulsüzlüğü ortaya çıkardık.

Sol için yazdıklarım da bazı çevrelerde siyasi programları kısmen de olsa etkilemiş görünüyor. Topu topu birkaç kişiyle kuruluşuna başladığımız Birgün gazetesi geçenlerde 13. yılını kutladı. Yine, İstanbul ve Ankara'da benim de aralarında bulunduğum bir avuç kararlı gazeteciyle, neredeyse sıfırdan yeniden yaratılan Halk TV'nin, eminim ki topluma hem de sadece Gezi Süreci ile sınırlı kalmayan olumlu etkileri olmuştur. Bir süredir televizyonda yaptığım yorumların da boşa gitmediğinin farkındayım.

Yine de sol ve demokrasi mücadelesi için verdiğiniz emekler bu coğrafyanın toprağında öyle 1'e 10 vermiyor ne yazık! Ama elin oğlu çölden tarım cenneti yaratabiliyorsa, yeterince uğraşırsak biz de bu Orta Doğu coğrafyasında bir çağdaşlık ve demokrasi cenneti yaratabiliriz.

Ya da uğrunda ölürüz!

İslamcılar çok anlatıyor diye boş verilecek bir mesel değildir; hacca giden karıncanın meseli!

ZAMANIN RUHU!

Almancası Zeitgeist... Uzun onyıllar, hâttâ yüzyıllar sonra yeniden doğdu bu kavram. Çoğumuz hani şu Zeitgeist 1 ve 2 diye hazırlanan çok ses getiren belgeselden aşinayız kelimeye... O belgeselin orijinal zamanın ruhu ile ilgisi tartışılır tabii.

Zamanın Ruhu kavramı öyle görünüyor ki ilk kez 18. yy sonunda Alman romantik dönemin ünlü filozof ve edebiyatçısı **Johann Gottfried von Herder** tarafından icat edildi. Tanınırlığını ise büyük ölçüde yine bir Alman filozofu **Georg Wilhelm Friedrich Hegel'e** borçlu. Eh, bizde popülerleşmesini biraz, bu kavramı neredeyse "dönem modası" şeklinde tanımlayan **Ertuğrul Özkök'e**, biraz da naçizane Halk TV'deki programının adını Zamanın Ruhu koyan benim gibi TV programcılarına borçlu.

Peki aslında Zamanın Ruhu ne demek? Ve niye bu kitabın kapağında yer alıyor? Çok seyredilen bir TV programı olduğu için değil, inanın.

Zamanın Ruhu'nu belki de **Halkın Ruhu** kavramı olmadan anlamak zor. Hegel'in "nesnel idealist" felsefesine göre adeta **bir cins kutsal ruh** maddi dünyada kendini gerçekleştirir. Maddi dünya onun varlığı için vardır. Onun amacı belli dönemlerde belli halklarda cisimleşir. Örneğin **Aydınlanma ve Devrim** amacının 18. yy. sonunda Fransız halkında cisimleştiği gibi... Ancak halklar zamanla yorulur. Ruh'un amacını yerine getiremez olur. Halkın Ruhu sönükleşirken, Zamanın Ruhu onu terk eder ve amacını gerçekleştirecek bir başka halkın/halkların içine girer.

Böylece **Zamanın Ruhu aslında**, önemli bir tarihsel dönemin maddi ve manevi güçlerinin insanlık bilincindeki yansımasının toplamıdır. 1789'daki Zamanın Ruhu Aydınlanma ve Büyük Fransız Devrimi'ydi... Fransız halkı kaybettiği bu Ruh'u 1968'de Paris sokaklarında yeniden buldu. 1968 Baharı'ndan 1980 başlarına kadar dünyada Zamanın Ruhu, her alanda özgürlük, başkaldırı ve yaratıcılıktı. 1980'lerle birlikte bir "kış mevsimi" başladı dünyanın toplumsal ikliminde... Birkaç yıldır kar altında çiçekler filizleniyor. Acaba bu kez Dünyanın Ruhu hangi şanslı toplumlarda yeniden doğacak?

Marx, zamanın ruhu analizini aldı ve onu ters çevirip "ayakları üzerine oturttu." Şimdi artık Ruhu oluşturan bizzat toplumların içinde bulunduğu maddi koşullardı. Ancak özellikle 20. yy.'ın 2. bölümünde Marksistler bu analiz yöntemini Hegel'de ve Marx'ta bulunan dolayımlarından (mediation) soydular. Ruh canlılığını kaybetti; anlatı klişeleşti. Anglosakson sosyal bilimi ise Ruh'tan hemen hiç nasibini almamıştı.

Ve şimdi toplumların hikayesini yazmak için yeniden Zamanın Ruhu'nu takip etmekten başka çaremiz yok. O da tarihi, sadece ekonomik değil bütün yönleriyle, ideolojileri ve kültürüyle birlikte takip etmekten geçiyor. **Bu kitapta** bazen, metafizik gibi görünen **dinî meseller**, yazılar yer alıyorsa, **psiko-sosyal** diyebileceğimiz yorumlara rastlanıyorsa o biraz da **Zamanın Ruhu'nu o muhteşem bütünlüğü içinde** kavrama çabasındandır.

***

Ve Türkiye... Zamanın Ruhu'nun Türk milletinin içine girdiği son tarih ne olabilir sizce? Bence 1920'lerdir!

Hani o sömürgeciliğe karşı isyan bayrağını açtığı, Doğu halklarının da eşit, özgür ve çağdaş olabileceği iddiasını yükselttiği devrim yılları... Alman filozofları Zamanın Ruhu'nun bazen en yoğun şekliyle bir insanda sembolleştiğini ileri sürmüşlerdi. Eğer bu doğruysa 1920'lerde o kesinlikle **Mustafa Kemal Atatürk'tü!**

Bakalım Türkiye halkı tarihteki yeni görev için Zamanın Ruhu'nu bir daha cezbedecek mi?

Neden olmasın?

BU KARANLIKTAN ÇIKIŞ VAR!

Denir ya, insan dibe vurunca çıkarmış ancak düştüğü kötü durumdan... Ülkeler de böyle herhalde... Başkalarını bilmem ama Türkiye'nin dibe vurduğu kesin. İktidarın haline bakın! İlk sürçtüğünde onu terk edip gidecek belli bir insan sürüsü dışında yanı başında, devşirdiği toplumun en süfli kesiminden birileri... Gazetelere el koydu; başına geçirebildikleri ise onca bol sıfırlı maaşa, kıyak kollamalara rağmen, **mesleğin en dibindekiler, en beceriksizleri, en iş bilmezleri**... Bütün hukuka el koydu; ama oralara yerleştirdiklerini ne Türkiye'de ne dünyada kimse hukukçudan saymıyor. **Yandaş hukukçu derneği** Alman hukuk derneğinden randevu için ricacı oluyor; görüşme talepleri bile kabule değer görülmüyor. İktisatçı danışmanlardan hiç bahsetmeyeyim. Bu söylediklerini iktisat fakültesinde okurken sınav kağıtlarına yazsalar birinci sınıftan kovulurlardı.

Türkiye tek adamın eline kaldı, en yakın dostlarını yanından kovalamış, **sadece dalkavuklarla çevrili o tek adam** kendi çürürken ülkeyi de çürütüyor.

Kendi çürüyor... Sağlığını kast etmiyorum. Allah şifa versin; her insan hasta olabilir. Ama daha derinden çürüyor. Bir iktidara geldiğindeki söylemine bakın, bir şimdikine... Mânen çürüyor! Bir, önceki yıllarındaki simaya bakın, bir de şimdiki yüze... Olduğu kadarıyla nûru eksiliyor.

Etrafında hiç dostu yok; bunu biliyor ve o nedenle korkunç evhamlı!

Keşke böyle olmasaydı. Ona da yazık. Ama en çok bu ülkeye, zarar verdiği insanlara, ölen gençlere, saldırılan çocuklara yazık!

Ülke giderek yönetilemez hâle geldi. Yurt içinden bakıldığında işin kötü gittiği belki daha az anlaşılıyor. Tıpkı kulüplerimiz içeride biz bize maç yaptığında, oynanan futbolu bir şey sandığımız gibi... Ne zaman ki yabancı sahaya gideriz elin adamları Türk takımlarını eler; o zaman "bizdeki futbol da bir şeye benzemiyormuş", deriz ya o hesap... AKP yurt dışında hangi politikayı seçse elinde kalıyor. Hiçbir rejim, dışarıda bu kadar ofsayta düşüp, içeride maçı galip bitiremedi. AKP, dünya tarihinde hiç rastlanmamış bir mucize değilse, o da bitiremez.

***

El hak, **AKP, bütün şark ideolojileri gibi**, yani en başta da siyasal islamcılar gibi, "şark kurnazlığı"nı iyi biliyor. Bildiği başka bir şey de yok. Bugüne kadar geldiği yer de, kazandığı başarılar da onu bu ülkeye musallat etmeye kararlı dış güçlerin verdiği "akıl"la mümkün oldu. O yüzden

AKP, bu "üst akıl"ı iyi tanır. O yüzden daima "üst akıl"ın kendisini düşüreceğinden korkar. Çünkü o "üst akıl" o emperyal stratejilerin kollamasıyla iktidara taşındığını bilir.

AKP, dış politikada da şark kurnazlığıyla işi götürmeye çalışır. İçeride "Batı"ya kafa tutar, sınırların dışına çıktı mı **Batı yaltakçılığında** en önde gidendir. Suriye'de Batı'dan fazla Batıcı olduğundan Batı ile bile bozuşmak noktasına gelmiştir. Rusya'ya karşı posta koyarak Batı'nın gözüne gireceğini sanmış; bir, iki başı okşandıktan sonra ortada kalmıştır.

Gelgelelim, düşmek için sallanan ince boyunlu bir kukla bile devrilmek için hiç değilse usulünce vurulan bir fiskeye ihtiyaç duyar. Çürümüş rejimler bile akıllı bir muhalefetin demokratik tepkisiyle devrilebilir.

Türkiye bunu yapacak mı? Asıl soru budur. Türkiye bu çürümüş paraziti sırtından atacak mı, yoksa kendisi de onunla birlikte çürüyecek mi? Evet, asıl soru budur!

Gecenin en karanlık zamanında insanın üstüne bir uyku hali, bir bezginlik, bir boş vermişlik çöktüğü gibi toplumların hayatında da bu böyledir. En karanlık dönem sonsuza kadar gidecekmiş gibi gelir; **bir yenilgi ruhu** hâkim olur. Baştaki despotun, **Drakula gibi** ölümsüz, kötücül bir güce sahip olduğu vehmedilir. Onun aslında ne kadar ölü ve onun güneşin aydınlığı karşısında ne kadar güçsüz olduğu unutulur. Sabahın gelmek üzere olduğu akla bile gelmez.

Ne var ki dünya kurulduğundan beri hep sabahlar geliverir; karanlığı tek fiskeyle parçalayıverir aydınlığın ışıkları...

***

Attila İlhan'ın kitabının adıdır: "O karanlıkta Biz!" Dünya faşizmin kıskacında; o kıskaç Türkiye'de de kendini hissettiriyor. Ağır bir baskı rejimi... Demokrasi güçleri umutsuz, bölünmüş, parça parça... Herkes birbirinden şüpheleniyor. Ne yurt içinden ne yurt dışından bir ümit yok. Bütün dünya karanlık bir cehennem gibi...

Dünya da, Türkiye de, sol da, demokratlar, yurtseverler de hepsi o karanlıktan kurtulmadı mı? Hem de nasıl! O faşist güruh zelil ve sefil olup, mahkemelerde dizleri üstüne çökmedi mi? Hem de nasıl!

Hem de nasıl ve peki ama nasıl? **Direnenler sayesinde...**

En umutsuz zamanda yurdundan umudu kesmeyen, yeri geldiğinde bir avuç inançlı insan sayesinde... 1919'da hiç umut kalmadığı anda bu ülke bunların ağa babası işbirlikçileri de ve onların patronları sömürgecileri de elinin tersiyle tokatlamadı mı? O karanlıktan kurtulan bu halk, bu zibidi türedilerden mi kurtulamayacak?

***

Ne var ki tek sorun sadece bunlardan kurtulmak değil. Şimdi çok zor gibi gelse de işin en kolayı bu. Sorun bu kötücül ruhun tıpkı Drakula gibi başka başka zamanlarda yeniden dirilmesinin önüne geçmek.

Her kötücül ruhun insanlar arasında bir işbirlikçisi vardır. O olmadan kötülüğün hiçbir gücü olmaz. Ne yazık ki bizde kötülüğün işbirlikçisi toplumun en zengin kesimi, yani burjuvazi, yani iş âlemi olmuştur. Atatürk dönemindeki milli kalkınma hamlesinden, emperyal dünyanın kolay parasına erişmek için onlar vazgeçti. 1970'lerde, IMF'ye direnmeye çalışan **Ecevit hükümetini** gazete ilanlarıyla, piyasada sahte darlık ve kuyruklar yaratarak onlar arkadan vurdu. 1980 darbesinin gerisinde Batı kadar, TÜSİAD'ın talepleri de vardı. AKP rejimini var gücüyle destekleyenler de onlardı. Şimdi en büyük darbeyi Erdoğan'dan yiyorlar ve git gide el altından "nasıl kurtuluruz" çareleri arıyorlar. Peki onlardan kim, nasıl kurtulacak? Erdoğan'dan sonra bu milletin başına kimi sardıracaklar?

Sormak lâzım ey iş âlemi, siz ne zaman gerçek bir burjuvazi gibi kendi cebi kadar, kısmen de olsa kendi ulusu için de çalışan; önemli ve kısmen de olsa güvenilir bir topluluk olacaksınız?

***

Fakat bir kötülüğün hüküm sürmesi için insanlar arasında kuvvetli bir işbirlikçisi olması yetmez. Tebaası da olmalı... Toplumun en zengin kesimi işbirlikçisi ise, **kötülüğün tebaası da** ne yazık ki çokluk, toplumun en yoksul kesiminden derlenir. Zenginlik ahlaken çürüttüğü gibi, yoksulluk da çürütür; hâttâ daha da derin çürütür. Bu tebaa aslında üretim içinde olmayan, kendisine bakacak güçlü bir baba arayan kesimden başkası değildir. Kötülük, müşfik bir "baba" görünümünde bir kez bu iki kesimi avucuna aldı mı, yaydığı hastalık bütün topluma sirayet eder. Öyle ki bir ara bütün toplumun onu desteklediğini sanırsınız. Öyle sananlar için bu diktatörlerin nasıl aniden yıkıldıkları hep şaşırtıcı olmuştur.

Bir toplumun asıl kuvvetleri, her güçlü gözükenin peşine takılan yığınlar, ya da para için kendilerini satanlardan çıkmaz. Bu dediklerimiz ilk zayıflık belirtisinde önce efendilerini satar. Direnme güçleri zayıf, maneviyatları bozuktur. Fakat tıpkı 1919'daki gibi, bu iki kesimin de teslim ve yılgın olduğu zamanlarda toplumun asıl güçleri devreye girer. Gençler, aydınlar, alın terini en yüksek değer sayan işçiler, yoksul emekçiler, namusu artık bu kadarını kaldıramayan eşraf, "namussuzluğun bu kadarı fazla" diyen dindar, "ben hırsız değil müteşebbisim" diyen işadamı... Dünya bugün hâlâ orta çağ karanlığında yaşamıyorsa bunu biraraya gelmesi zaman alan, sürübaşını takip eden sürülerin toplanabildiği gib çarçabuk toplanamayan, ama eninde sonunda toplandığında ise önünde hiçbir despotun duramadığı kuvvetlerin ayağa kalkmasına borçluyuz. Ve her zaman kalkarlar... Her zaman kalkmışlardır. Önlerinde hiç bir üst-akıl duramadığı gibi akılsızlar hiç duramaz.

***

Ama durun despotların da çareleri vardır. O kadar da kolay yıkılmazlar... En keskin kılıç, en hain oyunları, birbirine düşürmektir. Bu kitapta siz de göreceksiniz, bir diktatörü koltuğuna onun işbirlikçileri taşır. Zamanla da o işbirlikçiler ama hayal kırıklığı, ama korku, ama kıskançlık, ama rekabetle onu terk eder. Yerlerini önce ikinci sınıf, sonra beşinci sınıf taklitleri alır. Beceriksizlik alır başını gider. Böylesi durumlarda bile, despotun en büyük silahı, **sanki eskisi gibi güçlüymüş taklidi** yapmaktır. Eskisinden daha üst perdeden konuşur; daha zalimce davranır. Güçsüzlüğünü böyle örtmek ister.

Fakat despot da bilir gitgide zayıf düştüğünü... Etrafının beceriksiz dalkavuklarla sarılı olduğunu... Son ve tek çareye başvurur. Demokrasi taraftarlarını birbirine düşürmek... Eskiden yanında duranlar onu terk etmeden önce, çok insana gerek kendi amaçları için, gerekse diktatörün emriyle zarar vermiştir. Onlar gemiyi terk edince diktatör onların düşmanlarını yanına çekmeye girişir. Ne yazık ki bazen de başarır. İnsanların güçlüye hayranlığı, eski düşmanından intikam fırsatıyla birleşince bazen en dürüstler bile şeytanın iğvasına kapılıverir. Şimdikilerin ağababası **Abdülhamit** bu işin ustası değil miydi? En bilinen demokratları, en meşhur devrimcileri nasıl da yanına çekivermişti? Çoktan çökmüş bir rejim, biraz bu yeni işbirlikçilerinden, biraz da emperyalist "düvel-i muazzama"nın bunun yerine kimi koyacağını bilemeyişinden en az bir on yıl fazladan yaşamamış mıydı? Ülke "Kızıl Sultan'ı sırtından attığı zaman artık çok geç olmuştu. Hürriyet'in tadını çıkaramadan parça parça oldu.

Ya şimdi de böyle olursa? "Olmaz" diyemiyorum... Bakınız daha düne kadar AKP'nin en meşhur muhalifi sayılan ultra "ulusalcı"lar, kimi eski subaylar, kimi küçük parti liderleri sanki Erdoğan'a yedeklenirmiş gibi... Kimi iktidardan pay alma, kimi Cemaatten intikam derdiyle, kimi Kürt ayrılıkçılarına karşı devlet refleksiyle... Hepsinin de kendince haklı nedenleri var. Fakat ülkeyi yeniden parçalanmanın eşiğine taşıdıklarının farkında değiller. Bir zamanlar "yetmez ama evetçi"lerin, Cemaat'in işlevi neyse şimdi bunlar da aynı işlevi, aynı görevi yapıyor, farkında değiller.

Farkında olmayışları üstelik kibirden... Kendilerini çok akıllı sanıyorlar, despotları kendi çıkarları için kullanacaklarını zannediyorlar. Halbuki şeytan en büyük despottur... Ve kibir de en sevdiği günah...

***

Biraz da maddi dünyaya gelelim... Tıpkı 1930'ların ve1970'lerin sonu gibi dünyada ve Türkiye'de sermaye birikiminin mevcut modeli tıkanmak üzere... Para sistemi tümüyle çökmüş... **Dünya büyük bir değişim ve dönüşüme hazırlanıyor. Türkiye de artık eskisi gibi varolamaz.** Yepyeni bir dünya içinde yepyeni bir Türkiye çok yakın... Dönüşüm, bütün aptallıklarımıza rağmen bu ülkeyi de, iktidarı da, muhalefeti de değiştirecek. Artık gözle görülüyor. Onun şiddetli rüzgarıyla açık denizlere yelken açmamız da mümkün; alabora olup denizin dibini boylamamız da... Ama önce acemi, lâkin hırslı kaptanın ve de kolpacı tayfanın değişmesi şart.

Biz yolcuların duruma el koyma zamanı geldi de geçiyor.

1. BÖLÜM

İSLAMCILIĞIN İKTİDARA YÜRÜYÜŞÜ VE AKP KARANLIĞI

İslamcılık iktidara iki unsurdaki zaafları kullanarak geldi. Birincisi bizim vatandaşlar ve halk olarak zaaflarımız; diğeri ise Batı düşüncesinin Orta Doğu'yu dizayn etme projesinde, İslamcıların geleneksel işbirlikçiliğine güvenirken "ılımlı" ve "stabil" bir İslam çeşidi imal edebileceklerine dair faztezileri... El birliğiyle zorla iktidara iteklenen AKP İslamcılığı, sonrasında bütün şark kurnazlığı, kasaba politikacılığı hünerlerini de kullanarak Batı desteği ve Batı'nın içerideki ekibi "sol liberal"leri de yedeğine alarak iktidara adeta yapıştı. İktidarı ele geçirmesinde 12 Eylül öncesi ve sonrasının solcu gençlere ve kemalist aydınlara yönelik kontrgerilla saldırıları ve siyasi cinayetlerin rolü yeterince aydınlatılmamıştır. O nedenle AKP iktidarının son dönemini betimleyen "sivil darbe" ve "Yeşil Ergenekon" komplolarını muhalefetin zamanında teşhis edemeyişi anlaşılır bir sürçme sayılabilir. 2007 yılından itibaren gerçek kontrgerillayı kamufle eden Ergenekon Davası süreci aynı zamanda yeni islamcı kontrgerillanın yaratılış sürecidir de... AKP, "sivil" darbesini bu davalar sayesinde yapabilmiştir. Bu noktadan sonra artık kısıtlı demokrasiden sıradan faşizme geçişi yaşıyoruz. Bunun ne yazık ki sosyal ve ekonomik temelleri var. Yine de bu ülkede ve dünyada çağdaşlığın ve demokrasinin temelleri islamcı faşizmden daha güçlüdür.

Bu yazı Demokrat dergisinde 1990 yılının Kasım'ında yayımlandı. 26 yıl sonra bir satırını değiştirmeye gerek yok. Kimi diktatörlerin iktidarını nasıl sürdürdüklerini belki o zamana nazaran daha bile iyi anlatıyor olabilir.

İşte Türkiye'de toplumu çürüten işleyişin temelleri bana kalırsa böyle. Sağ iktidarlar bu çürümenin üstünde yükseliyor. Her gelen sağ iktidarın bir öncesinden daha kokuşmuş olmasının sebebi de bu. AKP bir neden değil, bir sonuç aslında... Mevcut baskıcı yönetimden bu kez de kurtulabiliriz ve kurtulacağız da, ama bu yazıda anlatılan, kökeni yüzyıllar öncesine dayanan ilişkileri ama yavaş, ama hızlı değiştirmeye başlamazsak, er geç, yeni ve daha kötü bir AKP gelecektir.

DEVLET KAĞNISININ GÖLGESİNDE ADAM OLMAK!

Demokrat Dergisi Kasım 1990

Aziz Nesin'in Zübük romanı bir özdeyişle başlar: "İt kağnı gölgesinde yürürmüş de hele bana bakın ne iri gölgem var!" dermiş. Devletin en üst makamlarına kadar yükselen üçkağıtçı bir kasaba politikacısının halet-i ruhiyesini tüm bir toplumla özdeşleştirerek anlatmak için kullanır, Nesin bu özdeyişi...

Şöyle bir siyasi tespit klişesiyle başlayalım: "Ülkemiz bir..." devlet gölgesinde yürüyen küçük adamlar ülkesidir. Doğru değil elbette, ama doğru nedir ki? İşte bu da doğrunun bir tarafı... Bu toplumda insanlar ya okulda, ya askerde, ya hapiste adam olur. Olmayanlar için "iktidar ağaçları" mevcuttur.

1984 yılıydı... Bir üniversitede asistan olarak çalışırken, Hukuk Fakültesi anfisinde ders vermeğe gitmiştim. Mikrofon bozuk, 500 kişinin birarada konuşmasının yarattığı uğultudan sesimi duyurmaya imkan yok. Beni fark edip, susmalarını umarak oturup bekliyorum. O sırada bir hademe sınıfa girip, elindeki sopayla duvara vura vura merdivenleri çıkmaya başladı. Bir taraftan da "Susun, susun..." diye bağırıyor. İlk şaşkınlığım geçince müdahale ettim: "N'apıyorsun sen öyle kardeşim!" Ne dese beğenirsiniz? "Hocam burada ne profesörler ders verir. Bu çocukları böyle hep ben sustururum."

Şimdi kime kızarsınız? İnsan haklarına, insana saygıyı öğretmekle yükümlü olduğu öğrencilerine böyle bir muameleyi reva gören koca koca profesörlere mi, yoksa bir vizenin kaldırılması için "yiğitçe" mücadeleye hazır öğrencilerin böyle bir muameleyi içlerine sindirmelerine, üstelik susarak bunu başarılı kılmalarına mı? Şaşacak bir şey yok; 80'li yılların bu üniversite öğrencileri, yedi yaşında küçük öğrenciler olarak girdikleri okulun son kademesinden 20 yaşlarında "adamlar" olarak mezun olmak üzereydiler.

Devlet kadınları sevmez; çünkü onların adam olması zordur. Adam olmak için devletin gölgesine girmek, onunla özdeşleşmek gerekir. "Ben devletim" demez mi en küçük polis memuru bile... Bir zamanlar kadınların kaymakamlığı tartışılıyordu da, belki hatırlarsınız, bir yüksek bürokrat ağzından kaçırıvermişti: "Olur mu canım, kaymakam devleti temsil eder; işi, mesaisi bitip, gece kocasıyla yatağa girdiğinde, adam devleti mi..."

Devlet baba her halta karışır. O kadar çok yasağı vardır ki, kendi de sayısını bilemez. Hepimiz onun birkaç yasağını günlük hayatta çiğner dururuz. Devlet bizle "yüz göz olmayı" sevmez. Sadece gerekli olduğunda gücünü gösterir. Fazla da sıkmaz. Bütün yasakları birden uygulayamayacağını bilir zaten. Yasak çiğnerken duyduğumuz tedirginlik ve dolayısıyla devlete karşı ezik kalma duygusu ona yeter. Hangimiz bir trafik memurunun karşısında masum olmanın verdiği güvenle başımız dik durur ki?

Biz çocuklar, devlete karşı gelmeyiz ama onu saymayız da... Babasının yanında sigara içmeyip ama tuvalette içen delikanlı gibiyizdir. Kimse devletin yasaklarına inanmaz çünkü... İnansa da ne fark eder; atasözü demez mi ki "Osmanlı yasağı üç gün sürer" diye...

Çoğumuz hiçbir üretici işle uğraşmayız. Toplum, gelirinin büyük kısmını devletin kollaması, desteği, yahut "idare"si" sayesinde yapabildiği tufeyli işlerle kazanır. Bunun günlük hayattaki yansımasını bir vecize " Dünya üç şeyin üzerinde durur: İdara, müdara (yüze gülme, riyakârlık), dübara (üçkağıtçılık)" diyerek ifade eder. Hepimiz birbirimizi, devlet de hepimizi "idare" eder. Böyle bir toplumda biz de devletin ilkelliğini, beceriksizliğini idare ederiz. Zabıta işportacıyı, belediye trafiği tıkayan yanlış park etmiş araçları, ya da çevreyi kirleten sanayiciyi idare eder. "İdare" toplumun her hücresine sinmiştir.

Tufeyli işlerle uğraşan "adam olmuş" kişi, ruhen ezilmiş, özgüveni olmayan, üretimin verdiği disiplin ve tatmine erişememiş bir insan olup çıkar. Bu toplumda riyakârlık, köşedönücülük, sadistlik, korkaklık, başeğicilik, kültürsüzlük ve zevksizlik mikropları, sıtma mikrobunun bataklıklarda bulduğu uygun ortamı bulurlar. Tüm bu hastalıkların belirtileriyle her gün o kadar çok karşılaşırız ki, gelebilecek en kötü şey gelir başımıza: Artık onları yadırgamayız!

Böyle bir toplum, bir türlü yönetilemeyen "anarşik" bir toplumdur; ama çok da kolay idare edilir. Karşımızda bütün bunların müsebbibi olarak otoriteyi görüyorsak eğer, bu da bir yanılsamadır. Otoritenin kaynağı, onun arkasında, onu da yöneten, hepsi birbirinden de türedi bir egemen sınıflar kumpası yatmakta... En yüksek bürokratı satın alabileceğini özel sohbetlerinde söyleyen ve üstelik buna inanan büyük burjuva, o bürokratın karşısına çıktığında yaltaklanmaktan yine de kendini alamaz.

"Tarihsel görevleri"nden hiç birini yerine getiremeyen yeni-sömürge burjuvazisi kendi kendine bırakılsa yaşayamayan çarpık bir kapitalizm, çarpık bir toplum ve çarpık bir iktidar yaratabilmiş. Ve şimdi tüm toplumu da kendisiyle birlikte çürütmekte... Böyle bir toplum, birileri onu idare ettikten sonra, köleciliğe, feodalizme, kapitalizme, her şeye, ama bunları da çarpıtmak suretiyle, uyum gösterebilir. Hâttâ sosyalizme bile...

Bu toplumda iktidarı ele geçirmek zordur ama, daha da zor olanı, çürümeyi durdurabilmek, toplumu yeniden diriltmek; ezcümle adam olmuş toplumumuzu kendini yönetebilecek insanların toplumu kılabilmek...

Tartışmalar Sürerken

KONTR'A SÜR-KONTR

Demokrat Dergisi

29 Mayıs 1977 Sirkeci garında bir patlama. Şans eseri can kaybı yok; aynı gün Yeşilköy havalimanında bir patlama daha bu kez 5 ölü. İki olay sonucu 51 de yaralı var.

...İtalya Bologna garında bir patlama İtalyanlar o kadar şanslı değil 82 ölü...

Her iki olayda da ordu malı plastik bombalar kullanıldı.

Bertoli, İtalyan, 1973'te bombayla 4 kişiyi öldürdü. Yakalandığında verdiği ilk ifadede "ben anarşistim" dedi. İlk soruşturma neo-faşist olduğunu kanıtladı sonra da gizli servisle ilişkili olduğu ayrıca İtalya Kontrgerillasına bağlı olduğu ortaya çıktı. **Ağca**, Türk, 1979'da Abdi İpekçi'yi öldürmek suçuyla tutuklandı. İlk ifadesinde "bireysel teröristim" dedi. Kısa sürede ülkü ocaklı bir faşist olduğu anlaşıldı. Mahkemesi sürerken 1.Ordu merkezinden kaçırıldı. Onu kaçıran ekibin kontrgerilla tarafından yurtdışında kimi suikastlerle görevlendirildiği ileri sürülüyor. Papa suikastinden önce Ağca'nın Mallarca adasında **Metin Günyol** adında bir eski MİT mensubu ile görüştüğü bilinmektedir.

Delle Chiare, Roma şehri neofaşistlerinin lideri, yaptığı itiraflarda "her şeyin devlet içinde yuvalandığını, katliamların devletçe yaptırıldığını" söyledi ve ekledi "suçlular bulunmuyor çünkü devlet kendini mahkum edemez".

MHP'li **Ali Yurtaslan**, MHP davası sanıklarından... İtiraflarında 16 Mart katliamında kullandıkları patlayıcıları kontrgerillacı bir emekli yüzbaşı olan **Ali Çevikel**'den aldığını söyledi. İtirafa göre bir kısım patlayıcı da Maraş'a gönderilmişti, ardından **Maraş Katliamı** sahnelendi.

General Musumuci, İtalyan MİT'i SISMI'nın Başkan Yardımcısı, soruşturma sırasında arkasında neofaşistlerin bulunduğu **Bologna Garı**

Katliamının soruşturmasını saptırmaya çalışmak suçundan 1980'de tutuklandı.

General ve suç ortağı SIMI yöneticilerinin avukatının adı **D'Ovodio**... Bu avukat aynı zamanda Mehmet Ali Ağca'nın da avukatı... Şu günlerde bütün Avrupa, **Süper NATO** denen kontrgerilla örgütlerinin mevcudiyetlerinin en üst makamlarca kabul edilmesinin getirdiği şokla yaşıyor. Öyle ya nasıl olur? Bir batı demokrasisinde, bir açık rejimde böyle devletle içiçe yasadışı, terörist faşist gizli örgütler hem de bütün NATO ülkelerinde.

Kontrgerilla denen örgüt ile ilgili ilk ipuçları önce Türkiye ve İtalya'da ortaya çıktı. Bu ülkeler NATO'nun Yunanistan'ı saymazsanız en geri, en istikrarsız ülkeleri, bu nedenle örgüte çok iş düşmüş, her iki ülkede de sol güçlü. Devlet aygıtının laçkalığından olsa gerek bu çok gizli olması gereken örgüt büyük ölçüde kendi boşboğazlığından kendini ele verivermiş. Ama benzerlik buraya kadar. Bundan sonra hikaye İtalya'da başka Türkiye'de çok başka sürüyor.

Güncele dönelim. Avrupa bir şok yaşıyor dedik. Şoku yaratan ifşaatlar İtalya'da patlak verdi, sonra diğer Batı Avrupa ülkelerine sirayet etti.

1950'lerde **soğuk savaşın** en kızgın olduğu sıralarda CIA'nın önerisi ve NATO'nun kararıyla tüm NATO ülkelerinde (ve hatta bazı tarafsız ülkelerde) ayrı kod adlarına sahip ama aynı işlevi gören örgütler kurulmuştu. Tüm bu örgütler yine NATO'ya bağlı bir üst organ olarak **Gizli Koordinasyon Komitesi**'ne bağlıydı ve örgütün denetimi NATO'nun askeri kanadı **SHAPE**'nin Brüksel'deki merkezinden yapılıyordu. Hatta NATO'nun bu örgütle ilgili 500 sayfalık şifreli bir de kitabı mevcuttu. Personel kimi asker ve emekli askerler dışında 'güvenilir' sivil polisler ve 'vatansever', 'milliyetçi' ve 'mümkün olduğunca antikomünist' kişilerden oluşuyor.

Örgütlenme hücre esasına göre yapılmış. Hücrelerin başında ya emekli subay yahut 'milliyetçi sivil kişiler' bulunuyor. Örgütün kendine ait silah depoları ve bir bütçesi var. Örgütün varlığını sadece devletin en yetkili iki üç kişisi biliyor, örgüt CIA tarafından gerek eğitim gerekse mali bakımdan destekleniyor. Örgüt bir yasal ve bir de yeraltı bölümünden oluşuyor; asıl önemli olan kısmı buzdağı gibi suyun altında duran bu gizli kısım. Yasal olan kısmın resmi görevi bir düşman-komünist istilasında işgal edilen bölgelerde sivil direnişi örgütlemek... Ancak CIA'nın **'dolaylı saldırı doktrini'ne göre** hem her tür ulusal kurtuluş mücadelesi ve her tür gerilla mücadelesi, hem de Amerikan politikasına karşı olan tüm parti, örgüt ve kişiler Amerikan çıkarlarına karşı 'tıpkı komünist saldırı ya da işgali gibi' tehdit oluşturuyorlar. Bu nedenle tüm bu kişi ve örgütler de **Gladio** tipi örgütlerin hedefleri arasında sayılıyor.

Son olarak en önemli iddia hemen hemen bu örgütlerin tümüne 'faşistlerin sızdığı', hatta 'hücrelerin pek çoğunu ele geçirdiği' ve bu örgütleri kendi emelleri doğrultusunda terörist amaçlar için kullandığı.

Ezcümle şimdi Avrupa'nın bütün burjuva hükümetleri şöyle diyor 'evet böyle örgütler vardı. Bunlar demokrasinin ruhuna gerçekten de uymaz. Ama bunlar soğuk savaşın ürünüydüler, şimdilerde soğuk savaş artık kesinlikle bitti. Dolayısıyla bu örgütlerin işlevi kalmadı. Üstelik CIA ve faşist sızması bunları zaten kontrolden çıkarttı; o halde bunları kapatalım. Şu sıralarda Avrupa Parlamentosu, AT'a bağlı tüm ülkelerde hükümetlerin bu gizli örgütleri ortaya çıkarmak için soruşturmaları genişletmeye çağıran bir karar aldı.

VE TÜRKİYE

Türkiye de bir NATO ülkesi ve tüm NATO ülkelerinde böyle örgütlerin kurdurtulduğu artık "Türkiye'de böyle bir örgüt var mı yok mu?" diye tartışmanın bir anlamı yok. Hâlâ bunu tartışma konusu yapmaya çalışanlara kamuoyu sadece gülecek ya da daha kötüsü bu adam acaba bu örgütü korumaya mı çalışıyor diye soracaktır. Türkiye'de şimdi Genelkurmay ve Hükümet yetkilileri eski kimi generaller ya da eski Savunma Bakanı **Safa Giray** ile **Süleyman Demirel**'in durumları böyle.

Artık Türkiye'deki örgütün adı da kesinlikle belli... Avrupa bunu da deşifre etti. Lüksemburg Başbakanı Jaques Santer Kasım ayında açıkladı "Türkiye'deki gizli örgütün adı Kontrgerilladır". Aslında biz Türk vatandaşları için bu da bir sır değildi. Önce de belirttiğimiz gibi Gladio benzeri örgütlerin en önce deşifre olduğu ülke Türkiye idi.

Türkiye'de kontrgerilla tartışmaları daha 1972'de başladı. 1960'larda Genç Kemalistler davasından da yargılanmış olan emekli Yarbay Talat

Turhan 1972'de sanık olarak yargılandığı **Bomba Davası**'nda Eminönü Gemisi'nin kontrgerilla tarafından batırıldığını ifade etti. Kanıt olarak sadece kullanılan bombanın ancak Deniz Kuvvetleri'nde bulunan bir patlayıcı oluşuna işaret etmekle kalmıyor, mahkemeye bir de silahlı kuvvetlere ait talimname **ST-31-15** adını taşıyor. Bu kitapçık **Amerikan Ordusu'nun FM-31-15 adlı talimnamesinin** tam çevirisi o kadar ki adı bile değiştirilmemiş.

12 Mart döneminde kimi işkencecilerin sorguda "Biz kontrgerilla örgütüne bağlıyız. Burada yasa filan yoktur. Doğrudan Genelkurmay'a bağlıyız" gibi sözler sarf etmeleri kamuoyunda örgütün ilk kez adını duyurdu. 1973 ve 74'lerde konuyu yeniden gündeme getiren **Bülent Ecevit** oldu. Ama Ecevit ne 1974 ne de 1978'de iktidar olduğunda bu örgütün üstüne gitmedi. Hatta CHP'li kaynaklara bakılırsa ÖHD'nin amaçlarını doğru bulduğundan kendisinden istenen yardımı hemen yapmış üstelik bu örgütün daha önce parasını CIA'dan aldığını öğrenmesine rağmen.

1978 Şubat'ında bugünküne benzer bir kontrgerilla tartışması yaşandı ve ardından **Aydınlık** gazetesi kontrgerilla konusunda bir kampanya açtı, ayrıca kimi devrimci dergiler tırmanan olaylarda kontrgerillanın sorumluluğuna dikkat çektiler. Kontrgerillayı gündemde tutmaya çalışan bir diğer kişi de bir suikast tehlikesi atlatan CHP sol kanat milletvekili **Süleyman Genç** oldu. **Evren'in anılarına bakılırsa** Demirel 12 Eylül'den önce kendisinden kontrgerillanın daha evvel kullanıldığı gibi teröristlere karşı kullanılmasını istemiş, Evren de reddetmiş. Demirel'in "bana milliyetçiler cinayet işliyor dedirtemezsiniz" sözü hatırlanınca kime karşı kullanılmasını istediği hakkında çok düşünmek gerekmiyor.

12 Eylül'den sonra Devrimci Yol Savunması'nda 12 Eylül öncesini açıklarken kontrgerilla faaliyetlerine geniş yer verdi. Devrimci Yol Savunması'nda iddia edilen CIA patentli dolaylı saldırı doktrinine göre Özel Harp Dairesi denilen bu kontrgerilla örgütü ülkeyi muhtemel bir darbe ile sonuçlanacak bir iç savaşa sürüklemek için bilinçli olarak faaliyet göstermişti. Savunmada o zamana kadar örgütle ilgili tartışmalarda görülmeyen bir boyut ekleniyor. ÖHD'nin örneğin Aydınlık'ın kampanyasına gösterildiği gibi devletin içinde ayrı bir çete değil Türkiye'de mevcut sömürge faşizmi yani devletin kendisinin rejimle uyum içinde çalışan bir örgütü olduğu belirtiliyordu. Savunmaya göre zaten ÖHD ve ordunun yasal yayın-

larında amacın solun her çeşidini bastırmak, provokasyonlar yaratmak, sabotaj ve cinayet işlemek olduğu açık açık belirtilmemiş miydi?

Yapılanlar bundan başka neydi ki?

Faşistlerin örgüte sızmaları ile örgütün yanlış ellere geçmesi iddiasına gelince yine aynı kitaplarda milliyetçi ve anti-komünist kişilerin silahlandırılacağı ve görevlilere yardımcı olarak yetiştirileceği yazmıyor muydu ?

Ve zamanın Cumhurbaşkanı **Cevdet Sunay** MHP'liler için "onlar güvenlik kuvvetlerinin yardımcısıdır" dememiş miydi? Yanlışlık bunun neresindeydi?

1960'larda emekli subaylar yönetiminde ülkücü gençler için **komando kampları** açıldığında bunu zamanın gazeteleri adı adınca yerli yerince yazdığında niye bir tek savcı işin üstüne gitmedi? Bu da mı yanlışlıktı?

Türkiye'de egemen sınıflar MHP eliyle halka karşı bir iç savaş örgütlerken, daha iç savaşın derinleştiği 1977 ve sonraki yıllar yaşanmadan, ta 1964'te, **ABD Başkanı Johnson'ın** "Şu an 344 ekibimiz 47 ülkede iç savaş taktiklerini öğretmekle meşguller" demesi de mi bir tesadüf? Ya da yanlışlıktı? Savunmada bu sorular soruluyor. Ancak 1974-80 arasındaki gelişmelerin ne tümüyle ne de asli olarak kontrgerilla provokasyonları ile açıklanamayacağının altı çiziliyor.

NATO BAĞLANTISI

Dönelim yeniden Avrupa'ya. Paris'te yapılan son AGİK toplantısı ve Doğu Avrupa'da yaşanan son gelişmeler sonucu artık Avrupa eskisi kadar ABD'ye bağımlı olmak istemiyorsa fazlasıyla ABD kokan, soğuk savaş kokan kimi örgütleri tasfiye etmeye karar vermişse bunun sonuçları ne olacak? Aynı şekilde bizde de NATO ülkeleri ile birlikte ÖHD kalkarsa iş bitmiş mi demek? Hiç tartışılmayan gözden kaçırılmaya çalışılan da bu gibi sorulardır. Soralım bakalım.

Soğuk savaş denilen şey Batı Avrupa ve ABD egemen sınıflarının kendi sınıf egemenliklerini tehlikede görmeleri sonucu kurdukları ittifakın SSCB ve müttefiklerine karşı açtıkları bir sınıf savaşı değil miydi? Soğuk savaş şimdi **Gorbaçovcuların** şartlı teslimiyle bitmiyor mu? Gorbaçovcular teslim oluyor diye Avrupa kapitalistlerinin egemenliğini tehdit edecek başka hiç mi güç kalmamıştır?

Gorbaçovculardan önce 150 senedir bu egemenliği kim tehdit ediyordu? Gladiolardan önce bu devletlerin hiç mi gizli polisi hiç mi iti miti yoktu? Askeri istihbarat teşkilatlarını yahut bildiğimiz ordu birliklerini hiç mi kendi halklarına karşı kullanmamışlardı? Hiç mi faşist benzeri paramiliter sivil güçleri halka karşı katliam amacıyla kulanmamışlardı? Kullanmışlardı ve böyle her tür örgüt vardı. Yeni olan bu örgütlerin ABD bağlantısı ve soğuk savaşa özgü biçimleridir. Bu biçimler kalksa da egemen sınıfların zorbalığı sürecek, kimse hayale kapılmasın. Belki NATO'nun askeri kanadı hatta kendisi bile ortadan kalkabilir ama bu egemen sınıfın zorbalığını bir dirhem azaltmaz.

Zaten kontrgerilla örgütleri şimdi anlatıldığı gibi gerçekten sadece NATO ülkelerine mi has? Kontrgerilla adı üstünde gerillaya karşı demek... Avrupa'daki hangi gerillaya karşı? Kontrgerillanın gerçek kullanımı geri bıraktırılmış sömürge ülkeler içindir. En etkin kontrgerilla faaliyetlerinin İtalya, Yunanistan gibi Avrupa'nın en geri ülkelerinde tezgahlanması da bunun işareti. Ama bu faaliyetler adeta artistik bir mükemmeliyetle Türkiye'de, Şili'de, El Salvador'da uyarlandı. Yeni sömürgeleştirmenin, sömürge faşizminin kalelerinde...

12 EYLÜL VE TÜRKİYE

Evren'in anılarına bakarak amaç dışı çalışmakta olan ÖHD'sini asli görevine döndürmüş. 12 Eylül sonrası örgüt asli görevinin ne olduğunu işkencehanelerde bol bol sergiledi. Eski ÖHD başkanı **Kemal Yamak** bu dönemde Diyarbakır Cezaevi adlı cehennemi yaratan kişi oldu. 12 Eylül öncesi ve sonrasında Türkiye tarihinin en önemli kontrgerilla operasyonlarından biri Fatsa'da yapılmıştı, son birkaç senedir kontrgerilla kitaplarında yazılıp çizilen her türlü kitle pasifikasyon yöntemi, her türlü insanlık dışı kirli savaş yöntemi K..........'da uygulanmakta. Türkiye'nin genelinde son zamanlarda aniden artan **faili meçhul cinayetlerde** bu örgütün payı olduğunda hemen herkes müttefik...

Türkiye şimdilerde var gücüyle kontrgerillayı tartışıyor. Yoğunlaşan her tartışma kimi yanlış eğilimleri de birlikte getirebilir. Kristalleşen en yanlış eğilim ise kontrgerilla ile ilgili bir iki "samimi" açıklama, bazı silah depolarının ortaya çıkması ve belki ÖHD yahut Seferberlik Tetkik Kurulu gibi kuruluşların reforme edilmesi ile Türkiye'ye demokrasinin gelecek olduğunun sanılması olacak. Kontrgerillanın tümüyle açığa çıkarılması gerçekten de atılacak ilk adım olmalı ama doğrusu bu konuda umutlu(!) olmak için şimdilik fazla neden yok. Bu noktada devrimcilerin, tavrı da herhalde Kontr'a Sür-Kontr demek olacak.

Asıl hedef de kontrgerillalara ihtiyaç duymayacak bir rejim. Ne sömürge demokrasisi ama ne de burjuva demokrasisi, gerçek demokrasi.

Aşağıdaki yazı dinin radikal bir eleştirisini içeren yazılarıyla meşhur olan eski müftü, sonra ateist yazar Turan Dursun'un İslamcı teröristlerce öldürülmesi üzerine yazılmıştır. Şimdi oldukça yaygınlaşmış olan "islamcı faşizm" teriminin yakın tarihteki ilk kullanımlarından biri, belki de ilk kullanımıdır. Bu yazıda bir ideoloji olan İslamcılığın, din olarak İslam'dan bütünüyle farklı, sadece bir siyasal ideoloji olduğunu vurgulamak adına komünizm, sosyalizm gibi, terim olarak islamcılık yerine "islamizm" de de kullanılmıştır. Radikal bir din eleştirisi kimilerimize aşırı gelebilir. Ama o da Aydınlanma'nın unsurlarından biridir. Batı bu ve daha birçok yolla Aydınlanma'yı başardı. Bizde ise Aydınlanma silahla susturuluyor. Uluslararası islamcı faşizm ve devlet içindeki işbirlikçileri tarafından... AKP'nin yükselişini bir dizi siyasi suikast olmadan kavramak imkansızdır.

Onu Yalnız Bıraktık

HEPİMİZ SUÇLUYUZ

Demokrat Dergisi Ekim 1990

Neden Cezayir'de olmuştur, neden başka yerlerde oluyor? Çünkü oralarda tabularla savaş yok. O zaman din çok az bile olsa giderek gelişerek diğer kesimleri alt edebiliyor.

"Siz karanlığa ışıkla gitmezseniz, o karanlık yayıldıkça yayılır". Kendisiyle ölümünden kısa bir süre önce yapılan röportajda **Turan Dursun** kimi ülkelerdeki İslamcı gelişmeleri böyle yorumluyordu. Kim onun karanlığa karşı mücadele görevini yerine getirmediğini söyleyebilir? Bir din adamı olmasına rağmen layıkıyla yaptı bu görevi, laikler seyrederken...

"Mürted müftü" dedi İslamcılar... Böylece hedef gösteriyorlardı. Mürted olmanın yani dinden dönmenin cezası İslamda ölüm ya... Ama bu İslamcı-gelenekçi ihvanlar bizzat kendileri İslamın geleneğini çiğnediler. Ulemadan birini suçlamak için fetva verilmesi bunun yanında veren ya da verdirenin bu kişinin tezlerini din bakımından çürütmesi İslam geleneğince uygulanagelmiş bir şartken Turan Dursun'un bizzat yaptığı çağrılara rağmen İslam dünyası bu işi yapacak bir tek "âlim" çıkaramadı. Kaçtılar çünkü Turan Dursun'un doğruları söylediğini onlar da biliyordu.

İşte çürümüş düşünceler yarattıklarını bütün kuramlarla birlikte maddeten ölmeden evvel böyle fikren ve ruhen ölürler.

Ellialtı yaşında tek başına bir adam İslamcıları ne ölçüde dehşete düşürebilirmiş; gelen tehdit mektupları ile İslamcı gazetelerin yalan ve iftira politikasında açıkça kendisini gösterdi. **Niye bu kadar korktular?** Çünkü din iki şeyin üstünde durur; devletin desteği ve kişinin inancı. Çürüyen düşünce insanların inancını yitirirse artık devletin de işine yaramaz olur.

Bu yüzden korktu İslamcı ulema. En namusluları Dursun'un tezleri karşısında kendi inançlarını bile korumakta zorlanıyordu. Çünkü Dursun onların zaten bildiği ama kalplerinin arkasına atıp unutmak istediklerini yüzüne vuruyordu. Ulemanın çoğunluğu ise imanını korumak için Suudi yahut İran parasına ihtiyaç duymakta...

İslamcılar zor durumda. Kendileri inanmasa bile halkı inandırmak için "dünya İslam çağına girdi. Batı inanç bunalımında" türü palavralar attıktan sonra bunu desteklemek için Hristiyanlara para karşılığı İslamı öven kitaplar yazdırıyor; İslamcı gazeteler meşhur kimi batılıların Müslüman olduğu yolunda asparagaslar yayınlıyor. Mucizeler de çabası. Yok bal peteğinde Arapça bilmem ne yazıyormuş vesaire. Bunların her birinin yazı işleri çalışanları "yarattıkları" mucizelerde peygamberi bile geçtiler.

Hepimiz suçluyuz. Onu yalnız bıraktık. "Ben (din için) yüzyılların getirdiği ölümüm" dememiş miydi? Canının korkusuyla vurdu İslamizm. Mücadelesine birkaç tane olsun aydın daha katılmış olsaydı böylesine açık bir hedef oluşturabilir miydi? Üstünde düşünülmesi gereken bir sorudur bu. Çünkü "ya şimdi, peki ya sonra"nın cevabı burada yatar. Şimdi ne yapılacak?

Düşünceler kaba güçle yenilemez... "Turan Dursun'un fikirleri yaşıyor, yaşayacak vs"... Böyle şeyler söylenecekti ve söylendi. Sadece bu lafları söylemek iyi niyetli palavralar atmaktan başka bir şey değildir. Turan Dursun öldürüldü. Bir daha yazamayacak. Şuan için onun kadar konusuna vakıf biri -hiç değilse Türkiye'de- yok. **Eğer mücadelesi sahiplenilmezse katiller kazanmış olacak.**

Bir bütün olarak dini hedef almanın gereğine inanmayabilirsiniz; üslubunu eleştirebilirsiniz; söylediklerinin içeriğine katılmayabilirsiniz... Sizin gibi düşünen pek çok solcu var, kimileri İslamcı kesimlerle kısmen iyi geçinme yanlısı üstelik. Ama Turan Dursun'un dinsel dogmatizme karşı verdiği ölüm kalım savaşını önemsemememek. Böyle bir oportünizm ile malul Endonezyalı ve İranlı solcuların neye yol açtıklarını düşünün. Sadece kendilerini değil tüm demokratları ne kanlı bir yıkıma sürüklediklerini...

Dinsel dogmatizme karşı verilecek savaşın önemi hiçbir yerde ve hiçbir zamanda şu an Türkiye'de olduğu kadar önemli olmadı. **Türkiye'ye İslamcı faşizmin mayası çalınmıştır.** Bu faşizm İslamın bütün boş inanç ve dogmalarını, ama sadece bunları alarak kafasına göre yeni ve bambaşka bir ideoloji haline getiriyor. Bu canavar evrimini tamamlayıp zafere ulaşabilirse kaybeden, kanlı ve dipsiz karanlıklarla yuvarlanan sadece Türkiye halkları olmayacak, doğunun bütün mazlum halkları da aynı kötü kadere kurban edilecektir.

İran radyosu Salman Rüştü'den başka **Muammer Aksoy, Turan Dursun, Aziz Nesin ve Yaşar Kemal**'in de öldürülmesi yolunda çağrı yapmıştı. Salman Rüştü'yü İngiliz devleti koruyor, Aksoy ve Dursun öldürüldü.

Türkiyeli devrimci ve demokratlar demokrasi ve çağdaşlık mücadelesinde devlete ne derece güvenileceğini bilecek kadar deneyimlidir. Bu saldırıları durdurmak ancak demokratik güçlerin kararlı mücadelesiyle olur.

Ek kutu:

İSLAMDA SUİKAST GELECEĞİ

Ka'b bin Eşref vakası: Haydi Kur'an'dan daha üstün bir şiir yazın da görelim yollu ayetleri ciddiye almış genç ve sevilen bir şairdi Ka'b bin Eşref. İslam aleyhine oldukça etkileyici şiirler yazdı. Şiirleriyle başa çıkılamayınca öldürüldü. Taberi* şöyle nakleder: "Tanrı elçisi onları (katilleri) yollamaya çıkarak onlarla birlikte Baki el Garkad'a kadar vardı". Peygamber katilleri geçirdikten sonra yola devam eden çete yeni evli Kab'ın evine varır, katillerden biri onun dostluğunu kazanmıştır, kandırarak dolaşmaya çıkarır ve çölde öldürürler. Ardından Ka'b'ı destekledikleri gerekçesiyle Medine'de Yahudi katliamına girişilir. "Tanrı Elçisi 'ele geçirdiğiniz Yahudilerin erkeklerini öldürünüz' dedi"

Ebu Rafi Vakası: Ka'b'a yardım ettiği bahanesiyle bu kez başka bir yerde oturan Yahudi cemaatinin liderlerinden Ebu Rafi öldürtülür. "Tanrı elçisinden kendilerine onu öldürmek için müsaade etmesini istediler. Tanrı elçisi onlara müsaade etti." Gönderilen çete Yahudilerin kalesine gizlice girer yine hile ile adamın yatak odasına girer ve Ebu Rafi yatakta öldürülür.

Öldürülen Halifeler: Böylece bir peygamber sünneti haline gelen suikast kısa sürede bizzat en ulu Müslümanlara karşı kullanıldı. Öyle ki Peygamberin en yakın arkadaşları olan 4 halifeden üçü suikast ile öldürüldü: Ömer, Osman, Ali. Ebu Bekir'in ölüm sebebi ise banyo alırken soğuk alması. Hem de Arabistan'da hem de Ağustos ayında.

Ömer bin Hattab: Batılılarca İslamın gerçek kurucusu ya da İslamın Aziz Paul'u denen Halife Ömer 633'te Basra yöneticisi Al Mughira b.Şuba'nın kölelerinden birinin hançeriyle öldürüldü. Ortada bir komplo olduğu konusunda bütün tarihçiler hemfikirdir.

Ali bin Ebu Talib: İlk dört halifenin sonuncusu olan Ali Peygamberin amcasının oğlu, damadı, en sevdiği arkadaşı, fedaisi, İslam gazalarının en parlak kahramanı, ve muhtemelen ilk Müslüman olan erkekti. O da Müslüman hançerinden kurtulamadı. İslamın ilk şeklinin fanatik savunucusu olan bir grubun üyelerince üstelik camide namaz kılarken öldürüldü.

Osman bin Affan: Üçüncü halife Osman'ın öldürülüşü belki de en dramatik olaylardan biridir. Osman 656'da öldürüldü. Kur'an okurken... Komplo önceden hazırlanmıştı. Katiller büyük bir cüretle halifenin evini kuşattılar. Şam Valisi Muaviye uzunca süren bu kuşatma sırasında asker göndermeyi geciktirdi. Ali gözünün önünde olan bu cinayet teşebbüsüne karşı sessiz kaldı. (Osman'ın yerine Ali seçilecekti) Olayları kışkırtan peygamberin dul karısı Ayşe olay sırasında orada olmamak için acele bir seyahate çıktı. Katilleri bizzat yöneten kişi ise ilk halife Ebu Bekir'in oğlu Ayşe'nin kardeşi Muhammed bin Ebu Bekir idi. Din adına bu cinayeti işleyenler Osman'ın karısını yaraladıktan sonra evi yağmalamaktan da geri kalmadılar.

Hasan Sabbah: Böyle bir geleneğe sahip olan İslam dininin Katiller (Assasyanlar) adıyla meşhur olmuş bir mezhebinin bile olmasını garip karşılamamak gerekir. Hasan Sabbah'ın kurduğu bu özel İsmailiyye dalının taraftarlarınca işlenmiş en önemli cinayet ünlü Selçuk Veziri Nizamülmülk'ün öldürülmesiydi.

Bu geleneği sahiplenen islamcılar bugün de sadece dine karşı olarak gördüklerini değil hatta daha fazla Müslümanlığından şüphe edilemeyecek kişileri –örneğin **1983 yılında Üsküdar müftüsü**- öldürüyorlar.

***

İslamcılık Üzerine Tanıl Bora'nın Bir Yazısından Pasaj

İkibinli yılların başlarında Birikim dergisinde bazı yazılar yayımladım. O Aynı dönemde İslamcılık, Emperyalizm, Ermeni sorunu gibi bazı konularda Birikim'in teorisyenleri sayılabilecek isimlerle çok da aynı fikirde olmadığımda bunu bazen özel notlarla bazen de yayınlanmak üzere gönderdiğim yazılarla ifade etmeye çalıştım. Tanıl Bora'yı, o ekibin teorik birikimi en üstün yazarlarından ve Türkiye'nin entelektüel namusu da yüksek aydınlarından sayarım. O da gönderdiğim "mektup"u bir yazının konusu yapmış. Mektubun orijinali artık elimde yok. Ancak özeti İslamcılarla fazla içli dışlı olmanın sakıncaları, bazı İslamcıların o sırada pek vurgulanan demokratlıklarının da büyük ölçüde görünüşte olduğuna ilişkin kuşkularımı içeren bir mektuptu.

İSLAMCILAR VE 'DURUMDAN RADİKALİZM ÇIKARMAK'

Tanıl Bora
Medyakronik 5.11.2001

Birikim'deki yazılarıyla kamuya büyük hizmetleri dokunan **Cüneyt Akman**, ona selâm olsun, Medyakronik'teki "Liberaller İslâmcılara kızmış..." başlıklı yazımla ilgili bir eleştirel not yollayarak şunları sordu (kâh meâlen kâh aynen aktarıyorum):

İslâmcıların (demokratik diyaloga açık kabul edilen İslâmcıların) 11 Eylül katliamını hasbî bir şekilde kınamadıkları yönündeki saldırı sadece manipülasyon mu? İslâmcı aydınların bu konudaki tutumunda ciddi ikircimler, çelişkiler, tutarsızlıklar yok mu? Bu konuyu stratejik (savaşçı, cepheci) bir akla teslim olmadan ciddiyetle düşünmeye dönük tartışmalarda (Kanal 7'de Ahmet Hakan'ın teşvik ettiği türden) bile, her türlü/bütün İslâmcıları aklama gayreti baskın değil miydi? Katliamı kınamaktan geri kalmayanlardan Ali Bulaç, şu meâlde bir şeyler söyledi bir keresinde: "Bu gerginlik sonuçta Suudiler gibi bazı Arap rejimlerinin daha demokratikleşmesine yarayabilir ve böylece Amerika ile olan gerginlik tersine yumuşayabilir. Hayırlı bir sonuç doğabilir." Batı'yla/ABD'yle ters düşmenin tedirginliği içerisinde mütereddit bir biat arayışı ele vermiyor mu burada kendini? 'İslamî' kesim, radikaliyle ılımlısıyla, kalben anti-Amerikan ama beynen Amerikanperver olmasının, bazen öyle bazen böyle konuşmasının nedenleri üzerinde biraz daha düşünmek için bu fırsatı kullanmalı değil miydi? Onlarla diyalogun bir misyonu varsa, bu, mevcut medeniyetin daha derin bir eleştirisine bir 'çağrı' olamaz mı?

İslâmcılara yönelik "liberal" eleştirilere tepki gösterdiğim yazıda, çubuğu bir tarafa bükmüştüm. "Çubuğu bir tarafa bükmek"; malûm, "mesele sırf bu değil, başka yanları da var, fakat şimdi doğrusu, onları ihmal etme pahasına özellikle bu yanını vurgulamaktır" demek oluyor. Sol literatürde bu tabirin atıf kaynağı olan Lenin'den beri, riskli bir iştir; çubuğu yamultur ve öbür tarafının görmezden gelinmesine yol açar. Ben de o yazıda, İslâmcılara yönelik eleştirinin saiklerine ve saldırganlara dönük sorgulamayı öncelikli sayarak,

O tarafa abanmıştım. Dolayısıyla, Cüneyt Akman'ın eleştirisi başım gözüm üstünedir. (a.b.ç)

(...) *(Bu noktadan sonra Tanıl Bora'nın konuyu benim yazımla ilgili olmadan geliştirdiği bölümler var. Ancak yazının sonuç bölümü önemli. Medyakronik çeşitli baskılar sonucu kapandığından ve bu yazıyı artık bulmak da zor olduğundan o son paragrafı yayımlıyorum. İslamcılığın tanımı üzerinden geliştirebileceğim eleştiriler bir yana, bugün mesela Cemaat'le ilgili tartışmalarda da önem taşıyan çıkarımları var bu son bölümün.)*

Birincisi, yineleyeyim, İslâmcı aydınları yekpâre bir heyet olarak değerlendirmek yanlış olduğu için. İkincisi, Müslümanlığın toplumsal dünyasına, özellikle emperyal güç oyununun (11 Eylül sonrası) bu ânında, duyarsız kalmak ahlâksızca olacağı ve İslâmcı aydınların da Müslümanlığın toplumsal dünyasıyla bir temsilî ilişkisi olduğu için. (Onu tam bir vekâlet ilişkisi olarak tasarlayan liberallerin düşündüğünden de o ezelî aydın-halk ikiliği çerçevesinde tamamen yok sayan Ecevitçiliğin düşündüğünden de daha karmaşık bir ilişki... ama bir ilişki...) Üçüncüsü, bu dünyayı yorumlama ve kapitalizmde yoğunlaşmış egemenlik ilişkilerini aşmayı isteme bakımından, İslâmcı aydınlarla, yol arkadaşlığı da gerekmeden, uzlaşmak da gerekmeden (ki Hüsrev Hatemi, yani "öteki" Hatemi, bir zamanlar "yozlaşmadan uzlaşmak"tan bahsetmişti!), konuşma mümkün ve pekâlâ anlamlı olduğu için... Bunlar, karşılık beklemeden, iltifata tabi olmadan gözetilmesi gereken kaygılardır. "Gayret bizden..." denmiştir.

AKP YÜKSELİYOR, SOL DA YÜKSELEBİLİR!

Gelecek Dergisi 24.9.2003

Son zamanlarda köşe yazarları arasında bir tartışma sürüyor: "Ekonomi gerçekten iyiye gidiyor mu?" Üstelik bu tartışma AKP'nin bir seneye yaklaşan hükümetinin karnesi ile ilişkilendiriliyor. Tabii Irak meselesi ile birlikte...

Genel kanaat şöyle: AKP ekonomide başarılı bir tablo çizdi. Irak meselesinde ise problemler var. DEHAP ile ilgili dava ufukta bir siyasal istikrarsızlığa işaret ediyor fakat AKP Yargıtay ve YSK önünde kendi açısından en kötüsü ile karşılaşsa bile bunu kendi lehine çevirebilir. Yani gerekirse yerel seçimleri genel seçime dönüştürebilir. Çünkü siyasal gözlemciler yerel seçimde AKP'nin yüzde 40'ın üzerinde oy alacağını düşünüyor. Yüzde 50'ye ulaşacağını iddia edenler bile var.

Irak tezkeresi krizinden sonra dibe vuran AKP'nin prestiji şimdi en üst noktada. AKP'nin prestiji medya tarafından pompalanıyor. Büyük medya kendi mali sorunları nedeniyle AKP ile bozuşmaktan ölümüne korkuyor. Irak'a asker gönderme yeniden aktüel hale geldiğinden ve ABD'de 'neocon'lar iyice sıkıştığından Amerika'nın Türk kamuoyu üzerindeki etkileme atağı son haddinde.

Kriz yorgunu Türk halkı, ekonominin düzelmesi için pek çok şeye razı. Irak'a asker göndermek için yakında meclise yeniden geleceği anlaşılan yetki belgesi için toplumdan büyük tepkiler gelebilir. Ancak bu tepkiler muhtemelen etnik ve ideolojik iklimlerle kısıtlı kalacak ve halkın ana kitlesinde fazla yankı bulmayacak. Kriz yorgunu halk ekonominin ne pahasına olursa olsun düzelmesini istiyor, hatta **'ekonomi aslında kötü gidiyor' gibi uyarılardan da epeyce bir çoğunluk hiç hoşlanmıyor**. Ekonominin kötü olduğuna inanmadığından değil tersine bunu günlük hayatından bildiği için... Fakat artık bu durumun bir şekilde düzeleceğini umut etmek istiyor. Ona bu umudu verecek bir başka siyaset de ortada yok. Ayrıca sıradan insan bir ölçüde kendini **Avrupa Birliği** piyangosuna kaptırmış ve AKP bunu iyi görüyor. "Ilımlı İslamcılar"ın **ordu ve laik kesim ile uzun süreli bir yıpratma savaşına** girdiği belli. AB faktörü bu mücadelede ordunun elini kolunu bağlıyor.

KRİZ VARSA VAR EKONOMİ TIKIRINDA

Ekonomi ise aylardır inadına iyiye gidiyor. En azından göstergeler düzeyinde bu böyle. Enflasyon yılsonu yüzde 20 hedefini tutacak. İhracat fena değil. Bütçenin durumu iç açıcı olmasa da en azından Ağustos rakamları beklenenden iyiydi. Büyüme son ay hız kesti ama zaten gereğinden hızlı gidiyordu ve sene sonu yüzde 5'lik hedef tutacak. IMF ile gelecek senenin dış borç ödemeleri yeniden yapılandırıldı. Dövizin aşırı değer kaybı veya tersten söylersek TL'nin değer kazanması kimi iktisatçıları endişelendiriyor ancak en kötümserleri bile bu yıl için acil bir sorun beklemiyor. Faizler bu yıl epeyce düştü. Ekonomide yatırımlar henüz istenen düzeyde değil, özellikle istihdama yönelik yatırımlar yok denecek kadar az. Buna karşılık sanayi üretimi ve kapasite kullanım oranları artıyor. Ani bir tersine gelişim olmazsa bunun istihdama da olumlu yansıması kaçınılmaz. Mali piyasalarda moral yerinde... Borsa AKP iktidara geldiğinde gördüğü 14 binli endeks seviyelerini uzunca bir aradan sonra yeniden yakaladı.

Güneydoğudaki savaşta ara verme hali sürüyor. KADEK'in 'ateşkesi bozacağız' türü tehditleri fiiliyata dökülmüyor. **Kürt muhalefeti** AB reformlarının onlara da yarar sağlayacağını umut ederek bekliyor.

AKP'nin en büyük sorunu olabilecek sağ muhalefet felç olmuş durumda. **Ağar'lı DYP** tam bir hayal kırıklığı yaratıyor. Tayyip Erdoğan biraz da devlet gücünü kullanarak **Genç Parti**'nin fişini çekti. **MHP karmakarışık.** Erbakan'ın islamcı kitleleri Tayyip Erdoğan'ın karizmasından geri alması en azından şu aşamada çok uzak bir ihtimal. **Bu şartlar altında AKP epeydir oturmak istediği eski Demokrat Parti konumuna rahatça yerleşebilir.** Üstelik ortadaki tek ciddi muhalefet olan 'millici' askerler ile Atatürkçü rektörler ittifakı beraberce tabloyu tamamlayıp AKP'ye üstüne kolay oturtamadığı DP rolünü başarması için elinden geleni yapıyor. Halk da zaten 27 Mayıs öncesine değil 1950 sonrasının ruh haline yakın. Yani irtica tehdidini fazla önemsemiyor.

ATALETİN FAZİLETİ

Peki AKP bu kadar şanslı bir pozisyon elde etmek için ne yaptı? İşin ilginci de burası: **kesinlikle hiç bir şey!** Fakat bu ülkemizin önemli bir gerçeği... Gerek siyasette, gerek ekonomide iyi kötü bir yere geldikten sonra bu ülkede en akıllıca iş hiç bir şey yapmamak oluyor. Bakın mesela CHP'ye... İstikrarlı bir şekilde yıllarca fazla bir şey yapmayarak, sadece ufak tefek bir takım manevralar deneyerek, öne geçen rakiplerini sonunda elemine etti ve ana muhalefet, hatta tek muhalefet olmayı başardı.

AKP, borçları öteleyelim, faiz dışı fazla için pazarlık edelim AB için Avrupa'da lobi yapalım, Irak'a bir an evvel asker gönderelim, Kıbrıs'ta derhal uzlaşmaya gidelim vs gibi çeşitli hamleler yaptı iktidara geldiğinde... Kısaca hatırlamaya çalışalım hepsi nasıl da küçük birer skandal ile son ermişti. Şimdi parola şu **"Hiç bir önemli şey yapma, bırak işler olacağına varsın, sen bu arada kadrolaş, tribünlere oynama fırsatı çıkarsa da kaçırma!"**

Evet bu sayede ekonomi düzeliyor, çünkü eğer beceriksizce bozmazsan ekonomi zaten kriz ile dibe vurmuş olduğundan dibe vurmuş her şey gibi şu veya bu miktarda yeniden yükselir. Ülke de ilelebet krizde kalmayacağından ister istemez krizden çıkıyor. Eğer **sayın Derviş'in** yanlış müdahaleleri olmasaydı zaten kriz daha önce bitecekti. Ciddi bir muhalefetin yokluğunda IMF programı halktan egemen kesime dikkatli bir gelir aktarımı ile ekonomiyi hiç değilse kısa dönemde 'iyileştirir'.

Sorun şu ki ekonominin ve siyasetin konjonktürel iyileşmesi bu ülkede her zaman sadece ve sadece **akut krizden kronik depresyona geçiş** şeklinde olmakta. Akut krizden çıkış için yapılanlar, daha doğrusu yapılmayanlar süreğen bunalımı da garantiliyor.

Mesela ekonomide yapılmayanlar neler? Faizlerin ve enflasyonun konjonktürel düşüşü uğruna hiç bir riske girilmediğinden ekonominin ağır borç sarmalı, firmaların katma değer üretemeyen verimsiz yapısı ve büyüme durumunun döviz kıtlığı yaratması ve sürdürülememesi, gelir dağılımı adaletsizliğinin ölçek ekonomisine izin vermemesi ve daha pek çok 'yapısal' sorunun kriz ortamında fazlaca zarar görülmeden kısmen de olsa çözülmesi şartları kaçırıldı. Bütün bu etkenler şimdi, daha henüz krizden çıkarken, yeni bir krizin tüm şartlarını biriktirmeye başladı bile.

Ya siyaset! dış ve iç politikada krizi derinleştirmeyelim diye hiç bir riske girilmedi. Güzel... Dünyanın yeni dengeleri içinde ülkenin bağımsızlığını bir derece olsun artırmak fırsatı başlarının üstüne düşmüşken elde edilen sadece ABD ile AB arasında binamaz kalmak oldu. Hakkını yemeyelim bu hususta kafası karışık olan sadece AKP değil baksanıza TÜSİAD'dan bile Irak'a asker gönderme konusunda çelişik görüşler geliyor. Ya iç politika? İmam hatiplerin biraz yolunu açmak ve yüksek öğretime biraz müdahale... Başka... Başka yok. Eğer fırsat bulursa orman arazilerini satacak. **AB yasaları kabul edildi**. Zaten evvelki hükümet de etmişti. AB bir adım atar bizi kabul ederse bir kısmı uygulanacak. **Muhtemelen onlar ipe un sereceklerinden, bizimkiler de serecek.**

YEREL SEÇİMİN GÖRÜLEMEYEN FIRSATLARI

Yalnız hiç bir şey yapmayarak bu ülkede bitmez tükenmek bilmez o makus senaryonun habire yeniden oynatılması artık giderek zorlaşıyor. Ekonomik ve siyasal krizler giderek daha sık aralıklarla ortaya çıkıyor. AKP bu krizden çıkış anını, gerçek reformlarla hiç değilse kısmen bezeyerek, önemli bir pozisyon avantajı sağlama şansına sahip; **bu şansı kullanırsa kendisine nispeten uzun bir iktidar aralığı da elde edebilir.**

Paradoks sayılsa bile sistem dışı solun da bu seçimde şansı yüksek, tabii eğer kullanabilirse... İktidarın kaybedeceği, ana muhalefetin de kazanacağı fazla bir şey olmadığı, insanların 'oyum ziyan olmasın' kaygısına, başabaş geçeceği düşünülen bir genel seçimdeki kadar kapılmayacağı böyle bir seçimde sistemin bir parçası olmayan sol en umutsuz olduğunu sandığı şu anlarda aslında ne büyük bir avantaja sahip olduğunu bir görebilse...

İSA KİMDİ?

Birgün 15.4.2004

Mel Gibson'ın 'İsa'nın Çilesi' filmi bir müddettir. Türkiye'de de sinemalarda oynuyor. Oynamayan yerlere de korsan VCD satanlar yoluyla ulaşmış. Hz. İsa, dini konular dışında da önemli bir kişidir. Birkaç noktaya işaret edeceğiz. Çünkü bunlar filmde vurgulanmıyor. Vurgulanmayınca da olanı biteni anlamak mümkün değil.

Yaşadığı dönemde **Filistin Roma işgali altındaydı**. Yahudiler birkaç bölüğe ayrılmışlardı. Bir grup Yahudi üst ulemasıdır ki; hem Roma yönetimi ile işbirliği içinde, hem ona olan tepkinin ve Musevi inancının putperest Romalılara karşı savunusunu yapmakla yükümlüdür. Bir başka grup daha genç din adamları ve daha eğitimli kişiler; ki Romalılara karşı bağımsızlık mücadelesinin başını çekerlerdi. Diğer grup eski Musevi peygamberlerin geleneğini savunan mistiklerdi. Vaftizci Yahya gibi... Bir de yerel yöneticiler vardır. Kral Herod gibi. Kukla bir devletin başındadır.

İsa görünüşe göre Yahya'nın yani yoksul derviş geleneğinin bir temsilcisidir. Kendisini **Mesih yani kurtarıcı** ilan etmiştir. Şimdi dikkat edelim. O yıllarda Mesih bugünkü gibi sadece dini anlamda kullanılan bir kelime değildi. Yahudi geleneğinde Mesih **Yahudilerin efsanevi Kralı Davut** soyundan gelmeliydi ve büyük savaşlar vererek tıpkı Davud gibi Krallığı ele alıp Yahudileri politik anlamda da kurtaracaktı. İsa'nın politik suçlulara verilen Çarmıh cezasına çarptırılmasında herhalde onun krallığa oynamasının, yani **bir iktidar mücadelesi veriyor olmasının** rolü vardı. Bu başlı başına affedilmez bir suçtu. Hele de bu fikirleri çölde değil Kudüs tapınağında vazedersen...

Ama İsa bunla da kalmadı. Yahudi toplumunun hiç değilse bağımsızlıkçı ve aydın kesimi onu bu sebeple bağrına basabilirdi. Gel gelelim İsa Romalılar adına vergi toplayan Yahudileri, pek de o kadar Yahudi sayılmayanları, fahişeleri, yoksulları, yani 'orta sınıf ulusal kurtuluşçuların' tiksindiği herkesi yanına çağırdı. Hele de **"Tanrı'nın hakkı Tanrıya Sezar'ın**

hakkı Sezar'a" diye Romalılara vergi verilmesini kınamaktan kaçınınca iyice gözden düştü. Bir din bilgini gibi tanınıyordu. Hatta saygı görüyordu. Bu lafızlarıyla yüksek ulemaca kolayca saflarına kabul edilebilirdi. Gel **gelelim "bir zenginin tanrının krallığına (cennete) girmesi bir devenin iğne deliğinden geçmesi kadar zordur"** dedi. Yetmedi. Kudüs tapınağında para alıp satanların ve çeşitli ticaret yapanların tezgahlarını adamlarıyla beraber dağıtınca (bizim din tüccarlarının ve pazar yerine çevrilmiş cami avlularının düzeltmeyenlerin kulakları çınlasın) onlar için de bir büyük sosyal tehdit oldu.

İşte yeni bir İsa fotoğrafı: zenginlere karşı bir sosyal isyancı, bir yabancı işbirlikçisi, yabancılara ve yerli işbirlikçilerine karşı mücadele eden bir politik isyancı, ulemanın dini saptırdığını düşündüğü noktalara itiraz eden bir din reformcusu, ırk din, cins ve sosyal ayrımları tanımayan bir 'hümanist' ve 'enternasyonalist'.

Bugünkü Türkiye'nin İsa örneğinden öğrenecekleri çok şey vardır. Solun da... Milliyetçiliğe meyletmediğiniz takdirde AB'ci, emperyalist ajanı; irticaya prim vermezseniz, anti demokratik, modası geçmiş Kemalist; hala köktenci sosyal reformları savunursanız fanatik dinozor; insanların dinsel, etnik ve her tür demokratik haklarını savunursanız ikinci cumhuriyetçi sayılırsınız. **Eğer bunların hepsini birden savunur yani bir solcunun yapması gerektiği şeyi yaparsanız. Başınıza İsa'nın başına gelen gelir.** Yüz senedir bu ülkede devrimcilerin uğratıldığı işkencelerin sebebi de bu değil midir?

HER BEŞ GÜNDE BİR...

Birgün 10.5.2004

Meclis'te kadınlar var. İyi ki var. Olmasalar AKP'lilerin "Erkek hakları güme gidiyor!" nidaları, CHP'lilerin dokunulmazlık meselesinden başka bir şey görmezlikleri arasında bir korkunç bilgiye kulaklarımız sağır kalacaktı.

Biliyor musunuz? **Türkiye'de her beş günde bir töre cinayeti işleniyormuş.** Üstelik bunlar sadece bilinenleri. Sıradan kayıp olarak kayda geçen, veya başka sebeple işlendiği sanılan cinayetler elbette hesaba dâhil değil. Dün Halkın Gazetesi Birgün'ün 4. sayfasında Ankara'dan **Kemal Aktaş arkadaşımızın** bir haberinde okudum bu bilgiyi. Ortaya çıkmasında ve daha önemlisi töre cinayetlerinin önlenmesinde önemli bir adım atılmış. Töre cinayetleri artık "nitelikli suç" kapsamına girecek.

Bu noktaya gelinmesinde CHP'li iki kadın milletvekilinin payı var. Oya Araslı ve Gaye Erbatur yıllardır sadece basına tiraj malzemesi olarak kalan bu cinayetlerin mecliste araştırılması için önerge verdi. AKP'li erkek milletvekilleri kadınlar lehine pozitif ayrımcılığı hedefleyen yasa düzenlemelerine karşı çıkarken **AKP'li** bir kadın milletvekili töre cinayetleri hakkında bir araştırma önergesi hazırladı. **Gaziantep milletvekili Fatma Şahin** önergesini 39 kişiye imzalatmayı başarıp Meclis Başkanlığına sundu. Ben bu gelişmeleri önemsiyorum ve ceza artırımının etkili olacağını düşünüyorum. Fakat iş burada bitmiyor.

BİR ALT YAPI SORUNU

Fatma Şahin önergeyi vermeden önce konuyu **Tayip Erdoğan**'a açmış. **Bakın Erdoğan ne demiş:** "Önemli olan o olayın gerçekleşmemesi için alt yapının hazırlanmasıdır. Nasıl bir alt yapı gerekiyorsa o yönde çalışma yapılsın." Hani Allah söyletmiş derler ya. İşte öyle olmuş. Sayın Erdoğan'ın alt yapı kelimesinin sosyolojik anlamını kastettiğini sanmıyoruz ama yanlışlıkla da olsa teşhisi tam yerine oturtmuş. Çünkü töre cinayetlerinin sebebi, 100 yıldır kökü kazınması gerekirken şu veya bu gerekçeyle korunup, kollanan feodal alt yapı. Feodal tarımsal üretimin üzerinde şekillenen ve o tür alt yapıdan daha uzun ömürlü olan üst yapı, yani töreler, aşiret ilişkileri... Bu üst yapı ilişkileri o kadar güçlü ki aileler büyük şehre göç ettiklerinde bile varlığını devam ettiriyor. Çünkü büyük kentlerde de hemşerilik ilişkileri adı altında kendini yeniden üretecek ekonomik temellerle karşılaşıyorlar.

Şimdi AKP'ye düşen başbakanın sözünün ardında durmasıdır. Özellikle doğuda sürüp giden aşiret ilişkilerini oy uğruna berkitecek yerde onların ekonomik temelini, yani feodal ilişkilerle bezeli büyük toprak mülkiyetini yani işte o "alt yapı"yı ortadan kaldırmak; ciddi bir toprak reformunu gündeme getirmektir. IMF'in direktifleriyle kooperatifleri kösteklemek yerine, küçük köylülüğü sömürmenin kadim biçimi olan tefeciliği ortadan kaldırmak amacıyla kooperatifleri ve Ziraat Bankasını desteklemektir. Şehirde feodal toprak rantının bir benzeri haline gelmiş mafya eşliğinde yürüyen hazine arazisi yağmacılığının, küçük işportacılığın ve güvencesiz merdivenaltı üretimin yerine çağdaş toplu konutlar, sendikalı ve sigortalı çağdaş işletmeler desteklenmeli. Eğer AKP gerçekten samimi ise bu yolda adım atmalı. Eğer gerçekten samimi ise imam hatipler meselesinde sergilediği hassasiyet ve ısrarın onda birini **kadın sığınma evlerini kapatmakta** değil yenilerini açmakta göstermeli. İşte bu "alt yapı unsurlarını" yerine getirir ise o zaman hem siyasetteki yolsuzluk düzelecek, hem de töre cinayetleri bütün çağdaş ülkelerdeki gibi ortadan kalkacak. Fakat o zaman feodal ilişkilere kârlılık artırıcı bir unsur olarak severek eklemlenen Türkiye'nin çarpık kapitalizminin de ciddi bir darbe yemesi ihtimali var. Türkiye için devrimci bir gelişme olacaktır bu ama mevcut sistemin ürünü olan politikacılar dış baskılar sonucu olsa bile bunu ne kadar becerebilir göreceğiz.

YÜZEY ÇATLAKLARI ARDINDA DERİN İŞBİRLİĞİ

Birgün 15.5.2004

Sağ muhafazakâr partiler ülkeyi dini daha ön plana çıkaran kadrolarla yönetmek istiyor. Ülkeyi muhafazakâr bir İslam ülkesi haline getirmek istiyorlar. Askeri bürokrasi, yüksek yargı ve mesela sosyal demokrat olduğunu iddia eden CHP gibi partiler de buna karşı batı toplumlarını örnek alan, geleneksel değerleri daha az önemseyen bir tablo çiziyorlar. Çiziyorlar çizmesine fakat daha ilk bakışta bu resmin pek çok unsurunun yerli yerine oturmadığı kolayca görünüyor. **Askeri bürokrasi** sağ iktidarları ülkeyi klasik bir **Ortadoğu toplumuna** çevirmekle suçluyor; buna rağmen kendisinin demokrasi anlayışı Ortadoğu dikta rejimlerinden hiç farklı değil. İkide bir sandıktan çıktığını iddia eden **sağ muhafazakâr partiler** ise iktidarları boyunca sandıktan çıkışlarını garantilemek için **her türlü seçim düzenbazlığını** yapmaktan geri durmuyor. **Demirel ve Özal** ne zaman seçimlerde bir parça gerileseler hemen seçim kanununu değiştirirlerdi. AKP her türlü yasayı AB normlarına uydurmaya çalıştığını söylüyor da örneğin AB'de örneği olmayan şu **% 10'luk barajı** kaldırmaya hiç yanaşmıyor. Çoğunluğu aşırı kollayan seçim sistemine bir itirazı olmuyor.

İşte şimdi, ortada gözüken çatlakların ardındaki derin işbirliği görülebilir. Tesadüf mü ki bu ülkede **imam hatiplerin önü açılırken** eğitim sisteminin kasten yerle yeksan edilmesi... Bu işler askeri yönetim dönemlerinde olmadı mı? Hatırlayın Evren dönemini... O istisna diyorsanız, hani şu meşhur **28 Şubat nerede**? Ben o dönemde imam hatiplerin kapatıldığını filan hatırlamıyorum. Sadece onların hızını kesmek için eğitim sistemi daha da içinden çıkılmaz hale sokuldu. Yani... Yani şimdi bu kez imam hatiplerin biraz daha teşviki için AKP nasıl eğitim sistemini daha da karman çorman hale getiriyorsa öyle. Bu ülkede 1960'dan bu yana geçen 45 yılın 15 yılı doğrudan askeri ve yarı askeri yönetim altında geçti. En az bir o kadar yıl da sıkıyönetimler veya darbe sonrası askerin ağırlığının hissedildiği dönemlerdi. Ben o yıllarda imam hatiplerin kapatıldığını, din derslerinin tümüyle tercihli hale getirildiğini, diyanetin bütçesinin iyice kısıldığını, din eğitiminin cemaatlere terk edildiğini hatırlamıyorum.

EMPERYAL DENETİM ARACI OLARAK DİN

Tersini hatırlıyorum. Çünkü ABD kaynaklı **kontrgerilla çevreleri "solun en iyi ilacı dindir"** diyorlardı. Çünkü, **"yeşil kuşak"** diyorlardı, çünkü "Türkiye'nin uslu demokrasisinin Ortadoğu'ya örnek olması için ılımlı islama dönülmesi lazım" diyorlardı. Devletin dini kontrol ederek halk muhalefetini dizginlemesi hususunda askeri bürokrasi ile sağ muhafazakâr sandıkçıların hiç farkı yoktur. Ortadoğu'da ılımlı bir İsrail yanlılığı hususunda hiç fark yoktur. İsterse başlarına çuval geçsin, Amerikan politikalarına uyum konusunda hiç fark yoktur. IMF zinciri ile uluslararası finansın elinde oyuncak olmaya toplu halde hiç itirazları yoktur. Varsa da biz göremedik.

Şimdi bakın Alemdaroğlu ile AKP'nin milli eğitimi sözüm ona kavga ediyor. Fakat öğrenciler "üniversiteler bizimdir" deyince ne kavga var, ne söylenme. Biri polisi çağırıyor, polis icabet ediyor. Öğrenci dövmekte tam işbirliği... Lise öğrencileri YÖK'ü protesto ediyorlar. Edebilir. Nihayet birkaç sene sonra onların da sorunu olacak. Polis bunların adreslerini Milli Eğitim Bakanlığı'ndan istiyor. Milli Eğitim, eğitim işinin organizasyonu sanki çok becerdi; şimdi yeni işine sıvanıyor. Harıl harıl adres tespiti... Yökçülerle, AKP'nin Milli Eğitim Bakanı sözüm ona neredeyse boğaz boğaza gelecekler değil mi? O iş başka, bu iş başka. **Mühim meselelerde derin işbirliği.**

Peki çare ne? Bîtaraf kalmak mı? Hayır. Sahte çatışmanın bir tarafına payanda olmak mı? Hayır! Sol bu çözümü daha önce bulmuştu. Hatırlayın, hatırlayın!

ÇAKAL'IN GÜNÜ

Birgün 29.7.2004

The Day of the Jackal (Çakal'ın Günü), **Frederic Forsyth**'ın ünlü romanı. Bizde 'Çakal' adıyla yayımlanmış, çok da ilgi çekmişti. Bu roman iki kez filme çekildi. İlki Çakal rolünde Edward Fox'un oynadığı 1973 yılı çevrimi. Bence harika bir filmdi. Üstelik hem romana hem de romanın oldukça iyi tasvir ettiği tarihi olaylara uygundu. İkinci film 1997'de vizyona girdi. Çakal rolünde **Bruce Willis** vardı. Ne romanla ne de romanın konu aldığı olaylarla ilgisi bulunuyordu.

***

Canis Aureus, köpekgillerden bir memelinin adı. Canis Lupus ile yakın akraba olur. Fakat bu iki Canidae üyesinin isimleri sıfat olarak kullanıldığında benim duyduğum dillerde nedense hep çok farklı çağrışımlar yapar. C. Aureus'u biz 'bayağı çakal' olarak biliriz. C.Lupus'u ise 'bayağı kurt' olarak... Birine kurt gibi derseniz bu bir anlama gelir; çakal derseniz başka bir anlama...

***

Türkiye'de faşist ve neo-faşist hareketler kurtu bir sembol dolarak kabul eder. O bir Türki kavmin zamanında kabul ettiği totem hayvanıdır. Özel bir destanda yeri vardı. Çakalın bildiğimiz kadar hiçbir destanda yeri yoktur. İnsan imgeleminde Kurt vahşidir, kıyıcıdır, canavardır; ama bağımsız, başına buyruktur. Köpek, emir kuludur ama sadıktır. Çakal ikisinin arasında kalır, ürkek olduğundan başına buyrukluğunu savunamaz, kolay avların peşindeki bir leşçidir. Sığınacak yer arar, kurtların peşinden gider artıklarını kapmak için; fakat sadık da değildir o yüzden gerçek bir sahibi de olamaz. İnsan imgeleminde çakal **doğanın piçidir.**

***

Çakal filmi gerçek bir olayı anlatır. Fransızların, Cezayirlilerin mücadelesini bastırmak için yaptıkları kirli savaşta kullandıkları özel kuvvetlerle ilgilidir aslında. **OAS (Organisation de l'Armée Secrète)** Cezayir'in bağımsızlığı ciddi bir ihtimal olarak ortaya çıkarken kurulan bir Fransız yarı faşist örgütüydü. Daha çok Cezayir'de yerleşik Fransızlar ve Fransız'ların **Cezayir direnişçilerine** karşı uyguladığı insanlık dışı işkence ve terör yöntemleriyle öne çıkmış özel askeri birliklerin üyelerinden oluşturulmuştu. Bunlar Cezayir ve Fransa'da terör eylemlerine giriştiler, hükümet darbelerine kalkıştılar. Fransa'nın efsanevi başkanı **de Gaulle'e suikaste** kalkıştıkları konuşuldu. **İşte roman** ve film bu olayı anlatıyordu. Fransız özel birlik mensuplarınca dolu OAS örgütünün de Gaulle'e yapmaya kalkıştığı suikastin hikayesi. OAS Fransız devletinin ta içinde güçlü bağlara sahipti. Buna rağmen kendi içlerinden birini değil takibi zor olsun diye suikastçi olarak bir İngiliz profesyonel katili seçerler. Katilin gerçek isminin bilinmemesi gerekiyordu. Katile bir kod ismi konur.

Katil uygun bir isim seçmiştir: **Çakal**!

***

Çakal **'gayrimeşru alem'in argosunda** çok özel bir yere sahiptir. Aynı alemden türeyip sonradan harcıalem olan 'şerefsiz' küfrüne de pek benzemez. Nevzuhur mafyanın bu nevzuhur anlamlarla yüklenmiş küfrü aslında şerefsizce işler yapana söylenmez. Çünkü zaten alem böyle işler üzerine kuruludur. Küfür nevzuhur mafyanın iç kurallarına aykırı davranana yöneltilir, ki aslında bunu yapan genelde hayatında belki de ilk kez şerefli bir iş yapmış durumdadır. Çakal ise yine eski bir deyimdir ama böyle bir anlam kaymasına uğramış da değildir. Çakal denilen hayvanın doğada leş yiyiciliği dolayısıyla edindiği bazı davranış biçimlerine, hiç değilse insanların onları anladığı biçime atıfta bulunur: Korkak, kalleş, sadece zayıf ve hastalara saldıran, güvenilmez, ihanete eğilimli.

***

Faşizmin geçmişte kurtluğu tartışılırdı. Kurttan ne anlamak gerektiği de öyle... **Fakat soğuk savaş yıllarından bu yana özel bir** çakallaşma içinde olduğu kesin. Neo faşizm dünyanın her yerinde ama özellikle Türkiye'de gitgide devletin özel güvenlik örgütlerinin bir parçası, basit bir maşası oldu. Böylece devletin içindeki ağabeylerine sırtını dayayıp ülkeyi iç savaşa çekici eylemler yürüttü. Tıpkı çakal gibi zayıflara saldırıp sonra krallara sığındı. Maşası olduğu örgütlerin bağlantısı nedeniyle aslında yurtdışındaki yabancı örgütlerin ülke aleyhindeki her tür faaliyetinin de maşası oldu. Milliyetçilik gibi en temel iddialarına bile gerçekte ihanet etti. Çakalın ikinci özelliği olan ihaneti gerçekleştirdi.

***

Fransa, (daha sonraları İtalya) böylesi neo faşist organizasyonları ve daha önemlisi onların devlet içindeki temsilcilerini büyük ölçüde tasfiye etti. En azından bunlar "demokrasi" için artık o ölçüde tehdit oluşturmuyor. Türkiye ise demokratikleşme sürecinde olduğunu söylerken tam tersini yapıyor. **Dün Türkiye'nin OAS'ının görünen başları serbest bırakıldı.** Çakalın günü yaşandı! Ne diyelim; umalım ki çakal kendini serbest bırakanı yarın ısırmasın; ne de olsa çakal deyiminin bir özelliği de nankörlüğüdür.

ŞU MEKTEPLER OLMASA...

Birgün 20.8.2004

Böyle demiş Osmanlı'nın eğitim bakanı; "Şu mektepler olmasa Maarif'i (eğitim bakanlığı) ne güzel yönetirdim!" Aradan geçen yaklaşık 100 yıl içinde çağdaş medeniyet seviyesiyle ilgili herhangi bir hedefi yakalayamasak da **o nâzırın hedefine az kaldı**. Artık mekteplerin adı var kendi yok! Zaten amaç parası olanın çocuğunu özel okulda okutması, olmayanın ise bu adı var kendi yok okullarda çocuğunu okuyor zannetmesi... Çocuğun orada sadece vakit kaybettiği ise işte üniversite kapısında belli oluyor.

Gerçi haklarını yemeyelim, üç otuz para verilerek açlık sınırına itelenmiş kamu çalışanı öğretmenlerin bireysel çabaları ile, devletin yok etmeye çalıştığı parasız kamusal eğitim hizmeti yine iyi kötü gidiyor; özel okulları kıskandıracak kimi iyi örnekler de görülüyor. Fakat dediğimiz gibi bireysel gayretlerle, akıntıya karşı yüzülerek...

Sonuçta 6 sene İngilizce okutup "This is a book" seviyesinin üstüne geçirmediğin, çok ağır bir müfredata soyunup temel matematik bilgisini bile doğru dürüst veremediğin çocukları götürüp bir tek sınava sokuyor ve onun bütün geleceğini bu sınava bağlıyorsun. En iyi öğrenciler bile bu tür bir psikolojik baskı karşısında başarısız olabilir. Nitekim sınavda başarısız olan bir yığın okul birincisi var.

Dün ÖSS yerleştirme sonuçları açıklandı. Sesonline.net'in yazdığı habere göre tercih yapma hakkını elde eden öğrencilerin yaklaşık yarısı tercih formunu bile doldurmamış. Tercih yapan 830 bin 245 adaydan yalnızca 356 bin 883'ü bir yüksekokula kaydolma hakkı elde etmiş. Tam 2 bin 131 okul birincisi açıkta kalırken 34 bin 869 üniversite kontenjanı ise boş kalmış. Sadece bu sayılar bile mevcut üniversite seçme sınavının ne saçma bir sistem olduğunu gözünüzün önüne seriyor. "Neyse bu 350 bin çocuk bari kurtuldu!" demeyin onların da her sene giderek artan bir sayısı yalnızca özel üniversitelere girme hakkı kazanmış oluyor. Yani ailenin yıllık ortalama 10 milyar kayıt ücretini ödeme hakkı varsa ne ala; yoksa kazandığı filan ancak kâğıt üzerinde...

DELİ SAÇMASI BİR SİSTEM

Özel üniversitelere kızmak da doğru değil, sistem öyle bir işliyor ki artık ilkokuldan itibaren özel okulda okutulmazsa çocuğun sınav şansı okuduğu her yıl giderek azalmış oluyor. Dershane maliyetini hiç saymıyorum bile... **Devlet Amerikan sistemine özeniyor sözde...** Fakat zaten parlak olmayan kusurlu o sistem, bir de oradaki destek imkanlarıyla berkitilmeden, hele de bizdeki alaturka usulle uygulandığında ortaya trajikomik sonuçlar çıkıyor. Nasıl mı? Örneğin ABD'de yemeyip içmeyip nispeten düzgün bir üniversitede çocuk okutuyorsan hiç değilse onun, mezun olduğunda bu masrafları çıkaracak bir gelir seviyesi ile bir yerlerde istihdam edileceğini düşünebilirsin ve bu büyük bir ihtimaldir. Bizde ise ilkokuldan üniversiteye kadar özel okulda çocuk okutan aile çocuğunu buralarda okutmak yerine bu parayı biriktirse ve tahsil süresi kadar bir süre sonunda çocuğuna verse çocuğu, hiç kendini yormadan özel okulda okumuş bir çocuğun kazanacağı paradan daha fazla gelir elde edecektir! Tabii okuyan çocuğun para kazanacağı da sadece bir varsayım. İster özel, ister kamu üniversitelerinin, belki birkaç üniversitenin birkaç bölümü hariç, yaptığı şey çocukları mezun olana kadar aslında işsiz biri olduklarını anlamadan oyalamaktan ibaret. **İşte YÖK sisteminin yüksek öğretimi getirdiği yer!**

Kamu veya özel üniversite hocaları da ne yapsın? Kendisine gelmiş öğrenciye yüksek matematik öğretmekle yükümlü ama çocuğa doğru dürüst dört işlem bile öğretilmemiş. Ya ilk orta öğretimde görevli öğretmenler ne yapsın? Okulda lüzumsuz raporlar tutmaktan, lüzumsuz müfredat unsurları, lüzumsuz angaryalardan vakit, kasabın bakkalın parasını düşünmekten fırsat bulurlarsa çocuklara bir şey öğretecekler. Yetersiz binalarda, seksen kişilik sınıflarda, çift tedrisatla... Yine hepimiz, bizler bir yerlere geldikse o yıllardaki öğretmenlerimizin bireysel çabaları sayesindedir. **Siyasi iktidarlar ikide bir akıllarına geldiği gibi eğitim sistemini kurcalayıp değiştirmese**, siyasi mülahazalarla veya torpille atamaları parmaklayıp adalet denilen en insanca hissi zedelemese, dünyanın bu en komik eğitim bütçesiyle bile **bu öğretmenler ne mucizeler yaratır!**

***

BİR TAŞLA İKİ KUŞ!

Birgün 24.8.2004

İktidar olmakla hükümet olmak arasındaki fark bu ülkede sık konuşulur. Şu sırada da konuşuluyor. Habire darbelerin yapıldığı bir ülkede iktidara gelmiş siyasi partinin devlete hâkim olmak için ek bir çaba göstermesi anlaşılır bir şey. Fakat iktidar olmanın da yolu yordamı var. İktidar olmak için yapılanlar, tıpkı darbecilerin izledikleri yollar kadar gizli kapaklı, komplocu ve demokrasiden uzak ise o zaman sivil bir hükümetin iktidarı kullanmasından değil askeri müdahalelerden bile daha sorunlu bir süreçten bahsediyor olursunuz.

Bu ülke tıpkı **Rusların matruşka bebekleri** gibi iç içe geçmiş komplolardan oluşan bir siyasi gelenekten geliyor. Cumhuriyet tarihi, hele de yakın tarih bu bakımdan Bizans saraylılarını suya götürüp susuz getirecek komplocu örnekleri ile doludur. Bu kadar komplo içinde aynı devletin, işbirliği içinde çalıştığı varsayılan kimi kurumlarının birbirini takip ettiği, izlettirdiği örnekler bir haylidir. **Soner Yalçın**'ın MİT görevlisi **Hiram Abas**'ın hayat hikayesini anlattığı **Bay Pipo** adlı kitabında Demirel'in Başbakan yardımcılığına geldiği ilk hükümet deneyiminde o zamanki istihbarat teşkilatı başkanı ile ilgili başından geçenler anlatılır. Kitaba göre istihbaratçı, **Demirel**'i her ziyaretinde **"İyi sıhhatte olanlarda yeni bir şey yok"** türü bir mesaj verir. Demirel bu 'iyi sıhhatte olanlar'ın kim olduğunu merak eder. MİT kimi izliyor da orada bir sorunun olmadığını her seferinde özenle belirtiyor? Lakin utandığından soramaz. Bir gün merakını yenemeyip sorar: "Kim bu iyi sıhhatte olanlar?" MİT başkanı cevap verir: **"Kim olacak ordu!"**

Yalnız mesele sadece ordu ve siviller arasında bir hadise de değildir. Yakın geçmişte iyice ortaya çıktı ki aynı zamanda mesela Emniyet ile MİT arasında da benzer "güvensizlikler" var.

Velhasıl demokrasiyle yönetilmeye alışmamış bir ülkede seçimi kazanınca iktidar olmuyorsunuz. Ayrıca bir de saray darbesi/darbeleri yapmanız gerekiyor. Eğer buna tevessül ederseniz siz de zamanla üniformalı darbecilerden -bizdeki sivillerin mutat prensipsizliği sonucu- daha da demokrasi karşıtı bir noktaya kolayca sürükleniyorsunuz. Aslında sonraki örneklere nazaran belki daha masum kalan Menderes hükümetinin yaptırdıkları buna örnektir.

DEMOKRASİ ABASINDAN VAZGEÇMEK!

Şimdi olanlar neler? AKP iktidar olmak için kimi kurumlara hâkim olmak istiyor. Sayıştay islamcı kesimin ağırlıklı olduğu düşünülen 'zaten eldeki' bir kesim olarak algılanıyor. Böylece kamu reformu yasalarıyla etkinliği artırılıyor. **Merkez Bankası başkanı** görevden alınmaya çalışılıyor; IMF ve piyasaların korkusundan zorla tahammül ediliyor. MİT Başkanı için de bir görevden alma denemesi yaşanıyor. Anayasa Mahkemesi –ki iktidarın yeni yasalarının önünde ciddi bir engel olarak görülüyor- düzeyinde islamcı etkinin artışını en azından eski **Yargıtay Başsavcısı Vural Savaş** iddia edip dururdu. Yargıtay bu bakımdan son derece önemli bir yer. Özellikle alevi, sosyal demokrat, cumhuriyetçi kişilerin ciddi ağırlıkta olduğu bir yer. Geçmişte buralarda önemli mevzi mücadeleleri oldu. Ayrıca yargının kamuoyundaki prestijinin yasamadan yüksek oluşu mevcut kuvvetler ayrılığı sistemi içinde iktidarın gücünü sınırlıyor. İşte meseleye biraz dışardan bakıldığında böyle nahoş bir manzara karşınıza çıkabiliyor. İş böyledir veya değil. Ancak görünüşü bile çirkin.

Yakında **Yargıtay**'da seçimler olacak. Tüm bu olanlar sonucu Yargıtay başkanının nezdinde oradaki laik kesimin prestiji zayıflatılabilecek. Aynı anda tabiri caizse iki testi çarpıştırılıp biri kırılırsa diğeri de çatlayacak. Bir taşla iki kuş vurulacak! Yani Yargıtay Başkanı giderse aslında onla çatışma durumuna düşürülen MİT müsteşarının da durumu tehlikeye girecek. Bütün bu operasyon ise belli ki oldukça dikkatli yapılmış. Öne çıkan figür, **Hanefi Avcı** Susurluk'la ilgili, MİT hakkındaki hesaplarını kapatıyor gibi... Zaten bu amaçla seçildiği düşünülebilir. Olayda patlak veren diğer önemli isim **Kozinoğlu** zaten eskiden Avcı'nın hedef ismiydi. Ankara'dan bir yığın kaset özellikle **Doğan grubu** gazetelerine "servis" ediliyor. Bir zamanlar kendi telefonlarının dinleme kayıtları açıklandığında –içlerinde skandal bilgiler vardı- içeriğe hiç bakmaksızın izinsiz telefon dinleme ve bunu yazmanın ne ahlaksızca bir şey olduğunu savunan grup yöneticileri "sorumlu gazetecilik gereği" bunları yazıp duruyor.

AKP de **"bu işlerde hiç dahlim yok"** biçiminde kenardan seyrediyor. Umarız yoktur! Bu ülkede halk onlara belki tüm diğerlerine kızdığı için, ama ne olursa olsun büyük bir oy desteği verdi. Bu desteğe dayanmak yerine acele ile başka destekler peşinde koşmak... İşte geçmiş bütün sivil hükümetlerin demokratlık zırhlarını üstlerinden alarak savunmasız bırakan bu hata... Umarız bu kez buna tevessül edilmez, bu çıkmaz yolda ısrar edilmez!

İSLAMCI TERÖR VE DİRENİŞ

Birgün 30.8.2004

Bir ülkeyi işgal edenlere karşı direniş sadece ulusal bir görev değil insani bir görevdir de... İnsan insan olmak istiyorsa yurduna, ailesine, ulusuna yapılan saldırıya cevap vermekle yükümlüdür. İnsan insan olmak istiyorsa... İnsanın insan olmak, insan kalmak istiyorsa yapacağı başka şeyler de vardır. Hatta yapmayacağı şeyler... Ancak hayvanların yapacağı şeyleri yapmamak mesela... Irak'taki **sözüm ona direnişçilerin** şu son yaptıkları, yani orada çalışan kimi Filipinli, Koreli, Pakistanlı, Türk işçileri öldürmeleri... Bu nokta işin insanlıktan çıktığı radde... Kimsenin onları 'emperyalizme karşı direniyorlar' filan diye desteklemelerini beklemesinler. Üç kuruş için, bir ekmek parası için orada çalışan emekçiler kolay hedef belki; ama ne dünyanın her hangi bir dininde, ne de herhangi bir vicdani sorumluk taşıyan büyük düşünce sisteminde böyle bir eylem hoş görülemez. **Böylesi bir terör** ne bir sonuca ulaştırır, ne o direnişin en çok ihtiyaç duyduğu uluslararası sempatiyi sağlar, ne de direniş için herhangi bir ciddi kazanım getirir. Getireceği sadece kayıp ve onursuzluktur. Her cinayet ateşin düştüğü yerdeki milyonlarca insanın kalbinde oradaki yüzleri kapalı kişilerin nezdinde bütün bir Irak halkını karalamaktadır.

Tabii işin içinde iş var. İşin içindeki iş bir takım **islamcı teröristlerin** Irak direnişinin ardına sığınıp parsa toplaması, direnişi sahiplenmek, onu raydan çıkarıp İslamcı bir karşı devrim için zemin hazırlamasıdır. Burada işbirlikçileri de vardır. Dünya çapında baş işbirlikçisi Amerikan işgalcilerin ta kendisi... **11 Eylül'den beri** ABD ve El Kaide güya birbirine düşman olarak karşılıklı paslaşıp durmaktalar. **El Kaide** yaptığı anlamsız eylemlerle **Bush** gibilerin dünyaya ve Ortadoğu'ya saldırı planlarını uygulamasına kamuoyu desteği sağlıyor. **Bush gibiler ise lafta ne söylerlerse söylesinler yaptıklarıyla Ortadoğu'da radikal İslamcıların yayılmasına uygun şartları yaratıyor.** Olayların nesnel olarak gelişimine bir göz atın ortada çatışma değil bir **'al gülüm ver gülüm'** ilişkisi olduğunu apaçık görürsünüz. Ve bu durum El Kaide denilen ne olduğu belirsiz örgütün ve Ortadoğu'da İslamcı örgütlerin cemaziyül evveline bakarsanız hiç de tesadüfi değil. Ortada bir takım ajan örgütler vardır. Emperyalist gruplar tarafından kurulmuş ve beslenmişlerdir. Sonra güya araları bozulmuştur.

Acaba!

DİRENİŞÇİLERİN GÖREVİ

Ne yazık, görünen o ki bir Türk işçisini infaz eden bu ekip muhtemelen kısmen belki tamamen Türklerden oluşuyor. Türkçe konuşmalardan bunu anlıyoruz. İslamcı terör dünyada hiçbir terörist organizasyonun yapmadığı kadar kıyıcı eylemlere girişmek bir yana bu eylemleri kendi insanlarına yöneltmekte de bir o kadar fütursuz. Bunu **HSBC bombalanmasında** zaten gördük.

Hiçbir aklı başında Iraklı direnişçi o ülkeyle iş yapan firmalardaki çalışanların öldürülmesiyle bir şey elde edileceğini düşünemez. Dünya şirketleri Irak'ta bir takım çalışanları öldürülüyor diye iş yapmaktan geri durmaz. Olan yoksul ve oraya gitmekten başka çaresi olmayan insanlara olacak. Onların kanları haklı bir mücadeleyi onursuzluk çukuruna itmekten başka işe yaramayacak. Zaten El Kaide denen örgütün yapmak istediği de bu. Gerçekleştirmek istedikleri utanç verici rejim, onurlu insanların kabul edecekleri bir rejim değildir de ondan... Bize sorulacak olursa Iraklı direniş liderleri bir an evvel akıllarını başlarına almalı mücadelelerini ele geçirmek isteyen bu fırsatçıları kendi içlerinden çıkarıp atmalı. Irak direnişi eninde sonunda zafere ulaşır. Kaybetmesinin tek koşulu **o direnişin tüm uygarlığa, insanlığa düşman bir hareket olarak gösterilmesi**, o duruma düşürülmesidir.

Dikkat!

Geçmişe Yollanan Notlar: *Bu yazının son satırlarını lütfen bir daha okuyun; IŞİD'in niye yaratıldığını daha iyi anlayacaksınız.*

EL FAKR-U FAHRİ

Birgün 16.10.2004

Ramazan ayı başladı. İnsanlar bu ayda dini fikir ve aktivitelere her zamankinden daha bir ilgili oluyorlar. Medyamız da öyle... Belediyeler de... Her yerde dini ifadeler, mukaddes sözler... **Peygamberlerin hayatı** ile ilgili yazı dizileri, filmler...

Bu vesileyle insanların hayatın maddi cephesi dışında daha aşkın düşüncelere doğru belli bir eğilimleri oluyor. Bu iyi bir şey... Hayat gerçekten de maddi zorluklar, zorunluluklar ve mükafatlardan ibaret bir süre değil. Hele de insanoğlu, daha aşkın fikirlere erişme kapasitesiyle varlığın anlamı, kendini bilme, maddi varlığın ötesindeki ahlak değerleri üzerine düşünme, kendini maddi varlığının dışında algılayabilme yetisine sahip bir cins olarak bazen din, bazen felsefe yoluyla kendini hayvan ve bitkilerden ayırabiliyor. Böylece insan olduğunu gösteriyor, daha doğrusu insan olmaya doğru milyon yıllık serüveninde bu çabasının yoğunluğu mertebesinde birkaç adım daha atmış oluyor.

Dinler, insanın dâhil olduğu her şey gibi en iyi ve en kötü şeylerin adına yapıldığı kurumlar oldu. **Kurucuları olan peygamberler de** hem aşkın bir fikrin yönlendirdiği, hem de maddi dünyanın bir ürünü olan kişiler; sadece bir insan olmanın ikilemini hayatlarında yaşayarak rehberlik ettiler. Peygamberleri bilmek, incelemek onların hem şaşılası, hem harika, hem trajik yaşamlarını okumak ve hissetmek elbette ki faydalıdır. Ama...

Ama işte bu Ramazan ayında devletin, medyanın, ulemanın, siyasetçinin yaptığı ve insanları yapmaya özendirdiği bu mudur?

Anlattıkları gerçekten o peygamberler midir; yoksa o peygamberlerin modern hayata uyarlanmış, popüler hale getirilmiş gölgeleri mi?

Bakalım Hazreti Muhammed'e...

Daha peygamber olmadan adı Muhammed El Emin idi. Yani güvenilir Muhammed... Biz hepimiz ve İslamcı geçinen, ağızlarından Allah ve

Muhammed'in adını düşürmeyen o zevat... Kimse peygamber olmamızı beklemiyor. Bari doğru sözlü ve güvenilir olamaz mıyız; bu kadar mı zor?

Ramazan deyince dini bütün veya öyle gözüken işadamlarının aklına "gıda ürünlerimizi, kolalarımızı bu halka ne kadar kolay satarız"dan başka bir şey gelmez mi?

HADİ ÖRNEK ALALIM

Peygamberin örneği nedir? Lüks makam arabalarına binip, pahalı göz alıcı kıyafetler giyip, çocuklarına bin yoksulu doyuracak parayla düğünler yapmak, sonra vicdanı susturmak, görünüşü kurtarmak için yoksullara yemek çadırları açmak, halka açık yerlerde yiyecek paketleri dağıttırmak mıdır? Bu mudur o müstesna insanın bize öğrettiği...

Sizler, ey dini bütün esnaf kardeşler Peygamberden sadece dükkanınıza astığınız "Rızkın onda dokuzu ticaret ve cesarettedir" öğüdünü mü öğrendiniz. Din deyince teferruat ve ibadet dışında aklınıza sadece **karınca duası** mı geliyor?

Madem bu ay Ramazan, ister oruç tutun ister tutmayın, ister Müslüman olun ister olmayın, ister ibadetinizi aksatmadan uygulayın, ister hiç riayet etmeyin... Hadi gelin sadece denemek için bile olsa bir gün, tek bir gün peygamber gibi yaşamaya çalışalım. Onun insan varlığıyla, zor hal ile ve mutlaka kendinle çelişerek, kendine kızarak bütün ömrü boyunca yaşamaya çalıştığı gibi sadece bir gün yaşamaya çalışalım.

Hani şu tek bir hırka ile yaşayan, El fakrü fahri, yani "fakirlik övüncümdür" diyen peygamberin...

Hani şu bir acize yardım ederken bile bir elinizin yardım ettiğini öbür eliniz görmesin diyen peygamberin

Hani düşmanların bile güvenilir bulduğu peygamberin

Hani bilim Çin'de olsa gidip bulun diyen peygamberin...

Hani böylesi bir yaşam sürdükten sonra bile ölümün eşiğinde, herkesin emin olduğu kendisinden emin olamayıp, veda hutbesinde toplumdan arka arkaya şahitlik isteyen peygamberin...

Yoksulları zenginin keyfine kalmış sadakaya muhtaç etmeyip, herkesin varlığının belli bir bölümünü vermeye mecbur tutan zekat ve fitreyi getiren peygamberin...

Mesela yılda sadece bir ay böyle yaşasak, kimseye kötü söz söylemeden, kimsenin hakkını yemeden, kimseye lütuf verir gibi sözde iyilik etmeden, yalan söylemeden...

Muhafazakâr zenginlerimiz ve siyasetçilerimiz de dahil sadece bir kere **varlığımızın gerçekten onda birini** topluma geri versek...

Ve bunu bizle birlikte bütün bir İslam âlemi yapsa... O coğrafya böyle mi olurdu? Hristiyan toplumları gerçekten İslamı böyle fersah fersah geçebilir miydi?

Ben dinin toplumu tek başına düzelteceğine inanmam. Toplumun sosyal reformlarla düzeleceğine inanırım.

Fakat, ey sosyal reformlara değil dine inananlar, onun tek başına toplumu düzelteceğine inandığını söyleyenler, ağızlarından Allah ve Peygamberin ismini düşürmeyenler, onlar vasıtasıyla ikbal ve iktidar peşinde koşanlar...

Siz öyle diyorsanız öyle olsun. **Hadi öyle yaşayalım**... Her gün de değil hiç değilse bir gün. Çalmadan, çırpmadan, yoksulun hakkını savunarak, dosdoğru olarak, malını toplumla paylaşarak, kutsal değerleri ikbal ve ticaret uğruna kullanmayarak...

Ben varım, siz var mısınız?

DÜNYA KAÇ ŞEYİN ÜSTÜNDE DURUR?

Birgün 21.12.2004

Çocukken eve **Milliyet gazetesi** alınırdı. Neredeyse okumayı söktüğüm andan itibaren **Hasan Pulur**'un yazılarına dikkatimin çekildiğini hatırlarım. Bunda gayet anlaşılır ve sade yazı tarzının yanı sıra anlattığı birbirinden hoş fıkraların büyük payı vardı. Fakat asıl mahareti fıkraları öyle bir seçerdi ki... 'Acaba bu fıkra ile aslında ne anlatmak istiyor, fıkra bahanesiyle hangi mesajı veriyor?' diye insanı çocuk haliyle bile düşündürtmeyi becermesinde yatıyordu o maharet... Belki kimi zaman sadece hoşluk olsun diye fıkra yazardı; ama olsun siz yine 'acaba bunun arkasında ne yatıyor?' diye düşünmekten kendinizi alamazdınız.

Böylece Hasan Pulur kendinden önceki kalemşörlerden aldığı mirası istemeden de olsa bizim gibi acemi köşe yazarlarına iletmiş oldu. Acemi köşe yazarı dediğin konu bulmakta zorlanır. Zorlanınca üstatların arada sırada sığındıkları fıkra anlatma işine sarılmaları da daha bir kolay olur.

Bugünlerde AB müzakerelerinden başka bir şey konuşulmuyor. Avrupa'nın ise Türk deyince aklına Osmanlı geldiğinden Osmanlı ile yatıp Osmanlı ile kalkıyor. Eh haklılar. Osmanlı bizim cumhuriyetçi kadroların, hatta solcuların bile iliklerine işlemiş bir miras. Her kurumumuzda ondan bir şeyler var. Kolay mı tam 600 yıl... O yüzden ben de size birkaç **Osmanlı fıkrası** nakledeyim. Haa, unutmadan... Zinhar yazdığım fıkraların ardında mesaj aramaya kalkmayın sevgili okurlar.

Ünlü bir **Osmanlı atasözü** vardır. Şöyle der **Dünya üç şeyin üzerinde durur**: İdâra, müdâra, dübâra... İdra bildiğiniz gibi idare-i maslahat etmek. Müdaâra yüze gülmek, arası iyiymiş gibi yapmak. Dübara ise argoda üçkağıtçılık sahtekarlık demek. İşteOsmanlı'nın dünyaya bakışından bir kesit.

Gerçekten Osmanlı, ya **meseleleri "idâra"** ederdi -ki bu halkımıza "idare et abi" biçiminde miras kalmış olup günlük hayatımızda en çok duyduğumuz birkaç ifadeden biri olmuştur. Veya **celalet** gösterip kelle keserdi. Osmanlıda işin ortası pek aranmazdı. Osmanlı paşaları idam ettikleri önemli kişilerin kellelerini ille de yanlarına getirtip görmek isterdi. Bunun için kelle bal dolu bir küp içinde taşınırdı. Balın antiseptik özelliğine rağmen kelle denilen şey bozulacağından çok hızlı taşınmalıydı. O yüzden şimdi hızlı giden arabanın peşinden "Ne o tabakhaneye b.. mu taşıyorsun" deyiminin eskiden daha sık, şimdi ise daha az kullanılan eş anlamlısı **"Ne o paşaya kelle mi götürüyorsun"** idi.

NASIL YAYA KALINIR?

Osmanlı da posta dâhil bu tür hızlı taşıma işlerini genellikle Tatar soyundan gelenler yapardı. Çünkü çok iyi biniciydiler. 'Posta tatarı' sıfatı buradan gelir. Bunların şeflerine de '**tatar ağası**' denirdi.

Efendim bir gün tatar ağası yine böyle acele bir taşıma işindeyken derbent köylerinden birine varır. Köyün ağası tatarlara at vermekle yükümlüdür. Tatar ağası aceleyle at ister ama ilgilenen yoktur. Köylülere bağırır çağırır, döver söver. Çare yok. **En nihayet narayı basar** "Ulan buraya hemen at gelmezse, sizin o ağanın dinine biner imanını mahmuzlarım söyleyin ona!" Bunun üzerine tatardan daha yeni tekme yemiş köylü zevkle doğrulur: **"İşte şimdi yaya kaldın tatar ağası bizim ağada ne din vardır, ne iman"**

Böyle kelle kese kese yaya kalan Osmanlı giderek daha az kelle kesmiş, daha çok idare-i maslahat etmek zorunda kalmıştır.

Öyle olunca da Osmanlı'nın son yıllarında Ege bölgesinde kaymakamlık yapan Şair Eşref'e ancak idare-i maslahat yapmak kalmıştır. Zira mesela ne zaman kasabada asayişin kötü olduğunu, eşkıya takibine takviye kuvvet gerektiğini yazsa İstanbul'dan idare-i maslahat etmesi önerilirmiş. Bir gün eşkıya hükümet konağını basmış. Eşkiyanın artık merkezi idarenin kapısına kadar eşkıya dayandığını gören Eşref kendini telgraf odasına atıp yardım istemiş. Cevaben yine idare-i maslahat edilmesi istenince şair telgrafçıya şu emri vermiş **"Yaz şu deyyuslara 'idare kalmadı, elde ka-**

lan maslahattır –argodaki anlamını bilen bilir!- **onu da birini gönderip alsınlar!"**

Ne dersiniz sağımızla solumuzla ve yarattığımız bütün kurumlarla bu menhus idâra ve kelle geleneğini sürdürmekten başka bir şey yapamıyor muyuz? **Eğer böyle sürecek olursa elimizde maslahattan başka bir şey kalabilir mi?**

BAŞBAKAN "İRTİCA GELECEK" Mİ DEDİ?!

Jurnalturk.com 11.10.2006

Başbakan Erdoğan irtica tartışmalarında ilk bakışta havayı yumuşatmak için bir mutabakat çağrısı yaptı. Olumlu bir adım.. Fakat bunun için öyle bir kavram kullandı ki evlere şenlik... İnternethaber.com'un 11 Ekim tarihinde yazdığına göre Başbakan "sosyal restorasyon" istemiş. Dahası gelecekteki dönemi toplumsal barışı güçlendirecek bir "toplumsal restorasyon" dönemi olarak gördüğünü belirtmiş. E, ne var bunda diyecekseniz biraz bekleyin...

RESTORASYON "İRTİCA" DEMEK

Başbakan'ın kastettiği belli ki irtica tartışmalarının yarattığı gerilimin toplumsal dokuda yarattığını düşündüğü hasarları bir mutabakat yardımıyla tamir etmek. Yani restorasyon kelimesini inşaatçı terimi gibi kullanıyor. Unuttuğu ise restorasyon kelimesinin toplumsal ve siyasi alan için kullanıldığında taşıdığı anlam. Bütün sosyal bilimciler bilir ki siyasal bilimde bir terim olarak "restorasyon" çok özel bir anlam taşır. Bu anlam bizim Türkiye'ye özgü irtica kavramına en yakın olan kavramdır. Batılılaşma ile ortaya çıkan irtica kavramı hatta restorasyonun neredeyse bire bir çevirisi sayılabilir. Böyle olunca Başbakan farkında olsun veya olmasın ister haberi okuyan yerli sosyal bilimcilerin gözünde isterse bu haberin çevrildiği bütün yabancı ülkelerin eli kalem tutanları gözünde apaçık gelecekte yaşanacağını umduğu bir irtica dönemini özleyen biri konumuna giriyor.

DANIŞMANLARINA DANIŞMAN GEREK!

Günümüzde irtica tartışmaları zaten alıp başını gittiğinde başbakanlar gibi önemli insanların söylediği sözlerin ne anlama geleceği konusunda biraz daha hassas olunması gerekiyor. O yüzden sorumluluk mevkiindeki insanların konuşmaları başkaları tarafından yazılır veya hiç değilse elden geçirilir. Ama sorun da burada başlıyor. Geçmiş yazımızda belirttiğimiz gibi başbakanın yazı ve konuşmalarını elden geçiren danışmanlar sanki ondan çok daha radikal.. Veya dikkatsizler;veya bilinçaltlarını, geçmiş ideolojik formatlarını bir türlü kontrol altına alamıyorlar. Medeniyetler ittifakı kavramıyla Türkiye'yi dünya karşısında "öteki" durumuna düşürmeleri bir yana şimdi de başbakana tam istediğinin tersine irtica çağrısı yaptırıyorlar.

* **Meraklısına not:** İrtica terimi Türkçeye/Osmanlıcaya bir siyaset terimi olarak batılılaşma, özelllikle de 1908 devrimi ile 2. Meşrutiyet döneminde girdi ve yaygınlaştı. Yeni Türkçeye "gericilik" şeklinde çevrildi. Batıdan alınan ve Türkiye şartlarına uyarlanan bu terimin 19. yüzyıl batı siyasi terminolojisinde iki karşılığı vardır. "Restoration" ve "Reaction"... Her ikisi de o dönemde ortaya çıkan "modernleşmeci" akımlara karşı eski geleneksel düzeni savunanların bir karşı koyuşunu anlatır. Bu karşı koyuş bir tepki hareketi olarak negatif haliyle ortaya çıktığı zaman "reaction" dır. 20. yüzyılda faşist hareketler de o dönem yükselen (sosyal) demokrasiye bir tepki olarak görüldüğünden "reaction" olarak nitelendi. İrticanın bir diğer hâttâ Türkçe'deki kullanımına daha yakın terimi ise "Restoration" dur. Burada tepkinin pozitif halini görürüz; söz konusu olan devrimle yıkılan eski yani geleneksel rejimin yeniden tesis edilmesidir. Örneğin Türkiye'de hilafetin yeniden kurulmasını isteyenler restorasyon taraftarıdırlar. Bir kişinin restorasyon yani irtica taraftarı olması için eski rejimi aynen geri getirmek istemesi de gerekmez. Yeni "mesela cumhuriyet rejimi- getiren devrimin -mesela Fransız İhtilali veya Türkiye'de 1908-1923 devrimlerinin- önemli kazanımlarının kısmen ortadan kaldırılıp eski rejimin önemli bazı unsurlarının kısmen restore edilmesini istemek siyaset biliminde restorasyon taraftarı (yani mürteci) olmak için yeterli sayılır. Nitekim Fransız ihtilalinden sonra ihtilalin pek çok unsurunu kabul eden Louis Philip burjuva krallığı dönemi eski rejimi yeniden kurmasa bile tipik restorasyon sayılmış ve öyle adlandırılmıştır.

Aşağıdaki yazı dünyaca ünlü sol dergi Monthly Review'un Türkçe edisyonunda yayımlandı. Asıl olarak, o dönemde sızmış Wikileaks Belgeleri'nde Türkiye'nin nasıl ele alındığından hareketle Türkiye'nin dış politikası, Batı ve Orta Doğu ile ilişkisi; AKP'nin 'Doğu'ya, İslam ülkelerine yönelmesinin altında yatan ekonomik, siyasal derin sebepler tartışılıyor. Yazının asıl başlığında Vos Vos değil, Rover markası geçiyor. Wikileaks'teki o alıntıda Batılı diplomatın dilinde Rolls Royce ile kendi gelir seviyesine bakarak kıyasladığı Rover'ı, bizim açımızdan daha iyi anlamak ancak Volkswagen ile kıyaslayarak oluyor. Yazıda henüz o zaman ortada olmayan Reza Zarrab ve görevinden Türkiye'de belki de ilk kez bahsediliyor. (Bkz.s.107: "İddiaya göre İranlı bir işadamı Türkiye'ye 18,5 milyar Dolar para sokmuş ama bu para Türkiye sınırları içinde kaybolmuş" Ayrıca Bkz. S.117: "Fakat tırnak içinde kara para diyebileceğimiz önemli bir başka para kaynağı daha vardır; ki belki de bu en önemli kaynaktır: İran parası!) Türkiye'nin "komşularla 0 sorun' politikasının yürümeyeceğine ilişkin öngörüler, o sırada iyi gidiyor görülen PKK ile çatışmasızlığın şiddetli çatışmalara dönüşeceği; o sıralar hâlâ çoğu kimse tarafından 'demokrat' kabul edilen AKP'nin tümüyle otoriter bir yönetime kayacağı hakkında tezler öne sürülüyor. Yazının kendisi epeyce belgeye atıf yapan, ekonomik analizler de içeren kapsamlı bir yazı. Toplamı 39 sayfa. Buraya sadece SONUÇ bölümünü aldık.

WIKILEAKS TÜRKİYESİ: ROLLS ROYCE İHTİRASLARI VOS, VOS KAYNAKLARI

Monthly Review Türkiye Edisyonu Ocak 2011

***

Bu yazıda son yıllarda Türkiye'nin "doğuya kayması" denilen şeyin niçin Türkiye'de sanıldığının tersine, sadece AKP'nin 'islamcı fantezileri'nden çok daha ötede ve derin ekonomik nedenlerle ilişkili olduğunu göstermeye çalışacağız.

***

(...)

SONUÇ

Özetle, son beş yıldır Türkiye'nin büyümesini finanse etmek için dış kaynaklı sermaye bulma ihtiyacı anormal seviyeleri ulaştı. Ve ne eldeki işletmeleri özelleştirmek ne de 'emerging market'lerin moda olduğu kimi dönemlerde gelen para artık ebadı hayli büyümüş bir ekonominin yüksek büyüme hızlarını finanse edemeyebiliyor. Hele de Türkiye'nin sürekli itirazlarına rağmen yıllardır uluslararası reyting şirketlerinden yatırım yapılabilir not seviyesini bir türlü alamadığı hesaba katılırsa... Durum 2006'daki uluslararası finans dalgalanmaları ve 2007-2009 arası dünya ekonomik bunalımının akut döneminde daha da vahim bir hal aldı. Sermaye ihtiyacı bir yandan tasarruf eksikliğinden kaynaklanırken, diğer yandan sanayinin ithalata dayalı yapısından kaynaklandığından dış ticaret açığını kapatmak için yeni ve karşılıklı ticaretin (enerji ithalatı hariç tutulursa) açık vermediği pazarlar bulunmalı. AB pazarı ise zaten Türk mallarına büyük ölçüde doymuş vaziyette ve gün geçtikçe daha rekabetçi oluyor. Dünyanın, ticaretle siyasetin hala fazlasıyla iç içe olduğu bu bölgesinde Türkiye'nin eskisi gibi Ortadoğu ve Arap dünyasının işlerine karışmayan kendi kabuğuna çekilmiş bir politika izlemesi mevcut ekonomik yapısı itibarı ile mümkün değil. Yani Batı'nın, 'hem büyük ihtirasları var hem de kaynakları kıt' diyerek Türkiye'ye 'kifayetsiz muhteris' demeye getirmesi meseleyi tam anlamadığını gösteriyor. Çünkü Türkiye tam da 'kifayetsiz' olduğundan muhteris olmak zorunda kaldı!

Sonuçta Türkiye ekonomisi Araf'ta duruyor. Ne emperyalist olacak kadar büyük; ne kurtlar sofrasında kendi içine kapalı bir politika izleyebilecek kadar küçük... Kendi payını kapmak için artık biraz olsun dövüşmek, hiç değilse diş göstermek zorunda hissediyor. Bu durum Orta Doğu'da sadece ABD ile çelişkiler yaratmıyor; Wikileaks belgelerinin gösterdiği gibi, Balkanlar'da da AB ile mücadele etmektedir. AB diplomatlarının da teşhis ettiği gibi Türkiye bu mücadelede kaynak açısından zayıf taraftır ve bugüne kadar yegane kaynağı olan Batı'yla sürtüşmek zorunda kaldığında, kendini Batı için de daha önemli kılacak ortaklar ve dostlara ihtiyacı vardır.

Emperyalist 'mertebesi'ne erişemese de emperyal kimi hedefler peşinde koşan Türkiye bunlara erişmeyi başarabilecek mi? Başaramazsa zayıf pozisyonda girdiği bu mücadelenin sonunda nasıl bir bedel ödeyecek? Bu sorunların daha geniş ölçüde incelenmesi gerekir. Ancak dışarıdaki bu mücadelenin içerideki politika ve kısıtlı 'demokrasi'nin niteliği ile de çok yakın ilgisi olduğu unutulmamalıdır. **Türkiye'nin bir zamanlar 'Filipin tipi demokrasi', 'sömürge demokrasisi', 'sömürge tipi faşizm' vb. gibi adlandırmalarla nitelenmeye çalışılan ne kuş, ne deve –esasen 'kimyasal olarak' da kararsız bir dengeye sahip- siyasal yapısının oturduğu uluslararası dengeler ve ulusal ekonomik yapı artık büyük ölçüde değişmiştir.** Bu yapı ya demokrasi tarafına ya da daha sıradan bir otoriter rejime dönmek zorundadır. Tarihin bize öğrettiği ise, dışarıda emperyal bir yönelimin iç dengelerde sıklıkla otoriter rejimlere doğru bir eğilime sahip olduğudur.

Türkiye, ekonomisi ve siyaseti ile birlikte cehennem ve cennetin orta yerinde 'Araf'ta duruyor; ama dinbilimcilerin bize hemen hatırlatacağı üzere Araf asla daimi kalınacak bir yer değildir. Türkiye'nin seçimini yapmasında halk ve demokrasi güçlerinin ağırlığını koyması gereken bir an varsa o da bu andır.

> ***Geçmişe yollanan not:*** *Bu yazının tamamının içinde o zamanlar gergin de olsa süren çatışmasızlık ortamının biteceği ve şiddetli çatışmaların çıkacağı ve bunun için silahlanma hazırlıklarının olduğu söyleniyordu. 10 ay sonra şiddetli çatışmalar başladı. İran'la ilişkilerin yazı yazıldığı sırada olduğu gibi çok dostane gitmeyeceği Türkiye'nin pozisyonunu değiştireceği ileri sürülüyordu, öyle oldu. AKP'nin emperyal hevesler uğruna ekonomide 'alışılmadık' kaynakları zorladığı belirtilerek bunlardan birinin İranlı bir işadamının Türkiye'ye soktuğu yasadışı milyarlarca dolardan bahsediliyor. Bu, şimdi artık çok bilinen Reza Zarrab'dan ve aynı zamanda onun gerçek işlevinden ilk bahsedilen yazıdır. Son olarak o sıralarda çoğu kişi tarafından hâlâ kısmen demokrat görülen Erdoğan ve AKP'nin kaçınılmaz olarak 'sıradan bir otoriter rejime' yani hemen hemen 'sıradan faşizm'e yöneleceği öngörülüyordu. Bilmem yorumlamaya gerek var mı?*

Herhangi bir yerde yazma ve söyleme imkanının olamadığı zamanlar da oldu... Hem de sık sık... Öyle zamanlarda tarihe not düşmek için kendime yazdım... Bazen de yakın kimi internet sitelerinde, bloglarda yayınladım; özel mektuplar olarak siyasal arkadaşlarıma gönderdim. Onların çoğu ne yazık ki kayıp... Bazısı da kendi notlarımda duruyor. İşte onlardan birisi... Mısır'da Hüsnü Mübarek'i deviren ordu darbesinin ardından yazıldı. AKP'ye yakın olan "Liberal" ve İslamcı çevrelerin, ordu darbesini sevinçle karşılamalarını eleştiren bir yazı. İslamcılar Müslüman Kardeşler'in iktidarına yolu açan bu askeri darbeden pek memnundu. Ne var ki Müslüman Kardeşler hükümetini de yine bir ordu darbesi devirdi.

MISIR'DA ASKERİ DARBE (BİRİNCİSİ...)

12.2.2011

Hüsnü Mübarek'in istifasına ve iktidarın Mısır ordusunun üst yönetimini temsilen Mısır Silahlı Kuvvetler Yüksek Konseyi'ne geçmesine, bakıyorum da, ne AKP iktidarına yakın medyadan, ne de asker denince tüyleri diken diken olan liberal çevrelerden bir itiraz gelmiyor. Hepsi de bu yeni gelişmeden bir memnun ki, sormayın...

Doğrusu size de biraz kafa karıştırıcı gelmiyor mu? Biz tüm bu çevrelerden yıllardır şu hikayeyi dinlemiyor muyduk: "En kötü sivil idare, en iyi askeri yönetimden iyidir!"

Askerlerin bir sivil idareyi 'zorla (27 Mayıs) veya dolaylı etki ile (28 Şubat) iktidardan uzaklaştırıp, doğrudan veya dolaylı olarak iktidarı kendi ellerine almaları' bir askeri darbe değil miydi? Askerlerin bunu her ne sebep ve mazeretle olursa olsun (mesela 27 Mayıs'taki gibi kardeş kavgasını önlemek ve daha gelişkin bir demokrasiye geçmek için bile) yapmaları bu arkadaşlarımıza göre kesinlikle gayrimeşru değil miydi?

Peki şimdi Mısır'da olan ne? Mübarek, demokratikliği tartışılsa bile en azından biçimsel olarak 'sivil' bir yönetici değil miydi? İktidara el koyan 'Konsey'in 12 Eylül 1980'deki Milli Güvenlik Konseyi'nden farkı ne?

Diyorlar ki Mısır'daki askeri idare geçiciymiş ve ülkeyi seçime götürmek için iktidara el koymuş!

Yahu, 27, Mayıs'tan 12 Mart'a, 12 Mart'tan 12 Eylül'e bizim silahlı kuvvetler de hep ülkeyi bir an evvel seçime götürmek için el koymaz mı? Üstelik her seferinde de bu sözünü tutar!

Askerlerin idareye el koyması, 'laik' askerlerce yapılınca kötü de, arada islamcıların pay kapacağı bir rejim ümidine yol açıyorsa iyi öyle mi?

Sevsinler sizin ilkeli sivilliğinizi!

FAŞİZM VE DİN!

23.4.2013

MHP, sağcı korporatist bir ideolojiye sahipti. Birçok bakımdan İspanyol Francocu harekete öykünse de klasik faşizmle bağları zannedildiğinden zayıftı. **Korporatism** ise faşizmin de kullandığı önemli bir kavramdır. Toplumun çıkarları bir ve aynı, tıpkı bir vücut (**corpus**) gibi, organların (sınıfların) birliğinden oluştuğunu savunur. En önemli kurucuları arasında **Papa XIII Leo** (1881) sayılabilir. Korporatizm toplumun, çıkarları farklı sınıflardan oluştuğunu ve rejimin bu sınıfların mücadele veya uzlaşmasıyla oluşacağını savunan liberalizm, marksizm ve demokrasi fikirlerine karşı oluşturulmuştu.

Her faşizm korporatisttir ama her korporatizm faşizm değildir.

Faşizm gerçek ideolojisini **devleti ele geçirdikten sonra** oluşturur. Hitler devleti tümüyle ele geçirmeden hemen önce Nazi partisi içindeki kimi samimi korporatist ve bir ölçüde antikapitalist unsurları temizledi. Ordu ve büyük sermaye ile uzlaştı ve onları emperyal büyüme vaadi ile denetimi altına aldı. Gerçek faşist ideoloji o zaman oluştu. İtalya'da da öyle oldu.

Faşizm'de **devlet eliti-büyük tekeller- ruhban sınıfı ittifakı** vazgeçilmezdir. Hem Mussolini hem de Franco faşizminde **Katolikçilik** ideolojisi rejimin temel taşıydı.

Faşizmlerin ortak niteliklerini araştıran tüm siyasal bilimciler faşist rejimlerin sadece milliyetçilikle değil egemen dine de yaslandığını ve onu ideolojisinin bir parçası haline getirdiğini tespit etmiştir.

20, yüzyılda pek az örnek dışında egemen dini kurumlar (kilise ve tarikatlar) daima radikal sağcı görüşlerle ve gerici devlet düzenleriyle ittifak içinde oldu.

Faşizmin en önemli vaadi toplumun sözde özüne ve şanlı imparatorluk gücüne geri dönüştür. (Mussolini'nin tarzında Roma imparatorluğu

–Faşizm kelimesinin kökeni olan "Fascio": Eski Roma imparator muhafızlarının baltası; Türkiye'de ise muhtemelen **Neo Osmanlılık**)

Devlet kililisesi, (hilafet, şeyhülislamlık, Diyanet) vb büyük önem taşır. Olmazsa olmazdır.

Dinî gericilik ayrıca, insan hakları, yurttaşlık, toplum sözleşmesi ve halk egemenliği ve hukukun üstünlüğü gibi kavramları kutsallık örtüsüyle ve bu kavramların doğduğu dönemden önceki bir ideolojiye dayanmasının rahatlığı ile reddetme imkanına sahip **olduğundan (Egemenlik Allahındır!)**, asıl amacı bu kavramları yok etmek olan faşizm için neredeyse ihtiyacı olan tek dayanaktır.

Ötesi İslam fundemantalizmi Nazizm ile daha da doğrudan bağlara sahiptir. Modern İslamcılığın doğuşu sırasında Arap ülkelerinde İngiliz sömürgeciliğinin varlığı buna tepki olarak Filistin davasının başlangıcında (Kudüs müftüsünün Nazilerle ilişkisi) ve Müslüman Kardeşlerin ideolojisinde (liberal kapitalizm ve liberal demokrasi eleştirisinin faşist kökleri...) Nazizmin doğrudan ideolojik hatta örgütsel etkisini yaratmıştır.

Türkiye'de de İslamcı hareketler 1970'lerdeki kısa bir dönem hariç hemen her zaman sol karşıtı ve soğuk savaş döneminin **kontrgerilla örgütlenmelerinin** parçası oldu. (Bkz. Komünizmle Mücadele Dernekleri, Milli Türk Talebe Birlikleri vb...) 1970 lerde bu görev bir ölçüde ülkücüler tarafından sırtlanılsa da bu seçenek, "sistem" tarafından hiç bir zaman tam anlamıyla uygun bulunmadı-

Bahsedilen kontrgerilla teşkilatını da Amerikan Derin Devleti ile birlikte oluşturanın da **Gehlen** adlı Hitler'in önemli istihbarat subayı olduğu biliniyor. **Gehlen Örgütü**'nün (Gehlen soğuk savaş sırasında ABD'deydi ve artık CIA ile ortak çalışıyordu) en önemli çalışmalarını da Doğu Avrupa ve Türkiye'de yaptığı biliniyor. Yakınlarda yayınlanan Enver Altaylı'nın **'CIA'in Türk Casusu'** kitabı da bu ilişkileri anlatır. Bu ilişkilerde Turancıların rolü afişe olmakla beraber tarikatların ve bazı doğudaki tarikat-aşiretlerin (**Arvasiler, Menzil, vb**) daha az çalışılmıştır fakat bilinmektedir.

Özetle Faşizm devlet ve din gücü biraraya gelmezse olmaz.

Faşizm, dinin modern demokratik görüşleri kutsalla inkarını kullanmazsa iktidara gelemez.

Faşizm en laik görünümlüsünde bile daima yarı teokratik bir düzendir.

Türkiye'de (ve dünyada) islamcılık hem (kısmen Musevilik dışında) devleti yücelten tek din olduğu için, hem kendini modern düşünceyle uzlaştırmayan tek din olduğu için hem de yakın geçmişte faşizm ile doğrudan (örgütsel-ideoloik) bağlantılı (Katolisizm hariç) tek din olduğu için **faşizm için son derece elverişi bir ortakyaşam** (symbiosis) imkanı sunmaktadır. Üstelik buna heveslidir de...

Belki son cümle olarak bu bahsettiğimizin kilisenin veya tarikatların oluşturduğu **yeni tip din** olduğunu ve faşizmin ihtiyaçlarına uygun olarak giderek de yenileştiğini vurgulamamız gerekir. **Gerçek dinin** ise faşizm ile ilişkisi olamaz ve olmamalıdır. Faşizm ve faşizme uygun **bu yeni dinin yaratıcıları** dinlerin sadece işlerine geldiği bölümleri almakta diğer bölümleri ise çöpe atmaktadır.

***

9.8.2014

Aşağıdaki yazı 10Ağustos 2014 Cumhurbaşkanlığı seçimlerinden hemen önce kaleme alındı. Başta Zamanın Ruhu programı olmak üzere TV programlarında parça parça yaptığım yorum ve saptamaların daha derli toplu bir ifadesi olması amaçlandı.

TOTALİTER BİR REJİM OLARAK AKP İKTİDARI VE BİR SEÇİM MANİPÜLASYONU OLARAK POLİS/YARGI OPERASYONLARI

Totaliterleşmeye giden rejimler sık sık seçim kazanır. Totaliter liderlerin en sevdikleri seçim sistemi ise referandum, plebisit vb gibi iki seçenekli evet hayır seçimleridir. Ama totaliterleşen rejimler bu tür sözde seçimleri kazanarak kendilerinin halk tarafından desteklendiği izlenimi vererek bir çeşit meşruiyet elde etmeye çalışırlar.

Fakat sürekli mevcut rejimin yasalarını çiğneyerek kendini suçlu durumuna düşürmeye mecbur olan bu "yeni" rejimin sahipleri yasadışılıklarını bir cins halk oyu meşruiyetiyle perdelemeye çalışırken seçim kaybetmeyi asla göze alamazlar. Çünkü seçim kaybettikleri anda şiddetli cezalarla karşı karşıya kalacaklarını bilirler. **Seçimi ne pahasına kazanmak zorunda hisseden totaliter siyasetçi seçimi şansa bırakamaz; manipüle etmek zorundadır.**

Seçimi manipüle etmenin birçok yolu vardır. **Doğrudan hile** yapmak en bileneni; ama bu hem zor hem de aranan meşruiyetin büyük bölümünü alıp götüren bir yöntem. Bir tür Pirus Zaferi. Ancak çok mecbur kalındığında devreye sokulur.

İkinci manipülasyon yöntemi seçim sistemlerini kendisine yarayacak şekilde değiştirmektir. Çok kullanılan bu yöntem de her zaman, hele de toplumsal muhalefetin güçlendiği zamanlarda işe yaramama ihtimali vardır.

Üçüncü manipülasyon yöntemi ise muhalifleri kriminalize etmek, adi suçlular gibi göstermekten geçer. Nazi almanyası'ndan, Stalin Rusyası'na, hatta bugünün Çin'ine kadar bu yöntemi sık sık görürüz.

Bu yöntemin avantajları saymakla bitmez. Eğer medyayı kontrol etme gücün varsa bu yolla muhaliflerin itibarını kırabilirsin. Yurtdışından veya yurt içinden gelen siyasi baskı iddialarına "ama onlar adi suçlu" cevabını yapıştırabilirsin. Dahası aydınlar ve halk arasında her toplumda görülen, güç karşısında teslim olmaya ya da hayranlık duymaya eğilimli belli bir kitleyi kolayca yanına çekersin. "Yetmez ama evetçi" aydınlar; Ve aydın olma iddiası taşımayan güce tapma eğilimine teslim bir kısım sıradan halk...

"Erkek adam valla; dik duruyor; dediği dedik; yumruğunu salladı mı"cı **aşağılık kompleksi** içindeki erkek ataerkil alt-orta tabaka (ki kendi ezilmişliğini "lider"le bütünleşerek unutan bu kitlenin faşizmin kitle tabanında müstesna yeri malum); ya da güç karşısında **"kadınsı" olduğu söylenegelen** (o cinste sık görülüp, erkek cinsinde de az rastlanmayan) bir tür güce karşı sadomazo hayranlık...

Bu tür psikososyal/siyasal güdülerin gücü totaliter "lider" için vazgeçilmezdir. Lider onları çıplak güçle ipnotize ederken aslında bu **"kitle"ler** de lideri gitgide kendi aşağı pozisyon ve aşırılıklarına çeker. Bir müddet sonra kimin kimi etkilediği belli olmayan bu süreçte "en tepe" ile toplumun en dejenere anlamındaki "en aşağı" kesimi birbirlerini olduklarından da aşağı bir düzeye itedururlar.

Bu durum onların toplumun daha normal kesimlerine, boyun eğmeyen emekçilere, aydınlara; bağımsız düşünceli sıradan halka şiddetli bir nefret duymasına neden olur. Ülke, işte bu gerçek insan özelliklerindeki kesimlere zulmedilen bir hapishaneye dönüştükçe ülke ve "lider" aşırılıklar içinde hızla uçuruma koşan bir bizon sürüsünün egemenliğine sürüklenir. Şanslı ülkeler çok büyük felaketlere uğramadan o liderden makul demokratik yollarla kurtulabilir. Olmayanlar ya o lideri ne pahasına olursa olsun bir şekilde üstünden atar ki bu da ülke için bir başka cins felakettir; ya da en kötüsü bütün ülke beraberce uçuruma yuvarlanır. 1945 yılı Almanya'sı, milyonlarca kişinin daha bir kaç yıl önce dünyanın hâkimi olduklarını sanırken, böyle uçuruma yuvarlandığı bir yıldı.

Hitler muhaliflerini kriminalize etme ve seçim manipülasyonunun ustasıydı.

İlk ve en bilinen, muhalefeti suçlu kılma operasyonu 24 Mart 1933'teki **"Reichtag Yangını provokasyonu"**ydu. O yılın Ocak ayında, komünistlerin bir genel grevle tüm ekonomiyi işlemez hale getirerek bir "devrimci durum" yaratacakları ya da ülkede iç savaş çıkacağı konusundaki endişeler Almanya'nın egemen elitinde o derece derinleşmişti ki, Cumhurbaşkanı **Paul von Hindenburg** Hitler'i, Katolik Merkez Partisi'yle bir koalisyon kurarak istikrarlı bir hükümet kuracağı umuduyla şansölye olarak atamayı kabul etmişti. Reichstag yangını, Hitler'in şansölye (başbakan) atanmasından sonraki ilk politik manevralarından biri olan genel seçim kararından sonra, tüm partilerin seçim çalışmalarını sürdürmekte olduğu bir dönemde gerçekleşmişti.

Yangının ertesi günü Hitler, Hindenburg'a, anayasanın kişi hak ve özgürlükleriyle ilgili maddelerini ortadan kaldıran bir kararname imzalattı. İzleyen günlerde Nasyonal Sosyalist Alman İşçi Partisi ve Alman Ulusal Halk Partisi dışındaki tüm partilerin yayınları ve seçim çalışmaları durdurulduğu gibi Almanya Komünist Partisi'nin parlamentodaki 181 milletvekili ve parti ileri gelenleri tutuklanmıştır. Bu ve buna benzer başka provokasyonlarla Nazi Partisi **aslında çoğunluk olmadığı Almanya'da sonraki seçimleri arka arkaya kazandı.**

STALİN RUSYASI

Sovyetler Birliği Komünist Partisi içinde yaptığı bir cins darbe ile ülke yönetimini ele geçiren Josef Stalin özellikle uyguladığı zorlu ve kanlı kollektifleştirmeden sonra hem Parti içinde ve hem de ülkede büyük bir muhalefetle karşı karşıyaydı. Çareyi **muhaliflerin kriminalizasyonu** operasyonunda buldu. **Moskova Duru**şmaları ile sonuçlanacak operasyonlar ve davaları başlattı. Önce **Troçkistleri**, sonra diğer muhalifleri 1936-38 arasında soruşturmaya tabi tuttu. Dünyanın alay ettiği, saçmalıklarla dolu duruşmalar sonucu mahkum edip idam ettirdi.

Gerek Hitler, gerek Stalin'in operasyon/davalarında atlanmaması gereken bir özellik ise bir sonraki kurbanların genellikle bir önceki kurbanların yok edilmesinde diktatörün yardımcıları olmasıydı. Diktatör, bu grupların güçten pay alma isteklerini; diğer gruba yönelik düşmanlıklarını ustalıkla kullandı. Ta ki sıra bunlara da gelinceye kadar...

DİKTALARIN "SEÇİM OLMAYAN SEÇİM"LERİ

Seçim denilen şey, elden geldiği kadar farklı toplumsal kesimlerin farklı farklı tercihlerini siyaset sahnesinde ifade etmeleri için yapılır. Fakat totaliter rejim heveslileri için bu tür gerçek seçimler tehlikelidir. Onların sevdiği "seçim"ler aslında tercihlerin mümkün olduğunca daraltıldığı; evet-hayır düzeyine indirildiği plebisit türü seçimlerdir. Eğer bu tür seçim yapılamıyorsa seçim sistemi ve oylanacak şeyler üzerinde oynanarak mevcut seçimler olabildiğince bu biçime yaklaştırılır.

Fakat yeni dikta rejiminin kuruluşu sırasında aslolan, güç gösterisi ve muhaliflerin adi suçlu/vatan haini/ahlaksız gösterilmesi için gerekli operasyon ve **"sansasyonel davalar"**dır.

Demokrasiye yakın rejimlerden dikta rejimlerine geçiş sırasında **potansiyel diktat**ör aslında sıklıkla bazı şans eseri gelişmelerle koltuğu kapar; sonrasında ise yukarıda anlattığımız türden metotlarla bir daha vermemek üzere gereken tedbirleri alır.

Her ne kadar zar zor elde edilmiş sürpriz bir oy patlaması vb sürecin başlangıcını simgelese de; bu miladın ardında uzun bir başka süreç yatar. Toplumun demokrasiye daha yakın siyasi akım ve partilerin bir şekilde konjonktürel olarak gözden düşüşü; bu güçlerin gelen tehlikeyi azımsayarak birbiriyle boğuşması; muhafazakâr akımların gerilim altına girmiş toplumsal koşullar altında giderek otoriterleşmesi; bununla birlikte demokrasi düşmanı reaksiyoner, gerici akımların marjinalliklerinden kurtularak toplumda giderek kuvvetlenen bir yer edinmesi... Tüm bunlar o "şans eseri" miladı yaratan uzun geçmişi olan süreçlerdir. Bu süreçlere o **"tesadüfi talihsiz milat"**ı hazırlayan bir başka unsuru eklemezsek olmaz: Geleneksel **y**önetici elitin kibirli miyopluğu...

Toplumun geleneksel egemenleri, belli bir anda kendileri de iyice otoriterleştiği ve isyankâr kitleleri, söz dinlemez aydınları hizaya sokma heveslisi olduklarında özellikle cüretkâr ama; bir o kadar **cahil ve kapasitesiz addettikleri maceraperestlere doğru** bir eğilim gösterirler. Amaçları kendi ellerini fazla kirletmeden; mümkünse iktidarı da terk etmeden bu maceraperest vasıtasıyla toplumsal muhalefeti sindirmektir. O cahil ama cüretkar yeteneksizi nasılsa kontrol edeceklerdir; yok edemezlerse kullandıktan sonra geldiği yere gönderivereceklerdir. Daha önce zaman zaman işlemiş bu formül, bazen de aniden kendilerini de yakan ya da esarete sokan bir ölüm kapanına dönüşüverir.

Dönemin Cumhurbaşkanı eski asker **Hindenburg,** Prusya aristokrasisi, büyük sanayi kartelleri; hatta ordu üst düzeyi, zaman içinde, o "sıradan bir çavuş olan Hitler maceraperestini" işte bu kafayla desteklemişlerdi. Sonra işlerin nasıl geliştiğini biliyoruz...

KRİZ PİYANGOSUNDAN ÇIKAN AKP NASIL TOTALİTERLEŞTİ?

AKP iktidarı kabul edilmesi lâzım; bir cins piyangodan çıktı. Saçma bir seçim sistemi çoklu koalisyon partilerinin tümünün birden 2001 krizinin altında kalması; Bahçeli'nin kriz sonrası ekonomik ilaçların halkın ağzında sadece acı tadı durur; iyileştirici etkileri ise henüz kendini göstermemişken koalisyonu bozup seçim yolunu açması hepsi AKP ve Erdoğan için beklenmedik talihli olaylardı. Böylece 1933 Almanyası'ndaki Naziler gibi Türkiye'deki bir kesim siyasal islamcı beklenmedik bir siyasi güç elde etmiş oldu. Fakat bu tesadüfi miladın gerisinde Türkiye'de de epeyi hükmünü icra etmiş bir süreç vardı. 1980'lerin sonlarından itibaren marjinallikten kurtulan bir siyasi gericiliğin yükselişi süreci... Muhafazakâr merkez sağın, giderek daha otoriter ve gerici eğilimlere açık hale geliş süreci... Dahası toplumsal elitlerin yukarıda bahsettiğimiz kibirli miyobizmi... Bu miyobizm, örneğin **Doğan Grubu'nun** nezdinde müesses nizamın önemli bölümünün sosyal demokrat adaya karşı Erdoğan'ı Büyükşehir Belediye Başkanlığı seçiminde desteklemelerinde somutlaşır.

Bütün o süreci, 12, Eylül'ün süregelen etkileri; PKK isyanı; ve solun yeni döneme uygun çözümler üretmeyişi gibi çok irdelenmiş ama önemli etkilerden şimdilik soyutluyoruz. Ya da emperyal güçlerin müesses nizamın telkiniyle mi yoksa ona telkin ederek mi beraber tutum aldığını da... Ne de olsa daha çok birincil sebepleri değil ara sebep ve sonuçları konuşuyoruz.

Ama isterseniz gelin yeniden ana konumuza dönelim seçim öncesi/sonrası operasyonlar... 2007 Nisan ve Temmuz arası yeni Erdoğan rejiminin tesisi yönünde en önemli aylardır. Nisan ayında ortaya çıkan

Cumhurbaşkanlığı seçimleri Anayasa Mahkemesi'nin de dâhil olduğu 367 tartışmaları; Genelkurmay'ın e-muhtırası; erken seçim ve AKP'nin bu süreçten hem seçimi kazanarak hem de Ağustos ayında Gül'ü nihayet Cumhurbaşkanı seçtirerek zaferle çıkışı. Fakat bu son zaferin iki önemli riski vardı. Birincisi piyango faktörü kaybolmuş; MHP de Meclis'e girince AKP anayasa değiştirebilecek yeter sayıyı elde edememişti. İkincisi, AKP gericiliğine karşı 2002-2007 arası ulusalcı refleks artmış; tam da cumhurbaşkanlığı seçimleri öncesi **Cumhuriyet Mitingleri** ile kitleselleşmişti. Bu kitleselleşme durdurulmalı; anayasa değişikliği yeni rejime uygun yapılmalıydı. Yoksa bu rejim yükselemezse düşecek bir kırılganlık içindeydi. Tıpkı Hitlerin 1933'ü; Stalin'in 1936'sı gibi…

HER SEÇİM ÖNCESİ OPERASYON HER SEÇİM SONRASI TOPLU DAVA..

Türkiye büyük siyasi polis operasyonlarını ve çok sanıklı "toplu dava"ları yalnızca "ara rejim" cunta dönemlerinden bilirdi. İlk kez bu yöntemler "sivil", daha doğrusu askeri dikta olmayan bir iktidar döneminde uygulandı. Böylece…

2007'DE YAPILAN MİLLETVEKİLİ SEÇİMLERİNDEN ÖNCEKİ OPERASYONLAR

Bu dönemde çok sayıda Ergenekon Operasyonu dalgası yapıldı. Hatırlatmak gerekirse;

12 Haziran 2007 - 12 Haziran 2007'de bir ihbar üzerine Ümraniye'de bir gecekonduda operasyon yapıldı. 27 adet el bombası, TNT kalıpları ele geçirildi. Gecekondu sahibi ve yeğeninin ifadeleri üzerine soruşturma başlatıldı.

20 Haziran 2007 - İş adamı Kuddusi Okkır gözaltına alındı.

Bu operasyonların peşrevi ve kurgusu daha bir sene önce Danıştay saldırısı ve Muzaffer Tekin'in bununla ilgili ilk tutuklanmasıyla oluşturulmuştu. Böylece seçime ulusalcı muhalefetin kriminalize edilmesiyle girilmiş oldu.

22 Haziran seçiminden sadece bir ay kadar sonra bu suçlu kılma operasyonu, daha sonraki bütün bu tür davaların benzer özelliğini alakasız grupların aynı suç ve örgü üyeliği ile suçlanması ile sürdü.

27 Temmuz 2007 - Araştırmacı yazar Ergün Poyraz, Oktay Yıldırım, Ümit Oğuztan, Bekir Öztürk, Zekeriya Öztürk, Sedat Peker, Taner Ünal, Fuat Turgut, Hüseyin Görüm, Fikret Emek gözaltına alındı.

29 MART 2009 YEREL SEÇİMLERİNDEN ÖNCE OLAN OLAYLAR :

Ulusalcılığı ve Cumhuriyet mitinglerini hedef alan bu operasyonlar o kesimde ve kitlelerde yarattığı kafa karışıklığı ile amacına ulaştı; o hareketli kitlesellik duruldu. Fakat henüz ulusalcılığın asker içindeki asıl ağır toplarına dokunulmamıştı ve kitleselleşme durulsa da ulusalcı "asker" hâlâ güçlü görünüyordu. Bu durumu da Ergenekon 10. ve 11. dalgaları çözdü.

İşte o dönemden bir kaç örnek:

7 Ocak 2009- Org. Kılınç , Tümg. Şenel ve eski YÖK başkanı Gürüz gözaltına alındı. 12 ilde operasyon düzenlendi. Toplam37 kişi gözaltına alındı. (Ergenekon 10. Dalga)

8 Ocak 2009- Pek çok şehirde yapılan kazılarda saklı cephanelikler bulundu. Ankara Gölbaşı ve Ankara Sincan'da ele geçirildiği söylenen krokiler yardımıyla çok sayıda patlayıcı madde ele geçirildi. (Ergenekon 10. Dalga)

24 Ocak 2009- Sendikacı Mustafa Özbek gözaltına alındı. Toplam 7 muvazzaf subay, 10 polis ve Özbek tutuklandı. (Ergenekon 11. Dalga)

6 Mart 2009- Cumhuriyet gazetesi Ankara Temsilcisi Mustafa Balbay tutuklandı.

10 Mart 2009 Ergenekon davasında 2. iddianame İstanbul 13. Ağır Ceza Mahkemesi'ne gönderildi

Ve elbette hemen her seçim ertesinde olduğu gibi kazanılan özgüven yeni operasyonlara yol açtı. Nisan 2009 Ergenekon soruşturması kapsamında 18 ilde 50 kişiye ait 83 adreste arama yapıldı. Aralarında Başkent Üniversitesi Rektörü Prof. Dr. Mehmet Haberal, İnönü Üniversitesi eski

Rektörü Prof. Dr. Fatih Hilmioğlu, 19 Mayıs Üniversitesi eski Rektörü Prof. Dr. Ferit Bernay, Atatürkçü Düşünce Derneği (ADD) Genel Başkanvekili ve eski Uludağ Üniversitesi (UÜ) Rektörü Prof. Dr. Mustafa Yurtkuran ve Prof. Dr.E rol Manisalı'nın da bulunduğu 39 kişi gözaltına alındı.

12 EYLÜL 2010 REFERANDUMU ÖNCESİ

Bu referandum, sadece yeni Erdoğan rejiminin tesisinde en önemli aşama değil aynı zamanda gerçek bir tercih içermeyen **otoriter plesibitlere** bir örnek olması açısından önemliydi. Tıpkı operasyonlar veya sonraki torba yasalar gibi bu referandumda da bir tercih yerine bazısı "olumlu" bazısı ise olumsuz bir çok madde oylanıyordu. Seçmenin bu tercihleri algılaması mümkün değildi Ve esasen bu karman çorman yasal düzenlemelerin içinde siyasi olarak tek önemli olan, yeni rejimin inşa edilişi ve HSYK sisteminde oluşturulacak keyfi düzendi. **Başlı başına problemli olan ve gerçek bir seçim sayılamayacak bu referandum; aslında dikta rejimlerinin meseleleri gerçek seçimlerle değil muğlak plebisitlerle çözmek gibi yüzlerce yıllık tekniğin buradaki başlangıcıdır.**

Fakat **bu seçim olmayan seçime** bile operasyonsuz girilmeye cesaret edemedi AKP... Referandumun kazanılmasında aşağıdaki komplo ve operasyonların payı büyüktü:

Sadece birkaç örnek:

10 Mayıs 2010 CHP eski genel başkanı Deniz Baykal'a kaset komplosu.

19 Temmuz 2010 Balyoz İddianamesi kabul edildi. 196 kişi hakkında dava açıldı.

10 Ağustos 2010 İzmir Emniyet Müdürlüğü'ne ABD'den gelen ihbar mailiyle askeri casusluk davası başladı.

12 HAZİRAN 2011 GENEL SEÇİMLERİ ÖNCESİ

Aslında 2010'daki zafer sonrası AKP'nin tek yapması gereken şey yerel seçimde referandum zaferin meyvasını toplamaktan ibaretti.

Fakat o seçime bile adil bir seçim olarak girmeyi göze alamadı. 2011 Nisan ve Mayıs ayı arasındaki bir ay MHP'ye yönelik kaset komplosu ve şantajlarıyla geçti. Bu komplo MHP'nin ciddi oy kaybını ve böylece AKP'nin normalde alacağından çok daha fazla milletvekili çıkarmasını sağladı.

30 MART 2014 YEREL SEÇİMİ

Bu seçimden önceki yıllar içinde ilk kez AKP'nin polis ve yargıda kimilerine göre bir "tedhiş örgütü" gibi kullanılan yapılar çatladı. **Cemaat ile AKP kavgaya girişti. AKP'nin Cemaat'i de kullanarak muhalefeti kriminalize etmekte kullandığı metotlar ilk kez eski suç ortağınca ona karşı da kullanıldı. AKP benzer yöntemlerle cevap verdi.** Cemaat'in operasyonu, bu komploların muhakkak yürütme erki dâhil siyasi gücün baskısı olmadan aynı etkiyi yaratması mümkün olmadığından zayıf kaldı. Güce daha çok prim veren "muhafazakâr" seçmen Cemaat'te o gücün güven vericiliğini bulamadı; kendisinden beklendiği üzere kazanacak ata oynadı. Bu seçim öncesi sürece, rezaletlerin olayları daha geç öğrenip sindirebilen kırsal seçmene ulaşmasını önlemek için konulan Youtube, Twitter vb gibi yasaklar; haber yasakları gibi klasik otoriter yöntemler damgası vurdu. Asıl komplo ise 2009'dan daha kötü bir kabus yaşamamak için önceden değiştirilmiş seçim sistemiydi. Bu yeni seçim sistemi olmasaydı AKP pek çok metropolü kaybediyordu. Yapıldığı iddia edilen seçim hilelerini ise saymıyorum bile...

10 AĞUSTOS CUMHURBAŞKANLIĞI SEÇİMİ

AKP'nin yeni rejimi kısa bir fetret devri yaşadı. Bu devirde bir cins düşman kardeşler savaşı da... **Ekmeleddin İhsanoğlu'nun** muhafazakâr kimliği Erdoğan'ı sıkıntıya soktu. İlk kez ulusalcı, milliyetçi, bir kısım sol ve Cemaat'in de dahil olduğu bir kısım muhafazakâr çevreler aynı adayın etrafında birleşebilirdi. **Erdoğanizm** yine en güvendiği güç gösterisi toplu operasyonlar ile korku salma yöntemine sarıldı. Bunu artık sıradanlaşmış haber yasaklama tekniğiyle de berkitti.

Bu seçimden önceki son bir ay yine toplu bir sürek avı; bir siyasi operasyon yapıldı. **Bu kez hedef Cemaat'ti.**

22 Temmuz günü Cemaat'in Emniyet içindeki yapılanmasına 22 ilde operasyon başladı. Aşama aşama devam eden operasyon muhtemelen Cumhurbaşkanlığı seçimi sonrası polis dışı kesimlere de yayılarak sürecek.

SONUÇ YERİNE...

Erdoğan Rejimi yerine yavaş yavaş oturuyor. Oturdukça rejimin gerçek özellikleri de belirginleşiyor. Bir zamanların Erdoğan destekçisi "liberal" aydınları "bu kadar da olmaz ki" demekten, "laikçi teyzeler" biz dememiş miydik demekten yorulmadılar. Rejim giderek **bonapartist** kimi özelliklerini de geride bırakarak gitgide totaliter **profaşist** nitelikler ediniyor. Fakat 19. yy. Fransa'sında ilk vasıfları şekillenen o özel bonapartist rejimin yükselişindeki rakip siyasi grupları birbirine karşı kullanırken sanki tarafsız gibi duruşu; o, "ah bizi filanca kandırmış meğer"ler ve o filancanın boyuna değişmesi... **Ve ilkesiz grupçukların sırf kendi özel düşmanından öç almak için bir cephe oluşturmak yerine imparator/padişah bozuntularına yaslanma düzeysizlikleri...** İşte ancak karikatür bir siyasi figür olabilecek kişiyi kendisine de felaket getirecek (daima getirmiştir; ama bütün ülkeyle birlikte) güce bu düzeysizlik kavuşturmaz mı?

Sonuç değil sonuç yerine yazdık. Çünkü henüz sonlanmadı. Nasıl sonlanacağı ise, bizim yaşananlardan ne kadar ders alacağımıza, bundan sonra neler yapacağımıza bağlı.

Bir son söz ya da ana fikir beyan etmek gerekirse... Erdoğanizm hiç bir özgür ve dürüst seçim kazanmamıştır. Belki 2002 hariç! Bütün otoriter diktalar nasıl devrilene kadar her seçimi kazanıyorsa o da öyle kazanıyor. Ama diktatörlerin sonu istisnalar hariç hep felaketlidir. Erdoğan'ın kendisine ve ülkeye yapabileceği en büyük iyilik operasyonlarla ve her tür yöntemle manipüle edilmemiş serbest bir seçime girmeyi kabul etmektir. Cumhurbaşkanlığı seçimi, sonucu ne olursa olsun kendisine bu fırsatı verecek imkanlar da yaratacaktır. Gerisi kendi bileceği iş...

BİR "PONZİ PLANI" OLARAK AKP POLİTİKALARI (1)

Haberdar.com 14.10.2015

"Henüz başlar başlamaz dizi gibi "1" diye yazı gönderen bir yazardan ne çıkar" deme sayın okuyucu; "ya sabır" çekip okumaya giriş derim. Çünkü bu bildiğiniz ekonomi yazılarından değil. Bu AKP'nin bir mali/siyasi sahtecilik olarak portresi... AKP'yi klasik bir siyasi parti olarak değerlendiren analizciler hep yanıldı. Çünkü ancak bir Ponzi sahtecilik planı olarak anlaşılabilirdi ve zaten daha baştan sadece bu yöntemlerle oluşturuldu. "Ponzi Planı" finans çevrelerinde dünya çapında meşhur bir dolandırıcılık yöntemi olarak bilinse de, biz burada onu benzer ilkeleri kullanan ama siyasal bir projeyi anlamak için kullanıyoruz; tıpkı ünlü iktisatçı Hyman Minsky'nin kriz olgusunu anlamak için bu ünlü İtalyan dolandırıcıyı kullanması gibi... Yani AKP'liler için söylüyorum: alınmaca, gücenmece yok!

Ponzi'yi bilir misiniz? Ya da Charles Ponzi'yi... Tam adıyla yani Carlo Pietro Giovanni Guglielmo Tebaldo Ponzi olarak da söylesem herhalde pek azınız bunu duymuştur. Duymamakta haklısınız da zaten. Çünkü 20. Yüzyıl başlarında yaşamış İtalyan kökenli bir dolandırıcıdan bahsediyorum.

Peki bu Ponzi denilen şahıs, bu önce küçük başlayıp sonra büyük işler çeviren **bu mali dolandırıcı bizi niye ilgilendirsin ki**?

O zaman şöyle anlatayım... Biz sadece iyi işleri ilk kez yapanları mı hatırlıyoruz? Mesela matbaayı ilk bulan Gutenberg, yerçekimi kurallarını bulan Newton vesaire... Hayır, aslında kötü şeyleri ilk kez bulanları da hatırlarız; hâttâ onların insanoğlu üzerinde garip ve ekstradan çekici bir etkisi daha vardır. Yani kimse aman yeni bir fizik kanunu daha keşfedeyim deyip de Newton'u taklit etmeye, onun gibi giyinip onun gibi çalışmayı taklit etmez de mesela zamanın namlı gangsterlerini, serserilerini halleri, tavırları, caka satmalarıyla taklit etmeye çalışan ne kadar çok yeni yetme çıkar...

İşte zuhur ettiğinden bu yana en çok taklit edilenlerden biri de bu Ponzi denilen şahıstır. Onun "keşfettiği" dolandırıcılık yöntemi Ponzi Şeması, Ponzi Planı vb adlarıyla meşhur olmuş, küçüklü büyüklü binlerce dolandırıcı bu Ponzi'yi taklit etmiştir. Öyle ki Charles Ponzi bir suçlu olarak sadece polisin ilgi alanından çıkmış, bizzat ekonomi biliminin önemli bir konusu haline bile gelmiştir. Mesela mali krizleri inceleyen ünlü iktisatçı Minsky, krizlerin son aşamasını Ponzi safhası olarak adlandırmıştı.

Ne yapmıştı bu Ponzi? Aslında biliyoruz; çünkü onun takipçileri dolandırıcılık alanında Türkiye'de de iş başındaydı 1980'lerdeki **"Banker Faciası"** ya da daha yakın yıllarda gördüğümüz "saadet zincirleri" Ponzi'den ilham alan, onun yöntemleriyle akraba olan işlerdi.

"Peki ama bunun AKP ile ne alakası var" dediğinizi duyabiliyorum. Elbette kast ettiğim AKP'nin veya AKP yöneticilerinin birer basit dolandırıcı ya da Ponzi olduğu değil. Daha çok bir benzetme, bir teşbih yapıyorum... Ama yazının sonunda belki sizin de ikna olacağınız gibi **bu benzetme, AKP'yi ve onun beklenmedik başarısını** (ve belki de muhtemel ama bir o kadar da beklenmedik çöküşünü) anlamak için **her türlü siyasi analizden daha çok işe yarayabilir**.

"Teşbihte hata olmaz" deyip kimseye hakaret etme kastımız olmadığını, bunun bir bilimsel analiz olduğunu belirterek başlayalım. O bakımdan bahsettiğimiz benzetme, mesela Charles Ponzi'nin bir yabancı, bir göçmen olarak New York'a ayak bastığında cebinde 2 Dolar 51 Cent olduğunu söylemesi ile; iktidar siyasetine yine bir cins "dışardan gelen" olarak ilk katıldığında, R. T. Erdoğan'ın parmağını işaret ederek **"Tek servetim bu yüzük. Yarın Tayyip Erdoğan zengin olursa bilin ki haram yemiştir"** lafı arasında paralellik kurmak filan değil.

Ponzi işi dolandırıcılık ya da aldatma teknikleri aslında ne basit bir dolandırıcılıktan ibarettir, ne de hatta ekonomik manipülasyonlarla sınırlı... Aşkta ve savaşta olduğu gibi siyasette de aldatma, hile yoluyla iğfal ve ele geçirme yöntemleri sık kullanılır. Nihayetinde, dolandırıcılık ya da sahteciliğin bazı türlerine İngilizce'de "con artist" denir ve bir tür **aldatma sanatçısı** olarak çevirmek çok da yanlış olmaz! Siyaset işte bu halkı aldatma "sanatçılarının" cirit attığı bir alan; ama her aldatma türü Ponzi usulü aldatma sayılmaz.

Bakın "İtalyan usulü" Ponzi dolandırıcılığını tarif eden nitelikler neler?

1. Önce aslı astarı olmayan bir "**hikaye**"niz olacak. Ponzi kendisinin uluslararası posta kuponları üzerinden kâr etmeyi mümkün kılan bir mali yöntem keşfettiğini iddia etmişti. "Hikaye"si buydu.

2. Bu hikayenin, "proje"ye katılan/inanan herkese piyasadaki getirilerin çok çok üstünde kâr sağlayacağını iddia ederek büyük getiri sağlaması daha doğrusu böyle bir **vaadi** olması gerekli. Charles Ponzi müşterilerine 45 gün içinde % 50 getiri vaat ediyordu.

3. Bunlar aşağı yukarı bütün manipülasyonların ortak özellikleri ama bir sahtecilik ya da mali aldatmanın "Ponzi Planı" sayılması için bir başka özellik nakit ya da kaynak yönetiminden geçer. Burada asıl "sihir" ya da hile, **sonra gelen paranın önce gelenin faizini, getirisini, veya daha genel siyaseti de içine alarak konuşursak, öncekine verilen sözü ödemesidir**. Bir cins "saadet zinciri"dir Ponzi Planı... "Plan"ın kendisinin batacağı daha başlarken ekside ve zararda olmasından bellidir aslında; ama bu iyi saklanan gerçeği Ponzigiller klanı dışında pek az kişi bilir.

4. Pek çok "saadet zinciri" ve bunun genel adı olan "Piramit Planı" türü dolandırıcılıklara kıyasen (ki onlar da bambaşka bir yazı konusu) Ponzi Planı, batmadan şaşılacak kadar uzun yaşayabilir. Olması gerekenden daha uzun bir sendeleme dönemi geçirir; ve fakat beklenmedik biçimde, inanılmaz derecede hızlı çöker.

Ponzi sahteciliğinin, anonim kimliklere sahip diğer "plan"lara göre bu bakımdan ayırıcı vasfı **karizmatik bir lider** (Mesela Charles Ponzi) ve onun cezbettiği sayıları bir hayli sayıda insandan oluşan kitledir. Kitlesellik ne kadar fazlaysa, "plan"a katılan ne kadar çok yeni insan varsa aldatma o kadar uzun sürer. Ancak Ponzi planlarının zayıf tarafları zararın/ verilmiş sözlerin yarattığı borcun zaman geçtikçe kartopu gibi büyümesi, yeni insan cezbetmek için daha fazla getiri/rüşvet/vaad dağıtmak zorunda kalmasıdır. Belli bir anda bu şemanın çökmek zorunda olduğu aşikârdır. Planın hikayesine kanan yeni insanların gelmesinin durduğu, ya da hâttâ sadece azaldığı anda Ponzi aldatmacası iskambil kağıdından kule gibi çöküverir. **Bir bakarsın o son derece kudretli, Karun gibi zengin, kral gibi güçlü adam (Ponzi) bari hapse girmeyeyim diye** eldeki avuçtakini cebine doldurup firar edivermiş.

5. Ponzi planının iyi işlemesi için o alanın bakir olması avantaj teşkil eder. Eğer finans alanındaysa yatırımcıların benzer bir metotla henüz hiç kandırılmamış, "saf" kitlelerden oluşması iyidir. Bir kurum üzerinden uygulanacaksa o yöntem, o kurumun geçmişinin güvenilir olması mühimdir. (Türkiye AKP iktidarı öncesine kadar ittifaklarına, dostlarına ve borçlarına çok sadık bir ülke olarak bilinirdi)

Gelelim Ak Parti'ye...

AKP=BİR CİNS "KARŞILIKSIZ ÇEK VAKASI YA DA BİR "PONZİ PLANI" OLARAK AKP POLİTİKALARI (2)

Haberdar.com 17.10.2015

Yazının ilk bölümünde size dünyanın en tanınmış dolandırıcısı İtalyan asıllı Charles Ponzi'yi tanıtmıştım. Ponzi'nin icadı dolandırıcılık tekniğinin dünyanın en çok uygulanan yöntemi olarak sadece mali polisin ilgi alanında kalmadığını, önemli iktisatçıların mesela krizleri incelerken krize giden yolun kimi safhalarını bir cins "Ponzi Planı" olarak analiz ettiğini söylemiştim. İddiam AKP'lilerin bir Ponzi dolandırıcısı oldukları değil; ama bir bütün olarak AKP projesinin, onlar istemese de analitik bir bakış açısından "siyasi bir Ponzi Planı" özelliği taşıdığıydı. Yani bana göre AKP olgusu siyaset biliminin normal analizleri ile anlaşılamaz. Onu anlamak için iktisadın mali suçlarla birleştiği o dar alandan devşirilmiş Ponzi örneğinin, tıpkı ünlü İktisatçı Minsky'nin mali krizlere yaptığı gibi, bu kez Türkiye siyasetine uygulanması gerekir. O halde başlayalım...

Kimilerimiz şöyle diyebilir; "Bir uluslararası sahtekarlık yöntemiyle, devletin ne ilgisi olur? Devletler hiç öyle şeyler yapar mı?"

Hemen komşumuz Yunanistan'ı hatırlatayım. Devasa siyasi sonuçları olan Yunan ekonomik krizi o zaman iktidarda olan merkez sağ Yeni Demokrasi Partisi'nin dünyanın enünlü yatırım bankalarından Goldman Sachs ile yaptığı türev ürün işlemlerini istatistiklerinde hile yapmakta kullanmasının ortaya çıkışıyla patlak verdi. Yani Yunan devleti ya da onun yönetimindeki Yeni Demokrasi Partisi, tipik bir mali sahtekar gibi istatistiklerinde devlet borçlarını olduğunun yarısından bile az göstererek başka türlü alamayacağı dış borçları aldı; elbette bunlar ortaya çıkınca yeni para akışı da kesildiğinden Yunan Ponzi Planı iflas etti. (Bkz. http://www.milliyet.com.tr/yunanistan-in-maskesi-dustu-goldman-gorundu/ekonomi/haberdetay/16.02.2010/1199604/default.htm

(Yeri gelmişken, Türkiye'nin Ağustos cari açığının nispeten düzgün çıkmasında işte bu Goldman Sachs'nin Socar TR ile ortaklığından gelen "doğrudan yatırım" parası önemli rol oynadı. Socar Türkiye'nin havuz medyasının karanlık mülkiyet yapısıyla ilgisi ise ayrı bir yazı konusu...)

Hatırlayalım bir Ponzi Planı daima kandırılarak elde edilen yeni paranın eski borçları ödemesi sistemine dayanır. Borçlar, o borçların yatırıldığı projelerin gelirlerinden ödenmez; zaten böyle bir yatırım da yoktur. Ponziciliği devlet değil de şahıslar yaptığında **dolandırıcılık** sayılması da bundandır.

İlk bölümde bir Ponzi **sahtekarlığının unsurlarını saymıştık**; kısaca hatırlatalım. Önce gerçek olması imkansız **mucizevi bir "hikaye"niz olmalı**; basit Ponzicilikte bu güya yeni keşfedilmiş bir yatırım yeri veya yöntemidir. Siyasi ponzicilikte birbiriyle çelişen şeyleri bile başaran mucizevi bir siyasi proje... **Sonra vaadleriniz olmalı...** Bunlar da "gerçek olamayacak kadar iyi" vaadler cinsinden olacak; tutmayacağınızı daha baştan bildiğiniz... Bütün bunların **karizmatik bir lider** tarafından mümkün kılındığını iddia etmelisiniz. **Yarı peygamber sayılacak somut bir şahıs profili, insanları kandırmakta soyut formüllerden daha çok işe yarar.**

Yeter mi? Hayır! Ponzi sahtekarlığında en önemli konu ilk kredilerden vadesi gelen **ilk ödemelerin** derhal ve beklenenden bile bol yapılmasıdır. Bu yeni kredilerin önünü açar ve gelen paranın mevcut zararı ödediği batak plan yürür. Başka hangi unsurlar gerekir derseniz kibar dille "makyaj" **denilen istatistiklerde, muhasebe kayıtlarında sahtekarlık** yaparak işinizin çok iyi gittiğini "resmen" de ispatlarsınız (Bkz. Yunanistan örneği)

Bütün bunlar yeter mi? Yine hayır. Burada anlatmanın zaman ve yer kaplayacağı matematiksel nedenlerle içsel zarar sürekli büyüdüğünden **kumarcı tabiri ile "potu devamlı yükseltmek"** gerekir. Daha fazla yeni kaynak için daha fazla vaad, daha iddialı hedefler lâzımdır. Fakat böylesi bir iddialaşma sür git yürütülemeyeceğinden "plan" bir noktada çökmek zorundadır. Çökme yaklaştıkça bunu en iyi planı uygulayan bildiğinden stres ve güç gösterileriyle gizlenmek istenen panik yüzünden **bir cins çılgınlık hali, bir cins mantıktan kopuş hâsıl olur** Ponzici takımda... Sonrası?

Sonrası, ödeme gününü tehir, çamura yatmak, zorbalık, firar... **O "son" hiç değişmez. Bu plan bin kez uygulandı, bir kez bile farklı bir sonuç görülmedi.**

GELELİM BİR SOMUT PONZİ PLANI OLARAK AKP'YE..

Peki AKP ve onun siyasetleri baştan beri ve şimdi bu Ponzi formülüne uyuyor mu? Mesela Hikayesi, Vaadi, Ödemesi, Karizma imali, Makyajı, "Pot"un yükseltmesi, ve giderek Çılgınlığa varan stres hali... Bunları görüyor muyuz?

Baştan başlayalım... Türkiye Cumhuriyeti devleti her ne kadar demokrasi alanında dünya çapında önde gelen devletlerden değilse de yakın zamana kadar hem ekonomik hem de diplomatik olarak **dünyada verdiği sözleri tutan bir ülke olarak** tanınırdı. Yani devlet adına verdiğiniz sözlere, anlattığınız hikayelere yurtdışında da yurt içinde de güveniliyordu. Bu bakımdan **saf bir hedef kitle** hazırdı.

Gelelim bir Ponzi aldatmacası için elzem olan "hikaye"ye... Hikayenin getiri ve kâr ile ayrılmaz bir bütün olduğunu hatırlatalım. Ve bütün kandırma ve iğfallerde kandırılanın hem saf hem de "uyanık" olması gerektiğini. Kolay yoldan müthiş bir kazanç... "Saf" bir kız için yakışıklı bir milyonerle evlenip zengin olmak- "saf" yatırımcı için 1 koyup hiç riske girmeden 50 almayı elde etmeyi umacak kadar "uyanık" olması gerekir. Yoksa meşhur laftır: **Hilekârlık eyleme kimse dolandırmaz seni/müstakim ol Hazreti Allah utandırmaz seni...**

AKP'nin hikayesi dışarısı ve içerisi için ayrı ayrıydı. Batı dünyası için hem işbirlikçi hem de İslamcı bir dost ülke... İçeride "demokrat" olacak; milliyetçiliği ve orduyu dizginleyecek. Hem muhafazakâr, hem dinci, hem liberal, hem modern olacak... Aslında pek az Batılı bu kadar "saf"tı... Ama dediğimiz gibi "uyanık" kurban aslında aklının gerisinde işin olmaması halini de düşürür; öyle talepler vaad edilmiştir ki ilk birkaç vaad bile tutulmuş olsa açılmış krediyi bir ölçüde geri ödüyordur; yeni gelen kurbanlar sonrasını düşünsünler, ilk gelenler kârdadır.

Böylece "AK Ponzicilik"in ilk vaadleri Batı'nın epeydir istekli olduğu kemalist milliyetçiliğin dayanağı ordunun pençelerinin sö-

külmesiydi. Diğeri Orta Doğu'da ABD çıkarları lehine (ama T.C çıkarları açısından ise riskli) radikal bir politikaya adım atması; AB açısından Kıbrıs Rumları ile ve Ege'de sorun çıkarmamak; ötesi ve en önemlisi Kıbrıs'ta taviz vermekti.

AK Ponzi Planı'nın içerideki hikayesi ise benzerdir. Bu kez, yeni kurulmuş işbu ABD/AB bağlantısı içerisi için –bir finans terimini uygulayacak olursak-kaldıraç (leverage) olarak kullanıldı. Batı'nın demokrasi ve hukukun üstünlüğü ilkelerinden çok fazla kopamayacağı düşünülen bir muhafazakârlık... Kürt sorununa nihai ve barışçı bir çözüm... Yeniden tanımlanmış bir milliyetçilik ile taçlanmış bir Neo Osmanlıcılık... Baştan itibaren mümkün olmayan hikayeye bir "Ponzi Planı"nda daima mümkün olamayacak (gerçek olması için fazla iyi vaadler eşlik eder demiştik. Osmanlı'nın yeniden emperyal şahlanış... Tek, dilli bir yeni milletin yaradılışı... Bütün komşularla iyi ilişkiler... Kürt ayrılıkçılığına özerklik vaadi; Öcalan'a sınırlı bir af vs, vs... **Hikayenin kendi içinde çelişik; hedeflerinin birinin yekdiğerini imkansız kıdığı gözünüzden kaçmamıştır. İşte Ponzicilik burada başlar.** Eğer içerideki muhafazakâr kitleyi size siyasi yatırım yapmaya "tek millet" ve Neo Osmanlıcı emperyal vaadlerle ikna edecekseniz; o zaman komşularla barış, ve Kürt sorunundaki "çözüm" vaadleriniz imkansız demektir.

Hikaye ve elbette buna dayalı vaadler daha baştan imkansızdır dedik. Kimi zaman süreç içinde Ponzilerin kendi iddialarına gerçekten bir dereceye kadar kendilerinin de inanır olması mali dolandırıcılık tarihinde sık görülse de durum değişmez. Belki siyasi benzeşmede de böyle bir inanmışlık bir ara yaşanmıştır kim bilir? Ama örneğin Yeni Osmanlı imparatorluk düşleri, Batı yanlısı bir "uyumlu" devletle yan yana; kadınların örtünüp evde kalacağının tercih edildiği ama hızla ilerleyen (ve kadın emeğine fena halde muhtaç) bir modern kapitalizm... Üretmeyen, medrese eğitimiyle yürütülmek istenen, fazla çalışma için insanların zorlanmadığı (zorlansalar onlara iş bulmak gerekecek) ama refah içinde bir ekonomi...

Bu noktada daha baştan ortaya çıkan sorunun çözümünde hem bildik, hem de **siyasi Ponzicilk "karizma" kozunu oynar. "Müthiş bir adam" vardır, peygamber gibi mucizeler yaratacak kadar zeki, şanlı, adeta seçilmiş biridir. Olamazı olur yapabilir; yeter ki inanın, arkasında durun!** Çoğu kere bu karizma, 'plan'ın selameti için sonradan "imal edilir".

Ponzi tekniğinin uygulanışında "bu işin piyasasında" hem daha önce bu yöntemle kandırılmadıkları için "saf", ve ama kandırılmayı isteyecek kadar "uyanık" bir hedef kitle önkoşuldur demiştik. Bu kitlenin böyle bir **hikayeye** inanması için herkese **ilk ödemelerin** inandırıcı bir şekilde yapılması gerekir. **Kıbrıs konusunda**, sanki çözülmek istenirmiş gibi adımlar gösterişle atılır. **Ege adalarında** Yunanistan'ın hamleler görmezden gelinir. **Suriye ve Irak'ta** Amerika'dan fazla Amerikancı olunur. İçeride **ayrılıkçılara Oslo'da ve İmralı'da verilen sözleri** tutacağını göstermek için G.Doğu'da (resmen değil ama) fiilen her türlü taviz verilir.

İçeride çalışmayan ve iş bulamayacak hale getirilmiş **halk kitlelerine de "peşin ödeme" yapmak gerekir.** Sosyal Güvenlik Kurumu'nu önümüzdeki 10 yıllar içinde mahvedecek adımlar pahasına hemen hemen her çiftçi tamamen sahtekarca bir tarım Bağ Kur'undan emekli edilir. İşsiz kitlelere gelecekte kendilerinden misliyle geri alınacak büyük miktarda sosyal "yardım"lar yapılır.

Peki bu değirmenin suyu nereden gelecektir?

Ana kaynak, herkesin bildiği gibi yurt dışı borçlanma ve evdeki malları satmak şeklinde yürütülen özelleştirmeden; ki zaten uluslararası finans açısından bu ikisi açısından kopmaz bir bağ var.

Dahası verilen vaadlerin tutulacağının en ikna edici kanıtı, bir süre ortalıkta esen **o garip refah rüzgarıdır**. Herkes eskisine göre daha varlıklı gibidir. Buna karşın, son derece garip şekilde, aslında çalışanların reel gelirleri ya çok az artıyor, ya da hatta azalmaktadır. İşin sırrı borçlanmakta yatmaktadır. AKP döneminde hane halkı borçlanması anormal oranda artmıştır; ki bu da dış borçlanmasın bir kısmının bankalar eliyle içeride halka dağıtılmasıyla mümkün oluyordu. O kredilerin içinde özellikle bireysel ihtiyaç kredileri, otomobil, ev kredilerinin artışı, bu borçlanmanın **refah etkisinin** o çapta bir borç miktarına kıyasla daha da fazla hissedilmesini sağlıyordu. **Ama Ponzi aldatmacası için elzem olan bu refah etkisinin bedeli ise, za**ten sağlam olmayan o kaynakların yatırım yerine tüketime yönlendirilmesi yüzünden gelecek yıllar büyümesinin imkansız hale gelişiydi.

***

Özetle bütün AKP siyaseti bir Ponzi Planı olmakla kalmıyor, bunun dayandığı ekonomik kaynağın dahi bizatihi kendisi, dışarıdan sürekli gelecek yeni paraya dayanan bir mikro "Ponzi planı"ydı. Evet tıpkı o iç içe geçmiş Rus **matruşka bebekleri** gibi "plan" plan içinde...

"**Büyüme**" ya da iktisadi dille söyleyecek olursak Gayri Safi Milli Hasıla'nın Yıllık Artış Oranı, gerek "mikro, yani ekonomi bazındaki Ponzicilik"in hem de bir iç/dışpolitika stratejisi olarak "**makro Ponzi planı"nın bam teliydi**. Türkiye bir başarı hikayesi olarak satılmalıydı dışarı... Yani büyüyen bir ülke; büyüyen yani aldığı borçları ödemeye kabiliyeti olan bir ülke...

Ancak sistemin kendisi bir Ponzi sahtekarlığından başka bir şey olmadığı için yürütülmesi mümkün değildi. Sadece batışı ertelenebilirdi; bunu yapabilmek için bile büyüme görüntüsünün, başarı hikayesinin sürdürülmesi gerekiyordu. **Ancak Ponzi sahtekarlıklarının** küçük bir kusuru daha vardır; "plan"ı yürütmek için yapmak zorunda kaldıklarınız biraz zaman kazandırsa bile planın çöküşü aynı zamanda bizzat o yaptıklarınız tarafından garantilenir. Örneğin büyümeyi sürdürebilmek için TCMB'nin faizleri artırmasına engel olursunuz; bu 1 yıl kadar işe yarar ama sonra bizzat bu eyleminiz kurları arttırarak Dolar cinsinden büyümenin yere çakılmasını garantiler.

Gerçek milli gelir 9070

Ekonomideki kötü gidişat milli gelirde hesap değiştirdi. Son yıllarda sürekli gerileyen milli gelir yeni hesap oyunu ile 19 bin 506 dolar olarak tahmin edildi. Ancak eski hesaplamaya göre milli gelir yılsonunda 9070 dolar olacak

Milli gelirde masa başı hesap oyunu

[illegible]	2015	[illegible]	2017	[illegible]
GSYH (milyar TL)	1.928	2.141	2.376	2.640
GSYH (SAGP milyar dolar)	1.516	1.596	1.697	1.818
SAGP'ye göre Kişi Başı Milli Gelir (dolar)	19.506	20.313	21.377	22.680
GSYH Büyümesi	3	4	4,5	5
İşsizlik (yüzde)	10,5	10,3	10,2	9,9
İhracat (milyar dolar)	143	150	170	192,5
İthalat (milyar dolar)	208,4	216,3	239,6	265,6
TÜFE Yıl sonu (yüzde değişim)	7,6	6,5	5,5	5
[illegible]	2014	[illegible]	2016	[illegible]
Kişi Başı Milli Gelir GSYH/Dolar	10.537	10.936	11.541	12.229

Başarısızlık milletten gizleniyor

İSTANBUL

Hesaplama yöntemi değişti

Kurdaki dalgalanma etkiledi!

Ponziciliğin en başından beri var olan bir unsur; **yalan veriler, sahte raporlar, makyajlı istatistikler** "plan"ın/iskambil kulenin sallanmaya başladığı son dönemlerinde aşırı derecede artar. Örneğin faizlerin suni olarak baskı altında tutulması gibi her türlü manipülasyon denenmesine rağmen **8 yıldır dolar cinsi kişi başı milli gelir artmayınca** son çare olarak Orta Vadeli Program'da (OVP) evvelden beri açıklanan cari dolar kurundan milli gelir hesabı yok edildi; onun yerine sadece Satın alma Gücü Paritesi (SAGP) ile Dolar kurundan kişi başı milli gelir hesabı kondu. Böylece kağıt üzerinde 10 bin $ mertebesinde olan ve eğer eski hesaplama yöntemi kullanılsa bir hesaba göre 9 bin Dolarlara, bir hesaba göre 9 bin Dolar'ın da altına düşecek olan kişi başı gelirimiz bir gecede 2 mislinden fazla artarak 19 bin 500 Dolar'a çıktı.

Ya da TÜİK'in açıkladığı işsiz sayısı 2 milyon 900 binken İŞKUR'da sadece iş bulmak için kayıt yaptıranların sayısı bile 3 milyon 300 bin kişi mi? O zaman 1 gün içinde İŞKUR'da kayıtlı işsizlerin 1 milyon 100 binini siliverirsin...

PAZARLAMA "HİKAYE"LERİ BİTTİ ÇÖKÜŞ BAŞLADI

Dedik ya, **ekonomik Ponzi oyunu yeni para, siyasi Ponzi oyunu yeni seçmen gelmezse çöker...** AKP'nin siyasal oyununa ise yeni seçmenler uzun zamandır gelmiyor. AKP oy oranı olarak 2011'den beri; sandalye sayısı olarak ise 2007 seçiminden beri geriliyor. AKP'nin uluslararası cazibe "hikaye"si, yani "Orta Doğu'ya örnek olacak Batı yanlısı ılımlı Müslüman demokrasi" imajından ise eser kalmadı. Siyasi cazibesi kalmayan AKP Türkiyesi'nin ekonomik cazibesi de azaldı: eskiden hızlı büyüyen "dinamik ve geleceğin yıldız ülkesi" imajı çok uzaklarda... Burada da hikayesi bitti. Avrupa Birliği'ne girecek ve gelirini daha önce girenler gibi bir anda ikiye üçe katlayacak ve bu nedenle bir an evvel kendisine yatırım yapılması gereken ülke imajı ise, artık Avrupa tarafından istenmeyen, orta gelir tuzağına düşmüş, aşırı borçlu ülke görüntüsüne dönüştü... **"Hikaye"sini gerçek hayatta gerçekleştiremeyen ülke ikiye üçe büyümeyi ancak kağıt üstünde gerçekleştiriyor ve artık hiçbir önemli karar merkezi bunu ciddiye almıyor.**

KARŞILIKSIZ ÇEK GİBİ DAĞITILAN VAADLERİN MALUM SONU!

Sadece hikayeler değil vaadler de bitti. Batı için Suriye ve Irak'ta yolu açacak ülke olma sözü, istenmeyen Işid işbirlikçisi veya Batı politikalarını kendi maceracı Neo Osmanlıcı politikalarına alet etmeye kalkan ülke imajına dönüştü. Ya da **"Kıbrıs'ı biz çözeriz" diye verilen vaadin** -AKP'nin bu açık çekinin karşılıksız çıkmasıyla – **tipik bir Ponzi vaadi olduğu** ortaya çıktı. Sadece dışarıda değil içeride de halka verilen vaadler bir bir çöküyor. Daha ileri bir demokrasiden eser yok. Tersine muhalefetin bastırıldığı tipik bir 3. Dünya diktası atmosferi hakim oldu ülkeye... Bir zamandır alçak sesle dillendirilen "özgürlük yoksa da maddi rahatlık ve istikrar var" türü bir örtük vaad de çökmüş durumda. Halkın maddi durumu her gün biraz daha bozuluyor; çünkü borçlanmayla yaratılan sahte refah, şimdi borç yükü nedeniyle tam tersine bir cehenneme çevirdi vatandaşın hayatını. Ülkede 25 milyon kişinin borcu tam 400 milyar TL'yi buldu. 2,5 milyon kişi ise kredi kartı borcu yüzünden bankaların yasal takibi altında icra/haciz korkusuyla yaşıyor.

Aslında bir Ponzi planı için en öldürücü darbe, kozanın etrafında örüldüğü karizmatik şahsiyete duyulan güvenin azalması. AKP "plan"ı için bu figür şüphesiz Recep Tayyip Erdoğan... Ancak özellikle 17-25 Aralık'tan sonra Erdoğan'ın ne içte, ne dışta, ne de hâttâ kendi yakın destekçileri nezdinde eski imajından ve güvenirliğinden eser yok. Şüphesiz, hâlâ -biraz daha az olmakla birlikte- seviliyor, hâlâ -hâttâ daha da fazla- korkuluyor. Ama ona duyulan güven çok azaldı. Zaten ne kadar "her şeye ben hakimim" dese de Başkanlığı elde edememiş ama AKP'nin artık resmen başında olamayan biri olarak yasal durumu, en azından meşruiyeti tartışılır olmuştu. Şimdi bir de üstelik Cumhurbaşkanının toplum nezdindeki genel güven kaybı iyice belirginleşti. Metropoll'ün bu yılın Eylül'ünde yaptığı ankette Cumhurbaşkanlığı kurumuna duyulan güven ordu, polis, Meclis'ten sonra ancak 4. Sırada. 2013'te 6,7 olan cumhurbaşkanlığına duyulan güven 6,1'e düşmüş.

***

Özetle AKP, asla tutamayacağı sözleri içerde dışarda vererek kaynak ve güven sağlayan adeta karşılıksız çek yazarak mal toplayan bir tüccar gibiydi. Başlangıçta kimse verdiği "kredi"yi geri istemedi; yeni yeni siyasal/ekonomik krediler verildi. Erdoğan'ın liderliği etrafında yaratılmış başarı "hikaye"si ve bu hikayeden türeyen içeriye-dışarıya yapılmış vaadler, verilmiş sözler elbette ki tutulamadı. Bunun sonucu dışarıda yabancılar, içeride seçmen AKP'ye giderek daha az güvenir, daha az kredi açar oldu. Yine de bir süreliğine, hayal kırıklığına uğrayan "eski kreditörlerin yerini yeni gelenler doldurdu. Ne de olsa vaadler çok göz alıcıydı. Ne var ki artık yeni gelenler gidenlerin yerini dolduramıyor.

AKP kendisinin bir Ponzi Planı olduğunu bildiği için en çok panikte olan da o... Çünkü Ponzi bilir ki "hikaye bittiğinde, karşılıksız vaadler fos çıktığında, yeni aldanmışlar giden eskilerin yerini dolduramadığında, üstelik yaratılmış bir karizmatik liderin güvenirliği sarsıldığında oyun bitmek üzeredir; ilk kaçan kurtulur!

***

PONZİ PLANI BİTTİ ARTIK "LUCKY" LUCIANO OYUNU BAŞLIYOR!

Peki, bir Ponzi Planı, bir sahtecilik işi olarak AKP oyun tarzı bittiyse ve eğer henüz kaçamıyorsanız; o zaman ne yapacaksınız? Öyle görünüyor ki AKP, Ponzi türü bir ikna oyunundan hemen hemen aynı dönemde yaşamış yine bir İtalyan asıllı bir başka Amerikalının ikna yöntemlerine dönmekte… Lucky=Şanslı Luciano kim mi? Amerikan Mafya'sının efsanevi kurucusu! Yoksa gazeteci dövmeler, Rize'de mafya babalarının miting düzenlemesi filan tesadüf mü sanmıştınız?

2. BÖLÜM

"SOL ÜZERİNE" ZAMANIN RUHU'NA GİRİŞ!

Sol her zaman iki sütun üzerinde yükselir. Mevcut dünya hâlinin **adaletsiz** olduğu… Ve bunun insanların çabasıyla daha iyi bir hale **değiştirilebileceği** inancı. Sağ ise ya mevcudun, olabileceğin en iyisi olduğunu ya da bunun kader olduğundan değiştirilemeyeceğini savunur. **Temel fark budur**. Sol daima insanlığı, bilinemez bir "ileri"ye, değişime doğru zorladığından tercih edilmesi zor bir düşüncedir. Bunun yanında üstelik sol tanımı gereği "hedef"i sürekli değiştirir ve çıtayı sürekli yükseltir. Bunu yapmayan solcular bir süre sonra kendileri fark etmese de sağcı olmuştur. Böylece solcu olmak iki kat daha zorlaşır ve solcular çoğu toplumda **azınlıkta** kalır. Öte yandan mevcut durumun adaletsizliği, düzenin çarpıklığı da çok insanı korka korka da olsa sola yaklaştırır. İşte bu karışık güçler dengesinde sol, toplumsal değişimin **ana motoru** olmuştur. Pek çok toplumsal yeniliği ya sol iktidarlar getirmiş, ya da bunlar sol muhalefetin itişiyle sağ iktidarlar tarafından mecburen yapılmıştır.

Sol siyasi güçler zayıfladığında **işte bu nedenle sağ**, eskiden kendi getirmiş bile olsa birçok hak ve özgürlüğü geri almak için harekete geçmekte bir an tereddüt etmez. Bunu üstelik bazen başarır da. O nedenle **tarih her zaman ileriye akmaz**; bazen de o tarihi dönem içinde yaşayanlarca sanki 1000 yıl sürecek bir kış mevsimi gelmiş gibi hissedilir. Yine de hiçbir gece sonsuz kadar sürmez. İnsanlığın binlerce yıllık mücadelesinin bize gösterdiği şey tökezlemelerle de olsa **insanlığın ileriye atılım arzusunun** önünün kesilemeyeceğidir. Dünya özellikle 1970'lerin sonundan bu yana **gerici bir ana trend** içine girmiş gibidir. Trend içinde ileri doğru atılımlar yine de sürmüştür. Bu gerici eğilimin kırılması halinde ise dünya ve Türkiye büyük bir ileri atılıma kavuşacaktır. Ama bu kez örneğin 18. yüzyılın başından beri olan **ileriye doğru ana trendin** içinde yer yer –hem de bazen çok şiddetli – gerilemeler olduğu gibi yine kısmi gerilemeler yaşanacak. Her ne olur ve ne şiddette yaşanırsa yine de onu bizler, çocuklarımız, torunlarımız kendi irade ve eylemleriyle gerçekleştirecek.

Bu kitapta her zaman bu bölümde olmasa da bu bölümle çok ilgili kimi **dinsel ya da mitolojik yazılar** var. Çünkü **Zamanın Ruhu** ile ilgisi var. Bir zamanlar toplumsal mücadelelerin dili de dinseldi. Ve dinler daima

-özellikle de doğuşlarında- bugünkü gibi mevcut düzenin bekçisi gibi kullanılmamıştı. O anlamda solu da bir **Kadim Sol** bir de **Modern Sol** olarak görmek gerekir. Bunların çoğu kere birbirini anlamaktan uzak olduğunu kabul etmeliyiz. Ama ben aralarındaki kimi zaman uzlaşmaz çelişkilere rağmen dillerinin birbirlerine yaklaşmasının gereğine inanırım. Yeni Zamanımızın Ruhu, Şeyh Bedreddin'in, **Muhyî**'nin bugünün **Fransız Devrimi** geleneğinden gelen Aydınlanmacı devrimci ve reformcularla konuşabildiği aletleri daha etkili kılacaktır. En azından benim inancım böyle ve karınca kararınca o dilin ve o aletlerin geliştirilmesi için uğraşıyorum.

Bu bölümde 1980'lerden 2000'li yıllara kadar yazdığım ve yayımlatabildiğim solun sorunları hakkında kimi yazıları topladım. Ne yazık ki karanlık dönemlerde bir takım yazıları hiç isim kullanmadan yazdım. Bazı yazıları emanet ettiğim yerler ve kişiler, o zamanın şartları gereği yazıları "**alevlerin eleştirisi**"ne tabi tutmak zorunda kaldı. Bazıları kayboldu veya el konuldu. Kalanların bazılarını o zamanın şartlarında yayımlayacak kurum çıkmadı. Buna rağmen kalanları hayli yekun tutmakta. Bu kitabın sınırları nedeniyle uzun yazıları, ya da kitapçık ölçeğindekileri buraya dâhil edemedim. Bulabildiklerimin bazı küçük alıntı ve özetlerini koydum. Bir perspektif, bir metot verenleri; **zamanlarının ruhunu yansıtanları** ya da bugüne çok doğrudan etkisi olan gelişmeleri içeren yazıları seçmeye çalıştım. Solun önemi kadar, 30 seneyi aşkın sürede yapamadıkları şeyleri de çekinmeden anlatmaya çalıştım. Solun yapamadıklarını, hatalarını görmek bize aynı zamanda BU KARANLIKTAN ÇIKIŞ YOLUNU da gösterecektir diye düşünüyorum.

Aşağıdaki yazı 12 Eylül'ün bütün sol kadroların yok edilmeye çalışıldığı, öldürülmemiş olanların ya hapiste ya yurtdışında mülteci ya polis takibi altında olduğu yıllarda ve hemen sonrasında yazıldı. 1980'lerin sonlarına doğru bile sol kitaplar, yakılmalar, yağmalanmalar, gömülmeler sonucu neredeyse yok gibiydi. Yeni genç neslin beslenebileceği pek bir şey yoktu. Bu genel bilgisizlik, kaynaksızlık ortamında "gerçek sol aslında bu" diye ortaya çıkan eğilimler kendi kişisel gruplarına ait tutumlarını solun zaten kabul edilmiş genel tutumu olarak sunmaya çalıştı. 80 öncesinin bazı anaakım sosyalist ya da sosyal demokrat görüşleri el çabukluğuyla birer sapma olarak sunuldu. O dönem genel sol içinde bu el çabukluğu ile ve 12 Eylülcülerin yarattığı ortamdan istifade de edilerek iki tür eski ama yeni bir paketle sunulan görüş egemen kılınmaya çalışıldı. Biri "sivil toplumculuk", diğeri ise güya buna karşı mücadele eden ve Ortodoks sol olduğunu iddia eden "jakoben sol" idi. Günümüz açısından pratik önemi, "sivil toplumculuğun evrilerek sol liberal geLenek içinde 2010 yılının Anayasa Referandumu'ndaki "Yetmez Ama Evetçiler"e dönüşmesiydi. En belli başlı temsilcileri Murat Belge gibi kimi aydınlardı. Bunların mevcut iktidar olarak gördükleri "Kemalist rejim"e karşı İslamcılarla flörtü, AKP'nin iktidara yürüyüşünde ve sonraki yükselişinde önemli bir rol oynadı. Bu rol hem sosyalistlerin bu tartışma ve sonrası etrafında eylemsizliğe, örgütsüzlüğe yakalanmasına, geçmiş mirasından kopmasına neden olurken; hem kendi içindeki solculuğu kimlik politikasından ibaretmiş gibi görenlere, hem de İslamcılığa yeterli direnci gösteremeyişine yol açtı.

JAKOBENİZM: BİR YANLIŞ TARTIŞMA

Türkiye Sorunları Kitap Dizisi -1 Haziran 1987

Aynı akım sosyal demokrasi ve CHP geleneğinde de (Yeni Demokrasi Hareketi vb gibi kimi akımlar ve bir cins Blairciliği besleyerek sonuçta yükselen İslamcılığa karşı yeterli refleksi gösteremeyiş ve gerçek bir demokratik sol alternatifi oluşturamayışta rol oynadı.

Öte yandan güya buna tepki gösterip "geleneksel sol"u savunduğunu iddia ede kimi çevreler tam tersine sosyalizmi veya sosyal demokrasiyi bir cins modern zaman jakobenizmi olarak sunmaya çalıştılar. En tanınmış temsilcileri o dönem Yalçın Küçük, Doğu Perinçek, sonradan TKP içinde yer alacak Gelenek çevresi ve CHP içinde sonradan aşırı ulusalcı gruplarda görülecek isimlerdi. Bunların da AKP'nin yükselişinde neredeyse Sivil Toplumcu-Yetmez Ama Evetçi ekip kadar sorumluluğu vardır. Solu büyük ölçüde neredeyse sadece laik kimliğe hapseden bu grup, Kürt ayrılıkçılığı ile ilişkilerinde de yine "kimlik politikası" temelinde bir aşırı iç içe geçme ve bir gösterişli karşı çıkış arasında gitti geldi. Sonuçta bu iki akım 12 Eylül öncesi gelişen solun kitleselliği ve nispî düşünsel birliğinin parçalanmasında rol oynadı; AKP ve (Kürt ayrılıkçı hareketinin de dâhil olduğu) kimlikçi politikalara karşı, sosyalist ve sosyal demokrat kesimde doğru tavrı savunanların etkinliğini sekteye uğrattı. İki akımım (sivil toplumculuk ve sol jakobenizm) çok etkili ya da kitlesel oldukları öne sürülemeyeceği gibi, sonraki yaşananlardan tek başına sorumlu olduklarını söylemek haksızlık olacaktır. Önce 12 Eylül, sonrasında da Sovyet Bloku'nun yıkılışı solda önce moral bozukluğu, sonra da mucizevi yeni arayışlara yol açtı. 12 Eylül'ün yetenekli politik kadroları yok edişi de bu tür nevzuhur mucizevi formüllere derli toplu bir karşı çıkışı zorlaştırdı. Türkiye Sorunları Dizisi içindeki bu yazım işte o kafası karışık dönemde, gerçek sol geleneği hatırlatmak; yok edilmek üzere olan sol düşünsel mirası derlemek ve o iki "sapma"nın ileride yaratacakları –o zaman pek az kişi tarafından görülen- hasarları önleme çabasıdır. O yıllar için oldukça başarılı oldu. Sonraki yıllarda zamanın ruhu bir parça da olsa bu iki sapmanın yanında yer aldı diyebiliriz. Buna rağmen benim gibi başkalarının da gayretiyle, sol ve sosyal demokrat yapıların içinde bu iki grubun bir çeşit darbeyle parti ve örgüt yapılarını ele geçirme çabası sonuç vermedi. Zararları sınırlı kaldı. Toplam 70 sayfayı aşkın ve o dönem hayli etkili olmuş bu yazıdan sadece kısa giriş paragrafını ve 1-2 cümleyi aktarıyorum. Bu tür uzun teorik yazıların bir derlemesini umarım bir gün bir başka kitapta bir araya getiririm.)

BİR YANLIŞ TARTIŞMA

Bu yazıda Türkiye'de sivil toplumcularca açılan "jakobenizm" tartışmaları konu edilmekte. Bu tartışmalar daha sonra yeni sol-geleneksel sol türü bir kutuplaşma içinde "geleneksel sol"u temsil ettiğini ileri süren çevrelerce alevlendirildi. Bu yazı söz konusu tartışma sırasında taraflarca ortaya atılan yanlış tezlerin bildiğimiz.-demokrat kesimlerde de belli bir etki yarattığının gözlenmesi sonucu yazılmıştır.

Yazıda jakobenizm tartışmasında kullanılan yöntemin eleştirilmesi yanında yeni sol-geleneksel sol ayrımının geçersizliği vurgulanıyor. Türkiye'de şekillenişiyle sivil toplumculuk yeni bir sağ revizyonizmi simgelerken, "geleneksel sol"dan kast edilen aslında "70 yıllık revizyonizm"den ibarettir. Karşıt gözüken bu kutupların temelde temsil ettikleri birlik, onların jakobenizm tanımlarının birliğinde kendini gösteriyor. Bu ilginçtir; çünkü yazının bu ilk bölümünde açıklandığı gibi böyle bir "jakobenizm" hiç varolmamıştır.

Kendine marksist diyenlerin çizmesi gereken ayrım çizgisi yeni sol ile geleneksel sol arasında değil, devrimci marksist tavır ile eski, yeni her tür revizyonizm arasındadır.

Bu yanlış kutuplaşmanın tartışmacıları aslında örtülü biçimde, marksist öncü-kitle ilişkisini; devlet, devrim, demokrasi kuramlarını; Ekim Devrimi'ni, 27 Mayıs'ı ve 12 Mart dönemindeki devrimci hareketi; bu bağlamda da yakın gelecekte yapılması gerekenleri tartışmaktadırlar.

Yazının, kitap dizisinin bu ilk bölümünde yayımlanan kısmında, buraya kadar söylenen tüm bu tezler ifade edilmekle birlikte, esas olarak tarihte jakobenlerin gerçek niteliği açığa kavuşturulmaktadır. Böylece artık bu tarihsel örneğin artık gelişigüzel kullanılamayacağı umulmaktadır.

İkinci bölümde, jakobenizmin Ekim Devrimi ve 71 devrimcileri ile aslında söylendiği şekliyle ilgisinin olmadığı açığa çıkarılacak; burjuva reformist hareketler ve bu arada 27 Mayıs tartışılacak.

YAZIDAKİ TEZLERİN KISA ÖZETİ

(1789 Büyük Fransız Devrimi'nin 200. Yılının yaklaşması nedeniyle en az 2-3 yıl süren bu tartışmalar sonraki yıllarda da solu epey etkiledi. Yazıda Fransız Devrimi ve tarihteki gerçek jakobenler gerçekte oldukları gibi anlatılamaya çalışıldı. Böylece onların bir yeniden tarifi ile solun yeniden dizayn edilme faaliyetinin yanlış temellere dayandığı gösterilmeye çalışıldı.)

Yazıdaki tezlerime kısa bir bakış:

Jakobenizm bir 12 Eylül sonrası sendromudur!

*Yurtdışındaki kimi eğilimler ve yurt içindeki İdris Küçükömer'in tezlerinin eklektik ve gelişigüzel harmanlanmasıyla oluşan "sivil toplumculuk" sosyalist ve sosyal demokratlar arasında çarpık düzene karşı mücadele etme azmini hedefleri şaşırtmak suretiyle engellemekte.

*Sivil toplumculara göre aslında "sağ" olan Kemalistler, "sol" olan ise İslamcılar/muhafazakârlardır. Solun asıl hedefi kemalizmi yıkmak olmalıdır

*Sivil toplumculara göre jakobenizm tepeden inmeciliktir. Halka rağmen halk içinciliktir. Demokrat olmayan darbeci solun adıdır. Kemalizm ve Atatürk jakobendirler. Demokrasi ve sol adına reddedilmelidir.

*1971 devrimcileri, Deniz Gezmişler, Mahir Çayanlar sadece birer jakoben ve kemalisttir; onların mirası terk edilmelidir.

*Sosyal demokrasi-CHP de kemalisttir, sivil toplumculuk temelinde yeniden ve kemalist mirası reddederek sol liberal temelde yeniden şekillendirilmelidir.

*Geleneksel solcular sivil toplumcuların jakobenizm tarifini neredeyse aynen paylaşır: Evet jakobenler, tepeden inmeci ve darbecidirler. Ama zaten devrimciler için bilinçsiz kitleler değil bilinçli parti kadroları önemlidir. Darbe ve kitle ayaklanması ya da seçim birer araçtır önemli olan sonuç yani radikal toplumsal değişimdir. Bunu yapmak için jakobenler gibi davranmalı gerekirse halk çoğunluğuna karşı terör de kullanılabilmelidir.

*"Jakoben sol"a göre Kemal Atatürk'ün düşünceleri ile "kemalizm" ve onunla da jakobenizm bir ve aynıdır. Atatürk ve İttihat Terakki Cemiyeti, Osmanlı ve Türkiye'nin jakobenleridir.

*Bu "geleneksel/jakoben sol"a göre Denizler ve Mahirler de birer jakobendir ve bu nedenle de sahiplenilmeli ama bu onların jakoben olduğuna inanarak yapılmalıdır.

Yazıda bu iddiaları çürütmeye çalışmıştım. Yazıdaki tezlerime göre.

*Fransız devrimindeki gerçek Jakobenler ve özellikle Robespierre'in sivil toplumcu ve "geleneksel sol"cuların hayalindekilerle bir ilgisi yoktur.

*Gerçek jakobenler o dönem Fransasının en radikal devrimcileri ve o dönem olunabilecek en demokrat kesimdi.

*Azınlık devrimcileri olmak bir yana Fransız devrimindeki en kalabalık ve örgütlü gruptu.

*Devrimci faaliyetlerini tepeden darbelere değil yoksul halkın kendilerini desteklemesi sayesinde gerçekleştirdiler.

*Jakobenler ne zaman yoksul halktan bir ölçüde koptular, karşı devrimci hareketin bir darbesiyle devrildi.

*Osmanlı "demokratları" ve İttihat Terakki ve Mustafa Kemal, elbette Fransız Devrimi'nden ve jakobenlerden etkilendi. Ama Osmanlı devrimci hareketi daha çok 19. Yy sonu Fransız reformizminden etkilenen jakobenizmin radikalliğinden pek az esinti taşıyan bir hareketti.

*O dönem için normal karşılanacak eksikliklerine rağmen Atatürk düşüncesi Türkiye'deki aydınlanmacı ve cumhuriyetçi geleneği temsil eder ve bu yanıyla değil terk edilmesi, tam tersine eskisi gibi sahiplenilmesi gerekir.

*Ancak şimdilerde kemalizm denen şey Atatürk'ün değil daha çok ondan etkilenmiş Kadro Dergisi etrafında toplanmış, eski marksistlerin M.K. Atatürk'ün düşüncesinin kendilerine göre yeniden tanımlanmasından oluşur. Ona daha "sol" bir tını vermek istemişler ancak bu "rejim" tarafından benimsenmemiştir.

*Atatürkçülüğün/kemalizmin bir tür (tepeden inmeci) jakobenizm olduğu fikri de yine bu çevrenin de görüşüdür.

*1930'lardaki Kadrocu "kemalizm" varyantı 1960'lardan sonra Yön Dergisi etrafında Kadrocu geleneği yeniden canlandırmak isteyen kimi sol aydınlar tarafından yeniden üretildi. Bunlar 2. Bir 27 Mayıs yaparak ordu kanalıyla radikal bir sol hükümeti iktidara getirmek istiyordu. Bir zamanların "Ordu-Gençlik Elele" sloganı bu fikirden türer.

*1968 Hareketi dışarıda Yeni sol ve Paris ayaklanmalarından, içeride ise bununla taban tabana zıt bu Yeni 27 Mayısçı hareketten ve ayrıca eski sosyalist sol gelenekten beslendi. Çok kısa bir süre sonra Deniz Gezmiş ve özellikle Mahir Çayan, İbrahim Kaypakkaya ekipleri hem 27 Mayısçı darbecilerden hem de eski reformist (genellikle SSCB yanlısı) soldan tümüyle koptular. Darbe planlayan bir takım güya Kemalist subaylara değil kendi öz güçlerine ve halka güvenen bir teori ve eylem çizgisi benimsediler.

*Bu anlamda 71 devrimcileri ne jakoben, ne de kemalistti; daha çok dünya ve Türkiye'deki devrimci, cumhuriyetçi laik geleneğe saygı duyan ve ama onları aşma, ileriye taşıma iddiasında olan Marksistlerdi.

*Gelelim CHP ve sosyal demokrat çizgiye... Bu sivil toplumcu ya da kadrocu geleneğin temsilcileri sosyal demokrat öncesi CHP'de de temsil ediliyordu. Fakat CHP'nin asıl başarısı Ecevit'in adeta parti içi bir devrimle partiyi sosyal demokrat/ demokratik sol bir çizgiye çekmesiyledir. Bu demokratik sol çizgi 68 hareketi devrimcilerinin kendi örgütlerinde yaprıkları düşünsel örgütsel devrimin bir benzeridir. Cumhuriyet'in kurucu önderlerinin devrimci geleneğinden kopuşu açık veya örtülü (Gardrop Atatürkçülüğü) savunanlardan ve dar bir asker sivil kadroyla "ilerici darbe" peşinde koşanlardan açık bir kopuştu bu.

Geçmişe Yollanan Notlar: *Bugünün CHP'sinin de belki yapması gereken şey bu ifadelerden açığa çıkabilir. Bugünün bir kısım "Ulusalcılar"ı geçmişin dönek Marksistlerinin oluşturduğu "Kadrocu"ların doğrudan düşünsel evlatlarıdır. Sol liberalizm ise geçmişin "Sivil Toplumcular"ının doğrudan düşünsel devamı sayılabilir. Gereken acaba, bu kesimlerin makul ve başka parti dışı odaklarla işbirliği içinde olmayanlarının da kucaklandığı ama Ecevit geleneğindeki tavizsiz, direnişçi, halka dayanan bir demokratik sol çizgiye tam anlamıyla oturabilmek, geri dönebilmek midir?*

***

Aşağıdaki dört yazı Aydınlık Gazetesi'nde 1993 yılkında kaleme alındı. Aydınlık Gazetesi o yıl yeniden yayımlanmaya başlamıştı. Aziz Nesin'in başyazarlığında ve solun önemli isimlerinin de yer aldığı bir kadroyla yayın hayatına dönen Aydınlık ne yazık ki o çizgide devam edemedi. Kısa süre sonra Aziz Nesin ayrıldı, çoğu diğer yazar da... Aydınlık, 12 Eylül öncesi gazeteyi çıkaran Perinçek ekibinin çekirdek kadrosuyla yoluna devam etti.

1980'lerin ikinci yarısı 1990'ların başları Türkiye'de solun yeniden güç kazandığı, belediyelerde iktidar, merkezi yönetimde iktidar ortağı olmayı yeniden başardığı yıllardır. Ancak o yıllar bu kitabın ekonomi bölümünde anlattığımız sermaye birikimi modelinin, yani 24 Ocak açılımının da tıkandığı yıllardır. Hem sermaye kesimi hem de uluslararası kuruluşlar uzun yıllardır işçi kesimi ve solun direnişi nedeniyle hayata geçmeyen KİT'lerin (Kamu İktisadi Teşebbüsleri) özelleştirmesini artık acil olarak dayatıyorlardı. Üstelik bütün o direniş yıllarında sağ iktidarlar, KİT'leri bir taraftan yağmalarken, bir taraftan da kasıtlı olarak kötü yönetip halkın gözünden de düşürmüştü. Şimdi de kendi yarattıkları enkazı, gelmekte olan ekonomik krizin müsebbibi olarak göstermekteydiler. Sağın bu seferki özelleştirme dayatmasına, bir zamanlar Halkçı Parti lideri Necdet Calp'in elini masaya vurup "Köprüyü sattırmam!" dediği türden tepki artık yetersizdi. Yapılması gereken parasal açıdan iyice sıkışmış o nedenle pazarlığa açık egemen kesimlerle işçi haklarını daha ileriye götüren bir pazarlık yapmak; öte yandan çökmüş KİT sistemine de devlet mülkiyetinin ötesine geçen, gerçek bir halk yönetimi ile alternatif bir cevap vermekti. Ne yazık ki sosyalistiyle, sosyal demokratıyla solun o yıllarda sadece özelleştirmeye değil, yargı sistemine, seçim sistemine, bir bütün olarak topluma ilişkin yeni, daha esnek ve bütüncül projeleri yoktu. Bu konuda ya Batı'da gelişen sol liberalizme öykünülüyor, ya da 1930'ların artık geçerli olamayacak devletçiliği diriltilmeye çalışılıyordu. Solun bu alternatif üretemeyen, tutuculuğu ve her yeni modaya kapılıveren uçuculuğu birarada sağın, bizi bugünkü karanlığa sürükleyebilmesinde önemli bir faktör oldu.

O nedenle aşağıdaki özelleştirme yazıları ilk bakışta sanılabileceği gibi ekonomiyle ilgili değildir. Daha sonra Birgün gazetesinde örneğin sağlık ve eğitim konularında da buradaki görüşleri geliştirmeye devam ettim. Sol, esasen egemen kesimlere yarayan bir tür devletçilik yerine halk kesimlerinin eğitim, sağlık ve üretim kaynakları üzerinde daha üstün bir denetimini sağlayacak yetkiler elde etmek için çalışmalı; bir taraftan da örneğin, sağlık, eğitim kurumları ve sair üretim yerlerinde daha iyi çalışan farklı ve alternatif teşebbüsler yaratmalıydı. Bütün bunları yaparken stratejik hedeflerinde uzlaşmaz, ama taktik politikalarda tersine gayet esnek ve pazarlığa açık olabilmeliydi. Ne yazık ki aşağıda önerdiğim taktik belli bir etki yarattıysa da solun genelinde yeterince anlaşılamadı. Özelleştirmeler sadece bir süre daha engellendi. 2001 krizi sonrasında AKP eliyle kitlesel olarak gerçekleştirildiler. AKP iktidarının burjuvazi, iş âlemi tarafından desteklenmesinin önemli bir sebebi ve hem islamcı faşizmi kuran ana mali kaynaklardan biri hem de o faşizmin kendi burjuvasını yaratmaktaki asıl yağma alanı oldular. Önerdiğim yöntem kabul görseydi, kanaatimce AKP böyle engin bir kaynağı ele geçiremeyecek, sol da 90'ların ikinci yarısında toplum tarafından böylesine dışlanmayacaktı.)

YENİDEN YENİDEN ÖZELLEŞTİRME

Aydınlık Gazetesi 7.8.1993

Son birkaç haftadır bu köşede kimine göre aykırı yazılar yazmaktayım. Bu yazıların özü bugün özelleştirmeye karşı birçok sol eğilim ve çeşitli sendikalarca alınan tavra pek uymamakta... Bana göre şu ana kadar pratiğe dökülmüş tavrın başlıca niteliği, özelleştirmeyi sınıfa ya da halka karşı bir saldırı olarak görüp –ki şimdiki haliyle bu doğrudur- onu engellemek için özelleştirme karşıtı propaganda yapmak, mümkünse çeşitli protesto eylemleri düzenlemek... Ama yine bunlar yapılırken özelleştirmeye karşı halka bir alternatif sunulmadığından aslında pasif bir tutum sergilenmekte; inisiyatif özelleştirme yanlılarının eline bırakılmakta ve sol kendini halk önünde statükoyu savunur konuma sokmaktadır.

Statüko bu durumda mevcut **devlet mülkiyetini savunur** konumda kalmaktır; özelleştirmeye karşı işçi çıkarılması ihtimalini ajitasyonda öne çıkarmak sınıfı hareketlendirmek açısından işlevseldir. Ancak bu motif tek başına kullanıldığında halkın diğer kesimlerinde tepki yaratıyor. Halbuki işçi sınıfı bu mücadeleyi diğer halk sınıf ve tabakalarının desteğini almaksızın başarıya ulaştıramaz. Mevcut devlet mülkiyeti ise sadece egemenlerin değil, bu haliyle ülkedeki aklı başında herkesin öfkesini üzerine çekmelidir.

"Ne yapalım yani? Özelleştirmeye karşı çıkmayalım mı?" sorusunu şimdiden duyar gibiyim. Elbette çıkalım; ama yukarıda anlattığım gibi değil...

(...)

Daha kapsamlı ve **sadece öz savunmacı değil** aynı zamanda halka önderlik ederek, karşı saldırı ile sonuçlanabilecek inisiyatifli politikalar ve eylem planları elbette sendikalar ve siyasi partilerin başındaki liderliğin işidir. **Lider odur ki;** çıkmaz ve ikilem gibi gözüken durumlarda üçüncü ve çıkar yolu bulur.

Üstelik bir nebze inceleme bu konuda özelleştirme yanlılarının ideolojik ya da pratik daha fazla açmaz ve sorunlar içinde olduğunu bize gösteriverir. Bunun için ülkede ve dünyada geçmiş özelleştirme teşebbüslerini içine alan somur bir inceleme yapmak gerekir. Ancak gördüğümüz kadarıyla sayın Korkut Boratav ve bir, iki istisna dışında hele bu konuda politika üretmesi gereken odaklarda hiç böyle bir çaba yoktur. Bu çaba sağda ve özelleştirme yanlılarında da görülmüyor; ancak onlar iktidarda. Ve amaçları meseleyi fazla karıştırmadan yoğun medya desteğiyle işi oldu bittiye getirmektir. **Gerçekler** şu aşamada onların hiç işine yaramıyor. Benim garipsediğim, işine yarayacak olanların somut gerçekleri niye hiç kullanmadığı?

Bu konuya somut örnek ve önerilerle devam edeceğiz.

SOLUN ZAAFI VE ÖZELLEŞTİRME

Aydınlık Gazetesi 24.8.1993

Geçen yazımızda Türkiye'de pek çok meselede olduğu gibi, sağ ve solun özelleştirme konusunda da adeta takım tutar kabilinden tavır takındıklarını anlatmaya çalışmıştım. Yani, solcuysanız, özelleştirmenin her şekline ve her somut uygulanışına ve prensipte özelleştirme fikrine karşı çıkarsınız. Sağcıysanız da en berbat özelleştirmeyi bile savunursunuz. Elbette bu şablonun dışında kalan "aklı başında" solcu ve sağcılar var, ama bana zaten az olan bu kesim giderek de azalıyormuş gibi geliyor.

Son yıllarda solda gördüğüm bir başka zaaf, iktidara kendini aday gören bir tavrın giderek kaybolması. Sol artık **sadece muhalif olmayı** düşlüyor; bunu başlı başına bir amaç olarak algılıyor. İktidar perspektifi ortadan kalkınca da bu ülkenin ya da dünyanın sorunlarını nasıl çözeceğine ilişkin, somut belli aşamalar içeren, uygulanabilir programlar üretemiyor.

(...)

Mesela gelelim özelleştirme konusuna... Acaba sosyalistler KİT'lerin özel kişilerin satışına her mekan ve her zamanda 'par prensip' karşı olmak zorunda mıdırlar? Devlete ait ekonomik kuruluşlar halk için genel olarak mı faydalıdır? Yoksa bu somutta, özelleştirmenin bugün düşünülen türde uygulamasına mı karşı çıkılmalıdır? Sosyalistlerin özelleştirme konusundaki tutumları prensipte ve somutta ne olmalıdır?

Bugün özelleştirme konusunda kimi sosyal demokratlarda ve piyasa sosyalistlerinde ılımlı yaklaşımlar görülüyor ama bunlar burjuvazinin baskısı altında geri adım atmak, uzlaşmak kaygısıyladır. Bizim özelleştirme konusunda daha dikkatli inceleme yapılması uyarımız ise, prensip sahibi bir yenilgiyle karşılaşmaktansa somuta uygun bir politika üretip mücadeleyi güçlendirmek kaygısından.

ÖZELLEŞTİRME VE ÖNERİLER-1

Aydınlık Gazetesi 28.9.1993

Geçtiğimiz haftalarda bu sütunda yazdıklarımızın ana fikrini bir daha özetleyerek girelim yazıya... Demiştik ki hükümet içi ya da dışı özelleştirme yanlılarının kapsamlı özelleştirme öneri paketleri karşısına şu ana kadar genelde yapıldığı gibi 'halkın malını, emeğini sattırmam!' ya da 'özelleştirme işten atılma demektir, özelleştirmeye karşı çıkalım' türünden cevaplar özde yanlış olmamakla belli doğruları (belli de yanlışlarla birlikte) içermekle birlikte mücadele açısından yetersizdir. Yetersizdir çünkü kamuoyu desteğini alabilecek nitelikten yoksundur, yetersizdir çünkü iş güvencesi endişesiyle birlikte destek verseler dahi pek çok işçiyi bile egemen propagandanın etkisinden koruyacak düzeyde değildir. Bir başka nokta da bu tartışmalar sırasında pek çok sol düşünür, özelleştirmeye karşı çıkayım derken egemen devleti burjuvaziden daha çok savunur duruma düşmektedir. Bu ideolojik garabet bir yana, özelleştirmeye karşı KİT'lerin ya da daha doğrusu bir bütün olarak devletin ekonomi alanında sınai, ticari zirai vs. türünden faaliyet gösteren kuruluşlarının mevcut durumunu savunur konumda kalmak **statükoyu savunmak** gibi sol kavramı ile bağdaşmayacak bir haldir.

Burjuvazi özelleştirme programını öyle bir sunmaktadır ki uygulanırsa ekonominin yapısı oldukça farklılaşacaktır. Bu adeta yeni bir ekonomik toplumsal projedir. Amaç 24 Ocak ve 12 Eylül'ün yarım bıraktığını tamamlamaktır. Böyle bir hamleye sol tam anlamıyla ve sadece yine **karşıt bir toplum projesiyle** cevap verebilir. Diğer her türlü karşı hamlenin zayıf kalacağı gerçeği bir yana böyle bir genel tartışma uzun süredir kendi içine kapanmış ve fikirleri halktan uzaklaştırılmış sol için hem kendini tartmak ve hem de halka somut çözümlerle ulaşabilmek için üstelik bir fırsattır.

Elbette böyle bir toplum projesini ve hatta bunun ekonomik programını burada tartışmak imkansızdır. Fırsat bulursak yerimizin ve zamanın daha bol olduğu platformlarda daha genişçe tartışırız. Ama şu anda böyle bir projenin KİT'ler ve onlar gibi ekonomik devlet kuruluşları ile ilgili bölümü için birkaç öneriyi hiç olmazsa en önemli bulduklarımı burada sıralayacağım:

*Burjuvazi 'devlet malı hepimizin' diyerek KİT'lerdeki verimsizliği tartışmaya hakkım var diyor. Çare olarak da özelleştirmeyi gösteriyor. Ama iş özel sektöre gelince 'o benim babamın malı' diyor. Sol buradan kalkarak meseleyi ekonominin genel olarak ıslahına götürmelidir. Özel sektörün verimsizliği ve kötü yönetimi, tekelci yapısı da tartışılmalıdır. Çünkü bu verimsizliğin bedelini tüm bir toplum ödüyor hatta rahatça gösterilebilir ki KİT'lerin verimsizliğinin bir kısmı da aslında özel sektörün verimsizliğinden kaynaklanmaktadır.

*Devlet bankacılığının yolsuzlukları sayılırken özel sektör bankacılığının yolsuzlukları da gündeme getirilmelidir. Hükümetin bankacılık reformuna karşı demokratik bir finans sektörü projesi hazırlanmalıdır.

*Piyasanın karşısına şamar oğlanı olarak çıkarılan ve yüzüne bakınca insanın her düzen bundan iyidir diyeceği sözde planlı ekonominin burjuvazi tarafından nasıl yaratıldığı örnekleriyle anlatılarak 'misal, kendisinin o kadar eleştirdiği bu 'planlama' sistemi Özal tarafından 1960'larda bizzat yaratılmıştı!) gerçek bir planlamanın önemli unsurlarının şimdiden nasıl işleyebileceği anlatılmalı ve otomobilleri yapıp yolları beceremeyen bu piyasa düzeninin şehirleri ne hale getirdiği halk önünde tartıştırılmalı.

*Piyasa özgürlüktür diyenlere tamam biz de özgürlükten yanayız haydi öyleyse ekonominin toptan demokratikleştirilmesine denmeli. Haydi öyleyse işçilere, memurlara yönetime katılma hakkına, haydi öyleyse demokratik devlet, demokratik yerel yönetimlere, haydi öyleyse KİT yöneticilerinin demokratik merkez dışı seçimine, haydi adından başka hiçbir şeyi kooperatif olmayan devlet kooperatif ve tarım birliklerinin yöre halkının tam denetimine açılmasına...

*Soralım bakalım özel TV, özel radyo diyenlere niye, niye hiç TRT'nin demokratikleşmesini özgürlüğün gereği saymazlar; neden özel medyalarda sendikalaşanı işten atarlar; neden sanatçının telif hakkını gasp etmeyi piyasa kurallarına aykırı bulmazlar?

*Soralım bakalım yerel devlet yöneticilerine kooperatif kurmak isteyen köylülere 'canım ne gerek var onun yerine gidip şirket kurun o daha basit' demek için kimden emir alıyorlar?

*Soralım bakalım devletleştirmek yanlış özelleştirme doğrudur diyenlere konu işçi şirketleri olunca onları yok etmek için tam özelleştirmenin tartışıldığı geçen on yıl DESİYAB eliyle sessiz sedasız onca işçi şirketi niye devletleştirildi?

Bu ve benzeri sorular alternatif cevapların ana hatlarını da içlerinde barındırır. Bu sorular kamuoyu önünde sorulmalı ve cevap istenmelidir.

Burjuvazi ve hükümet paraya sıkışmıştır. Özelleştirme ona aradığı kanı bir nebze verebilir özelleştirmeyi bugün için tümüyle bloke etmek mümkünse bile bu onların halka karşı daha doğrudan saldırılarını hızlandırmaktan başka bir işe yaramayabilir.

Özelleştirme konusunda egemenlerle belli ölçülerde uzlaşılabilir onların da ekonominin ıslahı ve demokratikleştirilmesi doğrultusunda kimi ödünler vermeleri şartıyla...

ÖZELLEŞTİRME VE ÖNERİLER-2

Aydınlık Gazetesi 5.10.1993

İşten çıkarma konusuna gelince, gerek sosyal demokratlar gerekse kimi sendikalar, hem el altından, hem de el üstünden zaten işçi çıkarmaya olur vermiştir; yaptıkları, ancak **görünüşü kurtarmaya** çalışmaktır. Şu anda çeşitli devlet işletmelerinde gerekenden fazla işçi, memur ve yönetici vardır. Elbette bunun böyle olmasında seçim kaygısı güden sağ iktidarların ve kötü yönetildiği için istihdam yaratamayan özel sektörün sorumluluğu bulunduğu anlatılmalıdır. Ama bu, şu anki durumu değiştirmez. Öte yandan hükümetin baştan savma "İşçi fazlalığı var" cevabı da yetersizdir. Tüm kamu kuruluşları personel açısından analiz edilmeli ve bütünsel ama ayrıntılı bir tablo oluşturulmalıdır. Çünkü biliyoruz ki, bir fabrikada bir işçi ya da memur kadrosunda fazlalık varken bir diğerinde aynı kadroda sıkıntı çekilmektedir. Öte yandan kısa bir kursla birbirine yakın nitelikli işlerde kaydırma yapılabilir. Yine de açıkta kalacak fazla işçilere açılacak yeni devlet kadrolarına öncelikli alınma hakkı tanınmalıdır. Aynı şey özelleştirmeyi lüzumlu gören kimi büyük holdingler ile karşılıklı anlaşmalar yapılarak özel sektör için de sağlanabilir. Geniş çapta işçi çıkarılmasına onay, ancak kapsamlı ve yeterli bir işsizlik sigortası kanununun kabulü karşısında onaylanmalıdır. Bu çapta bir toplu işsizlik durumuna düşecek insanlar için bir seferlik ayrıcalıklı bir kıdem tazminatı uygulaması yapılmalıdır. Yine böyle bir onay verilmesi için İş Kanunu'nun işçi çıkarmakla ilgili son derece gevşek hükümlerinin dünya standartlarına getirilmesi şart koşulmalıdır. Tüm bunların uygulanması özelleştirmeyi içeren aynı kanun paketiyle yasallaştırılmalı ve **sendikalar uygulamada gözlemci ve müdahil** olarak kabul edilmelidir.

Yabancılara satışa karşı çıkmak her zaman gerekmez. Bu konuda stratejik kuruluşların satışı elbette eleştiriye layıktır. Ancak şu ana kadar bu strateji meselesi gereğinden fazla abartılmıştır. Yabancılara satışa karşı çıkılmaması için getirilecek şartlar şu anda pek çok Batılı ülkenin Türkiye'ye biz pek farkında olmasak da uyguladığı "Know How" yasağı ile yüksek fiyat politikasının hiç değilse yumuşatılmasından başlamalı, alacak kuruluşun yeni teknoloji getirmesi ve belli oranda ihracat yapması şartına bağlanmasına kadar uzanmalıdır. Yine istenmesi gereken bir şey de satın alacak yabancı şirketin işçilere asıl ülkesindeki ana kuruluşta ne tür (ücret değil ama diğer her türlü) sosyal haklar uyguluyorsa yapılacak satış sözleşmesine tüm bunların dâhil edilerek Türk işçilerine de uygulamasının şart koşulmasıdır.

Karlı KİT'ler satılırken hisse satın almada öncelik çalışanlara ve yöre halkına verilmeli ve burada blok satış yoluna gidilmemeli, tekellere sağlanan ödeme ve kredi kolaylıkları halka da sağlanmalıdır.

Piyasada tekel konumu olan ulusal veya uluslararası büyük şirketlere blok satış yapılabilmesi, ancak, hiç değilse Batı standartlarında bir anti-tekel kanunu çıkarıldıktan sonra kabul edilebilir.

Geçmişte kimi KİT'lerin ıslah edilemeyecek ölçüde eski ve verimsiz oldukları gerekçesiyle yok pahasına, hatta üstüne para verilerek kimilerine satıldığı görüldü. Bu uygulama yerine bir banka ve bankerlik kuruluşunun teknik düzenlemesi ile yargı ve sendika gözetiminde o kuruluş kapatılıp mal varlıkları satılsın ve parasının bir kısmı devlete bırakılıp kalanı çalışanlara dağıtılsın. Çünkü eski ve işe yaramaz denilen bu kuruluşların çoğunun çok yüksek düzeyde (bilhassa yıllar önce aldıkları gayrimenkulleri vb. nedeniyle) bir tasfiye değerleri vardır. Bu durumda kimi yüksek devlet görevlileri tek seferde yüksek komisyon kazanamazlar, ama hem devlet hem de halk daha fazla kazanır.

Son olarak da bütün KİT'ler satılmayacağına ve satılan KİT'lerdeki tüm kamu payları elden çıkarılmayacağına göre (bunu şu anda hiç kimse önermiyor) kalanların da hep denildiği gibi politik kaygılarla verimsizleştirilmesinin önlenmesi için bütün **KİT'lerin mutlaka özerkleştirilmesi** ve bunun denetlenmesi için yönetime katılma ve sendika gözetiminin devletçe kabulü gerekir.

Elbette önemli önemsiz bu doğrultuda sunulacak başka öneriler de vardır. Bunlar benim en çok önemsediklerim. Denilebilir ki bunlar nasıl olsa kabul edilmez. Öyle bile olsa sol bu kez tutarlı bir karşı çıkış ve alternatif ile kamuoyunun karşısına çıktığından, bu kadar zor durumda kalmaz. Direniş olacaksa mücadele zeminini kendisi için daha elverişli hale getirmiş olur. Burjuvazi ise özelleştirelim piyasa işlesin derken niye işçilere satmaktan korktuğunu açıklamak zorunda kalır, keza niye devlet tekellerinden kurtulalım derken anti tekel kanunu çıkaramadığını ve niye pek çok KİT'ten ve onların anti-demokratik yönetiminden vazgeçemediğini de... Bırakın, kendi tezleriyle niçin çeliştiklerini yine onlar açıklamak zorunda kalsın.

Kaldı ki özelleştirme ve buradan kazanmayı umduğu birkaç milyar dolar devlet için vazgeçilmez hale gelirken, pek kısa süre sonra yine ciddi bir sermaye erimesine uğrayacak olan özel sermaye için de bu işten vuracağı paradan vazgeçmek zor hale gelecektir. İşçi sınıfı ve eğer uygun bir alternatif ile diğer halk sınıfları bu yağlı lokmaları onların boğazında bırakabilir ya da hiç olmazsa yutmalarını çok zorlaştırır. Öte yandan böyle bir durumda egemenler işi kolaylaştırmak için belki de sandığımızdan daha fazla ödün verebilirler.

Bunun **uzlaşmacı ve pasif bir yol** oluğu söylenebilir. Burjuvalardan birçoğu ise bunları dehşet verici bulacaktır. Birçoğu için ekonomik ıslah yolunda servet vergisi ve işçi denetimi hatta kısıtlı ölçülerde bile kabul edilemez bulunabilir. Yine de bu önerilerin hiçbirinin hiçbir egemen kesimce kabul görmeyeceği de fazla kuvvetli bir varsayımdır. En kötü ihtimalle bu yolla karşı cepheyi böler, kendi cephenizi berkitirsiniz. Daha iyi ihtimalle işçi sınıfı ve halk belki kaçamayacağı kimi ödünleri kendi rızasıyla verir, ama karşılığında pekala çok önemli kazançlar sağlayabilir. Ayrıca işçi sınıfını, kazanmasının zor olacağı yıpratıcı bir mücadeleye, üstelik kazansa bile eline bir şey geçmeyecek, en iyi durumda şimdiki konumunu koruyabileceği bir mücadeleye sokmak, uzlaşmaz ve militanca bir tutum gözükebilir. Ama bence hak ettiği tek sıfat bunlardan biri değil, ancak "ahmakça" sıfatıdır.

DERVİŞ'İN SENTETİK SOLCULUĞU

Gelecek Dergisi Temmuz/Ağustos 2002

Hani bir gömlek alırsınız elinize güzel gelir, tekstilci deyimiyle 'tuşe'si iyidir. Etiketini bulursunuz hangi kumaştan mamul diye bakmak için... 'Sentetik ipek' yazar. Sentetik ipek... O da bir sentez ürünüdür. Kimyasal bir sentezin ürünü... Doğal değil! Eskiden suni ipek derlerdi zaten... Kemal Derviş nedense bana hep sentetik ipeği hatırlatıyor. Biraz düşünüyorum nedenini... İşte aklıma ilk gelenler:

Kemal Derviş'in tuşesi iyi. Görünüşü babacan. İlk bakışta güven verici. Alaturkalıktan uzak. Batı mamulü. iyi sanayi ürünü.

İlk sorun etiketinde başlıyor. Dünya Bankası yazıyor. İyi sanayi ürünü ama ucuz bir mamul mü acaba.. Hani sentetik ipek gibi... Suni bir proje mi? Özel imalat mı yani? Onu sevmeyenlerin ilk iddiası da bu... Özel Ajan 008' mi?

***

Aziz Nesin'in bir hikayesi vardı. Karaoğlancılığın ilk zamanları belki... Hikayede bir işadamı sosyalist muhatabına itiraz ediyor: "Tamam sosyalizme kötü bir şey diyen yok. Fakat seninkisi fazla. Aşırı. Yoksa ben de % 20 sosyalistim!" Hikaye boyunca olaylar geliştikçe bu işadamı giderek sosyalizm yüzdesini arttırır. Nihayet "Ben de %51 sosyalistim" deyince, muhatabı "tamam, tamam sosyalizm senin olsun ben vazgeçtim" der. Konuşmayı dinleyen üçüncü şahsa ise şöyle izah eder: "Bunlar böyledir. Bir şirketin % 51' ini ele geçirdiler mi şirket artık onların olmuş demektir. Madem herif sosyalizmin % 51'ini almış o sosyalizmi bunun elinden alamayız artık. "MHP ve dinci çevrelerin altını çizmekten büyük haz aldıkları "Derviş'in solculuğu" nedense bana hep Aziz Nesin'in yukardaki hikayesini, işte o % 51 solculuğunu hatırlatır. Bir hikaye Derviş'in 'kumaş'ını iktisadi veya psikolojik analiz kadar iyi anlatabilir mi?

SOSYAL LİBERAL SENTEZ!

Kumaşın etiketine bakıyorsunuz yine. Acaba bu ne tip bir sentetik ipek? Hani yazar ya ' % 27 poli etil vesaire, % 13 Lycra, % 70 vesaire vesaire. İşte kimyasal sentezin mütekabili sosyal sentez nasıl imal edilmiş? Formül pekala şöyle olabilir: % 67 liberal doktrin, iç ayrımı % 70 poli liberal iktisadiyyat esteri, % 30'u poli liberal siyaset vesairi... Sonra bu liberal iplik biraz sosyalist daha doğrusu sosyal demokrat iplikle karıştırılır: % 20 koton, % 13 bilinmeyen madde, Koka Kola özütü gibi... Dünya Bankası, IMF reçetesi olarak hazır ve şişelenmiş gönderiliyor. Son sentezden önce mutlaka katılmalı. Yoksa sentez tutmuyor. Ürün hatalı çıkıyor.

"Kemal Derviş'in kumaşı böyle mi hazırlandı dersiniz?"

(...)

SOL OLMASAYDI

Birgün 24.4.2004

Bugün Kıbrıs hakkında yazmayacağım. Halbuki daha yazacak çok şey var. Yine de tavrım belli. Emperyal güçlerin bir imparatorluk barışı adına dayattıkları bir plan olsa olsa bir ehveni şer olabilir. Ehven-i şer kimi zaman en kötü şerdir denilir. Ancak bu kez bunun böyle olmadığını düşünüyorum. İki eksikli seçenekten biri halkların kardeşliğine ve emperyal yayılmaya karşı gelecekteki mücadele için daha iyi bir zemin hazırlıyor görünüyor. Bu evet seçeneği... Hayır seçeneğinin anti-emperyalist bir tınısı varmış gibi görünse de bu tümüyle aldatmaca. Bunu görmek için onu kimlerin savunduğuna bakmak bir karine oluşturabilir. Kıbrıs'ta çözümsüzlüğün bugüne kadar kimlere yaradığının araştırılması da... Neyse bugün Kıbrıslılar konuşuyor. Bize onların sesini dinlemek ve saygı duymak düşüyor.

Son yıllarda en çok duyulan şey **solun artık demode olduğu, dinozorlaştığı** gibi sözüm ona yeni fikirler. Giderek solun hiçbir zaman işe yarar bir şey olmadığı; tarihte hatta zararlı bir rol oynadığı fikri yayılmaya çalışılıyor. Yeni liberaller ve yeni muhafazakârların gözde tezi bu. Arkalarında büyük bir sermaye gücü ve dolayısıyla büyük bir propaganda mekanizması da var.

Peki o zaman bir an düşünelim. Tarihte sol hiç ortaya çıkmamış olsaydı şimdi acaba nasıl bir dünyada yaşardık. Solun ilk kez bu adla ortaya çıktığı **Fransız ihtilal meclisinde sol tarafta oturan üyeler** olmasaydı bugün pek çok modern anayasanın, temel insanlık haklarının oluşturulmasını sağlayacak ilk demokratik anayasa ve diğer hukuk metinleri hiç oluşmayacaktı. Köylüler serflikten kurtulamayacak, birçok ezilen ulus o ihtilalin özgürleştirici çağrısını duymayacaktı bile. İlk kez büyük imparatorlukların işgalci ordularının halkın ayaklanmasıyla yenilebileceği gösterilmeyecekti.

Eğer sol parti ve sendikalar olmasaydı hala işçiler tüm dünyada haftada yedi gün, günde 12 saat çalışacak, bir ailenin doyması için her üyesinin ve bu arada 5 yaşındaki çocuklarının bile fabrika ve madenlerde çalışması gerekecekti. Eğer sol ve ilerici hareketlerin dünya çapında mücadelesi ve desteği olmasa kadınlar hala oy kullanamayacak, cinsel ayrımcılık bugünküyle kıyas kabul etmez biçimde sürecekti.

Eğer İngiliz solcularının mücadelesi olmasaydı orada **hala yerel lordlar sulh hakimi olarak adaleti canları istediği gibi belirleyecek,** yoksullar adalet paralı olduğundan onu talep dahi edemeyecekti. Eğer sol olmasa dünyanın büyük kısmı hala iki üç imparatorluğun doğrudan sömürgesi olacaktı. Eğer sol dirençle mücadele etmese pek çok yerde hala sıradan faşizm ve diktatörlükler olacaktı. **Sol olmasaydı parasız eğitim olmayacak,** pek çok fakir çocuk asla okuyamayacaktı. Sol olmasaydı kölelik o kadar kolay kalkmayacaktı. Sol olmasaydı dünyada çevre koruma fikri pek az gelişecekti.

Daha binlerce örnek verilebilir. Lakin özeti şu: tarihten sol fikri ve sol mücadeleyi kaldırın dünya muhafazakârların istediği gibi bir yer olmuş olsun, dünya cehennemden farksız olurdu. Peki, **"bunları kazandık sola da artık gerek kalmadı"** denilebilir mi? Dünya yüzünde daha kazanılacak çok mücadele ve kaldırılacak pek çok eşitsizliğin olması bir yana daha büyük bir tehlike mevcut. Bugün yeni liberal ve yeni muhafazakârların örneğin Bush gibilerin tek bir hedefi var. Saydığımız, sayamadığımız tüm şu 200 yıllık kazanımları tek tek geri almak.

Sol mücadele, şimdi dünya tarihinde hiç olmadığı kadar gerekli...

SABAHIN SAHİBİ VAR

Birgün 29.4.2004

1 Mayıs 77'yi yaşayanlardan biriyim. Panzerlerin ana baba günü olan meydana nasıl son sürat daldıklarını, nasıl orta yaşlı bir bayanın göz göre göre ezildiğinin canlı şahidiyim. O sahneleri görmeyenler **Ruhi Su**'nun "Bir başka devletti sanki; saldı üstümüze tankı/emekçi bayramı çünkü" dizelerinin anlamını bütünüyle anlamayabilir. Ruhi Usta'nın bu türküsünün adı Sabahın Sahibi Var'dı. Sabahın sahibi var gerçekten... Dün vardı. Bugün var. Yarın olacak. Dünya ve Türkiye alaca karanlıktan sabahın sahipleri kazandığında kurtulacak.

1 Mayıs bilindiği gibi bir anma töreni olarak, bir mücadele günü olarak tarih sahnesinde yerini aldı. 1886 yılında **Chicago Haymarket** (Samanpazarı) Meydanı'nda yapılan bir mitingde tam da mitingin sonuna doğru patlayan bir bomba sonucu 1 polis memuru ölmüştü. Polis kalabalığa ateş açtı. Çıkan olaylarda çeşitli gösterici ve polislerden ölenler oldu. Yapılan yargılama sonucu 4 işçi idam edildi. Yargılamanın sadece bir şov niteliği taşıması tüm dünyada infial uyandırdı. Hapse mahkum edilmeyen üç sanık 1893'te affedildi.

Olaylara yol açan aynı yılın 1 Mayıs'ında o tarihlerde ABD'de 10 ila 16 saat arası değişen işgününün 8 saate indirilmesi için yapılan bir gösteriydi. Bu gösteriye polis saldırmış; bunu protesto için yapılan diğer gösteriye de polisin müdahalesi sonucu bugün hemen herkesin bir provokasyon olduğu hakkında görüş birliği içinde olduğu söz konusu hadise yaşanmıştı. 22 Yaşındaki **Marangoz Louis Lingg** mahkeme heyetine bombayı atanın kendisi olmadığını söyledikten sonra şöyle demişti " Size şunu söyleyeceğim. Sizi hor görüyorum, sizin düzeninizi, kanununuzu, tahakküme dayalı otoritenizi hor görüyorum. Beni asacaksanız bunun için asın!"

TAKSİM MEYDANI

1977 yılında Türkiye'nin İstanbul'unda **Taksim Meydanı'nda bu senaryonun neredeyse aynısı** yaşandı. Mitingin sonuna doğru kimliği belirsiz kişiler kalabalığa ateş açtı. Asırlar değişiyor, ülkeler değişiyor, egemenlerin komploları değişmiyor. Fakat Amerika'daki komplo 8 saatin iş günü standardı olmasını önleyemediği gibi korktukları o tek gösterinin tüm dünyaya yıllar boyunca yayılmasına da sebep oldu. 1977'de hayatını kaybedenlere de bizim bir borcumuz var. Boşuna ölmediklerini, uğrunda öldükleri adaletli bir dünya için ilerleyişi hızlandırarak gösterebilir, o borcun bir kısmını olsun ödeyebiliriz.

Türkiye'de demokrasinin giderek geliştiği söyleniyor. Doğrusunu isterseniz benim bu konuda basit bir ölçütüm var. **Ne zaman bu ülkede 1 Mayıs, Taksim Meydanı'nda kitlesel biçimde kutlanır o zaman demokrasi yolunda gerçekten birkaç adım atmışız demektir**. KESK ve DİSK bu yıl Taksim'i bir kez daha zorladılar. Öyle görünüyor ki egemenlerin Taksim korkusu daha henüz bitmemiş. Taksim'de miting yapılırsa toplumsal hareketliliğin tıpkı 1970'lerdeki gibi yeniden yükseleceğinden korkuyor olmalılar. Kim bilir belki de haklılar!

Taksim'de veya değil bu ülkede de emekçiler, devrimciler 1 Mayıs'ı yine kutlayacaklar. Bayram kutlarken bile unutmayalım. Bu ülkede cezaevleri var. F Tipi denen tecrit yuvaları var. Orada tutsaklar var. Bu vesileyle onların ve Tekirdağ 1 No'lu F Tipi Cezaevi'nden yazıp Birgün'e başarılar dileyen, 1 Mayıs bayramımızı kutlayan arkadaşların 1 Mayıs bayramını şimdiden kutluyorum.

MUHAFAZAKÂRLAR NEYİ MUHAFAZA EDİYOR?

Birgün 4.6.2004

Solcuların ilerici olmadıkları, aslında muhafazakâr dinozorlar oldukları sosyal demokratların da batılı anlamda sosyal demokrat olmadıkları, son yıllarda bir yığın kanaldan pompalanan bir propaganda. Madem öyle biraz da şu meşhur muhafazakârlarımıza bakalım. Acaba muhafazakârlar gerçekten muhafazakâr mı?

Muhafazakâr kesimlerimizin bir özelliği var; muhafaza etmiyorlar. Yani bizim muhafazakârların sadece adları muhafazakâr. Onlar ilerici düşüncelere karşılar. Bu anlamda diğer ülkelerin muhafazakârları ile ortak bir paydaları var bu doğru. Fakat bu sadece negatif bir ortaklık... Pozitif açıdan ortak noktaları yok denecek kadar az. Örneğin batıda muhafazakâr sadece ilericiliğe, değişime karşı temkinli oluşuyla belirginleşmez; o toplumun varolan kültürünü de korumakla –muhafaza etmekle- kendini yükümlü görür. Örneğin Amerikan kültürünün kendi dilini geriletmesi karşısında tepki verir. Örneğin Japonya'da eski samuray adetlerini sürdürür. Bir başka yerde yerel giysileri, eski gelenekleri, şunu bunu korur.

Şimdi Türkiye'ye bakalım. Yıllardır bu ülkeyi şu veya bu cinsten muhafazakârlar yönetiyor. Sade şimdi değil 150 yıldır bu ülke neyi muhafaza etti? Hadi en klişe, en olumsuz Türk imajından yola çıkalım. Türklerin dövüşçülükleri meşhurdur. Atçı bir millettir. Silahları meşhurdur. Sarayları, haremleri meşhurdur. Halıları meşhurdur. Rakıları meşhurdur, ahşap konakları meşhurdur vs, vs...

Sondan başlayalım. Türkiye'de artık geçen asırla ilgili bir film çekmek isteseniz beş on tane yan yana İstanbul ahşap evi bulmak mümkün değil. İç savaş öncesi eski **Yugoslavya'da** korunmuş halde bir **Osmanlı sokağı** vardı da Türkiye'de bulamazdınız. Sebebi Türkiye'nin muhafazakârlarının onları muhafaza etmek ihtiyacı duymaması... Bilmem bilir misiniz, ben de bir zamanlar malum sebeplerden işsiz kalınca bir halıcıda çalışırken araştırıp öğrenmiştim, Türkiye'de Cumhuriyet'in kuruluşuna yakın doğru dürüst halı dokumasını bilen kalmamış. **Cumhuriyet'in hemen ardından açılan köy kursları ile halıcılık yeniden ortaya çıkarılmış.**

ESKİYE NUR YAĞMASIN AMA

Folklor için de durum böyle. **Cumhuriyet'in köy köy gezen ilerici kadroları olmasa binlerce türküyü bugün kimse hatırlamazdı.** Nitekim o zamanlar solun ilgi göstermediği Türk klasik musikisinde şimdi hatırlananın yüz misli eser artık tümüyle kayıp. Türkiye dünyanın en ünlü atlarına sahip bir ülkeydi. Cumhuriyete doğru Padişah ahırından başka yerde işe yarar cins aygır kalmamıştı. Cumhuriyet bunları canlandırdı. Muhafazakârların iktidarda olduğu 50'li yıllardan beri ise at neslinin kaderi ancak at yarışlarının insafındadır. Bu ülkede eski yıllarda ip cambazları vardı; şimdi yok. Bu ülkenin **"yatağan"** denen özel kılıcı bütün askeri kitaplarda anlatılır da bugün Kapalıçarşı'daki taklitleri hariç hiç bir yatağan ustası kalmamıştır. Japon kılıçlarını ise hepimiz ezbere biliriz. Dünyanın en uzağa atan oku ve okçusu Türkiye'den yetişmiştir. Yine Japon o tuhaf okundan bir felsefe türetti; İngiliz "uzun yay"ını Robin Hood'la efsaneleştirdi. Siz tarihin en ilginç silahlarından o **"bileşik yay"ı** ancak Topkapı Sarayı'nda görürsünüz.

Amacım elbette eskiye, hele de militarizme ağıt yakmak değil. Fakat daha yüzlerce örnekle ispatlayabileceğim bir şeyin altını çizmek... "Şanlı tarihimiz"e, eskiye, son derece düşkün görünen sözüm ona muhafazakârlarımızın en sevdikleri unsurları ve değerleri bile muhafaza etmekten, korumaktan ne kadar uzak oldukları... Üstelik aynı muhafazakâr yöneticilerin bunları muhafaza etmek şöyle dursun, üç kuruş için yok etmeye en hevesli kesimi oluşturması... Böyle olunca **sol bir taraftan ileri bir toplum için yıkımı, diğer yandan kültürlü bir toplum için korumayı savunmak zorunda kalıyor.** Eh bu da solda bir kişilik bölünmesi yaratıyorsa bütün suçta onda değil, biraz da ne halt olduğu belli olmayan o türedi "muhafazakâr"larımızdadır.

CENNETTEN KOVULMA ÜZERİNE

Birgün 10.6.2004

Kitab-ı Mukaddes'in ilk meselleri **Yaradılış Kitabı**'ndadır. Orada insanın cennetten kovuluşu hikaye edilir. Simgesel özellikleri çok kuvvetli bir hikayedir. Her okuduğunuzda başka bir ayrıntı keşfedersiniz. İslam gizemciliğinde de aynı konu son derece canlı işlenir. Örneğin **Hallac-ı Mansur**'un şeytanın (İblis) en gerçek mümin oluşu ile ilgili ifadeleri. Öyle ya tanrı ne öğretmişti? Ondan başkasına secde etmenin küfür olduğunu... Sonra Adem'i çamurdan yaratıp, tüm yaratılmışlara ona secde etmelerini söylememiş miydi? Bütün melekler secde etmiş de İblis reddetmemiş miydi? İblis tanrının sözüne uysa onun öz öğretisine karşı çıkmış olacağını hissetmişti. Sözüne uymamanın da küfür olduğunu ve bunun için ebedi cezaya çarptırılacağını biliyordu. Belki onun dışında başkaları da biliyordu. Ama gizemciye göre sadece İblis tanrının öz düşüncesine riayet için gözden düşme ve ebedi cezayı göze almıştır. Tanrıdan başkasına secde etmeyen tek varlık olarak...

Evet İblis trajik bir varlıktır. Bir trajedi efsane haline geldiğinde bütün ciddiyetini kaybeder, aktörleri birer karikatüre dönüşür. İblis'in de başına gelen bu oldu. Topal bir keçi ayaklıya dönüşüverdi. Onun trajikliği bu keçi ayaklılıkta bile bellidir. Niye mi? Trajedi antik Yunanca'da 'keçi şarkısı' anlamına gelir de onun için. Tesadüfen de değil. **Dionysos** ve onunla ilişkili keçi ayaklı pan-satir figürleri dolayısıyla... Malum bu figürler günümüz şeytan imgesinin oluşturucuları olmuştur. İblis Havva'yı iğva etmiştir. Dionysos şenliklerinde de kadınların baştan çıktığı, delirdikleri, cadılaştıkları düşünülürdü. Günümüz otoriter düşüncesinin en azından bazı özelliklerini borçlu olduğu **Platon**, zaten bu ve benzeri özellikleri yüzünden trajedi yazarlarının eserlerini yazmadan ve oynamadan mutlaka yetkililerden izin almasını şart koşmamış mıydı?

TRAJİK BİR PROJE

Her neyse, cennetten kovulma ve iğvanın türlü biçimleri dinin ve efsanelerin konusu... Bu doğru. Her ne kadar, neredeyse zaman dışı ve insana ilişkin ipuçları verseler de onlarla işimiz fazlaca olmaz. Gelgelelim "cennete dönüş" öyle değildir. O sadece dinin ve efsanelerin değil, politikanın hele sol politikanın da konusudur. Hatta diyelim ki neredeyse tek konusudur. **Bütün sol düşünce dinlerin cennete atfettiği insanca ve kardeşçe bir yaşamın bu dünyada mümkün olabileceği iddiasından ibarettir.** Yani bir cennete geri dönme projesi... Destansı olmaktan çok trajik bir projedir bu... Daha baştan yenilgiyi içerir. Peki, başarı mümkün mü? Geri dönülebilir mi? Din ve sol düşünce aynı cevabı verir; "İnsan bunu hak edecek olgunluğa eriştiğinde evet!" Elbette dinin ve solun kastettiği hedef farklı. Ama her ikisi de basit düzenbazların dışında bir şey söyler: İyi bir yaşam piyangodan çıkmaz. Onu kazanmak için kendinle ve varolan dünya ile mücadele gerekir. Hangisi daha zor? Dünya ile mücadele mi kendinle olan mücadele mi? Din bunları ayrı cehd unsurları olarak görür. Sol düşünce ise tek bir mücadelenin iki ayrı parçası.

İnsanoğlu kendi zaaflarıyla mücadele etmeden, genel olarak olgunlaşmadan toplumsal alanda iyi bir yaşamı hak edemez. Ancak toplumsal yaşamda zorlu bir mücadeleyi göze almadan da birey olarak kendi başına olgunlaşamaz.

Geçmişte bir cennet var mıydı bilemeyiz. Bir zamanlar olduğu öne sürülen **'ilkel komünal toplum'** evresinin bir nevi cennet gibi gösterilmesini de hiç anlamamışımdır. Fakat şunu biliyorum, hadi inanıyorum diyeyim, **cennet benzeri bir dünya yaratılabilir. Ancak bunun için söze karşı özü görmek, İblis gibi sevdiğinle bozuşmayı göze almak, Dionysos gibi hayatın karşısında coşabilmek, ve fakat en önemlisi sabır ve sebatla çalışmayı başarabilmek gerek.** "İnsan sabırsızlığı yüzünden cennetten atıldı tembelliği yüzünden oraya dönemiyor!"

YANLARINA KÂR KALMASIN!

Birgün 15.6.2004

Aslında Diyarbakır'ı yazmak lazım... Türkleri ve Kürtleri yazmak lazım... Kimlikleri, kültürleri yazmak lazım... Yine de ben bugün bunları yazmayacağım. Gelin köşedaşlarımın ve pek çok gazetecinin, aydının, meslek sahibinin, politikacının görüş ve yorumlarını okurken kendi fikirlerimizi bir iki gün demlendirelim. Bu derin konuya dalmadan şimdi geçenlerde değindiğim bir hususu yeniden hatırlatacağım. Hani şu **banka hortumcuları için çıkarılan bir tür af yasası** konusu. Mesele iyice netleşti. Bu arkadaşlar devleti uğrattıkları zararı faiziyle hem de üç yıl içinde ödemeye söz verirlerse haklarındaki davalar düşecek. Tutukluysa (sanki tutuklu olan kaldı da...) hemen tahliye olacak.

Siyasal bir genel affın gündemde olduğu şu sıralarda münasebetsiz kaçsa da ben açıkça ifade edeyim başta bu af olmak üzere, genel olarak af meselesine ciddi bir antipati besliyorum. Siyasi konularda af meselesine karşı çıkışım bir kere af kelimesinin kendisine. Her türlü uluslararası ve uygar hukuk standardına aykırı olarak bu ülkenin devleti yıllarca özellikle de sol görüş sahiplerini içeri tıkıyor. Sonra da "affedilsinler mi affedilmesinler mi" tartışılıyor. Yapılan haksızlık, insanlar yıllarca acı çektikten sonra lütfen ve kısmen düzeltiliyor. Affedilmesi gereken biri varsa o da bu devlet ve onun hukuk dışı kanunlarını yapanlardır. (Hukuk dışı kanun! Hukukun kelime kökeni olarak 'haklar' demek olduğunu hatırlarsak bu sıfat hiç de ilk göründüğü kadar çelişkili değil)

Adi olaylarla ilgili aflara gelince öyle adaletsiz bir sosyal düzenimiz var ki fabrika gibi suç üretiyor. O kadar suçluya hapishane yetiştiremiyorlar. Sonuç lüzumlu lüzumsuz af! Mevcut infaz sistemini de hesaba katın **adam öldürmekten, tecavüze kadar neredeyse her şey yapanın yanına kâr** kalıyor. Kime yarıyor? Mafya dediğimiz şeye... Kime yarıyor? Mevcut rejimin bu tür saçmalıklarını eleştirerek puan toplayan otoriter rejim yanlılarına...

SOLUN ÖTEKİ YÜZÜ

Şu banka hortumcuları affediliyor. Eğer devlete verdikleri zararı öderlerse... Millete verdikleri zarar ne olacak? Ne olacak bankadan parasını alamadığı için perişan olanlar, ne olacak onların yarattığı kriz yüzünden işsiz kalan insanlar, ne olacak bütün bir halkın yaşadığı ekonomik ve sosyal yıkım. Yanlarına kâr mı kalacak?

Kalacak tabî... Depremde onbinlerce insan öldü bu ülkede. Biliyor musunuz meğer onların hepsi şanssızlıklarından ölmüş! Ölümlerinde kimsenin suçu yokmuş! Çünkü bir düşünün bakalım kaç kişi mahkum oldu bu kitle katliamından? Ve kaç kişi içeride şimdi? Geçenlerde darbe konusunu gündeme getirdik. Ülkenin uğradığı seri felaketlerden en büyüğü belki de. **Hiç içeride yatan, mahkum olmuş darbe yapmış biri gördünüz mü?** Ülkenin bir takım yöneticileri çeteler kurup bir takım insanları öldürmüş, ülkenin tarihini rayından çıkaracak komplolar kurmuş. **Kontrgerilla** yöntemleriyle ve yabancılarla işbirliği içinde... Şimdi içeride olan bir iki isim midir bunların tek sorumlusu?

Bu ülkede neredeyse **her köşe başında mafya adı verilen eşkıya** türedi. Belli ki devlet görevlileriyle, hatta yargı ve siyasetle işbirliği içindeler dünyanın başka yerlerindeki benzerleri gibi... Kaçı ciddi bir ceza yedi de yatıyor? Siz yine dua edin. Bir zamanlar bayrağına yabancı TV'lerde enjektör konarak afişe edilen bir ülkenin vatandaşı olarak hala mafyayı eleştirebiliyorsunuz da yasalar sizi içeri atmıyor diye... Ne de olsa arkadaşlar bu ülkenin en büyük müteşibbisleri... Baksanıza Ankara Ticaret Odası'na göre tam 60 milyar dolar ciro yapıyorlarmış. Hükümetin son çıkardığı bankacılık yasası bunları da kapsar hale getirilip, **mafyayı eleştirmek ülkenin ekonomisini bozucu eylem sayılırsa hiç şaşırmam.**

Son 10 yıldır solun hep özgürlükçü ve bağışlayıcı yanı ön plana çıkıyor. Aftan yanayız, herkesin özgürlüğünden yanayız, vb... Elbette bunlar solun olmazsa olmazları... Fakat uzun süredir solun bir başka yanı nedense gözden ırak. **Sol bir düzen halka karşı suç işleyenlerin, kamu mallarına karşı suç işleyenlerin, insan hayatına karşı suç işleyenlerin, kitle katliamcılarının en sert şekilde cezalandırılacağı bir sistemdir.**

Bir hatırlatayım dedim.

BAZEN MESEL DE İYİDİR

Birgün 31.7.2004

Bazen mesel de iyidir. Anlattığı kadar anlatmadığıyla da... Açığa çıkardığı kadar sakladığıyla da... Bugün iki mesel anlatacağım. İlkinin benim bildiğim kaynağı Ferîdüddin-i Attâr'ın **Mantık Al-Tayr**'ı... İlk ikisini yıllar önce Kara adlı dergi yayımlamıştı. Ve bir de geçmişten kalan olay; ki o da fıkra gibidir. Bakalım bu üçü bize ne söyleyecek? Hafızamdan yazacağım için ufak tefek eksik, yanlışlar ve bilumum sürçülisan affola...

***

Bir zamanlar dünyada ne kadar kuş varsa bir araya toplanır. "Hiçbir ülke padişahsız değil. Nasıl olur da bizim hiç padişahımız yok. Hadi kendimize bir padişah arayalım." derler. O toplulukta herkesin saygı duyduğu **hüthüt kuşu** lafa girer ve "Kaf dağının ardında mucizevi bir kuş vardır. Sizin padişahınız da odur. Ama ona öyle kolay ulaşılmaz. Bin zahmetle aramanız gerek" der. Bütün kuşlar "O kuşun adı nedir?" diye sorar.

Hüthüt: "**Adı Simurg'dur**" der. Bilindiği gibi Simurg doğu efsanelerindeki mucizevi kuşun adıdır.

Sonunda hüthütün yol göstericiliğinde **30 kuş** arayış heyeti olarak seçilir. Bin bir zahmetle uzun süre Simurg aranır. Bu arayış içinde kuşlar tecrübe kazanır, zorluklarla mücadele ederek olgunlaşırlar. Ve bir gün bu otuz kuş artık Simurg' bulmaktan ümidi keserken; belki de artık onu bulmanın o kadar da önemli olmadığını düşündükleri bir sıra gerçeği keşfederler. Farsça Simurg "otuz kuş" demektir. Kendilerini bulmuşken Simurg'u da bulmuşlardır.

Uzun yıllar bu hikaye ilahi bir arayışın meseli olarak anlatıldı. Bana elbette kuşları değil aslında insanı anlatan bu mesel ilahi olmaktan çok siyasi bir mesel gibi geliyor. Ne dersiniz?

***

İki güvercin avcının ağına yakalanmış. Avcı uzaktaki evine giderken bunlara yem verirmiş. Biri daha sağlam kalsın diye yemleri yermiş. Diğeri esarete katlanamadığı için asla yemleri yemezmiş. Bir kuş diğerine sen de yemleri yesene zira böyle giderse açlıktan öleceksin" dermiş. Diğeri esir yaşamaktansa ölmeye razıymış. Günler sonra ölüme razı olan açlık sonucu öyle zayıflamış ki ağın ipleri arasından sıyrılıp uçuvermiş. Hiç hareket etmeden yemlenen ise avcının ailesine akşam yemeği olmuş.

***

Bir gün ünlü Fransız sosyalisti ve barışseveri **Jaures**'i trende birinci mevkide gören bir sağcı milletvekili parlamentoda onu sıkıştırmak istemiş. "Savunduğu işçiler üçüncü mevkide seyahat ederken Jaures birinci mevkide seyahat ediyor. İşte sosyalistler böyle ikiyüzlüdür" demiş.

Jaures kürsüye çıkarak ünlü cevabını vermiş: "Ben üçüncü mevkide seyahat etmek için değil, bütün işçi ve yoksulların da birinci mevkide seyahat etmesi için mücadele ediyorum. Sosyalizmin de amacı budur."

Mesellerden hisseler: Kim olduğunu bilirsen kim olduğunu bildireceklere ihtiyaç mı kalır?

En aziz şeyden vazgeçmek istemezsen her şeyden vazgeçmelisin.

Her şeyden vazgeçsen de ne için var olduğunu bilmekten vazgeçmeyeceksin.

KAMU YÖNETİMİ YASASI, SEZER VE SOL

Birgün 10.8.2004

AKP'nin Meclis'ten geçirdiği ve Cumhurbaşkanı Sezer tarafından veto edilen " **Kamu Yönetiminin Temel İlkelerinin Yeniden Yapılandırılması Hakkında Kanun**" adlı yasa ile bir anlamda onun tamamlayıcısı sayılan ve yine veto yiyen **"İl Özel İdaresi Yasası"** hem genel olarak kamuoyunda hem de basında köşe yazarları arasında yaygın olarak tartışıldı. Tartışılan yasanın kendisinden çok Sezer'in tutumuydu. Cumhuriyet gazetesini hariç tutacak olursak genel olarak köşe yazarlarının tutumu Sezer'i hantal ve merkezi bir sistem olan şimdiki rejimi, yani statükoyu savunarak yerel demokrasinin, daha çağdaş bir devlet mekanizmasının önünü tıkamakla suçlamak yönündeydi. Özellikle **Radikal** ve **Sabah** gazeteleri bu konuda diğerlerine oranla daha keskin bir **anti Sezerci** tavır takındılar.

Tüm bu tartışmalar sırasında bol bol **ademi merkeziyetçilik**, Prens Sabahattin, **yerel demokrasi**, yönetişim gibi laflar savruldu durdu. Yazıları okuduğumda bende kalan izlenim ise her türden fazlaca ilgili olmayan kavramı müsrifçe saçıp savuranların ne bu yasaların taslak hallerini, ne Cumhurbaşkanı'na giden Meclis'te kabul edilmiş kanun metnini, ne gerekçeleri, ne Meclis tartışmalarını, ne komisyon raporlarını, ne de Cumhurbaşkanının veto gerekçelerini dikkatlice okumadıkları, üstünde düşünmedikleri oldu.

Hemen söyleyeyim AKP'nin her yaptığı ille de yanlış olmayabilir, olumlu adımları olduğunda desteklemek de mümkündür. AKP kamuoyunun bu desteğinden, hatta muhalefetinkinden bile sık sık yararlanmıştır.

Bir sosyal demokrat veya sosyalistin, komünistin Sezer'in fikirlerini beğenmemesi de gayet normaldir. Onun şüphesiz Atatürkçü bakışı ve bazen anayasa hukukçusu kimliğinin mevcut hukukun adaletsizlikleriyle yan yana gelebilmesi sol görüşlü kişilerin kabul etmeyeceği kısıtlamaları ifade etmesi anlamına gelebilir. Örneğin bu son gerekçesinde Danıştay'dan alıntılayarak ama eleştirisizce ifade ettiği "Yükseköğretim öğrencisi özellikle ve öncelikle Atatürk devrimlerini ve ilkelerini benimsemiş ve yaşamını bu ilkeler doğrultusunda sürdüren kişi olmalıdır" cümlesine herkesin katılması hiç de gerekli değildir.

Fakat köşe yazılarında iddia edildiği gibi Sezer'in kendisinle, hukukçu kimliğinle çeliştiği veya daha ileri bir yasaya karşı statükoyu savunduğu ne kadar doğrudur?

Önce Sezer'in eleştirilerini eksik de olsa bir kaç satırda özetleyelim.

1. Bu yasayla ülkenin üniter devlet yapısı büyük ölçüde ortadan kalkıyor.

Siz bu eleştiriye AKP'liler gibi "Hayır kalkmıyor yasama, yürütme, yargı hala merkezî" diye cevap verebilirsiniz. Ama bu cevap Sezer'in eleştirileri karşısında ciddi bir temele dayanmaz. Yok bir sosyalistin diyebileceği gibi "Kalkarsa kalksın daha iyi olur " da diyebilirsiniz. Ama o takdirde bile, siz de Sezer ile birlikte bu düzenlemenin Anayasa'da yapılması gerektiğini böyle bir kanunda yapılmasının yanlış olduğu eleştirisini getirmek zorunda olursunuz.

2.Kamu hizmetlerinin tümünün özelleştirilmesinin önü açılmakta.

Siz bir liberalseniz mesele yok ama bir solcuysanız üstünde düşünmeniz gereken bir eleştiri.

3. İl Özel İdaresi Kanunu'nda bu teşkilatın görev sınırlarının saptanmasında Bakanlar Kurulu yetkilendiriliyor; halbuki bu konuda yasa yetkili olmalıdır.

Bu ülkede anti demokratik ve yolsuzluk içeren uygulamaların yasalardan çok Bakanlar Kurulu'nun **boş kararnameleri marifetiyle** yürütüldüğünü hatırlayın ve sonra bu eleştiriye katılmayın!

(...)

İşte böyle... Solculuk ilericilik adına bu tasarıyı bir demokrasi hamlesi olarak savunanlar bir daha düşünmeli. Ben bir liberalin bile eğer liberalizmin onun için siyasi bir anlamı varsa böyle bir yasayı savunacağını düşünmekte zorluk çekiyorum. Savunan dostlar ya bu görüşlerini açıkça belirtsinler veya yanlışlıkla savunmuşlarsa bir daha okumadıkları hukuk metinlerine sazan gibi atlamasınlar.

SOLCULAR, KÖYLÜLER, GECEKONDULAR

Birgün 21.9.2004

Bir zamandan beri solda ilginç bir eğilim var; halka karşı mesafeli bir tutum... Bir zamanların halk topluluklarının her türlü kusurunu görmezden gelici eğilim yerini **tuhaf bir elitizme** bırakıyor sanki... Solun geçmişten beri "küçük burjuva" olarak gördüğü esnafla zaten arası pek sıcak değildi. Şimdi de köylüler pek beğenilmiyor- halbuki eskiden köy değerleri ne kadar abartıyla benimsenirdi!

Önce **liberal ve sol liberal aydınların köylülüğe karşı yazdıkları** tuhaf manifesto türü yazıları gördük. Köylüler devletin beslemesiymiş, tembelmişler, cahilmişler, ülkenin geri kalmışlığının sebebiymişler, memleketin muhafazakârlığının baş unsuruymuşlar, ekonomik olarak bir faydaları yokmuş vesaire, vesaire... Bir zamanlar daha az küstah şekillerde de olsa **sol kemalistlerin** söylemlerinde rastlanırdı bu tür eğilimlere. Cahil köylüler gerici iktidarları seçiyordu. O zaman önce bir darbe ile iktidar ele geçirilmeli, kapsamlı bir toprak ve eğitim reformu ile köylü içinde bulunduğu geri dünyadan kendisine rağmen kurtarılmalıydı.

Aslında tabii bu sadece köylülükle de ilgili değildi. Şehir hakkında da konuşmaya başlandığında aynı konu değişik biçimde yeniden gündeme gelirdi. Hani şu meşhur **"Halk plajlara hücum etti vatandaş denize giremiyor!"** cümlesinin anlattığı üzere kentli halkın bir kısmı adeta köylülüğün kentteki temsilcisi varsayılırdı.

Son zamanlarda bir kısmı Birgün gazetesinde de yayımlandı, eski devrimci militanlar anılarını anlatıyor, ve şöyle şeylere sık rastlıyoruz: **"Evet eskiden gecekondu çalışmalarında onlara gecekondu yaptık, şimdi olsa yapmam!"** Sadece yazılarda değil belli bir devrimci kesimde varoşlara, gecekondulara, gecekonduculara karşı belirgin bir alerji demeyelim de soğukluk gözleniyor. Bunu çevrenizde yaptığınız kimi konuşmalarda gözlemlemiş olabilirsiniz. Geçen gün bir devrimci aydın ile konuşuyordum, bana solun en önemli hatasının "pleblere dayanmak" olduğunu söyledi.

(Pleb: eski Roma'da yoksul kent halkı) Biraz sonra bu pleblerin köylülük, daha sonra ise taşra insanı ile eşanlamlı olduğunu, sonra da olması gerektiği üzere kent yoksullarını da içine aldığını anladım. Sadece o dostumuzun değil bu konularda kalem oynatan mesela Radikal'de Pazartesi günü Neşe Düzel ile röportajı yayımlanan **Murat Belge'nin** de kafasında bu kavramların benzer anlamlı olduğunu görmek mümkün. Zaman zaman iktisatçılar, edebiyatçılar veya her cinsten aydınımız sosyolojinin alanına sol adına girdiğinde uzun zamandır dünya solunun kullandığı kavramları değil de nedense sınıfsallığı dışlayan Amerikan sosyoloji ekollerinin 'modern toplum- modern öncesi toplum' kategorilerini –üstelik biraz da amatörce- kullanıyor. Fakat asıl sorun bu da değil. Asıl sorun kır, kent orta sınıf ve yoksullarını bir araya toplayan bir sosyolojik katmanın bu teorilerde bile bulunmayışı...

Bizim dostlarımız aslında sosyoloji literatürüne görünüşte bir nevi katkıda bulunuyorlar. Fakat o da ne? Bu katkıdan örneğin Osmanlının yüzyıllar öncesinden haberi var! Bu bildiğimiz **'avam'** ve **'havas'** ayrımından başka bir şey değil. **Sol liberal** dostlarımız bir bakıma kendilerini toplumun seçkinleri olarak havas yerine koyup avamı, ayaktakımını eleştiriyor. Bilmem ama bana hiç orijinal gelmedi. Bir zamanlar kemalizm adına yapılan bu acayiplik bu tür aydınlarımız tarafından haklı olarak eleştirilirken, şimdi bizzat kendilerince liberalizm adına yapılması ne tuhaf! Bana kalırsa kemalizm veya her türden orta sınıf radikalizmi veyahut liberalizm, bu iki eğilim de böyle bir karman çorman bakış bühtanını hak etmiyor.

Toplum aslında bir bütün... Eğer mesela köylülüğü tarikatçılık, cemaatçilik ve dinci gericilikle suçlayacaksanız hatırlatalım ki -belki Alevilik o da kısmen, hariç tutulursa- tarikatların tamamının hem merkezi, hem kökeni şehirlerdi. Zamanın döngüselliği kuramları köylünün değil şehirlerde oturan dinbilimcilerin eserlerinin ürünü. Köylü bir bütün değil, tıpkı şehirliler gibi... Geçmişin köyleri ile şimdinin köyleri, eskinin şehirleriyle şimdikiler aynı değil... Taşra şehirleriyle metropollerin aynı olmayışı gibi... Eskiden **"Şirin mi şirin gecekondu evleri"** diye şarkılar söylenirdi de hasbelkader gecekondu evlerini bilen biri olarak neresinin şirin olduğunu hiç anlamazdım. Şimdiyse gecekonduya, varoşa karşı bu örtülü tiksintiyi anlamıyorum. Bir aristokrat olsaydım anlardım, bir havas olsaydım... **Bir solcu olarak halka karşı bu uzaklığı hakikaten anlamıyorum.**

Köylüler yıllardır dünyanın en kaliteli fındığını, haşhaşını, domatesini, üzümünü, tütününü üretiyor, bunlar tüm ülkelere satılıyor. Pek beğenilen sanayicilerimizin dünyanın en kalitelisi diye gösterebilecekleri –tekstil dahil- tek bir ürünü var mı? İş bilmez tembel köylünün durumu işte bu... Beğenmediğiniz varoş yoksulları, sırf sanayi yok pahasına ucuz işgücü bulsun diye, veya derin çıkarları kollayan devletin politikaları sayesinde köyden kente sürüldüler. Orada kendi kendilerine hiç yoktan bir yaşam, kurulması hiç de kolay olmayan küçük taşra kentleri yarattılar. Onları eleştiren bizler bunlarla rekabet edecek ne yarattık, hâlâ dayanan, hâlâ varlığını sürdüren...

Her yönden kuşatılmış, iş bilmez işadamı, yönetemez bürokrat ortaklığıyla süren bu sistemin silindir gibi ezdiği toplumda hala iyi kötü bir hayatiyet kaldıysa bunu köylü, kentli halktan insanların dayanma ve mücadele azmine borçluyuz. **Onları zem etmek yerine aynaya bakıp "Ey Türkiye aydını sen ne yaptın" diye sorsak ya!**

POSTMODERN SAÇMALIKLAR

Birgün 25.9.2004

"Fizikçi Alan Sokal, saygın Amerikan kültür çalışmaları dergisi **Social Text**'e baştan sona saçmalıklarla dolu bir yazı gönderir. İtibar gören bir **entelektüel jargona** sadık kalarak yazdığı yazıda, son yılların meşhur kuramcılarından bol bol alıntı yapar. Modaya uygun şekilde yazısına **Aydınlanma eleştirisi** ile başlar; fizik, matematik ve sosyal kuram arasındaki **sınırları aşmanın gerekliliğinden** söz eder ve fiziksel gerçekliğin toplumsal gerçeklik gibi **dilsel bir oluşum** olduğunu savunur. Yazı dergide yayımlanır ve hemen ardından Sokal bunun bir aldatmaca olduğunu açıklar. Söz konusu olay, popüler ve akademik basında fırtınalar koparır, tartışmalara yol açar."

Yukarıdaki paragraf İletişim Yayınları'nın geçenlerde yayımladığı **"Son Moda Saçmalıklar -Postmodern aydınların bilimi kötüye kullanmaları"** adlı kitabın arka yüzündeki tanıtım yazısından alınma. Kitabın yazarı, **Sokal Vakası**'nı yaratan fizikçi **Alan Sokal** ile **Jean Bricmont**. Kitap yurtdışında 1998'de yayımlanmış. İçinde Türkiye'de de son yıllarda iyice moda olan **Lacan**, Irigaray, **Baudrillard**, Deleuze gibi yazarlardan alıntılar yapılıyor. Bunların fizik ve matematik dallarından kendi konularını anlatırken bazen gerçek, bazen eğretileme olarak kullandıkları kimi teorik aletleri aslında hemen hiç anlamadıklarını, anladıkları kadarıyla da birbiriyle ilgisiz konuları kasten bulanık ifadelerle kullanarak **entelektüel bir görünüş** sergilediklerini gösteriyor. Böylece Gödel kuramı, kuantum mekaniği, küme teorileri, topolojik alanlar gibi mevzular üzerine bol miktarda laf eden **bu saygın entelektüellerin** çok bilmiş **edalarının ardında** derslerini çalışmadıkları, konuları yanlış anlattıkları, üstelik bunu sık sık da **kasten yaptıklarını** örnekliyor.

Doğrusu biraz, mesela matematiğe meraklı biri olarak kitabı okurken ben de çok eğlendim. Sonra Türkiye'de de karşılaştığım bu tür örnekler aklıma gelince bütün eğlenme hissim kaybolup gitti.

Yazarlar bilimsel tezlerin kötüye kullanılmasını şöyle sınıflandırıyorlar: 1. Çok sığ ya da belirsiz düşünce ve bilgilerle bilimsel kuramlar hakkında atıp tutmak. 2. Doğa bilimlerindeki bazı kavramları herhangi bir ampirik ya da kavramsal gerekçe göstermeden beşeri ya da sosyal bilimlere öylece aktarmak. 3. Teknik terimleri tümüyle ilgisiz ve anlamsız oldukları bağlamlarda sağa sola savurarak bilgiçlik taslamak. 4. Aslında anlamsız olan cümleleri ve sözcük topluluklarını bir araya getirip oyunlar oynamak.

Sonuçta Sokal ve Bricmont pek çok postmodern yazarın yazı ve görüşlerinin karmaşıklığının düşünsel bir derinlikten değil de gerçekten kafa karışıklığı ve düşüncelerdeki bulanıklıktan kaynaklandığını iddia ediyor. Kitapta Sokal Vakası'na yol açan Social Text dergisinde yayımlanan aldatmaca makale **"Sınırların Aşımı: Kuantum Yerçekiminin Dönüşümsel bir Betimlemesine Doğru"** ve ardından bunun aldatmaca olduğunu açıklayan diğer makalenin tam metni de var. Ha unutmadan ekleyelim baştan sona zırva olan aldatmaca yazıyı yayımlayan dergi bunun aldatmaca olduğunu açıklayan yazıyı ise "derginin entelektüel standartlarına uymadığı" gerekçesiyle geri çevirmiş!

Yazarların söylediği gibi bu aslında bir postmodernizm eleştirisi değil. Belki bu tür uygulamalar başka kuramların yazarlarında da var. Fakat Sokal ve Bricmont en azından son yıllarda neredeyse yarı ilah haline getirilen kimi postmodern yazarların içler acısı halini yeterince gözler önüne seriyor.

Doğrusu beni kitabın içeriği kadar Giriş'te **Stanislav Andreski**'den yapılan alıntı da etkiledi. Son zamanlarda okuduğum ciddi ama aynı zamanda eğlendirici olabilen pek az yapıttan biriydi. Tavsiye ederim.

AB GEREKLİ Mİ?

21.10.2004

Geçen yazımda AB'ye girilmesini olumlu bulan biri olduğumu yazmıştım. Ancak AB tartışmalarında yönteme ilişkin bazı itirazlarım olduğunu AB tartışmasının evet taraftarları ile hayır taraftarları arasında bir cins spor fanatizmi tarzıyla sürdürüldüğünü, gerçek durumun tahlilinin de bu arada güme gittiğini öne sürmüştüm. Bence gerçek durumun iyi bir tahlili en az sonuç kadar önemlidir. Ve ne yazık ki böyle bir şeyi köşe yazılarında yapmanız mümkün değildir. O yüzden ister istemez ancak bazı önemli noktalara işaret etmekle yetineceğim.

Uzun zamandan beri hem bu ülkede hem de dünyada **solcular küresel meselelerle**, sosyalizmin genel sorunlarıyla eskisine nazaran daha çok ilgilenmeye başladılar. Üstelik bu çok iyi bir şeydi. **60'ların milli kalkınmacı söylemi** de iyice demode oldu ki bu daha da iyi bir şeydi. Bir önemli farkla tüm bunlar iyi şeylerdi. Ama o bir önemli fark unutulunca her şey tersine dönebiliyor. İster sağ, ister sol, toplumlarında önemli değişikliklere imza atmak istiyorlarsa sadece kendilerine ve kendi sempatizanlarına ilişkin sorunlara değil, tüm topluma ilişkin sorunlara eğilmeli... Evet, milli kalkınmacı, **otarşik bir ekonomi tarzını** savunmaktan vazgeçebilirsiniz ama ülkenin sürdürülebilir bir büyümeyi sizin politikalarınızla diğerlerinden daha iyi nasıl yakalayacağına toplumun önemli bölümlerini de ikna etmelisiniz. Bu sadece ekonomi için değil mesela dış politika için, yerel yönetimler için ve daha birçok konu için de böyledir.

Bana öyle geliyor ki **son yıllarda sol kendi iç meselelerine fazla daldı**. AB meselesinde bile durum biraz böyle.

Ekonomi konusundan girersek... Sağlıklı ve geniş bir dış pazara erişemeyen hiçbir orta boy ekonomi büyümeyi uzun dönemli sürdüremez. Eğer Türkiye hiç değilse 6-7 bin dolarlık nispeten orta sayılabilecek bir kişi başı gelir seviyesine ulaşacaksa. Yaklaşık yarım trilyon dolarlık bir ekonomiye erişmek zorunda. Bu durumda nispeten içe kapalı sayılabilecek bir dış ticaret hacmi bile 100 milyar doların hayli üstünde bir rakamı işaret eder. Dünya sadece globalleşmiyor aynı zamanda ticaret bloklarına bölünüyor. Türkiye coğrafi konumu nedeniyle sadece AB ile bu kadarlık bir ticaret hacmini gerçekleştirebilir. AB'nin dışında kalarak ne Rusya, ne Araplarla onların ekonomik ve ticari büyüklükleri göz önüne alındığında bu en azından çok uzun yıllar mümkün değil.

Siyasi olarak da eski iki bloklu ve şimdiki tek bloklu sistem yürümeyecek gibi. Dünya sadece ticari açıdan değil siyasi açıdan da bloklaşıyor. Soğukkanlı bir dış politika analizi Türkiye'nin her zaman Avrupa eksenli ve ama nispeten bağımsız, dengeleri kollayan bir dış politikaya ihtiyaç duyduğunu gösterir. AB'ye girersiniz girmezsiniz ama ona ihtiyacınız var. Girmezseniz o taraftan ve her taraftan göreceğiniz baskılar çok daha fazla olacaktır.

Çoğu kişi ekonomik koşullar düzeldikçe ülkenin her alandaki standartlarının yükseleceğine inanır. Ama bu zaten açık bir şey... Ben biraz da tersinden bir etkiye inanırım: **Standartları yükseltin ekonomi de bundan olumlu etkilenir**. Kentte ve kırda uygarlığın olmazsa olmaz standartlarını mümkün olduğunca yürürlükte tutmaya çalışın; ekonomi de o standartlara doğru bir hamleye eğilimli olur. Yani işçilerinizi güvenceli, sendikalı, orta karar ücret alan eğitimli kişiler haline getirin. Çiftçinize elektrik, su, eğitim, kültür götürün; kentlerinizde sağlıklı toplu konutlar, iyi yol sistemleri yapın. Bunu minimum harcamayla elden geldiği kadar yapın, siyasette hak ve özgürlüklere saygılı olun. Evet ekonomisi gelişmiş ülkeler uzun dönemde bu gibi şeyleri kendiliğinden gerçekleştirebilirler. Bu olasıdır. Fakat siz sürdürebildiğiniz kadar tersinden bile gitseniz, yani önce yukarda saydığım standartları yükseltseniz... Ülke çok daha hızlı bir gelişmeye eğilim gösterecektir; ben buna inanıyorum. Bu tezin matematiksel bir ispatı yok. Ama tersinin de yok... **Dolayısıyla AB ile müzakere süreci Türkiye'yi her alanda standartlarını yükseltmeye zorlayacak diye düşünüyorum**.

Ve evet devletin, epeyce gecikmeyle de şimdi artık fanatik AB'ci olan büyük sermaye gruplarının umduğu gibi ülkeye yabancı sermaye yağmayacaksa da blok dışında kalan bir Türkiye'ye nazaran AB içindeki bir Türkiye biraz daha fazla yabancı sermaye çekecektir. (Yeri gelmişken **solun, yabancı sermaye konusundaki düşüncelerini yeniden gözden geçir-**

mesinde fayda olduğunu düşünüyorum. O zaman ifadesini bulan görüşler yanlış olduğu için değil; şimdi bu konuda dünyada önemli değişiklikler olduğu için.)

Bütün buraya kadar söylediklerimi hemen kendim bir eleştireyim. Çünkü eleştiriyi hak ediyorlar. Evet, bütün bunları söylemek için sosyalist olmak gerekmez. Zaten bunu devlet adamlarımız, iş adamlarımız söylüyor. Solcuların daha başka şeyler de söylemesi lazım. Bir başka yazımda da o konulara değineceğim. Fakat sosyalistler sırf egemen kesim bir takım konularda bir şeyler söylüyor diye o konularda fikir yürütme ve bu fikirlerin tüm toplumu ilgilendirir cinsten olması gereğine gözlerini kapayamaz. Kaparsa işlevsizleşir, marjinalleşir.

EMEĞİN AVRUPASI

Birgün 26.10.2004

Birkaç gündür yazdığım yazılarda "AB'ye evet" diyen bir tutum sergilemiştim. Bunun için öne sürdüğüm tezler sol bir görüş açısından değil, çağdaş medeniyeti özleyen herhangi bir Türkiye vatandaşı açısından da savunulacak şeylerdi. Yani AB pazarının Türkiye açısından önemi, ülkede insan haklarından şehirciliğe kadar standartların AB'ye uyum adına yükseltilebilmesinin mümkünlüğü vs vs...

İşler bu noktaya geldiğinde elbette sol adına söylenebilecek şeyler de var. Yani AB'nin klasik bir Avrupa demokrasisi için öne sürdüğü kriterler birçok sol partinin asgari programlarında yıllardır çok da kazanç elde edemeden savunduğu şeyler değil mi? **O nedenle AB sürecine kökünden karşı çıkmak ve buna rağmen sol kalabilmek ne kadar mümkün?** Bu soruyu parlak ve radikal sözlerle bir yere kadar kapatabilirsiniz ama mızrak da çuvala sığmaz.

Fakat AB meselesi keşke sadece bu kadar basit olsa... İşte bazı sorunlar...

1. AB demokratik bir temsil mekanizmasından uzaklaşıyor. Giderek zaten mevcut Fransız –Alman hakimiyetini pekiştirecek kurumsal düzenlemelere meylediyor. Türkiye içine girdiğinde orada demokratik olarak yeterince temsil edilmeyecek. Bir cins ikinci sınıf AB oluşuyor. Adeta örtülü bir sömürgecilik tehlikesi baş gösterebilir.

2. Yine giderek Amerikan emek piyasalarının bir benzeri yaratılmaya gayret edilirken Dünya Ticaret Örgütü'nün getirdiği serbest mal piyasalarının da savunucusu oluyor. DTÖ söz konusu olduğunda durum zaten belirgin. Uzun sosyal demokrat yönetim geleneğinin getirdiği işçi ve sendika haklarının da budanması doğrultusunda güçlü bir eğilim var.

3. AB giderek büyük bir silahlanma merakına teslim oluyor. Şu an en büyük kaygısı kendi silahlı gücünü oluşturmak.

4. AB'nin genişlemede kullandığı kriterler sanıldığı gibi nesnel değil. Doğu Avrupa'yı eksiğine gediğine fazla bakmadan içine aldı. Çünkü Rusların etki alanındaki bir Doğu Avrupa'nın eskisi gibi güvenliğini tehdit etmesinden korktu. ABD'nin Irak müdahalesinden beri de dünya enerji kaynak ve yollarından tecrit edilme korkusuna kapılmış durumda.

Dolayısıyla AB'nin içinde de bir "emeğin Avrupası" bir de sapına **kadar kapitalist ve emperyal Avrupa** var. Üstelik yönetimde olan ikinciler...

Avrupa'da sol partiler DTÖ savunuculuğuna, emek piyasalarının esnek bir hale getirilme çabalarına, tarım ile ilgili, sosyal güvenlik sistemi ile ilgili daha birçok konu ile ilgili geriletici düzenlemelere karşı ciddi bir mücadelenin içindeler.

Akla ilk gelen ve yine ilk bakışta makul gözüken bir tez, malum "AB'ye girelim ve emeğin Avrupası yanında tavır alalım" şeklinde. İşin sonunda olması gereken de budur. Fakat ya tüm bu müzakere süresince?

Şimdi AB **fanatikleri, ki aralarında solcular da hiç az değil**... Şöyle diyorlar: Bu müzakere sürecinde hemen hep onların (Avrupalıların) dediği olacak/olmalı; normal olanı bu... Peki ama o zaman belki de 15-20 yıl süreceği nerdeyse kesinleşmiş tüm bu müzakere döneminde Türkiye solu AB uğruna daima emeğin Avrupası aleyhine çalışmak zorunda kalmayacak mı? AB kurallarını koyan kapitalist Avrupa'nın her dediğini "oraya hele bir girelim" diyerek yaparsak hadi diyelim yarın AB'ye girebileceğiz. Hadi diyelim bu emperyal birlik Türkiye'den bu halkın çıkarına mugayyir hiçbir şey istemeyecek. (Bu 'iki hadi' bana hiç de o kadar kolay ve muhtemel görünmüyor ya!) Hadi diyelim böyle oldu. Ama bu kadar uzun bir süre AB'ye gireceğiz diye her şeye evet denirse o zaman "emeğin Avrupası" bir müddet sonra "emeğin Türkiyesi" hakkında ne düşünecek? 20 sene sık sık kendini inkar denebilecek taleplere ses çıkaramayan bir 'emeğin Türkiyesi' gerçekten emeğin Türkiyesi olarak kalabilecek mi? Yoksa **bir cins tatlı su liberali olup** kitleselleşeceğim derken marjinalleşecek mi?

10 KASIM, KEL FATMALAR VE SOL

Birgün 9.11.2004

Yarın 10 Kasım... Ulusal ve resmi yas günü... Türkiye Cumhuriyeti Devleti'nin kurucusu Mustafa Kemal Atatürk'ün ölüm yıldönümü... Türkiye'de solun Atatürk hakkındaki kadar hem zaman içinde, hem de farklı gruplar arasında çeşitlilik ve fikir ayrılığı gösteren az konusu vardır. **Dev-Genç** ilk kurulduğu yıllarda Atatürk posterleri ile yürüyordu. Sonraları devrimci bir çizgiye gelindiğinde bu kez Atatürk bir "burjuva devrimcisi" olarak bu kez eksikli sayılmakla birlikte yine de devrimci çevrelerde büyük saygı uyandıran bir figür halini aldı. Tıpkı **Fidel Castro**'nun ve Kübalı devrimcilerin **Jose Marti'ye**, tıpkı Mao'nun ve Çinli komünistlerin **Sun Yat Sen'e** duyduğu saygı benzeri bir duyguydu o... 70'li yıllarda soldaki bazı küçük gruplardan Atatürk aleyhine solun genel eleştirilerinin ötesine geçen şiddetli hücumlar yapanlar da ortaya çıktı. Ama bunlar daha çok göze batmak için yapılmış orijinallikler gibi algılandı. Aynı yıllar bir sol grup da Atatürk'ü adeta bir sosyalist devrimci önder gibi ön plana çıkartmaya başladı ve hâlâ öyle yapıyor. Sol hareketin doğuşundaki ilk acemice tezlerin yeniden ve bu kez maksatlı biçimde yanlış, yeniden üretilişi olarak görüldü. Çoğu sosyalist hâlâ öyle görür.

Son 20 yılda ise sosyalist solun ana kitlesinde Atatürk'e karşı eski saygının azaldığını ve bir zamanlar marjinal gruplarda görülen yüksek eleştiri dozunun yaygınlaştığı fark ediliyor. Solun analizlerinin daha incelikli, daha derinlikli yapılması ve Atatürk döneminde sol adına sahiplenilmesi zor kimi konuların daha bir aydınlığa kavuşması bu durumun bir sebebi olarak görülebilir. Mesela tek parti döneminde yer yer Avrupa'daki faşizm modasına öykünen kimi uygulamalar, Kürt isyanlarının bastırılma biçimi ve ardından gelen kimi hak kısıtlamaları; veya hiçbir solcunun kabul edemeyeceği **Takrir-i Sükun** uygulamaları... Bunların eskiden üstünde fazla konuşulmak istenmezdi, şimdi sıkça altı çiziliyor. Bence iyi de ediliyor.

Fakat keşke solda Atatürk eleştirilerinin ve ona olan hayranlık derecesinin azalmasında böylesi bir entelektüel unsurun ağırlıkta olduğuna inansam! Açık söyleyeyim, bana kalırsa Türkiye solunun, hadi evvelden beri bu konuda eleştirel bir tutum takınan Kürt solunu hariç tutarak söyleyelim, Atatürk'e karşı bu kadar soğuk bakar hale gelişi 12 Eylül günlerinden kalmadır. **12 Eylül'ün sahte Atatürkçüleri**, günde 100 kere Atatürk diye diye nasıl tüm toplumu Atatürk'ten soğutmuşlarsa hapishanelerde Atatürk andları, İstiklal Marşları vb eşliğinde toplu dayaklar ve işkencelerle solun bütün önder kadrolarını da o liderden belli ölçüde soğutmayı başardılar. Öyle ki Atatürk imajının toplumda ve kısmen solda bir nebze yeniden prim yapması için **dinsel gericiliğin terör eylemleri** eşliğinde kitlesel yükselişi gerekti.

Kimse Jose Marti'nin eksikliklerini veya Sun Yat Sen'in kapı kapı her emperyalist ülkeden para toplamaya çalışmasını o kadar sorun etmiyorsa bu, hadi "o ülkedeki sosyalistlerin sorunu" (!) diyelim ve hadi biz şu son 250 yıldaki sol dışı neredeyse **yegane devrimci kişiye** yüklenelim. Zararı yok. Fakat artık biraz eski moda olduğunu düşündüğüm bu entelektüel anlayışa bir itirazımı belirteyim. Sol, hâttâ Atatürk'e saygının yüksek derecelerde olduğu yıllarda bile klasik Marksist alt-yapı üst yapı karşıtlığından kalkıyor görünerek mesela onun reformlarını "üst yapı devrimleri" diye küçümsemişti. Örneğin birilerine toprak dağıtırsanız -ki elbette önemlidir- bu ciddi bir alt yapı değişikliği sayılır, yok eğer kıyafetlerini değiştirirseniz işte üst yapı değişikliği denerek önemsenmezdi. Bunun Marksist teoriyle ilişkisinin sağlığı tartışılır. Fakat bütün bir 19. yüzyıl düşüncesinde maddi değişime fazlaca önem verme eğilimi acaba insanların örneğin **Büyük Petro'nun** Rusya'da gerçekleştirdiği gibi sakalını kesmesini, kıyafetini değiştirmesini sağlayan bir toptan değişimi acaba çok mu küçümsedi? Türkiye entelektüelleri, toplum bilimlerindeki gelişmeleri bu konuda acaba post yapısalcılık vb gibi medyatik mevzularda olduğu kadar iyi izlediler mi? Veya batı demokrasilerinin önemi artık iyice kabul görürken **cumhuriyetçi devletin** yönelimine siyaset biliminde verilen önemi biz yeterince tartıştık mı? Doğrusu ben "üst yapı devrimleri" denilen şeylerin ve cumhuriyetçi ideolojinin ne sol ne de sağ entelektüeller tarafından hak ettiği ölçüde tartışıldığını düşünüyorum. Atatürk ve dönemini evet eleştirelim, hiçbir tabuya yer yok; lakin o dönemde bu ülkenin benzeri hayli az biçimde yaşadığı değişimleri bilimsel bir gözle ve bu kez sadece o olayları değerlendirmek için değil, kendi "bilimsel" görüşlerimizi test etmek için de bir daha ele alalım.

Atatürk öleli 66 yıl oldu. Bunun ona bir faydası olmaz ama biz şartlı reflekslerimizden kurtulursak sol için önemli bir kazanım olur.

***

12 Eylül günlerinde **Can Yücel**'in dilden dile dolaşan ve asla yazılamayan bir dizesi vardı, Atatürk taklitçisi bir generale karşı yazılmış... Yazımı onla bitirmek istiyorum.

"Kabaramazsın kel Fatma

Atan güzel sen çirkin!"

İSLAMCILAR NE YAPTI?

POTANSİYELİ KULLANILABİLİR KILMAK

Birgün 2.12.2004

Geçen yazımda Birgün'ün kimi potansiyellerinden bahsetmiş, hayata geçen yerel inisiyatiflere işaret etmiştim. Buradan hareketle binlerce Birgün katılımcısı ve okuyucusunun Birgün'ün mesela satış ve reklam gelirleri sağlanmasında örgütlenerek aktif bir rol aynayabileceklerini öne sürmüştüm. Bunun Birgün için büyük bir potansiyel olduğunu da...

Fakat potansiyel istediği kadar büyük olsun potansiyel olarak kaldığı müddetçe bir işe yaramaz. Onu hareket enerjisine çevirmek gerekir. Bir ırmağın binlerce ton suyunda muazzam bir potansiyel enerji vardır da birileri baraj yapmadan, baraja gerekli mekanik aksamı, dinamoları yerleştirmeden o potansiyel enerji elektrik enerjisine dönüşemez, kimseye bir fayda sağlamaz.

Öyleyse potansiyeli harekete geçirmek için planlı ve projeli bir hamle, ve bu hamleyi gerçekleştirecek bir örgütlenme gerekiyor.

Fakat bu örgütlenme siyasi bir örgütlenme değil, gazete için bir örgütlenmedir demiştim. Niye?

İSLAMCILAR NE YAPTI?

Bu noktada durup 25-30 sene öncesine bir göz atmayı önereceğim. O zamanki islamcı grupları bir hatırlayalım. Merkez sol ve sağı bırakın, MHP ve sol grupların yanında bile ne kadar marjinal, ne kadar inisiyatifsiz kalıyorlardı. Bir de bugüne bakın! Elbette içinde hiç de az gerçeklik payı bulunmayan ama kolaycı olduğunu düşündüğüm bazı açıklamalara başvurabiliriz. işte ABD'nin "yeşil kuşak projesi ile desteklendiler" veya "AB süreci onlara yaradı" veya "halkın bir kesiminin cehaleti" yahut "12 Eylül'de dernekler kapatıldı camiler açıktı, orada bir tek onlar örgütlendi" vb gibi... Hepsi doğru olabilir ama bir başka şey daha yaptılar.

Önce solun bir takım sloganlarına sahip çıktılar, o dönemin islamcı örgütlerine bakın hemen bütün söylem ve sloganları hatta örgüt isimleri bile soldan ödünç alınmış gibidir. Böylece tabanlarını sadece dini değil kitlesel ama sosyal sorunlara yönelik bir tabana da oturtma şansları doğdu.

Daha sonra ise biraz iktidar destekli de olsa sadece bu desteğe dayanmayan ciddi bir medya atağı başladı. Özellikle gazetelerle...

Sol ile İslamcılar arasındaki ayrım 70'lerin sonu ve 80'lerin ilk yarısı arasında iyice netleşti. İslamcılar İran devriminin etkisiyle eski Amerikancı tutumlarına belli bir mesafe koyarken medya örgütlenmesi dahil genel yapılanmalarında da farklı bir yönü seçtiler. Sol zaten yakın zamanlarda bir radikal siyasi değişim bekliyor olmanın etkisiyle pek çok güncel sorun üzerinde etkin bir çalışmayı ertelemişti. 80 sonrası ise sürekli kendini savunma zorunda kalışı aynı sonucu yeniden doğurdu. Yine o dönemde solun bütün faaliyetlerinde zararı ve fedakarlığı göze alarak çalışmak esas unsur oldu. İşin niteliği bunu gerektiriyordu ama bunu gerektirmeyen yeni alanlar yaratılması ihmal edildi. Yani solculuk ancak kendini feda edecek kadar gözü kara veya hiç değilse yaptığı faaliyetten maddi bir kazanç beklemeyen birilerinin gönüllü bir faaliyeti haline geldi. Halbuki sol tarihsel olarak kapitalizmin maddi çıkarlarına zarar verdiği kitelerin bu zararı önlemek, mümkünse yeni kazançlar elde etmek için bir araya gelmesiyle gelişmişti. Son yıllarda mevcut sendikalar artık bu gerekleri yeterince yerine getiremiyordu ve sol uzun zamandır doğuşundaki kooperatif (işbirliğine dayalı), sosyal dayanışmacı örgütlenme biçimlerini unutmuştu. 1917 ekiminin devrimi tüm dünyada aktüel bir şey haline getirişi solun ilgisini bu alanlardan acilen devrimi örgütlemeye ve enerjisini bu amaç dışında başka faaliyetler için harcamamasını güdüledi.

REFORMİZM DEĞİL DAYANIŞMACILIK

Halbuki islamcılar örneğin Türkiye'de Kemalist rejimi bir darbe ile yıkacaklarından ümidi kestiklerinden siyaset dışı alanda da örgütlenmeye ve 50-100 yıllık projelere girişmeye önem verdiler. Böylece solun doğuşundaki araçları, solun aktüel sloganlarıyla birleştirip toplumun önüne öyle çıktılar.

Gerek solun eski, gerek islamcıların yeni projelerinde ayırıcı yön fedakarlık ve maddi zarara uğrayışa rıza göstermenin değil tersinin asıl motif oluşuydu. Sınıf temelleri, dinsel düşüncenin getirdiği kaymalar ve kapitalizme içten içe hayranlık buralarda çok çirkin örneklere -islamcı holding benzeri 'bankerler'- yol açsa da artık yeni örgütlenmelerde yer alanlar hem bir 'manevi yükselme' hem de bir maddi dayanışmayı bir arada buluyor, bu zemin üstünde eleştirdikleri sisteme alternatif başka mikro yapılanmalar kurabiliyorlardı. Bunun doğrudan bir sonucu tıpkı solun geçmişinde olduğu gibi bu mikro deneylerin kimi zaman bir ütopya denemesi derekesine inmesi hatta açık bir sömürü yöntemi halini almasına karşın genelde bu deneylerde islamcılar iş başarabilir nitelikte kadrolar yetiştirdi -ki islami çevre bu bakımdan özellikle geri düzeydeydi. Bu örgütlenme biçimi, bu kadrolar sonraki yılllarda onların yerel yönetim başarısında özellikle önemli rol oynadı.

İslamcıları sevmeyebilirsiniz, onlar zamanında solu taklit ederken hiç de solu seviyor değildi. Ama örgütlenmelerini incelemek gerekir. Sol elbette islamcı örgütlenmeyi taklit edemez. Etse de bir işe yaramaz. Fakat onların kimi çalışmalarını incelemek solun kendi öz mirasını hatırlamasına yardım edebilir.

Gelecek yazımda bu söylediklerimi Birgün üzerinde somutlamaya çalışacağım. Söylediklerimin sadece biçim değil öz itibarı ile de solun içinde yükselen reformizmden neden farklı olduğunu göstermeyi umuyorum.

MAKRO DEĞİŞİME BİR MİKRO ÖRNEK

Birgün 4.12.2004

Dünyanın feodal veya feodal benzeri sistemleri içinde bugünkü burjuva ilişkilerine benzeyen ilişkilerin yeşermesi, belki bin yıl ve daha öncesine rastlar. Burjuva ilişkilerin Avrupa geç-feodal toplumunun bağrında üstünlüğü ele geçirmesi ise 400 ile 500 yıl sürdü. Toplumun içinde burjuvaların ekonomik, sosyal kurumlarının artık önemli bir ağırlık taşıyor olmaları onların siyasal olarak iktidarı ele geçirmeleri anlamına da gelmiyordu. Siyasal üstünlüğü kesinkes ele geçirme süreci değişik ülkelerde 100-250 yıl arası zamana mal oldu.

Burjuva toplumsal kurumların sivil toplumdaki ilk önemli konumlanışları, hatta siyasi etkinliklerinde neredeyse belirleyici konuma tırmanmaları İtalyan kent cumhuriyetlerinde olduysa bu kurumların burjuva sınıfının önderliğinde toplumu dönüştürecek bir değişime evrilmesi hiç beklenmeyen bir yerde, Avrupa'nın o zaman nispeten geri sayılan bir yerinde İngiltere'de gerçekleşti. Son zamanlarda eski bazı tezlerin yeniden moda oluşuyla "Sovyetlerde sosyalizm gerçekleşemezdi zira o nispeten geri bir kapitalist ülkeydi. Sosyalizme ancak kapitalizmin en gelişmiş olduğu yerlerde geçilebilir" türü fikirler etrafı sardı. Tarihte, bir üretim tarzının en güçlü olduğu yerde yenisine dönüştüğü bir örnek bilmiyorum. Kölecilikten feodalizme ne eski antik Yunan'da, ne Roma'nın kalbinde geçildi. Buralarda yeni dönemin ilişkileri hatta belki en erken doğdu; ama serpilip gelişmeleri, üstünlük sağlamaları köleci ilişkilerin yeterince güçlü olmadığı "geri" **Frank ülkesinde** mümkün olabildi.

Burjuvazinin dünyayı ele geçirme mücadelesi çok inişli çıkışlı gerçekleşti. Birçok durumda mesela saray darbeleriyle devlet veya kent devletinin idaresinde tepeden etki ve yetki sahibi oldular. Bu sıçramalar topluma kök salmalarında faydalı da oldu. Ama toplumun içinde yeterince güçlü olmadıklarından genellikle karşı darbelerle ya da başka yollarla geçici iktidarlarını elden kaçırdılar. O sınıf açısından eskisinden de geri dönemlere dönüldü. Tarih şematize edilmeden okunursa böyle çok örnek görürüz.

Çok konuşulan bir başka tez de Sovyet yöneticilerinin geri bir toplum ve geri bir siyasi gelenekten doğdukları için başarısız olunduğudur. Siyasal iktidarı ele geçirerek bir toplumu tepeden aşağıya derin bir dönüşüme uğratmak tarihte görülmemiş bir şeydi ve bunun bu ölçüde başarılabilmesi kanımca bir yandan o derin dönüşümü başlatanların kişisel yeteneklerinin çok yüksek oluşu, diğer yandan bu deneyimin başladığı Rusya'nın dünya karalarının neredeyse altıda birini oluşturmasından ötürüydü.

BİR ZAMANLAR FARMASONLAR

Konumuz sosyalizmin kuruluşunun geçen 15 yıl öncesinde neden başarısızlığa uğradığı değil. **Bir toplumsal formasyon**, doğduğu toplumun kendi içinde iyice kök salmadan, siyasal iktidar ele geçirilerek ancak bir yere kadar yaygınlaştırılabilirdi. Bu durum bu tür siyasi sıçramaların gereksiz olduğunu da göstermez, önemsiz olduğunu da... Fıkradaki gibi elbette sosyalist devrim kapitalizmden kapitalizme geçişin en uzun ve acıklı yolu değil. Buradan çıkan olsa olsa kapitalizmin siyasi iktidarı dünya çapında ele geçirmesini henüz tamamlamasından sadece 70-80 sene sonra sosyalist görüş sahiplerinin siyasi gücü bu çapta ilk ele geçirişinin dünyada sosyalizmin kurulmasıyla sonuçlanmasının **adeta bir mucize** olarak kabul edilebileceğidir. Sonradan yaşanan olumsuzluklar ve hâttâ çöküş, o deneyimin dünya emekçilerinin yönetim deneyimi ve sosyal mücadele etkinliğini olağanüstü artırdığı gerçeğini değiştirmez.

Peki ne olacak? Tıpkı burjuva ilişkileri dünyaya yaygınlaşırken ne olduysa muhtemelen öyle olacak. İnişli çıkışlı uzun bir mücadelenin yaşanması, bu mücadele içinde sosyalizmi kuracak ilişkilerin siyasal iktidarın dışında toplumun diğer cephelerinde de giderek yeşermesi.

Bir toplumsal ilişkiler bütününün diğerinin yerini almasındaki **en büyük sorun ise** o henüz filizlenen yeni ilişkilerin toplumu tümüyle kaplamış eski ilişkilerin içinde/arasında ve o eski kurallara hem uyup, hem onları ihlal ederek gelişmek zorunda oluşu.

Bir örnek... Burjuvazinin ilk önemli mücadele örgütlerinden biri **mason teşkilatlarıydı.** Eski ifadeyle **farmasonlar**... Bugün artık eski geleneğinden neredeyse bütünüyle kopmuş mason dernekleri aslında feodal topluma karşı burjuva ilişkilerin nüvelerini savunanların ilk ciddi mücadelesini yönlendiren ilerici örgütlerdi. Farmason kelimesinin tam çevirisi özgür duvarcılardı. Burjuva sınıfının ilk temsilcisi olan zanaatçıların feodal lonca örgütleri içinde feodal kurallara uymak zorunda oluşlarıyla başlayan lonca ritüellerini çağrıştıran masonik ritüeller, terimin başındaki lonca ve feodal düzenine isyanı simgeleyen "özgür" sıfatını unutturmamalı. Burjuva ilişkiler ve onun örgütleri işte böyle bir ikilem içinde yüzyıllarca mücadeleyle gelişti. Şimdi yeni bir toplumun ilişkileri evet bazen siyasi düzlemde büyük atılımlarla sıçrayacak ama asıl değişim onunla beraber, toplumun her veçhesinde verilecek sebatkâr bir mücadeleyle arka planda çağlayarak gelişecek bir büyük akıntıyla mümkün olacak. Ve evet bu değişim hem eskinin kurallarına uyup hem de onu ihlal eden organizasyonlarla gerçekleşecek. **Böyle kehanet cümlelerini sevmem.** İsterseniz şöyle değiştireyim; toplumların tarihi boyunca önemli değişimler ancak böyle oluştu; bundan sonra farklı olması için bir sebep de ortada görünmüyor. Tüm bu söylediklerimin Birgün'le, Birgün benzeri organizasyonlarla bir ilişkisi var mı? Bana var gibi geliyor.

DÖNÜŞÜMÜN İKİ YOLU

Birgün 7.12.2004

Tarihte büyük sosyal dönüşümlerin peşinde olanlar çok çeşitli yöntemler denediler. Yine de bunlar arasında birbirinden farklı iki yönelim açıkça fark edilir. Birincisi ister ani bir ayaklanma, ister uzun bir halk savaşı, ister demokratik seçimler yoluyla barışçıl biçimde olsun mevcut toplumda siyasal iktidarı ele geçirme ve böylece toplumu, elde edilen siyasi güç vasıtasıyla değiştirmeye çalışmak. İster reformcu sosyal demokratlar, ister Bolşevikler, ister Kübalı devrimciler bu bakımdan aynı saftadır. Siyasal iktidarı ne hızla ve hangi yöntemle ele geçirmek istedikleri bu sınıflandırma açısından önemli değildir; ne de iktidarı ele geçirdikten sonra yapacaklarının biçimi ve hızı...

Sosyal değişim yanlılarının ikinci türüne çeşitli ütopyacılar, komün deneycileri girer. Bu eğilimin 19. yüzyıl başlarında ve 1960'ların sonunda iki kez yaygınlaştığını söylemek mümkün. Bu iki dalga dışında her zaman bu tür deneylere girişenler oldu. Ülke hatta dünya çapında bir devrim gerçekleştirmek isteyenler haklı olarak ütopya veya komün deneylerine sıcak bakmadı. Bu deneyler gelecek "ideal" toplumun mikro bir örneğini bu toplumun bağrında neredeyse kusursuz biçimde yaratmayı ümit ediyorlardı. Bunlar adeta birer toplu münzevi oluşlarıyla, apolitik tavırlarıyla tepki topladı. Büyük bir kısmı başarısız oldu. Başarılı olan kimileri ise mevcut sisteme entegre olup, mesela birer kapitalist işletmeye dönüştüler. Buna rağmen ne ütopya ne komün denemelerinin hepten boşa gitmiş çabalar oluğunu söylemek zor. 19. yy başı ütopyacıların geliştirdiği fikirler sonraki devrimcilerin hem gelecek toplum tasarımlarında hem de kimi devrim sonrası uygulamalarında etkili oldu.

Öte yandan sosyal dönüşümcülerin siyasal iktidarı önemseyen kesiminin de bugünkü bilançosu parlak değil. Hem sosyal reformcular hem de devrimciler düşüncelerini uygulama fırsatına kavuştu. Sosyal demokrat partiler seçim kazanıp iktidara geldi, devrimciler birçok ülkede siyasal iktidarı ele geçirdi. Bugün gelinen noktada ise hem reformcular hem devrimciler için yollar hadi tıkanmış demeyelim ama çok daralmış görünüyor. Her ikisinin temsilcileri de geçmişe baktıklarında düşündüklerini tam olarak uygulayamadıklarını söyleyecektir.

KİTLE ÖRGÜTLERİ

Sosyal dönüşüm yanlıları bu toplumun bağrında siyasal mücadele dışında önemli bir tür mücadele daha veriyor. Meslek örgütleri, sendikalar ve dernekler in, "sivil toplum" kurumlarının çalışmalarından bahsediyorum. Bunlar ya mensuplarının haklarını ilerletmek ve/veya o hakların gasp edilmesinin önüne geçmek için faaliyet gösterir yahut belirli bir alan veya konuya özgü hedefleri gerçekleştirmeye çalışır. Uzun yıllardan bu yana bu örgütler ya fazlasıyla savunmacı veya yeni dönüşümler sağlamak için kapitalizmdeki hızlı değişimi algılayıp aynı anda alternatif üretmek için fazlasıyla yavaş kalıyor. Hepimizin bildiği gibi sendika ve meslek örgütleri ciddi sıkıntılar yaşıyor. Sivil toplum örgütleri ya etkisizleşiyor veya bizzat büyük iş grupları tarafından bir hayır cemiyeti, daha kötüsü gizli bir kar menşei haline dönüştürülüyor.

Bütün bu söylediklerimizden en çıkmaması gereken yine son yıllarda moda olan bir başka düşünce tarzıdır: "demek ki tüm bunlar işe yaramaz bunları bir kenara bırakıp başka araçlar, başka yöntemler icad edelim! "Tersine bu "eski" yöntemler ve araçlar son derece kıymetlidir ve onları desteklemekten, yapılarını geliştirmeye çalışmaktan bir an bile vazgeçilemez.

Fakat insanlar iyi bir eğitim istiyor, sağlıklı bir yaşam istiyor, doğru kanallardan iletişim kurmak istiyor, boş zaman istiyor, işinde tatmin olmak istiyor. Bütün bunları kendisine vadeden sosyal dönüşümcülerin güvenilir, iş bilen, becerikli insanlar olduğuna güvenmek istiyor. Eğer bunları bulmaktan ümidini keserse kendini tarikatların, medyanın, profesyonel spor şovlarının uyuşturucu etkisine bırakıyor; hiç değilse hayatın acılarını daha katlanılır kılmak için...

Daha tuhafı sosyal dönüşümcüler ümit bağladıkları insanların bu durumuna bakıp şaşırıyorlar. Şöyle diyenler oluyor: bu işçi sınıfı yaramaz, artık düzene entegre oldu; bu köylüler, bu esnaftan bir şey çıkmaz onlar zaten düzenin kadim parçalarıydı; bu öğrencilerden bir şey çıkmaz vb... Böyle gidiyor.

Çıkış nerede? Bir dahaki yazımda bu konuda biraz daha somuta ineceğim. Ve sanırım böylece Birgün ile dolaylı olarak ilgili, giderek de sıkıcı olduğunu hissettiğim bu mini diziyi nihayete erdirebileceğim.

SENDİKA: BİR ÖRNEK

Birgün 11.12.2004

Eğitim-Sen kapatılma tehdidi altında. Amaç 1960'larda işçilerin örgütlenmesinin artık önü kesilemediğinde nasıl sendikacıları hapse atmak yerine sarı sendikalarla örgütlenmenin yönü değiştirilmişse aynı şeyi kamu emekçileri için yapmak. **O yüzden sistem için kamu emekçilerinin gerçek sendikaları büyük bir engel.** En başta da 100 yılı aşkın bir geleneğe sahip eğitim emekçilerinin örgütü Eğitim Sen'den korkuyorlar. Bugün kendisine demokrat diyen, yakın gelecekte de hiç değilse böyle anılmayı ümit eden herkes ayağa kalkmalı ve Eğitim Sen'in haklı mücadelesine omuz vermeli. Eğitim Sen sadece bir sendika olarak da önemli değil. Orada örgütlenmiş binlerce eğitimci, bizatihi kendileri, yeni bir toplumun yaratılmasında daha şimdiden yapılabilecek işlerde bilgi birikimine sahip inanılmaz bir hazineyi oluşturuyor.

***

Eğitim ve sağlık şimdi dünyada milyarlarca kişinin en yakıcı problemi. Türkiye'deki milyonların da öyle... Sosyalist düşünce gerek kendine ait örgütlerin çalışmasıyla gerek ise başka düşüncelerin üstünde yarattığı etkiyle bu alanlarda önemli tarihsel gelişmelere katkı sundu. **Gerek zorunlu ve parasız eğitim, gerek ise çalışanlara genel sağlık ve emeklilik sigortaları türü hakların elde edilişi sosyalistlerin verdiği mücadelelere çok şey borçlu.** Ve bugünlerde henüz bu haklara kavuşamayan milyarlarca insan varken Türkiye dahil pek çok kapitalist ülkede bu haklar geriye alınmaya çalışılıyor. Özel emeklilik ve özel sağlık sigorta sistemleri lehine kasıtlı olarak devletin elindeki sistemler çökertiliyor. Tıpkı sanayi şirketlerinin özelleştirilmesi öncesi yapıldığı gibi... **Eğitimde de olan bu.** Devlet okulları perişanlığa terkedilirken eğitimi önemseyen insanlara özel okuldan başka adres bırakılmıyor. **Böylece kapitalizmin doğuş yıllarındaki tabloya geri dönülüyor.** Parası olana eğitim ve sağlık hizmeti var. Yoksullara ise laf olsun diye bu hizmetlerin karikatürü sunuluyor. Hatta güvenlik bile öyle. Polis ve her tür güvenlik teşkilatı devletin elinde yozlaşıyor. **Mahkemeler iş göremez halde.** Zengin olanlar nasıl olsa özel güvenlik kuruluşlarınca korunuyor. Yakında bu alanda çok daha kapsamlı değişimleri gözleyeceğiz. **Canını kurtarmak isteyen, gaspa uğramaktan korkan fazla sokağa çıkmasın, evine fazladan iki kilit daha alsın. İşte gidilen yer burası.** Bir taraftan sınıflar ortadan kalkıyor propagandası yapılırken diğer taraftan yüzyılı aşkındır ilk kez sınıf ayrımcılığı bu çapta hortluyor.

***

Peki sosyal dönüşüm yanlıları bu durumda ne yapacaklar? Elbette bu vahşi özelleştirmeye karşı çıkacaklar. Öyle de yapıyorlar zaten. Ama bu savunmacı tepki halk nezdinde sosyal dönüşümü gerçekten istenir kılacak mı?

Evet var olan devlet okulları özelleştirilmesin. Evet hatta daha çok devlet okulu yapılsın. Evet eğitime ayrılan bütçe artırılsın. Fakat bunların herhangi biri ülkenin eğitim sorununda gerçek bir ilerleme, niteliksel bir sıçrama yaratır mı? **Devlet okulunun, zorunlu eğitimin bizatihi kendisi çocukları mevcut düzene uygun bireyler olarak yetiştirme amacı gütmez mi?** En iyi işleyen devlet okulu ve onun merkezi olarak belirlenen müfredatının amacı nedir? Bu okullar ne kadar "başarılı" olurlarsa diğer yandan toplum için o kadar zararlı olmayacaklar mı?

Diğer yandan mevcut bürokratik devlet aygıtının yönettiği okullara daha çok kaynak ayrılsa bu sadece daha fazla kaynağın israf edileceği anlamına gelmeyecek mi?

Peki ne yapılabilir? Ne yazık ki yerim bu kadar. Pazar günü kimi önerileri tartışmaya açacağım.

OKUL: BİR ÖRNEK

Birgün 13.12.2004

Hadi geçen yazıdan devam edelim!

Mevcut eğitim sisteminin kötü işleyişini eleştirip sonra da görünüşte benzer eleştiriler yönelten neoliberallerin giriştiği özelleştirme hamlesine karşı sadece "okullar özelleştirilmesin!" diyerek karşı çıkılabilir mi? Halkın nezdinde mesele şöyle görülecek; devlet tarafından, güçlü sınıflar tarafından desteklenen bir düşünce "ey vatandaş, bu eğitim sisteminden ne köy olur ne kasaba. Biz biraz daha pahalı ama işleyen bir sistem yaratacağız. Bakın Batıda, şurda burda önerdiğimiz sistem var ve bizim mevcut sistemden daha iyi işliyor" demekte... Buna karşılık daha zayıf durumdaki muhalif bazı örgütler şöyle sesleniyor; "ey halkım, her ne kadar şimdiki sistem iyi değilse de bu bir kazanımdır. Onu kaybederseniz çok şey yitirmiş olacaksınız. Biz iktidara geldiğimizde bu sistemi düzgünce çalıştırır, gerekli reformları yaparız." Doğrusu iktidara gelmesinin kolay olmayacağı farz edilen bir düşüncenin öyle kolayca yeniden yapılandırılamayacak bürokratik bir mekanizmayı düzeltmesine umut bağlamak çoğu demokrat kişi için bile zor.

Silahlı propaganda terimini bilirsiniz.

Terimin aslı "olaylarla/eylemlerle propaganda" idi (propaganda by deeds). Özellikle okuma yazmanın yaygın olmadığı köylü ülkelerde halkın yazılı veya sözlü klasik propaganda araçlarıyla etkilenmeyeceğini; onlara, mücadelenin mümkün olabileceğini eylemlerle anlatmanın doğru olduğunu ileri süren bir düşüncenin ürünüydü. Fakat bu aslında sadece tarım toplumları için değil bütün insanlar için doğru değil midir? Herkes sözlerden çok eylemlerden etkilenir. Zaman içinde SP'nin sıradan bir çete savaşına dönüşmesi onun standart bildik mücadele yöntemlerinin yanısıra uygulanırsa orijinalindeki farklı duruşun kıymetini azaltmaz.

Öyleyse sosyal dönüşümden yana olanlar bir taraftan standart demokratik mücadelenin gereği olarak, mesela eğitim kurumu söz konusu olduğunda mevcut kazanımların ortadan kalkmasına karşı mücadele ederken diğer yandan alternatif eğitim kurumları kurmaya çalışamazlar mı? Bu eğitim kurumlarına, okullara eğitim sendikaları aktif destek veremez mi? Buralarda aşılabildiği ölçüde zorunlu eğitimin müfredatı by pass edilmeye çalışılamaz mı? Eğitim emekçileri, bilim adamlarıyla işbirliği içinde yeni eğitim teknikleri icat edip, varolan özgür eğitim tekniklerini uygulamaya koyamaz mı? Buralarda özgür, kendine güvenen, demokratik değerlere inanan, öz disipline sahip, şovenizmden uzak, sorumluluk sahibi, dayanışmacı değerlere önem veren, bencil rekabetten uzak, paylaşımcı ancak inandığı değerler için mücadele etmesini bilen, yaptığı işi iyi yapmayı önemseyen, ve iyi işler yapmak gerektiğine inanan çocuklar, bireyler yetiştirilemez mi?.

KALEMLİ PROPAGANDA

Bir taraftan mevcut sistem eleştirilirken diğer taraftan bu sistemden daha iyi bir şeyin, olabildiğince hatta bu sistem içinde dahi yapılabilir olduğunu göstermek...

Bu okullarda (okul olması şart değil bazen mesela geçmişte halkevciler bu işi okulsuz da başardılar) yetişenler hayata zaten donanımlı çıkacaklarından pek çok sade vatandaş çocuklarını bu okullarda okutmak isteyecektir. Halk bu okulları yaratan düşüncenin ona destek veren bilim adamları ve sendikaların söylediklerine o zaman daha bir inanacaktır.

Peki bu halk okulları ister vakıf, ister dernek ister şirket statüsünde olsunlar (etiketlere boş verin kapitalist bir sistemde bunların hepsi hemen hemen eş düzeyde kapitalist niteliktedir) mesela gelecek toplumun eğitim sisteminin, okulunun bir örneği mi olacak? Hayır! Elbette gelecek toplum bir bütün olarak kurulmadan onun bir takım ögeleri şimdiden kurulamaz. Fakat mevcut toplumun içinde gelecek toplumun kimi ilişkileri parçalı hatta kusurlu bile olsa kurulmadan gelecek toplumun bütünsel olarak kurulması da bir o kadar imkansızdır. "Başarısız" sosyalizm deneyleri hiç bir şeyi ispatlamamışsa eğer bunu ispatlamış olmalı.

Burada okulu bir örnek olarak kullandım. Aynı şeyi sağlık kuruluşları için, güvenlik kuruluşları için, aynı şeyi medya için, aynı şeyi hatta kimi ticari işletmeler söylemek mümkün. Önerilen şey "sivil toplum"un içinde kimi sosyal adacıklar kurarak tedricen sistemi ele geçirmek değil. Bunu önerenler var. Hayır! Bernstein'in modası geçmiş siyasi reformizmden daha bayağı bir şey varsa o da bu tür bir reformizm olurdu. Hayır! Önerilen 100 yıldan bu yana örneğin köye gelen eli silahlı devrimcinin yaptığından başka bir şey değil. O, köye sadece siyasi propaganda yapmak için gelmez. Köyün her haline, bütün geleneklerine, bildiklerine müdahale için gelir. O ezber bozar, ezberi de muktedirce bozar. İster orayı tam kontrol etsin, ister geçici veya kısmen kontrol etsin derebeyinin toprak düzenini zorla ihlal etmesi de bir ezber bozmasıdır, karısını döveni engellemesi de, sağlıksız yaşam koşullarına müdahale etmesi de, hiç bir kısa vadeli siyasi faydası yokken okuma yazma öğretmeye çalışması da...

Bir başka yazımda verdiğim örneği de verebilirim. Çalışan sınıfların farmasonları olmak lazım diyerek.. Mevcut toplumun içinde, onun kusurlarını taşıyarak, ama aynı zamanda onun inkarı olmak, evet yıkıcı olmak ama eş zamanlı biçimde üstelik kurucu olmayı başarabilmek...

Ne diyelim bugünlük derdimi benzetmelerle anlattım. Bu yöntem hem eksik hem de yanlış anlaşılmaya müsait; fakat malum teşbihte hata olmaz!

Bu yazı Soner Yalçın'ın Ergenekon soruşturması kapsamında tutuklanmasına ve bu tutuklamaya aydın çevrenin o da ancak bir kısmının pek tereddütlü itirazına bir tepki olarak yazıldı. Ergenekon, Balyoz vb gibi davalara tepkilerim ise bunları yayınlayacak neredeyse hiç bir mecra olmadığından yönettiğim haber bültenlerinde, yaptığım programlarda,sosyal medyada, özel mektuplarda kısılı kaldı.

"BEN O SİTENİN GÖRÜŞLERİNE KATILMAM AMA... "

Odatv 17.2.2011

Her görüşten gazeteci arkadaşlarımıza bir uyarı: Vicdansızlık Köprüsü'nden önce son çıkış...

Dikkat ediyor musunuz malum gözaltılar konusunda gazetecilerden OdaTV için destek mesajlarının birçoğu **"OdaTV'nin görüşlerine katılmam ama..."** cümlesiyle başlıyor. Polis baskınını kınayan gazeteci arkadaşların hemen hepsinin söze böyle bir cümleyle başlama gereği hissetmesi, basın üzerine nasıl bir korku sisinin çöktüğünün işaretidir olsa olsa, yoksa bunun ayrıca belirtilmesine gerek duyulmazdı. Siteye konmuş bir videodan sonra bu baskının olması, aynı gece muhafazakar haber kanallarında Soner Yalçın için, **"Yalçın Küçük'ün emri altında çalışırdı, zaten, Küçük de Apocuydu -seyirciye bırakılmış çıkarım ise demek ki S.Y da Apocuydu!- ifadeleri de bir yöntem olarak ayrıca mide bulandırıcıydı.** Önemli bir hukukçumuzun bu baskın vesilesiyle belirttiği üzere, Türkiye kanunlarında gazetecinin kaynaklarının mahremiyeti pek çok batı ülkesine göre -bir 27 Mayıs mirası olarak- daha iyi korunmuştur. **OdaTV'ye yapılan baskının** şekli bizzat bu açıdan da yasadışı özellikler taşımaktadır.

Ama bir başka büyük mesele var. O da medyanın kendisinin ilkesizliğe teslim oluşunun derecesidir. İtiraf etmesek bile, biz gazeteciler, aslında siyasal olarak anlaşamadığımız kalem sahiplerinden hoşlanmayız. Babıali tarihi fazlasıyla sert kalem kavgalarıyla doludur. Ama basın özgürlüğü, zaten rakiplerimiz, sevmediklerimiz için talep edildiğinde -ve onların da bizim için bunu isteyeceklerini, isterse boş yere olsun, umarak- değerlidir. Babıali tarihi böylesi kahramanca dayanışmalardan da yoksun değildi. Medya işte şimdi bu dayanışmasının son kırıntılarını yitirmekle meşgul...

Nokta dergisinin basılmasına, engellenmesine de karşı çıkmıştım ilgili şahıslar bilir. **Recep Tayyip Erdoğan**, haksız yere hapse atıldığında da yöneticisi olduğum dergide onu yazılı olarak açıkça savunmuştum ilgili olanlar bunu da bilir. Aynı şey yine başına gelse, yine savunurum. **Hrant Dink**, bir gazete tarafından 1. sayfasından 8 sütuna tehdit edildiğinde bugün Hrant adına konuşanların birçoğu sessizken, **Birgün gazetesinde**, ben ve hatırladığım kadarıyla Doğan (Tılıç) onun için köşelerimizden sesimizi yükseltmiştik. Kimi zaman sesimi çıkarmam gerektiği zamanlarda çıkaramadığım, böylesi bir kürsümün olmadığı zamanlar da oldu, hep pişmanlık duymuşumdur. Şimdi, Soner Yalçın ve arkadaşları için -ister fikirlerine tümüyle katılalım, ister hiç katılmayalım- sesimizi yükseltmek mesleki farzdır. Yaklaşık 30 yıl önce gazeteciliğe başladığımda sıkıyönetimden bir teğmen açıkça 'şunu yazın bunu yazmayın' diye emirler gönderebiliyordu. Sonra sözümona sivil rejim geldi. Bu kez kağıt ambargoları, reklam kısıtlamaları, aba altından sopalar, ve yine davalar, tutuklamalar başladı. Bizim gibi gazeteciler, ne (hakiki) darbeci generaller tarafından, ne askerlerin bürokratı olup da bir gecede özgürlükçü kesilen 'liberal' siyasetçiler, ne siyasi polis şefliğinden 'demokrat' partilerin liderliğine zıplayanlar tarafından sevilmedi. Şimdi de iktidar sahipleri tarafından sevilmezsek bu bizim için sürpriz sayılmaz.

Bir gazetecinin elbette aktüel siyasi tercihleri olabilir. Bir siyasi partiyi, örneğin iktidar partisini muhalefet partilerine tercih de edebilir. Fakat iktidarı, muhalefete göre daha tercihe şayan bulan bir gazetecinin bile, bile değil özellikle onun, şimdi, iktidarın ya da iktidar namına durumdan vazife çıkaranların baskılarına karşı, üstelik beğenmedikleri gazeteciler adına seslerini yükseltmeleri gerekmektedir. İktidarlar farkına varmasa bile, bu onlara da yapılacak en büyük iyiliktir aynı zamanda...

Voltaire'in genellikle söylene söylene anlamının derinliğini ve başarılmasının zorluğunu unuttuğumuz ilkesi bu nedenle önemlidir:

"Fikirlerine katiyen katılmıyorum; ama onları savunma hakkını sonuna kadar savunacağım!"

Söylemesi kolay; ama fikirlerine hiç katılmadıklarımızın susturulmasına karşı sesimizi çıkaracaksak işte zaman bu zamandır. Bu konuda aldıkları tavır, zaten 'gazeteci'ler ile **'kralın şaklabanları'nı** birbirinden ayıracak turnusol kâğıdıdır. 'O sitenin fikirlerine' katılan, kısmen katılan ve ama özellikle, 'hiç katılmayan' tüm gazeteciler için bu son çağrıdır.

3. BÖLÜM

TÜRKİYE VE DIŞ DÜNYA: AB-ABD-ORTADOĞU

Türkiye yakın tarihinin doğrudan Batı etkisiyle şekillendiği birkaç kritik tarih var. Hepsi de bir cins siyasi/ekonomik kriz ile dönemdaştır. Bunlardan ilki 2. Dünya Savaşı bitiminde Türkiye'nin çok partili döneme geçişi ve NATO'ya giriş çabalarıdır. Kritik tarih Demokrat Parti'nin iktidara gelişi... İkinci dönem 1958 siyasi/ekonomik kriz sonrası Türkeş'in etkileyici sesiyle "NATO'ya-CENTO'ya bağlı olduğunu" ilan eden 27 Mayıs 1960 tarihi... 12 Eylül 1980 darbesi artık iyi bilindiği gibi Amerikalıların "our boys"unun işidir. Darbe, 24 Ocak 1980 ekonomik "reform" paketinin mütemmim cüzü sayılmalıdır. Bu tarihlerin her biri de devlet kurumlarının yeniden oluşturulduğu; devletin, hâttâ toplumun kabuk değiştirdiği dönemleri simgeler. 2001 ekonomik krizi ve onu tetiklediği düşünülen "anayasa kitapçığı fırlatma"yla simgelenen siyasi kriz ise bir yanıyla Derviş reformlarıyla sonuçlandı, diğer yanıyla da AKP iktidarıyla... Alttaki yazılarda AB meselesine bakış da önemli yer tutar. İkin AKP iktidarının ilk yıllarındaki meşruiyeti ve iktidarda kalışının sigortası, büyük ölçüde AB'ye uyum projesiydi. Diğer sebep ise solun da AB hakkındaki fikirleri çok çelişkili oluşu... Kimisi AB'nin her derde deva ilaç gibi ülkeyi kalkındıracağını, kolay yoldan demokrasiyi getireceğini filan savunuyordu. Diğer bir kesime göre ise emperyalist AB'den hiçbir "cacık" olmazdı, girmeye filan hiç uğraşmamalıydık. Yazılardaki AB tutumu bu iki kalıbın da dışındadır. Bu bölümde Irak'taki Felluce direnişine özellikle değinilir; IŞİD gerçeğini bir yandan Felluce'de Amerikan işgal güçlerinin yaptıkları, diğer yandan Batı'nın İslam'ı ve islamcılığı dizayn fantezilerini hesaba katmadan anlamak mümkün değildir. Türkiye'ye dönecek olursak, AKP'nin yükselişini de 2001 ekonomik krizi ve ardından Batı direktifi -ve şüphesiz iyi niyetle- Kemal Derviş'in yönlendirmesi sonucu devlet sistemindeki "reform" çalışmalarını anlamadan mümkün değil.

DEVLET KABUK DEĞİŞTİRİYOR: DERVİŞ YASALARI

Gelecek Dergisi 20.2.2002

Türkiye sisteminin en büyük sorunlarından biri toplumu ve devleti önemli şekillendirmelere tabi tutacak, ciddi yasal düzenlemelerin hemen hiç bir zaman siyasetin 'demokratik' dönemlerinde ve tamamen sivil siyaset marifetiyle gerçekleştirilememesi... Öyle olunca halkın, ülkenin yasal çerçevesini oluşturmakta zaten pek kısıtlı kullanabildiği 'egemenlik' hakkı önemli bütün düzenlemelerin ara rejimlere sıkıştırılmasıyla tümüyle ortadan kaldırılmakta. Normalde zor yürüyen topal demokrasimiz bir bütün olarak bakıldığında hepten kötürümleşmiş görünmekte.

Bu konuda meşhur örnekler cumhurbaşkanı seçimi ve anayasal düzenlemelerdir. Ama aslında **devlet personel kanunlarından** vergi usul kanuna, **basın kanunundan** sermaye piyasası kanununa kadar toplumu şekillendiren daha **pek çok yasa hep 'özel' sıkı dönemlerde ve dolaylı, dolaysız ordu müdahaleleri zamanında çıkarılmıştı.** Başlangıçta Türkiye toplum ve devletini yapılandıran temel yasalar 1923-29 arası devrim döneminde kurulmuştu -ve bir devletin ihtilal ortamında kurulması az rastlanan bir şey olmadığından bu yasal dönem 'normal' sayılabilirdi. Ama sonraki önemli yasalar da normal dönemlerde yapılamaz hale geldi ki; işte bu hiç de normal değildi. Önemli yasaların yasalaşmasının veya uygulamaya sokulmasının kahir ekseriyeti 27mayıs, 12 Mart veya 12 Eylül'de gerçekleşti. Bunlardan 27 Mayıs ve 12 Eylül geçerli yasal çerçevenin önemli bölümünün kurulduğu aslî iki ara dönemdir.

ÜÇLÜ KOALİSYON: 'BEN SANA MECBURUM HÜKÜMETİ'

Son üçlü koalisyon dönemi gerek cumhurbaşkanı seçimi, gerek anayasa değişikliğinin sivillerce gerçekleştirildiği nadir zamanlardan biri olarak demokratik bir hâleyle taçlandırılmak istendi. Herkes 28 Şubat etkinliklerinin hala sürdüğünü bilmese bu PR belki tutardı. Esasen uzun süredir siyasal iktidarların vatandaşla ilişkileri 'public relations' zemininin üstüne pek çıkamadığından bu alanda daha bir maharet kesbetmiş olmalılar.

21. yy'ın ilk yılları Türkiye'nin yasal strüktürünü yeni baştan inşa ettiği bir döneme şahit oluyor. Bu kez sadece örtülü ara dönem kullanılmıyor halkı devre dışı bırakmakta… Artık sopanın yanında şantaj, beraberinde havuç da var. Eğer 28 Şubat'ın parlamento muhalefetini felç ederek mevcut iktidar ortaklarını birbirlerine, ülkeyi de onlara mecbur kılması yetmiyorsa o zaman "bu yasalara boyun eğin aksi takdirde ekonomik kriz hortlar, IMF para vermez" vb. şantajı devreye giriyor. Onun da kafi gelmediği yerde "bakın gelen paraları size de vereceğiz, yasal pakette iş güvencesi tasarısı da var" veya işte "AB'ye girmek için bu yasaları çıkarmak lazım" havuçları uzatılıyor. AB'ye girmek için şapkadan tavşan usulü çıkarılan yasalar ise bir bakıyorsunuz eskisini aratıyor.

Ezcümle Türkiye'de iki yasal yapılandırma faaliyeti birarada yürütülüyor. **Derviş yasaları** tabir edilen şu meşhur 15 yasa ile AB normlarına yaklaşmak için getirilen **uyum yasaları** –aslında Tahkim Yasası vb. gibi bu paketlere doğrudan girmeyen bir üçüncü paket daha var ki onlar uluslararası iş çevrelerinin istediği 'kapitalist globalistlerin' dayattığı bir başka yapılanma…

Böylece Türkiye toplumu hemen hiç müdahale edemeden kendisinin içinde yaşayacağı yasal ve siyasal yapının tümüyle değiştirilişini seyrediyor. Ve bu durum siyasal uzlaşmanın, demokrasinin zaferi olarak sunuluyor; bu pazarlamaya tâkâtınız kaldıysa eğer, olsa olsa gülersiniz.

Kriz Şantajı Yasalar Paketi

Şimdilik kendimizi sadece şu malum 'Derviş Yasaları' ile sınırlayalım isterseniz. Hani Kemal Derviş'in geçen sene bu aylarda parlamentoya "15 günde 15 yasa çıkarılmalı" ültimatomuna konu teşkil eden yasalar.

Derviş'in 'Güçlü Ekonomiye Geçiş Programı' adlı krizden çıkış reçetesinde bu yasalar önemli bir rol üstlenmişti. O programa bakacak olursak mevcut yasal düzenlemeler dörde ayrılıyordu. *Birinci bölüm,* 'Mali Sektörün Yeniden Yapılandırılmasına' yönelik yasal düzenlemelerdi. *ikinci tip yasal düzenlemeler* 'Devlette Şeffaflığın artırılmasına ve Kamu Finansmanının Güçlendirilmesine' yönelik olanlar; Üçüncü tip yasalar ise 'Ekonomide Rekabetin ve Etkinliğin Artırılmasına' ait; *sonuncular* ise 'Sosyal Dayanışmanın Güçlendirilmesine' yönelik olanlardı.

Bu yasaları anlamak için belki Dünya Bankası'nın 1997 Dünya Kalkınma Raporu'na göz atmak iyi olur. Raporun o yılki konusu 'Devlet' idi. Önüne konan hedefler devletin yolsuzluklara sebep olan yapısının düzeltilmesi ve şeffaflaşması, devletin uluslararası ilişkilere daha bütünleşik, liberalizasyon ve özelleşmeye daha angaje olmasıydı. Bunun için bir dizi reform öneriliyor, ancak reformların yerel güçlerce engellenişinden yakınılıyordu. Rapor'da "Ülkeler niye ve ne zaman reform yapar?" diye soruluyor ve iki sebep gösteriliyordu: dış tehdit ve ekonomik kriz. (World Development Report 1997: State, s. 151, Oxford University Press tarafından Dünya Bankası için yayımlandı)

Bugün Türkiye'de ikincisi açık, birincisi örtük tehdit olarak kullanılıp, muhtemelen şimdi Türk ekonomisini yönetenlerin yazımına da katkıda bulunduğu raporun içerdiği 'reform'lar dayatılıyor. Bunun bir acayip sonucu krizi bahane edip yeniden yapılandırmaya dalınırken acil kriz önleme çabalarının askıda kalmış olması. Krizin ülkeye maliyetinin katlanmasında Kemal Derviş ve ekibinin bu 'uzak görüşlüğünün' payı büyük...

Şimdi kısaca bahsolunan reform yasalarına bir göz atalım.

Mali Sektör Yasaları: Başlangıçta iki temel yasadan oluşuyordu: Merkez Bankası Kanunu ve Bankacılık Kanunu.

Devletin Yapısı ve Kamu Finansmanı İle İlgili Yasalar: Altı kanundan oluşan bir paketti. Bütçe Kanunu Değişikliği, Görev Zararları İle İlgili Kararname ve Kanun, Borçlanma Kanunu, Kamulaştırma Kanunu, Bütçe İçi ve Dışı kimi Fonların Kapatılması İle İlgili Kanun, Devlet İhale Kanunu.

Ekonomide Rekabeti Ve Etkinliği Artıracak Düzenlemeler: Bunlar da beş adetti: Şeker Kanunu, Tütün Kanunu, Doğal Gaz Kanunu, Telekom Kanunu, Sivil havacılık Kanunu'nda Değişiklik.

Sosyal Dayanışmayı Güçlendirecek Düzenlemeler: İki taneydi: İş Güvencesi Yasası, Ekonomik ve Sosyal Konsey Yasası.

15 yasa denilen aslında 14 yasa ve 1 kararnameden oluşan bu hukuki düzenlemeler daha geniş bir bütünün acil parçalarıydı. Enerji tesisleri ve madenlerin özelleştirilmesi, kamu kuruluşlarında personel azaltımı, 'İstanbul Yaklaşımı' adıyla şirket ve özellikle banka kurtarmaları ile ilgili geçen ve geçirilecek olan yeni yasal düzenlemelerle paket aşağı yukarı ta-

mamlanmış oluyordu. Bu yasaların bir ikisi hariç hemen tümü 15 günde değilse de bir kaç ay içinde son hızla çıkarıldı. Bunların niteliği ve yasalaşma tarihlerini yandaki çerçevede bulabilirsiniz. Peki ama bu yasaların hedefleri neydi, nasıl bir stratejinin parçalarıydılar?

YASA AMAÇLARININ KUTSAL OLMAYAN ÜÇLÜ KARAKTERİ

Meseleye ekonomik ve sosyal yakın tarihimiz açısından bakarsak bu yasaların işlevini daha iyi görürüz. 12 Eylül yasaları 24 Ocak düzenlemeleri ile birlikte bir toplum modeli hedefliyordu. Taşra kapitalizminin kuralsız, eş dost kayırmacı sistemsizliğinden, kasaba içe kapalılığından uluslararası kapitalizmin dünyasıyla ileri derecede bütünleşik, kapitalizmin genel geçer kuralları ve disiplinine uyan yeni ve otoriter bir yapı. Bir anlamda 'kapitalizm gibi yapan' kuralsız bir sistemden bildiğimiz kapitalist sisteme geçme projesiydi. Bu proje Turgut Özal'ın ismiyle iç içe geçmiş olmasına rağmen aslında Özal projeyi sulandırıp kendine benzetmişti. (Geçenlerde bir TV programında onun eski hayranlarından birinin Özal'ı 'Malatya Liberali' olarak nitelediğine şahit olduk.)

Bir örnek vermek gerekirse bu 15 yasa içinde belki de en önemli olan üç tanesi yani Bankalar Yasası değişikliği, Kamu Borçlanması Yasası ve Fonların kapatılması tümüyle 1980'lerin ikinci yarısı sisteme yapılan Özal revizyonunu temizlemeyi hedef alıyordu; yani Özal'ın yakınlarına kurdurulan dandik bankaların yıprattığı sistem, kamunun denetimsiz borçlanma biçimleri, ve kapitalizmin en önemli umdelerinden biri olan 'bütçe tekliği'nin bir yığın fon kurularak darmadağın edilmesi... Yine de Turgut Özal başka nedenlerle **Türkiye kapitalizminin kilisesinde** çoktan aziz mertebesine yükseltildiğinden Güçlü Ekonomiye Geçiş Programı'nda krizin bütün suçu 90'lı yıllara ve koltuktan inmiş Demirel'e atıldı.

Bu yasaların birinci hedefi öyleyse 12 Eylül'ün yarıda bıraktığını tamamlamak ve bu uzun aranın sisteme verdiği zararları onarmak; küreselleşmenin dayattığı daha ileri bir pazar bütünleşmesi ve kapitalist ilişkilerin toplumun dokusuna daha derin bir nüfuzu. Sadece Türkiye'de yürütülen bir operasyon değil bu. Uluslararası sermaye artık kapitalizme bulaşmamış yeni bakir alanlar bulamıyor; son az dokunulmuş alanlar olan eski sosyalist sistem ülkeleri bütün 1990'lar boyunca yağma edildi. Şimdi sermayenin yayılma yasaları artık mevcut kapitalistleşmiş bölgelerde kapitalist ilişkilerin yaygınlaşması ve derinleşmesini hedeflemek zorunda. 12 Eylül ve dünyadaki benzerlerinden farklı olarak soğuk savaş ertesi dönemde bu daha kozmopolit ve daha az otoriter bir görünümde pazarlanıyor.

Bu yasaların birinci hedefle bütünleşik bir başka hedefi daha var. Geliştirilen, derinleştirilmeye çalışılan kapitalist ilişkiler herhangi bir kapitalist ilişki değil; onun belli bir türü, bir cins 'bağımlı' kapitalizm –burada 1960-70'lerin bağımlılık teorisini kastetmiyorum. 'Sosyalist sistem'in yıkılmasından sonra onun yarattığı denge, dolayısıyla edinilmesi kolaylaşmış kimi kazanımlar artık temelsizleşti. Bütün dünyada siyasi ve ekonomik anlamda 1. Dünya Savaşı öncesindeki ilişkilere, emperyal sistemin daha saf haline dönüş programlanıyor. Türkiye açısından bu tıpkı Osmanlı dönemindeki gibi yabancı tekellerin eline geçmiş, rıhtımlar, madenler, tramvay şirketleri, gaz ve elektrik şirketleri, tütün rejisi vb. demek. Meşhur 15 yasa ve ondan evvel çıkan bazıları (Şeker, Tütün, Doğal Gaz, Elektrik, Telekom ve Tahkim ve henüz yasalaşmamış İhale Yasası) ve şimdi sırada bekleyen madenler ile enerji özelleştirmelerinin ilk ve en önemli amacı bu.

Son olarak bu yasaların bir de daha az önemli olmayan yan amacı var. İşleri kuralına göre yapmak... Kuralsız kapitalizmden çıkmak 'doğru' bir hedef sayılsa da Birikim Dergisi 152/153. sayı **Milenyum'un Son Yılları yazımda** (Birikim Dergisi, sayı 152/153, s. 156) değindiğim gibi 1980 sonrası uluslararası kapitalizm aslında tarihinin en kuralsız zamanlarından birini yaşıyor. Bu yüzden o yazıda 90'ları yolsuzluklar kapitalizmi olarak nitelemiş ve bir kaç örnek vermiştim. Daha mürekkebi kurumadan **Enron Skandalı** ile yeni bir örnek edinmiş olduk. İşte bu ortamda çıkan bahis konusu düzenlemeler Türkiye üzerinde etkin olan ülke şirketlerinin kollanmasını da içeriyor. Dahası İstanbul Yaklaşımı ve son banka banka kurtarma yasası gibi son dakika yasaları ile iktidarlar üzerinde etkin olan yerli sermaye gruplarını koruma ve kollama amacı baskın hale geliyor. Sonuç olarak bu noktada Derviş'in fikri ile zikri iyice farklılaşıyor; resmî stratejik hedef daha baştan bir kez daha raydan çıkıyor.

AB HABERLERİ

Birgün 21.2.2004

Türkiye AB'den müzakere takvimi almaya çalışıyor. AB konuyla ilgili bir ilerleme raporu hazırlıyor. Bunun için Türkiye'ye gelen gidenler, Türkiye'den en üst düzeylerde Avrupa'ya gidenler oluyor. Rapor basına sızıyor. Schröder, Chirac toplanıyor.

Bütün bunlar olurken gazeteler de yazıyor. Olanlarla yazılanlar ne kadar gerçeği yansıtıyor? İki çeşit gazete var. Eskilerin deyimiyle **gazetelerin 'kahir ekseriyeti' işlerin iyi gittiğini 'AB işinin tamam' olduğunu** iddia ediyor. Cumhuriyet gazetesi ise neredeyse hiçbir olumlu mesajın ortaya çıkmadığı bir dünya çiziyor. AB konusunda 'olumlu' bazı gelişmeleri bile deyim yerindeyse mecburen görüyor.

Birgün gazetesi ne yapıyor. Birgün bir süre AB sürecinin gelişmesinin önemine ve bunun olumlu yanlarına dikkat çekti. Gelişmeleri ise mümkün olduğunca 'olduğu gibi' verdi. Bir süreden beri ise yine geniş ve olduğu gibi vererek ama AB sürecinin zorlukları ve kimi olumsuzluklarına dikkat çekerek haberleştiriyor.

Çünkü evet kendi kendimize bayram yapmaya hiç gerek yok. Türkiye'ye müzakerelerin yolunun biraz daha açılacağı çok uzun zamandır belliydi. Özellikle ABD'nin Irak işgali AB nezdinde Türkiye'nin önemini artırmıştı. AKP de birçok nedenden ötürü evvelki hükümetlere göre eldeki aşamada AB'ye daha iyi uyum sağlıyordu. Bu durumun soğukkanlı bir değerlendirmesini Birikim Dergisi'nin Ağustos- Eylül sayısında yazarımız Baskın Oran'ın "Türkiye kabuk değiştirirken AKP'nin dış politikası" adlı yazısında bulabilirsiniz.

Fakat bu aşama madalyonun sadece bir yüzü. Diğer yüzünde AKP'de yoğun olarak temsil edilen **taşra orta sınıfı ve onun değerleri ile AB'nin sosyal normları arasındaki ciddi fark** yatıyor. Türkiye'nin önüne getirilecek Kıbrıs, Ermenistan, Kürt azınlık gibi konuların kamuoyunda yaratacağı tepkiler yatıyor. Müzakere takvimi verilse de bunun Türkiye için diğer üyelerle yapılandan farklı, çok özel bir süreç olacağı yolunda AB yetkililerinin boyuna yaptığı uyarılar ve artık "10 sen mi desek 15 sene mi desek" söylemleri yatıyor. Yani AB ile en iyi olduğumuz dönemde aslında en dikenli, en pürüzlü dönem de başlamış oluyor. Bir gazete eğer gazete ise bu durumu da görmelidir. İyi veya kötü Birgün bunu yapmaya çalışıyor.

DİKENLİ YOL BAŞLIYOR

Bir de işin sosyal politikalar boyutu var. Aslında eski komünist ülkelerin AB'ye entegre olabilmesi için geliştirilmiş **Kopenhag kriterlerinin** Türkiye'ye de dayatılması ulusal gurur açısından parlak bir durum sayılmasa da sol açısından demokrasi mücadelesinde ileri bir hamleydi. O yüzden solun sadece liberal kanadı değil mantıklı birçok kesimi de AB'nin istediği bu adımlara karşı çıkmadı, hatta destekledi. Fakat AB yalnızca Kopenhag kriterlerini değil **Maastrich kriterlerini** de talep ediyor. İşin bu tarafı tam bir serbest piyasa ekonomisi demektir. Yetmiyor. Bir zamandır hele de Hristiyan demokratların etkisi artmaya, sosyal demokrat ve işçi partileri de Hristiyan demokratlar gibi davranmaya devam ederse çalışanlar için açıkça zararlı birçok önlem de Türkiye'ye giderek artan dozda zorla içirilecek. Bir gazete sadece günü yakalamaktan sorumlu değildir. Günü bir perspektif için de görmelidir. Türk basını ise AB yanlısı ve karşıtlarıyla son derece miyop bir görünüm sergiliyor.

Yeri gelmişken AB'nin ortalama üyeleri için demokrasi kriterleri bile öyle pek ahım şahım değil. Gerçekten demokratik bir Avrupa ülkesi olan Hollanda'da dün bir miting düzenlendi. Mitingin amacı AB'nin ülkesindeki demokratikleşme standartlarını düşürmesini protesto etmekti. Neyse darısı başımıza...

BÜYÜK ORTADOĞU KOMPLOSU

Birgün 17.4.2004

Son bir yıldır hemen herkes Büyük Ortadoğu Projesi denen şeyi tartışıyor. Bu kavramı duymayan bir Mısır'daki Sağır Sultan kaldı. Fakat galiba bizlerin, yani geri kalmış Güney halklarının bir özelliği var. Felaket ancak başa geldikten sonra meseleye aymak... Halbuki şu meşhur **Büyük Ortadoğu Projesi** herkese açık yayınlara en azından benim bulduğum kadarıyla **1998'den beri** yansımıştı.

Bu ülkenin insanları açısından daha ilginç olanı şimdi bile meselenin sanki daha çok Irak ile ilgili bir mesele gibi tartışılması. **Halbuki konu dünyadaki ülkeler arasında belki en çok Türkiye ile ilgili.** ABD'nin Büyük Ortadoğu Projesi en çok Türkiye'yi etkileyecek, en çok bu ülkede hiç akla gelmeyen değişimlere yol açabilecek.

Şu meşhur 11 Eylül hadisesi koptuktan sadece günler sonra o zaman **Birikim dergisi** benden bir yazı istemişti. Terörle Yüzleşme konulu bu sayıda ağırlıkla ikiz kulelere karşı girişilen "terör saldırısı"nın muhtemel etkileri tartışılıyordu.

Yazımın adı "Derin Darbe" oldu. Uçakların ikiz kulelere indirdiği darbe bir yandan şiddeti ve açtığı yara olarak derindi elbet ama bir başka açıdan bir "derin devlet gizli operasyonu"nu çağrıştırdığı için derindi.

Yazıda, kısaca söylemek gerekirse ABD'li yetkililerin İslamcı teröristlerin üstelik uçak kaçırarak, üstelik uçakların bizzat kendisini kullanarak şiddetli bir terör eylemi yapacaklarını aylar öncesinden bildiklerini iddia etmiştim. Bunu Amerikan Hava Kuvvetleri için çalışmak üzere kurulmuş ünlü **RAND Corporation** adlı 'think tank' kuruluşunun raporlarına dayandırmıştım. Ortada dönenlerin kanlı bir senaryonun dünya çapında sahneye konmasını andırdığını, dünyanın en kanlı piyesinin oynanmak üzere olduğunu söylemiştim.

Aradan yıllar geçti şimdi soruşturma komisyonları, Bush'un bu durumdan istihbarat raporları ile önceden bilgilendirildiğini ortaya çıkardı.

Bush'a yakın çevrelerin savunması ise "evet ama uçakları bomba gibi kullanacaklarını bilmiyorduk" şeklinde ki, Birikim'deki yazımda bunun da yalan olduğunu göstermiştim.

Neyse... Şimdi sorun şu; ortada oynana kanlı piyesin ilk perdesi Irak'ta çoktan açıldı. Fakat çoğu kişi, artık bunun Büyük Orta Doğu Projesinin bir parçası olduğunun farkına varmasına rağmen galiba işi hala Irak ile sınırlı bir tek perdelik piyes sanıyor.

Felaket tellallığı yapmış gibi olmayayım ama Büyük Ortadoğu Projesi- ki buna daha çok komplosu demek doğru olacak- Irak kadar hatta daha çok Türkiye ile ilgili. Bakın RAND raporunda mesele nasıl geçiyor: "... Böylece **Büyük Ortadoğu çerçevesi içinde Kuzey Afrika, Türkiye ve onun komşuları ile Akdeniz güvenliğine büyük bir dikkat yönelteceğiz**" (Sources of Conflict, s.6, RAND Yayınları, 1998) Bu dikkatin sonu umarız hayır ola...

KIBRIS'TA EVET

Birgün 20.4.2004

Kıbrıs'ta referandum yaklaştıkça tansiyon yükseliyor. Yükselen tansiyon hem iki halkın kendi içinde hem de Kıbrıslıtürkler ile Kıbrıslırumlar arasında istenmeyen olaylara neden olabilir. Şu sırada en lazım olan sükûnet ve provokasyonlara gelmeme becerisi.

Annan Planı'na gelince Kıbrıs solu bu konuda kararlı. **Türkiye solu ise ikiye bölünmüş durumda**. Bir taraf diğerini mandacılıkla, emperyalizmle işbirliği yapmakla suçlarken, diğer taraf berikini solcu olmamakla, faşizmle işbirliği yapmakla itham ediyor. Benim Türkiye solunda hatta evet diyenlerde bile sezdiğim, plana karşı ciddi bir gönülsüzlüğün olduğu ama buna karşılık yine de sol prensipler adına plana gönülsüzce ve biraz da mırıldanarak evet denildiği.

Bir de AB'ye girişi militanca savunan solcular (ve sağcılar) var. Bunlar da Kıbrıs'ı AB'ye giriş önünde bir engel olarak gördüklerinden her ne şekilde olursa olsun plana evet denmesinden yanaydılar; hâlâ da öyleler.

Kıbrıslıtürklere gelince, hele de onların sol kesimine, çok haklı oldukları yerler var. Türkiye'dekilerin gözüne, AB'ye girişi mutlak bir demokrasi hamlesi sayan Türk aydınlarını andırır bir tavır sergiler gibi görünüyor, ama bana kalırsa durumları hiç öyle değil.

Bir kere Türkiye adaya belki hakikaten bir 'barış' getirdi. Artık insanlar Denktaş'ın da kırk kere söylediği gibi birbirini öldüremiyor. Türkiyelilerin kafalarına iki de bir kaktıkları gibi artık Kıbrıslıtürklerin can güvenliği Kıbrıslırumlar tarafından tehdit altında değil. Fakat Türkiye aynı zamanda adaya işsizlik, uluslararası toplumdan izolasyon, ambargo, kültürsüzlük ve enflasyonun gelmesinden de sorumlu. Bu durumda Kıbrıslıtürklerin tıpkı Ömer Seyfettin'in **Diyet** hikayesindeki eski mahkum gibi "al kolunu ver diyetimi" demesi haklarıdır. Onlar AB'yi önemsiyorsa bu Türkiye'den kaçmak içindir de… Türkiyeli solcular en iyisi başkalarını mandacılar diye eleştireceklerine nasıl bir ülkede yaşadıklarını ve bu düzeni artık kendilerinin bile niçin Kıbrıslıtürkler kadar yadırgamadıklarını yine dönüp kendilerine sormalılar.

Kıbrıs'ta "evet"i öncelikle Türkiye'nin AB'ye girişini öne sürerek savunanlara gelince... Şahsen ben de Türkiye'nin AB'ye girişinin hem ülke, hem de genel olarak sol için yararlı olduğunu düşünenlerdenim. Fakat AB'nin Türkiye'de bırakın sol idealleri, demokratikleşme problemlerini bile kendiliğinden çözebileceğini sanmak için hakikaten biraz saf, biraz da **Tanzimat kafalı** olmak gerekir. Hatta ben burada tersini iddia edeceğim. AB giderek emperyal heveslerini artıran bir birliktir. Baş hedefi de Doğu Akdeniz ve Orta Doğu üstünde daha etkin olmaktır. Türkiye'nin "ver kurtul" politikası kimilerinin sandığı gibi AB'ye girişi kolaylaştırmaz, tersine zorlaştırır. Çünkü Doğu Akdeniz ve Ege'de haklarından peşinen vazgeçen bir Türkiye AB açısından değerinin büyük bir kısmını kaybetmiş bir safra haline gelecektir.

Tüm bunları bilerek kendi adıma şöyle düşünüyorum. Bir sosyalist için, birinci ilke halkların kardeşliğine katkıda bulunmaktır. **Annan Planı** bu duruma şimdiki halden daha fazla katkıda bulunabilir. İkinci ilke ise halkların kendi kaderlerini tayin hakkıdır. Kıbrıslılar elbette dünyada yalnız değil. Elbette Kıbrıs hakkında başkalarının da söyleyecekleri söz var. Ama buna rağmen son söz hakkı Kıbrıslıların olmalı. Onların iradesine saygı duyulmalı. Onun için referandumu destekliyorum. Ümidim, sonrası ne olur ayrı konu ama, her iki toplumun da "evet biz bir arada yaşamak istiyoruz" anlamına gelen bir mesaj olarak "evet" demeleridir.

REFERANDUMU BİR DE BEN YAZAYIM

Birgün 27.4.2004

Kıbrıs'ta referandum sonuçlandı. Sürpriz yok. Beklenen oldu. Beklenen oldu da bu sonucun ne ifade ettiğini herkes ayrı değerlendiriyor. Madem öyle bu köşede vaziyeti bir de ben değerlendireyim. Gazetelere bakıldığında herkes kendi baktığı yerden durumu değerlendiriyor. Cumhuriyet Türkiye'ye yapılan baskıları öne çıkarırken, Tercüman sanki ambargo kalkmış gibi başlık atıyor. Gerçek fotoğrafı dün sürmanşette en iyi Halkın Gazetesi Birgün çekmiş. AB'nin hem Türkiye'ye hem Rum kesimine belli bir baskısı var. Tavrını bu baskılara karşı alacağı sonuca göre belirleyecek.

Bir de Denktaş fenomeni var biliyorsunuz. **Doğrusu önce Denktaş'a yapılan haksızlığa işaret etmek istiyorum.** Bir kere kendisi halkı tarafından hiç anlaşılamasa da ulu bir bilgedir. Devleti dünyada kimse tarafından tanınmasa bile tecrübeli bir devlet adamıdır. Stratejisi 40 yıl boyunca pozitif bir sonuç vermese de **bir büyük stratejisyendir**. Fakat Denktaş Kıbrıs'ın Demirel'i olarak Türk politikacısının en tipik örneği olan Süleyman Demirel'in belki de en mühim hasletlerinden birine sahiptir. Yani en zor duruma düştüğünde, ve üstelik bu durum neredeyse inkar edilmez biçimde kendi hatalarının sonucu olduğunda bile kendisini yüzde yüz haklı görme yeteneğine. Yeteneği diyorum zira herhalde Türk milleti bu özelliği takdir ediyor ki ister burada, ister Kıbrıs'ta bu politikacılar hatalarında yeterince ısrar ettiklerinde onları yine seçiyorlardı.

TARİHİ PİYANGO

Her ne hal ise işin reel politika kısmında da Denktaş kendisini savunacak argümanlara sahip. "Ben demedim mi Kıbrıslı Rumlara güvenilmez. İşte gördünüz." hemen sarıldığı ilk tez oldu. Eğer hâlâ söylememişse bir tanesini de biz hatırlatalım: "Eğer Kıbrıslılar, karşıtlarımın söylediği gibi tek halksa o zaman bu halk ayrılığa karar vermiştir; çünkü Kıbrıslı Türkler ve Kıbrıslı Rumların oylarının toplamında da hayır oyları çoğunluktadır!" Üçüncü bir tez ise zaten konuşmalarında sinyallerini veriyor, "Biz hayırı savunduk ama aslında istediğimiz sonuç referandumda çıkan bu sonuçtu. Kuzeyde evet, Güney'de hayır çıkabilecek en iyi sonuçtu." Bu sonuncu tez Denktaş'a uyar mı bilinmez ama aslında Türkiye Cumhuriyeti yönetiminin hislerine tümüyle tercümandır. Üstelik bu konuda AKP ile askerlerin herhangi bir kanadı arasında bir görüş farklılığı da yoktur. Böylece Türkiye hem aslında istemediği **Annan Planı**'ndan en azından şimdilik kurtulmuş, hem de Kıbrıs'ın AB'den müzakere tarihi alma çabasındaki engel olucu niteliğini hafifletmiştir. Bu anlamıyla **Kıbrıslırumların** sayesinde, reel politika alanında şimdilik gerçekten de aslında kazançlı çıkan Kıbrıs'ta çözüm istemeyenler ile çözümü sadece görünüşte isteyenlerdir.

Büyük oranda evet diyen **Kıbrıslıtürklerin** de elbette kazançlı çıktıkları hususlar var. Yıllardır tâbi tutuldukları bu haksız ambargonun savunulması artık daha zor. Ve herhalde bazı maddi ödüller de alacaklar.

Peki önümüzdeki günlerde ne olacak? Kısa vadedeki avantajlar uzun vadede adadaki ve Türkiye'deki Türkler açısından uzun ömürlü olmayacak Kıbrıslırumlara yapılan AB baskısı muhtemelen orta vadede yeni bir referandum için Annan Planı'nın **Rumlar lehine revizyonuna** yol açacak veya bu nitelikte yeni bir plan hazırlanacak. Kasım ayındaki ABD seçimleri göz önüne alınacak olursa Türkiye, ABD'den ambargoyu kaldırma yolunda umduğu herhangi bir radikal desteği alamayacak. Zaman içinde AB'nin de umulan ödüllerinden çok umulmayan baskıları gündeme getirecek. Türkiye 40 yıllık çözümsüzlük politikasının sonuçlarından Kıbrıslırumların farazi bir hatasından çıkan tarihi piyangoyla kurtulacak gibi gözükmüyor.

TEMİZ BÜROLAR
OVAL OFİSLER
ÖLÜ ÇOCUKLAR

Birgün 20.5.2004

Şirketlerin büroları ne güzeldir. Nezih bir ortam, hoş sekreterler, mutlu görünümlü çalışanlar, halkla ilişkilerin kibar teşrifatçıları... Beyaz Saray da öyle... Saray ama ak renkli, demokrasinin saflığını simgeliyor. **Oval Ofis**'inde arada sırada skandallar olsa da işin uzmanı Harvardlı kamuoyu yönlendiricilerle yönlendirilen sofistike toplantılarla işler yoluna konuyor.

Ya fabrikalar! O kibar büronun işlettiği fabrikaya girin bakalım. Çoğu kere karşınıza sağlıksız çalışma şartları, formenlerin gözetiminde baskı altında çalışanlar, işsizlik korkusu, insafsız vardiyalar ve çevreye saçılan kirlilik çıkar. Şaşabilirsiniz acaba bu firmayı hangisinin gerçeği temsil ediyor diye? Bazı ülkeler için de böyle oluyor işte. Temiz sokaklar, güzel insanlar, film endüstrisinin de katkısıyla pembe bir imaj. Peki tüm bunlar neyle ödeniyor? Kim finanse ediyor? Halıyı kaldırın ve pisliği görün. Fakir ülkelerde çok uluslu şirketlerin köle ve çocuk emeği ile yaptıkları üretimi görün... Yoksul ülkeler ile eşitsiz koşullarla girişilen ticaretin fahiş karlarını görün.

Niye çocuklar okula gidecek yerde çalışır, niye yoksul ülkeler kendilerini daha da yoksullaştıracakları işlemleri kabul eder? Basit bir cevabı var: zorla... Askeri zor yoluyla... Askeri zor her zaman kullanılmayabilir. Kullanılmasa da herkes onun orda olduğunu bilir. Başkaldıran cezalandırılır. Çocuğunu çalıştırmıyorsan, uluslararası şirketlere varını yoğunu teslim etmiyorsan varsız yoksuz, evsiz barksız, çoluksuz çocuksuz kalırsın. Bunu sana arada sırada, ve her gerektiğinde gösterirler. İmparatorlukların arka bahçesini kazın; ceset doludur. Modern imparatorlukların yaptığını ise ne **Cengiz Han**, ne herhangi bir dönemin en uygarlık tanımaz vahşisi yaptı. Kimin aklına gelirdi ki kundaktaki bebeğiyle bütün bir kenti, örneğin **Hiroşima**'yı toplu halde yok etmek?

Bugün dünyada yaratılan katma değer o seviyede ki istense yeryüzünde aç tek bir kişi bile kalmaz. **Dünya tarihinde hiçbir zaman böylesi bir maddi uygarlık düzeyine erişilmemişti.** Bugün dünyada işlenen suçlar, çocuk fuhuş piyasası, köle ve yarı köle işçi ticareti, AIDS'ten toplu ölümlerin yaşandığı Afrika'ya ilaç vermeyen eczacılık piyasası, milyonlarca insanı öldüren silah piyasası ve onun neredeyse yalnızca masumları ve çocukları öldüren sakat bırakan napalm fabrikaları, bubi tuzak imalathaneleri... Saymakla bitmez. **Dünya hiç bu kadar manevi anlamda barbarlaşmamıştı.**

Güzel görünüşlü ülkeleri yaratmak için dünyanın geri kalanının cehennem hayatı yaşamak zorunda olmadığı bir hayat... Özlenen buysa, emperyalizm denen şeye karşı mücadeleden başka yol yok. **Güzel bürolar yaratmak için kölece çalışılan fabrikaların olmadığı bir hayat.** Özlenen buysa geç çağında vahşetin çağrısını dinleyen kapitalizme direnmek. Başka çare yok. Biri varsa öbürü de oluyor. Başka türlü olmuyor. **Onlar olunca çocuklar ölmekten kurtulamıyor**. Mai Lai'de, **Salvador**'da, Irak'ın **Mekreddin** köyünde, **Refah'ta mülteci kampında...**

Ve siz **ey Yahudi milleti**! Daha dün sizin çocuklarınız değil miydi minicik elleriyle annelerinin çıplak vücuduna sarılarak ölen ve öldükten sonra bile katillerince analarından kopartılamayan... Şimdi çocuk katili olmayı nasıl içinize sindiriyorsunuz?

Dinleyin artık! İçinizden barışın, insanlığın çağrısını seslendiren yüzlerin, binlerin sesini dinleyin. Dinleyin artık; ta içinizi, insan olduğunuzu size hatırlatan kalbinizin sesini dinleyin. Yoksa yürekleriniz de mi sağırlaştı!

EVRENSEL HUKUK MESELESİ

Birgün 25.5.2004

Bu yazıda Birgün gazetesini eleştireceğim. Hep okurlar eleştirecek değil ya ben de hakkımı kullanayım dedim.

Türkiye tarihinde son 200 yılda rastladığımız bir olgu var. Hukukunun ve kurumlarının daha üstün sayılan Avrupa'ya uyarlanması. Bu tür uyarlamalar bazen utangaç, bazen de radikal yöntemlerle yapılmıştır. **Sultan Mahmut dönemi** böyle bir dönemdir. **Tanzimat dönemi** ise bu yönteme bugün en çok hatırlanan örneği teşkil eder. Tersine bir dönüşün yaşanmasıyla akıllarda yer eden **2. Abdülhamid** dönemi bile aslında Avrupa'ya uyumun biraz arızalı olarak da olsa sürdüğü bir dönemdi. İttihatçı yönetimi bu Avrupa'ya hukuki ve kurumsal uyum çabasında pek çok radikal adımın bir o kadar utangaç ve mütereddit adımla karman çorman denendiği bir dönem oldu. **Atatürk yönetimi** ittihatçıların utangaç adımlarının radikal biçimde ve son sınırına kadar denenmesiydi bir yönüyle... İnönü ve DP'nin çok partili yönetim denemeleri de aynı cümleden ele alınabilir.

Bütün bu uyum çabalarında iki özellik görülür. Her denemede bunların dozu farklı olmakla birlikte bir: **Batı'nın gücüne hayran olmak**, onun üstünlüğü karşısında ezikik ve batıyı taklit ederek onların gücünü elde edebileceklerine inanç. İkinci olarak: **Aslında Batı'nın değerlerine inanmamak**... İnanmadığı değerleri sırf Batı'nın gücünü elde etmek için adeta "kerhen" uygulamak. Bizdeki devlet ricali ve hatta ekonomik gücü elinde tutan elit kesiminin genel bakışı çoğu kez böyle oldu. Gerek bürokraside, gerek ise özellikle aydınlarımızda yine aynı çerçeve içinde ele alınması gereken fakat "Batı değerlerine" bu kez adeta bir iman ile bağlı olma hali de ayrıca gözlemlenmesi gereken bir başka olgudur. Yani devlet ricali "bu Tanzimat fermanını çıkarmak lazım yoksa Avrupa ile başımız belaya girecek; yok çıkarırsak bizi destekleyecekler kısa yoldan devlet gemisini karaya oturmaktan kurtaracağız" diye bakarken örneğin bir Türk aydını "Adamlar müthiş. İşi biliyorlar. Tek yapmamız gereken lafı gevelemeyip onlar ne yapmış ve bize ne önermişse bir an evvel kabul edip, uygulamaktır" diye düşünebilir. Bu aydının gözünde "batı değer ve kurumları" bir dönemin, bir üretim biçiminin doğurduğu, başka bazı örneklere göre kimi yönden ileri de olsa yine de eksik ve geçici uygulamalar değildir. Onlar "evrensel"dir. Genel geçerdir, başka bir alternatifi yoktur, bundan sonra da elbette evrimleşeceklerdir ancak aynı doğrultuda...

EMPERYAL ÇİFTE STANDART

İşin bir de Batı'nın azgelişmişlere karşı tavrı sorunu var. Pek çok aydınımız batı değerlerinin "geri kalmış" ülkelere önerilmesi durumunda sık karşımıza çıkan çifte standardı görmezden gelir. Batı'nın bu ülkelere "yapın" dediği ile kendisinin yaptığı arasındaki fark görmezden gelinir.

Geçenlerde Birgün gazetesinde de anayasa değişikliği ile ilgili uluslararası antlaşmaların yasa hükmü taşıdığının anayasaya girmesi ve böylece bu antlaşmaların iç hukuktan üstün sayılması haberi verilirken böyle bir eğilimin yansımasını gördüğümü söylemeliyim. Bu anayasa değişikliği haberin üst başlığında "evrensel hukuk dönemine geçiş" olarak verilmişti. Şimdi sormak lazım; evrensel hukuk ne demektir? **Başka bir hukuk olamaz mı?** Bu mevcut "ileri kapitalist sistem"in hukuku herkesin istemek zorunda olduğu bir hukuk mudur? Ve yine sormak lazım... Bir meclisin kabul ettiği uluslararası anlaşmalar daima o halkın çıkarına mıdır? **Uluslararası baskı ile veya doğrudan işbirliği ve ihanet ile kabul ettirilmiş kimisi açık, kimisi gizli antlaşmalar niye bu ülkenin iç hukukundan üstün olsun ki?**

Elbette bir iyi niyet var. Bu hükümlerin bazıları şimdiki alaturka hukuk düzeninden daha iyi diye düşünülüyor -ki öyle. **Böylece tek bir maddeyi, hazır AB havucunun çekiciliğini de kullanarak bir seferde geçirip ülkeye gerçek demokrasiyi kısa ve kolay yoldan getirmek ne güzel olurdu.** Ne yazık ki ülkenin 200 yıllık tarihi hiçbir şeyi öğretmiyorsa eğer, böyle kolay yollarla devrimci gelişmeler yapılacağı ümidinin bir seraptan başka bir şey olmadığını gösteriyor. Gerçekleşen genellikle amaçlananın tam tersi oluyor.

Bir zamanlar **Arşimed** kendisine kısa ve kolay yoldan geometri öğretmesini isteyen **Sirakusa kralına** şu mealde bir cevap vermişti: Krallara özel geometri yoktur. Bir vecize de ben ekleyeyim: Toplumsal değişimin onun için gereken çabayı göstermeye üşenen toplumlar için kolay ve kısa yolu yoktur.

NATO, TÜRKİYE, FİNLANDİYA

Birgün 8.6.2004

Türk diplomasisinin son 50 yıldaki en büyük başarısı olarak genellikle Türkiye'nin sıkı bir mücadele sonucu kendini NATO'ya kabul ettirmesi gösterilir. Bilindiği gibi Komünizm tehlikesine karşı 12 ülke **Kuzey Atlantik Antlaşması** ile 4 Nisan 1949'da NATO'yu kurmuştu. Kuruluşla ilgili temaslar 1948'de yoğunlaşmış; Türkiye'nin oraya kendini kabul ettirme çabaları ise sonuçsuz kalmıştı. 1950'de CHP hükümeti NATO'ya katılmak için başvuruda bulundu ancak başvuru reddedildi. Türkiye Sovyetlerin sınırlarını tehdit ettiğini ileri sürdü. Bu tehdit iddiası da başlangıçta NATO tarafından ciddiye alınmadı ya da alınmaz göründü. Sonra Demokrat Parti iktidara geldi. NATO'ya girme çabaları sürüyordu. O sırada Kore krizi patlak verdi. ABD "Kore'ye asker gönderirseniz siz NATO'ya alırız" sözü verdi. **Bayar-Menderes ikilisi** tezkere mezkere diye işi uzatmadan Kore'ye asker yolladı. Sonuçta Türkiye lütfen NATO'ya alındı. İşin aslına bakacak olsanız ABD'nin o sırada Türkiye'yi hatta zorla NATO'ya almaktan başka çaresi yoktu. İşte müthiş Türk diplomasisi zaten ite kaka sokulmak için zorlanacağı yere girme adına bin türlü taviz vermiş olmakla kaldı. Şimdilerde aynı oyun doğu Avrupa'nın küçük ülkeleri üzerinde oynanıyor.

Her neyse anlattığım süreç sonunda Türkiye NATO'nun güneydoğu kanadının en uç üyesi oldu. Avrupa'nın kuzey doğusunda bir ülke daha vardı: **Finlandiya**. Tıpkı Türkiye gibi onun da **Rusya** ile çok ciddi tarihi ihtilafları vardı. Daha ikinci dünya savaşı öncesi ülkenin yaklaşık yarısı Sovyetlerce ilhak edilmişti. Yani Rus korkusundan kendini NATO'nun kucağına atmak için Türkiye'ye göre çok daha fazla sebebi vardı. **Fakat Finlandiya böyle yapmadı.** Bu küçük ülke soğuk savaşta tarafsızlığı seçti. Her iki blokla da mesafeli ama düşmanca olmayan ilişkiler kurdu. Batı'ya daha yakındı fakat onun ileri karakolu olmadı.

Devletlerin hayatında tıpkı kişisel hayatlarda olduğu gibi stratejik tercihler vardır. Kuzeyde Finlandiya ile güneyde Türkiye aynı dönemde farklı temel tercihlerde bulundular. O zaman Türkiye bir cins ödül olarak her cins Avrupa ve Batı kurumuna fazla sorgulanmadan kabul edildi. AET ile **Ankara Anlaşması**'nı imzaladı. Finlandiya'ya göre Batı'nın 1. liginin üyesi olmaya çok daha yakın görünüyordu. Ve sonra…

BARIŞIN GETİRİSİ

Sonra ne mi oldu? Türkiye o günden beri 50 senede zar zor eriştiği 2500 dolar kişi başına gelir ve ağır borç yükü ile sürekli istikrarsızlık, sürekli iç çalkantılar ve çatışmalar, yoksulluk ve krizlerle boğuşup duruyor… **Finlandiya ise tam bir barış ülkesi.** Halkı müreffeh bir hayat sürüyor. Eğitim seviyesi yüksek, cinsler arası eşitlik ileri düzeyde. Dünyanın teknolojik yönden ileri hamlelerini gerçekleştirdi. (Örneğin cep telefonu pazarında) Buna rağmen diğer sanayi ülkeleri gibi doğayı tahrip etmedi. Dünyanın tabiat açısından en güzel bölgelerinden biri… Bütün bunları Kuzey kutbuna yakın soğuk ve zor bir iklimde şimdiki nüfusuyla 5 milyon kişiyle yaptı. Bizi çoktan geçip 1995'te AB üyesi oldu. Üstelik bunun için yalvarması gerekmedi. AB yardımı filan almadan zenginleşti. 2002 yılında kişi başına geliri 27 bin Euro'ydu.

Türkiye **NATO üyeliğinin bedelini** ağır ödedi. Kendisini uluslararası bir ileri karakol olarak konumlandırdığından militarizm bütün iç siyasi atmosfere hâkim oldu. Zaman zaman ülke kendi kendine birkaç iyi ve hafif bağımsızlıkçı adımlar atacak olsa ABD yanlısı darbeler ülkeyi mahvetti; her türden gelişimi frenledi. Ülkede örtülü iç savaşlar NATO'nun kurduğu **Gladio benzeri kontrgerilla örgütlerince** tahrik edildi. Ülkenin dış ticareti ve tüm ekonomisi sadece Batı'ya dayalı ve bağımlı bir hal aldı. Amerikan "yardım"larıyla ülke aşırı biçimde silahlandırıldı. Tüm kaynaklarını bu kısır harcamaya vakfetti.

İşte NATO'nun olduğu ve olmadığı iki ülke… İşte NATO'nun bizi getirdiği yer. Daha yetmedi; şimdi Sovyet tehlikesi yok. Fakat NATO kendini feshetmiyor. Her savaş örgütü gibi kendine yeni meşgaleler arıyor. Önce Balkan, sonra Ortadoğu müdahaleleri örgüte beklediği şansı verdi. NATO şimdi bir kere daha Türkiye'yi gözüne kestirdi. **Büyük Ortadoğu Projesi** ile bakalım bu örgüt önümüzdeki yıllar Türkiye'nin başına başka ne çoraplar örecek?

VERHEUGEN NE DAĞITTI?

Birgün 7.9.2004

Herhalde son döneme kadar bizim politikacılara, bırakın politikacıları, halktan insanlara "En sevimsiz AB politikacısı kimdir?" diye sorsalar cevap herhalde tartışmasız Verheugen olurdu. Türk yöneticilerine sevimsiz gelen açıklamalarıyla ünlenen Verheugen görevi bırakmasına az bir süre kala **ziyaret ettiği Türkiye'de beklenmedik ölçüde iyimser laflar etti**. Gazeteler, bu arada Birgün de durumu Verheugen'in umut dağıttığı şeklinde özetlediler. İşin aslı şu, ister Kıbrıslırumlara olan kızgınlığı hala sürüyor olsun, ister zaten yakın zamanda sorumluluktan kurtulacak olsun; yani sebebi ne olursa olsun adamın üslubu düzeldi düzelmesine ama içerikte gerçek bir değişiklik yok. AB yetkilileri zaten hep "Türkiye kriterleri yerine getirirse, yani hem yasal değişikliklerle hem de bu yasaların uygulamaya konulmasıyla, Türkiye'ye tarih verileceği"ni söyleyip duruyorlardı. Bu bakımdan değişen bir şey yok. Verheugen bu kez de mesela Kürtlerle ilgili, gayrimüslimlerle ilgili konulardaki hassasiyetlerini iletmiş. Fakat bizimkiler **adamın nemrut üslubuna** o kadar alışmışlar ki biraz ılımlı konuşsa herkesin yüzü gülüveriyor.

Bu arada gözden kaçan bir şeyi hatırlatmak lazım. Bu AB güya Türkiye'ye giriş için bir tarih ve bir müzakere takvimi verecekti. **Giriş tarihi çoktan hayal oldu**. Müzakere takvimi belirsiz... Şimdi sadece görüşmelere başlamak için takvim verilecek mi diye bekliyoruz. Bu arada Türkiye için tam ortaklık değil de bir cins özel statü tanınması gibi bir yarım çözüm de aba altından gösterilerek Türk yöneticilerinin fazlaca itiraz etmesi önleniyor. Üstelik bu alternatiften sadece şimdilik kurtulundu. Avrupa'da her yeni seçimde güçleri artan Hristiyan Demokratlar'ın gönlü ise genel olarak bu çözümde.

Peki Türkiye'ye tarih verilirse, yani müzakerelere başlama tarihi demek istiyoruz, ne olacak? Bizimkiler bunu yana yakıla arzuluyorlar. Çünkü Türkiye'nin her yıl artan cari açığını kapatmak için tek çare olarak piyango gibi aniden ülkeye akacak yabancı sermayeden başkası akıllarına gelmiyor. Yani bu saçma ekonomik politikalarla Türkiye'nin pazarlanacak başka bir kıymeti kalmadı; veya onlar artık buna inanıyor. Elbette bu arzuda siyasi sebepler de var ama onlar en iyimser halde yıllar sonra bir realite halini alacak. Yani Türk devlet adamları NATO'nun zayıflaması, Sovyetlerin dağılmasından bu yana kendilerini açıkta, korunmasız hissediyorlar ve bu duygudan AB'ye girerek kurtulacaklarını düşünüyorlar. Yunanistan'la eşit pozisyona gelmek de bir diğer ümitleri. Fakat dediğimiz gibi AB yetkililerine bakılacak olursa böyle avantajlar için daha yıllar var. Halbuki verilecek bir tarih uluslararası finans piyasalarında hemen pazarlanmaya başlanabilir. Hâttâ tarihin ümidi bile Türk borsasına derhal prim yaptırmaya yetti.

TAKVİMİ ALDIK DİYELİM

Soruyu tekrar edelim o zaman. Eğer Aralık'ta müzakere takvimi verilirse ne olacak? Bana kalırsa bir şey olmayacak. Türkiye bu işin arkası gelir ümidiyle yelkenleri biraz daha indirecek. Bu bazı bakımlardan, mesela kimi demokratik uygulamalar bakımından bir süreklilik sigortası olarak işlev görecek; bazı bakımlardan demokrasiyle filan ilgisi olmayan kimi ulusal konularda AB kimi tavizleri daha pervasız isteyecek. Türkiye'nin daha bağımsız, çok bloklu davranma imkânları biraz daha kısıtlanacak. Belki ilk aylarda Türkiye'ye bir sermaye akımı varmış gibi suni bir spekülasyon dalgasına izin verilecek. Nihayet yabancı sermaye Türkiye'ye bu zamana kadar niye gelmiyorsa bundan sonra da o yüzden gelmeyecek. Dahası ülke düzgün sosyal ve ekonomik reform politikalarını tüm toplum olarak akıllıca planlayacağına bir zamanlar Amerikan yardımına bel bağlayıp her türden sivil veya savunma sanayini nasıl ihmal etmişse benzer şeyleri AB piyangosuna bel bağlayıp bugüne kadar ihmal edegeldiği gibi ihmal edecek.

Eğer toplumun emekten yana güçleri bu rehavete kendilerini kaptırmayıp AB dolayısıyla gelen göreli özgürlüklerden örgütlenmelerini pekiştirmek için yararlanırlarsa ne âlâ. O zaman - "27 Mayıs iyi miydi kötü müydü?" tartışmalarının akademik yanı bir yana- 27 Mayıs'ın sol örgütlenmelere bir soluklanma fırsatı vermesi gibi, AB müzakereleri de bir işe yarayacak. **Yok, AB sayesinde bedavadan siyasal ve sosyal demokrasi umanlar büyük hayal kırıklığına uğrayacaklar.** Çünkü AB giderek kuvvetlenen ve emperyal niteliği sürekli pekişen bir büyük güç. Türkiye'ye olumlu anlamdaki ilgisi ise sanki onun demokratik yanının bir fonksiyonu değil emperyal yanının bir fonksiyonu gibi...

ÇEYREK ASIR ÖNCEYDİ

Birgün 9.9.2004

Nerdeyse çeyrek yüzyıl oldu. İnsana 1 yüzyıl kadar uzun geliyor. Bir gün evveliydi. Bir tanıdık **"bu gece darbe olacak"** dedi. Dikkatimi çekti; çok da önemsemedim. Birincisi şaşırtıcı değildi. Zaten darbe bekleniyordu. İkincisi yeni haber değildi. Bir kaç ayda bir "yarın veya ayın bilmem kaçında darbe olacak" haberleri gelirdi. Bunlar ya meş'um bekleyişin kendiliğinden doğurduğu haberler, ya gerçekten o sıralarda sürdürüldüğü bilinen darbe çalışmalarından sızıntılar veya gerçek darbe tarihini perdelemek için kasıtlı sızdırılan dezenformasyon niteliğindeki haberlerdi. Aslında üç ihtimal de gerçekti.

O gece radyoyu biraz dinledikten sonra sesini kısıp uyudum. Gecenin bir yarısı marşları duyunca -**biz Türkiye halkı gece marş duyduğumuzda ne olduğunu hemen anlardık**- "tamam bu sefer doğruymuş " dedim. Kalktım. Bir kaç telefon ettim. Ve yatıp uyudum!

Ertesi sabah ortalık, en azından bizim oralarda, sakindi. Sadece bir kaç jip dolaşıyordu. **12 Mart'taki genel aramaları** hatırlayanlar telaşla yasak sayılabilecek kitapları ortadan kaldırmaya çalışırken öyle bir şey de olmadı. Kalktım okula gittim. Herkes elbette bu mevzuyu konuşuyordu ama ne yapılacağı konusunda öne çıkan hiç bir fikir yoktu. O kadar geleceği malum olan bu darbe sanki şaşkınlıkla karşılanmış gibiydi. Hani hep olacağı söylenen bir felaket sonra bir gün olur da, olacağını bildiğiniz halde şaşırırsınız ya- Türkiye 17 Ağustos depremini de öyle şaşkınlıkla karşılamadı mı**? İşte çeyrek yüzyıl önceki bu siyasi deprem de alışkın bir şaşkınlıkla karşılandı.**

Bütün mahallelerden ülkücülerin ortalıktan çekildiği, kimi yerlerde barış teklifleri getirdiği söyleniyordu. Daha, önceki güne kadar askeri darbe yapılması amaçlarını açıkça söyleyerek çatışmaların şiddetlenmesi için saldırılarını artırıyor; kimi bölgelerde askeri müdahaleye zemin hazırlamak için kitle katliamlarına girişiyorlardı. Gelecek askeri darbenin bu katliamların hesabını sorabileceğinden endişe etmiyorlardı. Şimdi sanki tek bir yerden emir almış gibi sakindiler.

Dönemin bütün büyük gazeteleri, bu arada yılların 'sol' gazetesi de darbeyi olumlayıcı, eleştiriden uzak başlıklarla çıktılar. Gerçek sol gazeteler, bu arada Halkın Gazetesi Demokrat ise kapatıldı. İleriki günlerde medyanın suskun desteği, darbecileri aklayıcılık ve yağlayıcılık mertebesine yükseldi. Yıllar içinde hakkıyla **muhalif denecek basın olarak sadece Oğuz Aral'ın Gırgır mizah dergisi** kaldı. Muhalefet giderek sanat ve ekonomi sayfalarına hapsoldu.

MEŞ'UM PİYES

İlk sükükunet çabuk geçti. Tüm ülkede vahşi bir av başlamıştı. Bu av, örneğin **Fatsa'da**, örneğin **Güney Doğu'da**, örneğin kimi gecekondu mahallerinde zaten aylar öncesinde başlamıştı; bir anda bütün ülkeyi sardı. Hemen her aileden bir veya bir kaç kişi gözaltına alınmış, tutuklanmış, işkence görmüş, hatta öldürülmüştü. 'Önce cezalandır, sonra yargıla' sistemi yürürlükteydi. **Mahkemelerin adaletle ilgisi kalmamış, ilkokul müsamere salonlarına benzemişlerdi.** Şu farkla ki buralarda oynanan trajedilerde, senaryoda yazanlar aktörlerin başına sahiden de geliyordu.

Evet ülkede bir piyes oynanmıştı. Fakat çok daha önceden... Daha o zaman bile neredeyse 20 yıldır sahnedeydi. Çok değil 7 yıl önce üstelik 11 Eylül'de o piyesin son sahnesi Şili'de de oynanmıştı. Aynı yıllar benzer piyesin yeni perdesi Türkiye'de de denenmiş ama yarım kalmıştı. Bir farkla, Şili'de gerçekten demokrat bir Başkan vardı ve mitralyöz başında darbecilere karşı mücadele ederken ölmüştü. Bizdekiler ise tıpkı eski Yunan trajedyalarındakiler gibi yüzlerinde maskeyle dolaştı. Sahneye konan piyesteki iyi polislerden ibarettiler. Demokrat maskelerinin ardında hedefleri darbecilerinkiyle aynıydı. O yüzden Allende ölümü karşılarken bunlar göz boyamak için deniz kenarı sayfiyesine 'sürgüne' gönderildiler.

Ülke 60'ların başlarında dünyanın en hızlı kalkınacak ve en çabuk demokratikleşecek ülkelerinden biri olarak görülüyordu. Avrupa ile bütünleşme kesin gibiydi. Birçok sıkıntı ve adaletsizlik yanında geleceğe umutla bakmak için işaretler de vardı. **Sonra birden 71 ve 80'de o meş'um pi-**

yesin iki perdesi oynandı. Ülke bir anda iflah olmaz bir 3. dünya ülkesi konumuna itildi. ABD'nin tam kontrolü bizzat bu ülkenin siyasetçileri ve güvenlik güçlerince garanti altına alındı. O zamandan beri bir türlü düzelmeyen ekonomik, sosyal ve siyasi kriz içindeyiz.

Türkiye halkı adeta psikolojik bir travma yaşıyor. Travmayı doğuran komplekslerle, yani 12 Eylül'le hesaplaşmadan da bu psiko sosyal bunalımdan kurtulması mümkün gözükmüyor.

BİZİ KURTARACAK OLAN...

Birgün 12.10.2004

Avrupa devletlerinin temsilcileri büyük ve güzel döşenmiş bir salonda toplanmıştı. Türk tarafının temsilcileri de ordaydı. Türk diplomatlar mutluydu. **Türkiye'nin Avrupalı olduğu bizzat Avrupalı devlet yetkililerince ilk kez resmen onaylanmıştı.** Gerçi can sıkıcı bazı koşullar da yok değildi. İnsan hakları konusunun altı bu kez biraz kaba bir şekilde çizilmişti. Gayrimüslimlere eşit muamele yapılmayışı vurgulanmış, işlerin böyle gitmeyeceği net bir biçimde ifade edilmişti. Üstelik bu gibi koşullar resmi belgeye de konulmuştu. Türk diplomatlar bunların belgeye girmemesi için son dakikaya kadar mücadele etmiş, ancak Avrupa Nuh deyip peygamber dememişti. Türk yetkililer gereken düzenlemelerin tamamlanacağı, uygulamada da aksaklığa müsaade edilmeyeceğini tekrar tekrar temin etmek zorunda kalmıştı.

Ziyadesiyle can sıkan bir diğer konu Türkiye'nin **bir bölgesindeki azınlığa özerklik statüsü** tanınmasının istenmesiydi. Yine de Türkiye artık Avrupalı olmuştu ya... Bütün önemli Avrupa devletleri Türkiye'nin Avrupa'nın bir üyesi olduğunu bizzat anlaşma maddeleriyle kabul etmişti ya... Artık karada ölüm yoktu bu ülkeye... Eğitim gelişecek, zenginlik artacak, ülkenin üzerine kâbus gibi çökmüş bölünme korkusu yok olup gidecekti. Öyle ya Avrupa'nın bir üyesi olmuş Türkiye'den kim ayrılmak isterdi? Ayrıca Avrupa'dan Türkiye'ye büyük miktarda mali kaynak geleceği de söylenmiyor muydu? Anlaşmanın 7. maddesi Türkiye'nin artık Avrupa devletleri topluluğunun bir üyesi olduğunu ve **Concert Europeen**'e üye olduğunu ifade etmiyor muydu? Zaten Türkiye'nin Avrupa kamu hukukundan yararlanacağı da açıkça deklare edilmemiş miydi?

Edilmişti. Evet hem de gayet açıklıkla... Gerçekten de 1856 **Paris Anlaşması**'nda tüm bu ifadeler açıkça geçmiş ve daha o zaman Avrupalılarca kullanılan adıyla Türkiye'nin artık bir Avrupalı devlet olduğu bütün dünyaya ilan edilmişti.

Peki ne oldu?

Türkiye'ye bu teminatın verilmesine neden olan politik ortam kısa sürede bozuldu. Fransa ve İngiltere'nin Rusya'ya karşı birleşmesi temelinde oluşan uluslararası denge değişti. İngiltere'de Türkiye lehindeki partilerin yarattığı olumlu hava bozuldu. Türkiye karşıtı partiler öne çıktı. Türkiye Tanzimat Fermanı'ndan sonra Avrupalı'ların istediği Islahat Fermanı'nı da çıkardı. Ancak Avrupalılar bu koşulları istismar ettiler. Halkta Avrupa'ya karşı tepki büyüdü. İlk yıllarda Avrupa kaynaklı mali sermaye gerçekten belli ölçüde aktı ülkeye. Türkiye'nin başta padişah ve büyük paşalar olmak üzere o günkü egemenleri bu paralarla saraylar, kâşaneler yaptırdılar. Halkın payına pek az bir şey düştü. Eflak Boğdan özerklikle kalmadı kısa sürede bağımsızlık istedi ve aldı. Türkiye Avrupa'ya katılmakla umduğu barışı bulamadı. Verdiği tüm tavizlere karşı Rusya'nın saldırıları karşısında ihtiyaç duyduğu anda söz verilen yardımı yanında bulamadı.

Böyle oldu!

Osmanlı Devleti veya o günkü adıyla da **Turkia** sonunda tarih oldu. Yerine kendi içinde de adını Avrupalıların zaten kullandığı şekle Türkiye şekline dönüştüren yeni bir devlet kuruldu. Böylece bu yeni devlet yakında Avrupalı olma mücadelesinin 40. yılını değil, Avrupalı oluşunun 150. yılını kutlayacak.

Umarız bu kez ki Avrupalı oluşumuzun sonu böyle olmaz!

***

Olmaması hepten değilse de biraz da bizim elimizde. Ne Avrupalılığı "zaten bana çıkmaz abi" mantığıyla bir piyango gibi algılayıp karamsarlığa düşmek; ne de 150 sene öncesinin hayalperest Osmanlı diplomat ve aydınları gibi "Avrupalı olduk kurtulduk" demek...

Enternasyonal'in meşhur dizesi sadece emekçi sınıflar için değil ülkeler için de geçerli belki

FELLUCE'DE BAYRAM

Birgün 13.11.2004

Bugün Bayram... Çocuklar güzel elbiselerini giyecek. Büyüklerin ellerini öpüp kopardıkları harçlıklarla atlıkarıncalara binecek, maytaplar patlangaçlar alacaklar. Felluceli çocukların maytapa, patlangaça ihtiyacı yok bütün kent Amerikan haçlı ordusunun ateşiyle inliyor. **Felluce'de çocuklar var.** Çaresiz babalarının kucağında vurulmuş kalmış... Kimisi açlıktan, salgın hastalıklardan hastanelerde ilaç bulamadığı için çaresiz doktorların yanı başında ölümü bekliyor. Kimisi hala fiziksel olarak sağlıklı olsa da kuşkusuz savaşın yarattığı derin bir korku ve psikolojik travma yaşıyor. Geçen gün bir çocuğun hastanedeki resmi yayımlandı. Arkada planda bir Amerikan deniz piyadesi yatağa yatırılıyor. Başında bir sürü arkadaşı... Bir telaş, bir telaş... Askerin hayatı kurtarılacak! Ön planda aynı anda hastaneye getirilen Iraklı oğlan çocuğu... Başında kimsecik yok. Hüzünlü ve şaşkın gözlerle kameraya bakıyor.

Evangelist deniz piyadeleri Bush'un seçim zaferinin ardından Felluce'ye saldırı hazırlığı yaparken bir eğlence düzenlediler. Bir takım tarihsel olayları canlandıran temsiller de oynandı. Romalı kılığında askerler, Hz. İsa kılığında askerler... **Hristiyanlık alabildiğine kutlanırken askerlerin bir başka dine, 'kafirlere' saldıracakları beyinlerine iyice yerleştirildi.** Emperyalist saldırı, bir de dini gericilik motifleri ile birleştiğinde tam bir kurtlu kokteyl oluyor. İyice çirkinleşiyor. Geçmişin **haçlı ordusuna öykünüldüğünde** o zamanın barbarlıklarından daha vahşi bir hale geliyor. Amerikan askerlerinin haçlılara öykünüşü **Mussolini** ordularının çaresiz Habeşistan'ı bombalarken kendilerine Romalı lejyon süsü verişlerini hatırlatıyor.

Yıllardır Irak'a saldırılırken kutsal günler seçilmeye, kutsal mekanlar vurulmaya, tarihsel miras ortadan kaldırılmaya çalışılıyor. Bir ulusun manevi değerleri yok edilip direnişi kırılmaya mı çalışılıyor? Tıpkı o meşhur hapishanede mahkumlara yaptıkları aşağılamayı tüm bir Irak halkına, tüm bir Orta Doğu'ya, tüm İslam coğrafyasına uygulamaya mı çalışıyorlar? Bu uygulamalar o kadar yaygın ki Amerikan ordusunun özel kuvvetlerine verilen eğitimin doğal sonucu olan insanlıktan çıkmanın getirdiği dağınık sonuçlara, tekil askerlerin vahşetine hiç benzemiyor.

İNSANLIK BU VAHŞETİ DE YENER

Felluce yenilebilir. Belki başka kentler de. Irak savaşını, vahşiler, hâttâ kazanabilir. Ama Bush'un askerleri daha emperyalizmin ne demek olduğunu görmek istemeyen, görüp de önemsemek istemeyen kim varsa onların akıllarına da vicdanlarına da neyin nesi olduklarını iyice öğretti.

İnsanoğlu korkaktır. İnsanoğlu her zaman vicdanının sesini dinlemez. İnsanoğlu haksızlığı fark eder de çoğu kez ayağa kalkmaz. Haksızlığı fark ettiği, kendi korkusunu da fark ettiği içindir ki ayağa kalkanlara hatta kızar. Aczini teşhir ettikleri için... İnsanoğlu böyle olmayaydı dünya böyle zulüm dolu, adaletsizlik böyle bin yıllardır var olur muydu?

Her şeye rağmen insanoğlu yine de insanoğludur. Sonunda, vicdan denen şey bir tek onda var. Bunca yıldır dünya vahşetten bir nebze uzaklaşmış, uygarlık denen şeyden bir nebze nasibini almışsa sebebi sadece akıl değil işte o vicdandır. Bütün zalimlerin gün gelip yıkılmasını sağlayan da, giderek pervasızca biriktirdikleri adaletsizliklerin biz korkakları dahi isyan ettirmesine neden olan da işte yine o vicdan.

Milyonlarca insan yarın **Ramazan Bayramı'nı** kutlayacak. Birçoğu aklının bir köşesinde Felluce'yi bilecek. Ve İslam coğrafyası da uzun zamandır yeterince katılmaktan kaçındığı dünya halklarının Asya'da, Latin Amerika'da, Afrika'da yüzyılı aşkın zamandır sürdürdüğü emperyalist vahşete karşı mücadeleye bir gün kitlesel olarak katılacak.

O gün çok değişik bir gün olacak!

17 ARALIK'TA TÜRKİYE NE KAZANDI NE KAYBETTİ?

Birgün 18.12.2004

Geçtiğimiz Cuma günkü yazımda iki senaryodan bahsetmiştim. Birisi İngiltere kaynaklarına atfen borsada dolaşan kötümser senaryo idi. Buna göre son gün son dakika büyük bir kriz çıkacaktı. Diğeri ise yaygın olan ve benim de katıldığım, tarih alınacağını ifade eden iyimserlik dereceleri farklı değişik bir grup görüş. Piyasalarda spekülе edilen kötümser görüşün sonuç olarak gerçekleşmeyeceğini düşünsem de yine de bu ihtimale dikkat çekmiştim. Sonuçta beklenen oldu. Piyasaların iddia ettiği gibi son dakikada AB, Kıbrıs üzerinden bir kriz çıkardı. Olayın dünya çapında bir skandala dönüşmemesi için hem AB yetkilileri hem de Türk tarafı gerçek pozisyonlarından geri adım atmadan meseleyi daha diplomatik bir dille ifade ederek geçiştirdiler. İşin özünde ise **Türkiye** zaten önceden zımnen kabul ettiği şeyi yani Kıbrıs Rum kesiminin temsil ettiği **Kıbrıs Cumhuriyeti'ni sözle de, dolaylı da olsa dünya önünde tanımış oldu.** Bu Türkiye'nin dünyanın önünde açıkça vermek istemediği, perde arkasında söz vererek kurtulabileceğini düşündüğü bir durumdu; yapamadı. **17 Aralık bu bakımdan Türkiye açısından başarısızlıktır**. Tarih verilmesine gelince **o tarih zaten verilecekti**; olabilecek en geç tarihe verildi. Eldeki kuşu yeniden tutmuş olduk! İkinci sınıf üyelik, açık uçlu müzakere ve diğer derogasyonlarla zaten tescil edilmiş oldu. Ancak tüm bunlar Türkiye'yi rencide etmeyecek daha diplomatik ifadelerin arkasına saklandı. Böyle bakıldığında **17 Aralık'ın nesi medyanın söylediği gibi büyük başarı** ben anlamadım.

Fakat yiğidi öldür hakkını yeme. 17 Aralık değil ama ondan önceki süreçte hükümetin gerekli yasal düzenlemeleri yapmakta gösterdiği maharet takdire değer. AKP belki iyi bir diplomasi yeteneği göstermiyor ama kararlı bir yol izliyor. Böylece kimi acemiliklerini parlamentodaki gücü ve AB konusundaki kararlı tutumu ile kapatabiliyor.

AKP'nin tutumu ne olursa olsun sisteme entegre diğer partilere göre mesela **iş dünyası içinde büyük prestij** kazandığı kesin. AKP, 17 Aralık öncesi ve sırasında diplomasi alanında çok başarılı olamasa da AB sürecinde bir kesinti olmasını engelledi ve sembolik anlamı kadar büyük olmasa da gerçek anlamda da bir ilerleme sağladı.

Sol kesim, özellikle de özgürlükçü sol bir anlayışa sahip olanlar için şimdi yapılacak iş başlayan yeni süreçte emeğin haklarını nasıl koruyacağını ve AB içindeki kimi imkânları kullanarak bu hakları nasıl ileri götüreceğini hesaplamaktır. Sistem yanlıları şu anda kendi açılarından yeni başlayan AB sürecinde kendi adlarına nasıl faydalanacaklarını hesaplamakla meşgul. Emeğin yanındakiler de vakit geçirmeksizin kendi açılarından aynı hesabı yapmaya başlasalar iyi olacak. Bu bakımdan geçen gün artık başka gazetelerde olmayan ama Birgün'ün inatla sürdürdüğü Çalışma Yaşamı sayfasındaki Ömer Levendoğlu'nun "Emeğin Avrupası Ter Döktürecek" haberine bir göz atmakta fayda var. Orada emek kesimi ile ilgili çok sayıda muhtemel yasal düzenlemeye atıf yapılıyor. Şimdi bunlar üzerinde iyi çalışmanın, emek yanlısı yeni yasalar için AB zeminini de kullanılarak mücadeleye girişmenin zamanı.

PİRÎ REİS'İN İDAMI

Birgün 30.12.2004

Türklerin bilim dünyasına kayda geçmiş katkıları ne yazık ki fazla yoktur. Teknoloji tarihi üzerine yazılı kitaplara bakarsak bir kaç katkının çoğu da askeri niteliktedir. Önemli katkılardan biri şüphesiz Pirî Reis'in yaptığı dünya haritasıdır. Aslında bir değil iki tane olan bu dünya haritalarını bilmeyen yoktur. O kadar ilginç haritalardır ki gerek haritaları gerek yazdığı Kitab-ı Bahriye adlı önemli eseri onu çağının önemli bilim adamları arasına sokar. **Bulutsuzluk Özlemi'nin** bir şarkısında o da **Hezarfen Ahmet Çelebi** gibi yaptığı önemli buluşlara aldırılmadan veya bunlar yüzünden öldürülmüş bir kişi olarak geçer. Gerçekten Pirî Reis'in öldürülmesi Osmanlı padişahlarının her zulmünü alkışlayan muhafazakâr tarih yazıcılarını bile isyan ettiren bir konudur.

Pirî Reis dünyanın büyük bir dönüşümün eşiğinde olduğu yıllarda Batı'da yaşayan kimi benzerleri gibi eşsiz bir adamdı. Aynı anda hem bilgin, hem gezgin, hem korsan yani deniz haydudu, hem üst düzey devlet görevlisi... Son derece renkli bir hayat ve acıklı bir son... Daha önce Osmanlının üç tarz-ı siyasetinden bahsetmiştim: İdare-i maslahat, çok sayıda yasak koymak ve idam. İşte Pirî Reis bu sonuncu siyaset tarzının sayısız örneklerinden biridir.

Peki Pirî Reis niye öldürüldü? Gerçekten bilime karşı çevrelerin iğvası sonucu filan mı? Hayır. Pirî Reis tıpkı daha sonra Viyana'da bozguna uğrayan Kara Mustafa Paşa gibi bir askeri başarısızlık sebebiyle idam edildi. Bu başarısızlık Osmanlı'nın Hint seferleriyle ilgiliydi.

OSMANLI'NIN HİNT SEFERLERİ

Geçen yazımda parasal problemlerle ilgili hem Batı hem de Osmanlı'nın aldığı tedbirlerden birinin Hindistan ticaretini kontrol altına alma gayreti olduğunu yazmıştım. Tarihimizde Kanuni döneminde örneğin **Macaristan seferi** tafsilatı ile anlatılır fakat ondan çok daha önemli olan **Hint seferleri** genellikle es geçilir. Acaba niye?

Hem Osmanlı hem de Batı **Avrupa İpek Yolu** ve **Baharat Yolu** diye bilinen ticaret yollarından gelen çoğu lüks mallar için büyük miktarlarda para ödüyorlardı. Doğu dünyası ve bu arada İran, Mısır ve bir dereceye kadar Osmanlı bu işten büyük ticari kazançlar elde ediyordu. Buna karşı ilk cevap Portekizlilerin Ümit Burnu'nu dolaşarak Hindistan ile olan ticareti bu yol üzerine kaydırmaları oldu. Portekiz amirali **Vasco da Gama** 1497 yılında Hint ticaret yolunu ele geçirmek için dört gemiyle hareket etti. Da Gama ümit Burnu'nu dolaştı ve **1498'de** Mozambik'e aynı yılın Mayıs ayında Hindistan'a vardı. Gama'nın 1499'da Lizbon'a dönmesinden bir sene sonra bir Portekiz donanması Hindistan'a hareket etti. Ertesi yıllarda Portekizliler hem Hindistan'da, hem de Umman denizinde Müslüman tüccarlara karşı terör politikası uyguladılar. Hürmüz limanını işgal ve Kızıldeniz içlerine saldırarak eski deniz yolunun Müslümanlarca kullanılmasını engellemeye çalıştılar. Buna karşı hem Hint Müslümanlarından hem de o sırada Mısır'ı ve Hicaz'ı elinde tutan **Memluklardan** tepki geldi. Emir Hüseyin ve daha sonra **Selman Reis** komutasında Memluk donanmaları Hint Okyanusunda Portekizlilerle çarpıştı. O dönemde Osmanlı hem Memluklara hem de yerel Hint hükümdarlarına top, asker ve donanma malzemesi göndererek yardımcı oldu. Mısır'ın Yavuz tarafından ele geçirilmesinden sonra Osmanlı hizmetine geçen Memluk amiralinin de teşviki ile Osmanlı yönetimi Portekiz tehdidine karşı harekete geçti. Kanuni döneminde de Hindistan'daki yerel hükümdarlardan birinin yardım isteği bahane edilerek Hint seferleri başladı.

Daha önceki yazılarımdan birinde askerliğin genellikle vehmedildiği üzere erkeklere atfedilen kimi niteliklere allında sanıldığı kadar uygun olmadığını, çoğu iyi askerin erkeklik nitelikleriyle pek övünmeyecek, İskender gibi eşcinsel veya hadım edilmiş kişilerden çıktığını vurgulamış, bu yüzden de asker kökenli kimi okuyucularımdan eleştiri almıştım. Fakat bir dizi üstün asker denizcinin içinde Hint seferlerinin tek başarılı sayılabilecek komutanı denizcilikten hiç anlamayan **Hadım Süleyman Paşa**'dır. Klasik bir saraylı olan Paşa 1538'de Mısır 'dan hareketle Kızıldeniz'deki tehdidi ortadan kaldırmış, Hicaz ve Aden'i tamamen Osmanlı'ya bağlamış ve Hindistan'da başarılı sayılabilecek savaşlar yapmış ancak kesin bir üstünlük elde etmeden geri dönmüştür. Paşa'nın Portekizlilerle işbirliğinden şüphelendiğini öne sürerek Aden emirini hile ile yanına çağırıp sonra da idam etmesi kimi tarihçilere göre Hindistan'daki müttefik Müslüman hükümdarda kuşku yaratmış, bu da kesin başarısını engellemiştir. Anlaşılan Osmanlı'nın Bizans'tan devraldığı kadim tarz-ı siyaset, o kritik anda bir anda tarihsel anlamda belirleyici olmuş.

İşte bu seferden sonra **1551'de Pirî Reis'in meşhur Hint seferi** başlar. Aden'i Portekizlilerden geri aldı. Yolda fırtınaya yakalanıp bir kısım gemisini kaybetti. Ertesi sene Maskat'ı Portekizlilerden aldı. Asıl hedef olan ve Basra ticaretini engelleyen Hürmüz'deki Portekiz kalesine saldırdı. Sonra Basra Limanı'na gitti. Orada Portekiz donanmasının geldiği sözleri üzerine körfezin içerisinde yakalanmamak için acele ile kendi 3 kadırgası ile Basra'dan kaçar gibi ayrıldı. Dönüşte bir gemisi daha battı. İki gemiyle Mısır'a döndü. Arkasından donanmayı Basra'da terk ettiği suçlaması saraya iletildi. İdam ve malları müsadere edildi. Onun ardından Basra'da kalan donanmayı kurtarmak için Murat Reis yollandı. Murat Reis donanmayla Basra'dan ayrılıp körfezi kapatan Hürmüz önünde Portekiz donanmasıyla savaşa tutuştu. Ciddi kayıp veren donanma düşman blokajını kırmayı başaramayıp yeniden Basra'ya döndü. Üçüncü Hint seferi ise meşhur kaptan **Seydi Ali Reis**'in donanmayı kurtarma görevini almasıyla başlar. Seydi Ali Reis düşmana rastlamadan donanmayı Hürmüz'den çıkarır. Fakat sonra Umman denizinde Portekizlilerle iki deniz savaşı yapar ilkini kazanır. İkincisinde kendi ifadesine göre savaş yarıda kesilir. Sonunda 3 ayda Hindistan'da Gucerat'a varır. Fırtınalar nedeniyle gemileri zor durumdadır. Gemiciler "artık bunlar kullanılmaz" deyip kaçar; kimisi de yerel hükümdarın emrine girer. O da sadık adamlarıyla karada Portekizlilerle arada sırada savaşarak çeşitli ülkelerden geçerek İstanbul'a yaklaşık üç senede vasıl olur. Anılarını belki de Osmanlı'nın en renkli gezi kitabı sayılacak **Mirat'ül Memalik** adlı eserinde anlatır.

Sonuçta Kanuni devrinde Osmanlı kendisi için çok da faydalı olmayan Macaristan'ı fethetmiş ancak Portekiz'i Hindistan'dan çıkaramadığı gibi Hint Okyanusu'ndaki Müslüman deniz ticaretini de güvenceye alamamıştır. Bu durum Doğu Akdeniz'in Osmanlı için ticari kazancının daha Amerika'nın keşfinin etkisi görülmeden bile azalmasıyla sonuçlanır.

Şimdi aynı dönemde Akdeniz'de bu derece başarılı olan Türk denizcilerinin niye Hint seferlerinde bu derece başarısız olduğu sorulabilir. Aslında gerek deniz gerek kara savaşlarına bakıldığında bu seferlerde **Osmanlı topçu ve tüfekçilerinin çok başarılı olduğu** görülüyor. Zaten devlet yardımı dışında oralarda **Rumi diye bilinen pek çok Türkiyeli maceracı** Hindistan'da ve hatta Orta Asya'da paralı asker olarak çalışıyordu. Gerek Pirî Reis, gerek Murad ve Seydi Ali Reisler Cezayir korsanları geleneğinden gelen muhteşem denizcilerdi. Sorun gemi teknolojisindeymiş gibi görünüyor. Hemen bütün savaşlarda Osmanlı kadırgaları Portekiz kalyonlarına karşı savaştı.

Kadırgalar küçük ve alçak teknelerdi. Yelken yanında kürek kuvvetiyle de gidiyorlardı. Akdeniz fırtınalarına karşı yeterli ama okyanus fırtınalarına karşı çok zayıftı. Savaşlarda düşmandan çok fırtınaların zararına maruz kaldılar. Ayrıca büyük kalyonlara karşı kadırgayla savaşmanın imkânsızlığı sonraki yıllarda daha net görülecek ve Osmanlı biraz beceriksizce de olsa kalyon yapımına ağırlık verecektir. İleriki yıllarda 'Avrupa'da ticari kapitalizm' o ticareti Portekizlilerin elinden alan önce Hollanda sonra İngiliz Doğu Hint Kumpanyalarının eliyle gelişecektir. Batıda ticari kapitalizm ile edinilen sermaye birikimi daha sonra sanayi devrimi için basamak oluşturacak. Osmanlı Doğu'da kaybettiği Hint savaşlarının etkilerini çok geçmeden Batı'dan hissetmeye başlayacaktır.

BİR ZİHNİYET MESELESİ

Birgün 4.1.2005

Geçen yazımda ünlü denizci **Pirî Reis'in idamının** görünür ve arka plandaki sebeplerine değinmiştim. Dikkatli okuyucularım fark etmiş olabilir bir süredir önemli sosyologlarımızdan **Hilmi Ziya Ülgen**'in, Weber'in yöntemini takip ederek **'Osmanlı'nın çöküş dönemi zihniyeti'** hakkında yaptığı tahlillere atıf yapıyorum. Ondan farklı olarak belirli bir yönetim tarzını içeren zihniyet yapısının Osmanlı'nın yükseliş döneminde de gayet geçerli olduğunu, ülkeyi çöküşe götürenin maddi sebepler kadar bu maddi sebeplere gerekli akılcı tepkinin gösterilmesini engelleyen söz konusu zihniyet olduğunu iddia ediyorum. O zihniyetin bizzat kendisi bir ara dünyanın önemli kısımlarını egemenliği altına almış olan başka maddi koşullarca fazlasıyla etkilenerek meydana çıkmış olsa bile.

Pirî Reis'in idam sebebi hiç değilse görünürdeki olgular düzeyinde Portekizliler'in Hint denizindeki egemenliğinin önemli bir göstergesi olarak Basra'dan doğuya yapılan ticareti engelleyen **Hürmüz boğazı blokajını** kırmak amaçlı seferinin başarısızlığa uğramasıydı. Daha doğrusu üstüne üstlük alelacele Basra'yı terk ederken donanmayı Basra'da blokaj altında bırakmış olmasıydı. Sonra neler oldu?

Basra'da kalan donanmayı kurtarmak için **Murat Reis** yollandı. Murat Reis donanmayla Basra'dan ayrılıp körfezi kapatan Hürmüz önünde Portekiz donanmasıyla savaşa tutuştu. Ciddi kayıp veren donanma düşman blokajını kırmayı başaramayıp yeniden Basra'ya döndü. Üçüncü Hint seferi ise meşhur kaptan **Seydi Ali Reis**'in donanmayı kurtarma görevini almasıyla başlar. Seydi Ali Reis düşmana rastlamadan donanmayı Hürmüz'den çıkarır. Fakat sonra **Umman denizinde** Portekizlilerle iki deniz savaşı yapar. İlkini kazanır. İkincisinde kendi ifadesine göre savaş yarıda kesilir. Sonunda 3 ayda Hindistan'da **Gucerat**'a varır. Fırtınalar nedeniyle gemileri zor durumdadır. Gemicilerin kimisi 'artık bunlar kullanılmaz' deyip kaçar, kimisi de yerel hükümdarın emrine girer. O da sadık adamlarıyla birlikte karada Portekizlilerle arada sırada savaşarak, çeşitli ülkelerden geçerek İstanbul'a yaklaşık üç senede vasıl olur. Anılarını belki de Osmanlı'nın en renkli gezi kitaplarından olan **Mirat'ül Memalik** adlı eserinde anlatır.

Sonuçta **Kanuni devrinde** Osmanlı kendisi için çok da faydalı olmayan Macaristan'ı fethetti. Ancak Portekiz'i Hindistan'dan çıkaramadığı gibi Hint Okyanusu'ndaki Müslüman deniz ticaretini de güvenceye alamadı. Bu durum Doğu Akdeniz'in, ticari önemini Amerika'nın keşfinin gerektirdiğinden çok daha hızlı ve çok daha fazla yitirmesiyle sonuçlandı.

HİNDİSTAN VE PETROL

Aynı dönemde Akdeniz'de gayet başarılı olan Türk denizcilerinin niye Hint seferlerinde bu derece başarısız kaldığı sorulabilir. Gerek Pirî Reis, gerek Murad ve Seydi Ali Reis'ler **Cezayir korsanları geleneğinden** gelen muhteşem denizcilerdi. Öyleyse sorun neydi? Sorun gemi teknolojisindeymiş gibi görünüyor. Hemen bütün savaşlarda Osmanlı kadırgaları Portekiz kalyonlarına karşı savaştı. Kadırgalar küçük ve alçak teknelerdi. Yelken yanında kürek kuvvetiyle de yol alabiliyorlardı. Akdeniz fırtınalarına karşı yeterli ama okyanus fırtınalarına karşı çok zayıftılar. Savaşlarda düşmandan çok fırtınaların zararına maruz kaldılar. Büyük kalyonlara karşı kadırgayla savaşmanın imkânsızlığı sonraki yıllarda daha net görülecek ve Osmanlı biraz beceriksizce de olsa kalyon yapımına ağırlık verecektir. İleriki yıllarda ise 'Avrupa'da ticari kapitalizm' Hindistan ticaretini Portekizlilerin elinden alan önce Hollanda, sonra İngiliz **'Doğu Hint Kumpanyaları**'nın eliyle gelişecektir. Batıda ticari kapitalizm ile edinilen sermaye birikimi daha sonra sanayi devrimi için basamak oluşturacak; Osmanlı Doğu'da kaybettiği Hint savaşlarının etkilerini çok geçmeden Batı'dan doğru hissetmeye başlayacaktır.

O çağlarda Hint ticaretinin önemi o kadar büyüktü ki **Kristof Kolomb**'un Amerika'yı keşifle sonuçlanan seferi bilindiği gibi Hindistan'a batıdan bir yol bulmak amacıyla yapılmıştı. Yani Batı Avrupa Hindistan'a Müslümanların elindeki ticaret yollarına alternatif bir yol bulmak için dünyayı tersen boylu boyunca dolaşmaya razıydı! Kolomb, Batı'ya giderek doğuyu bulmayı istemişti. Bulamadı. Tıpkı kimi **Avrasyacıların** Batı'yı doğuya giderek bulamayacakları gibi... Fakat haydi kelimelerin gizemine kendimizi kaptırmayalım. Doğudaki özel bir tür ticaretin bugün de eski Hint ticareti kadar önemli olduğunu görmezden gelmeyelim. Bu anlamıyla çelişkili olarak Türkiye bu ticaret üstünde ne kadar etkinse o kadar 'Batılı' olur, Batı'ya yaklaşmak için bu imkânından ne kadar ödün verirse o kadar 'Doğulu' kalabilir.

Eski Hindistan ticaretinin günümüzdeki karşılığı **petrol ticareti** ve petrol ticaret yollarıdır. Batı Avrupa'nın kerhen de olsa Türkiye'yle iyi ilişkileri tercihinin temelinde bu ticaret yolları yatıyor. Öyleyse Kıbrıs, Ege ve Kürt nüfusun yoğun olduğu bölgeler üzerinde **verilecek peşin bazı tavizler Türkiye'nin AB nezdinde değerini, beklenenin aksine düşürecek.** Öte yandan bu konularda eski statükoyu sürdürmek de imkânsız. Bakalım şimdiki Türkiye yönetimi bu görünüşteki çelişkili ve hayli çetrefil sorunu çözmekte Osmanlı'nın Hint sorununu çözme denemesinden daha başarılı olabilecek mi?

Tıpkı eskisi gibi... Çözüm için maddi imkânlar bol bulamaç değilse de mevcut; Fakat acaba Türkiye'de buna uygun bir **zihniyet yapısı** mevcut mu?

BUGÜN 24 NİSAN NEŞE DOLAMIYOR İNSAN!

Jurnalturk.com 24.4.2006

Bugün 24 Nisan... Dünya çapında Ermeni soykırım iddiaları ve protesto gösterilerinin şahikasına çıktığı gün... 24 Nisan 1915 içlerinde çok sayıda Ermeni aydının da bulunduğu kimi Ermeni ihtilalcilerin Osmanlı devleti tarafından tutuklandığı, birçoğunun da yargısız olarak infaz edildiği günün tarihi... Çoğu kez karıştırıldığı gibi 24 Nisan, Ermenilerin Anadolu'nun büyük bölümünden zorla atıldığı tehcirin (zorunlu göç, sürgün) yıldönümü değil. Ne de bugün hala Ermeniler için büyük önem taşıyan Van veya Sason ayaklanmalarının yıldönümü...

Yaklaşık 100 yılı aşkın süredir Ermenilerle Türk, Kürt, Laz, Çerkez, Azeri çeşitli Müslümanlar arasında adeta bir kan davası halini alan bir mücadelenin de simgesi oldu 24 Nisan...

Özellikle 1970'li yıllarda Asala terörüyle yeniden Türkiye'nin gündemine taşınan bu "Ermeni Sorunu" aslında dışarıdaki büyük bölümü Osmanlı göçmeni Ermeni Diasporası ve Ermenistan devletinin gündeminden zaten hiç çıkmamıştı.

1920'lerde büyük Batılı devletler tarafından buzdolabına kaldırılan Ermeni dosyası ne tesadüf soğuk savaşın sona erdiği yıllardan itibaren artan bir hızla bu devletlerin diplomasisinin önemli bir unsuru olmaya başladı.

SOYKIRIM TARTIŞMASI ZARARLI MI?

Batı ülkelerinde art arda alınan Ermeni soykırımını kabul eden kararlar ister istemez bu meseleyi tarihin sayfaları arasında unutmayı tercih eden Türk devleti ve kamuoyunu da tartışmaya zorluyor.

Gelgelelim bu tartışmanın ne derece faydalı olduğu da ayrı bir tartışma... Çünkü Azeri-Ermeni çatışması yeni kurulan Ermenistan'la Türkiye Cumhuriyeti'nin, hem bu çatışma, hem de Ermenistan'ın soykırım iddialarını devlet politikasının ana unsuru olarak saptaması yüzünden gerginlik yaşaması bu haliyle Ermeni tartışmasının zaten tarihi olarak büyük sıkıntılar yaşamış toplumların yaralarının yeniden deşilmesi anlamına gelebiliyor. Soğukkanlılıkla yapılsa tarihsel düşmanlıkları belki de bir nebze azaltabilecek tartışmalar şimdiki haliyle o düşmanlıkları eski yakıcı haline yeniden dönüştüren bir işlev taşıyor.

Türkiye'de Asala terörü çıktığından beri bazı Türk araştırmacılar Ermeni sorunu üzerine eski yaşanan katliamları hatta bir ölçüde savunan, mazur gösteren yaklaşımlarla dolu kimi kitaplar yayımladılar. Batı'da soykırım yasaları kabul edildikçe birkaç istisna dışında bu kez resmi tarih oluşturulmaya, hatta kamuoyunda yeniden bir düşmanlık yaratmaya yönelik daha da düzeysiz ve şoven "araştırmalar" birbirini takip etti.

Diasporanın yani yurt dışı Ermenilerin ve Ermenistan'daki tarihçilerin durumu da farklı değil… Apaçık ırkçı yaklaşımlarla dolu yazılarında soykırımı adeta bir iman akidesi haline getirip bunun tartışılmasını bile her yönden engellemek, bunu kabul ettirmek için her yola başvurmak bu kesimde çok sık görülen uygulamalar

Son zamanlarda Türk araştırmacıları arasında yeni bir eğilim var. Genel olarak ırkçı görüşleri hariç diasporanın "resmi" tezlerini büyük ölçüde veya tamamen savunan bir grup araştırmacı ortaya çıktı. İçlerinde saygın sosyal bilimcilerin de bulunduğu bu ekip Türk kamuoyunun -bekleneceği gibi- şiddetli tepkisini çekti.

SAĞIRLAR TARTIŞMASI, ÖNYARGILAR CEPHESİ

Böylece Türkiye'de iki grup arasında genellikle birbirini dışlayan, hatta üçüncü türden görüşlere de söz hakkı tanımayan bir tuhaf tartışma başladı. İki taraf da ne birbirini ne de başka farklı bir görüşü dinlemek istemiyor. Birbirlerinin konferanslarına katılmıyor, hatta birbirileriyle konuşmuyor. Sebebi açık; ortada bilimsel bir örtü altında yapılan bu tartışmanın aslında bilimsel bir yanı yok… Yapılan düpedüz politik hatta diplomatik bir tartışma…

Arada gerek Türk ve Müslüman kesimden veya gazeteci Hırant Dink veya Ermeni Patriği Mesrob II. gibi Ermeni kesiminden gelen makul sesler çıkmıyor değil. Fakat fena halde azınlıktalar ve bu durum ne Türkiye ne de bu toplumda yaşayan Türk veya Ermeni vatandaşlar için hiç iyi değil.

Bu duruma bir müdahale olarak "Ermeni sorunu" üzerine sürekli yazı yayımlayan saygın bir sol dergiye bu konuyla ilgili geniş bir yazı gönderdim. Daha önce farklı konulardaki yazıları benden özellikle isteyen ve haklarını yememek gerek her zaman noktasına dokunmadan yayımlayan bu dergi editoryali bu kez yazıyı ne dediği pek de anlaşılmayan gerekçelerle yayımlamaktan imtina etti. Doğrusu bir ölçüde beklediğim bir şeydi. Sadece Türkiye'de bu meseledeki katı tutumun nasıl en olmaması gereken kesimleri bile etkisi altına aldığını görmekten üzüldüm

İşte bu yüzden bir süredir ekonomi yazıları yazdığım Jurnaltürk'te söz konusu dergiye gönderdiğim yazıdan da esinlenen ve Ermeni sorununda daha sağduyulu bir tutumu ifade ettiğini düşündüğüm kimi yazılar yayımlayacağım. Muhakkak ki bu yazılarda her iki taraftan pek çok kişinin hoşuna gitmeyecek saptamalar olacaktır. Ancak tahammül ederek okuyacakların bazı yeni gerçekleri ve bunların yeni yorumlarını duyacaklarını sanıyorum. Bu yazıların amacı yeniden insanları, farklı halkları bir birine düşürmeye çalışan kimi politikalara karşı gerçeğin gücüyle ve yalnız gerçeğin gücüyle karşı durabildiğimiz kadar durabilmektir o kadar!

FRANSA, İSVİÇRE, ERMENİLER VE SIKIŞAN TÜRKİYE

Jurnalturk.com 2.5.2006

Her 24 Nisan'da Türkiye Ermeni soykırımı iddiaları ile ilgili yeni bir sürprizle karşılaşıyor. Bu sene de Bush 'soykırım' demedi diye diplomatlarımız sevinedursun Fransa soykırımı inkar suçunu Ermeni soykırımına uygulayacak bir yasa çıkarmak için harekete geçti. Böyle bir yasayı zaten çıkarmış olan İsviçre ise bu 'suç'u kasten işlemiş olan İşçi Partisi Genel Başkanı Doğu Perinçek'i bu yüzden ve dolayısıyla ırkçılık suçundan mahkum etti.

Ermenistan'ın başındaki Koçaryan yönetimi bu ve benzeri gelişmelerden cesaret alarak soykırım konusundaki Ermenistan'ın eski yönetimine nazaran çok daha sert olan tutumunu sürdürüyor. Ermenistanlı kimi akademisyenler, hükümete yakın şahıslar diasporanın epeydir seslendirdiği Türkiye'den toprak talebini daha pervasız ve daha sık zikretmeye başlıyor. Velhasıl Türkiye uluslararası alanda, Ermeni soykırımı iddiaları ile ilgili pozisyon kaybediyor görünümünde... Böyle olunca basında olsun akademik çevrede olsun Türkiye'nin politikasını yumuşatması, resmi tezlerinden hiç değilse kısmen vazgeçmesi daha sık önerilir oldu. Diplomasi alanında da Ermenistan'a uyguladığı bir cins ambargoyu bırakıp, sınır kapısını açması yolunda zaten ABD ve Avrupa ülkeleri diplomatlarınca sık sık hatırlatılan önerilerin benzerleri de içerde de daha sık kabul görüyor.

HAKSIZLIĞA BAŞ EĞMEK NE KAZANDIRIR?

Ben bu tür önerilere doğrusu sıcak bakmıyorum. Sebebi de doğrusu hiç de milliyetçi hassasiyetler değil... Çünkü bu önerileri hem haksız, hem de barış karşıtı olarak görüyorum. Öneriler gayet barışçıl ve uzlaşmacı bir üslup ve içerik taşır gibi göründükleri halde hem de...

Ben tam tersine Batı'nın emperyal nedenlerle geliştirdiği bu diplomasiye sırf faydacı nedenlerle boyun eğmenin her emperyal siyaset geçmişte neye yol açmışsa gene ona yol açacağı için karşıyım. Neye yol açmıştı hatırlayalım... Küçük ulusların şu veya bu büyük devletten cesaret alarak ve onun çıkarlarını gerçekleştirirken kendi küçük milli çıkarlarını da araya sıkıştırma adına yaratılan yüzlerce kirli savaşa, etnik çatışmalara...

Üstelik Ermenistan'ın sınırları zorla değiştiren bir eyleminin yani Karabağ'ı işgali ve Müslüman halkını tehcirinin Batı ülkeleri tarafından yok sayılması gibi haksız bir durumun Türkiye tarafından da yok sayılması niye uygun olsun ki! Böyle bir adım zaten barut fıçısı gibi olan Kafkasya'da aynı eylemin Ermenistan veya başka ülkeler tarafından da tekrar edilmesine bir katkı olacağı için ciddi şekilde barış düşmanı bir hareket olacaktır. Yapılması gereken Koçaryan hükümeti Taşnakçı siyasetini yumuşatana, işgal konumunda hiç değilse bir orta yol bulunana kadar Türkiye'nin bu ülkenin işgal siyasetini ödüllendirecek adımlardan kaçınması, öte yandan Ermenistan ve Azerbeycan arasında diyaloğun sürmesi yolunda çaba göstermesi. Soruna hakkaniyet bazında barışçı yoldan bir çözüm bulunabilmesi için de elinden geleni yapmak herkesin çıkarına.

Yahudi soykırımını inkarı ırkçılıkla ilişkilendirilmek apaçık şekilde doğruyken Ermeni soykırımının inkarının ırkçılıkla ilişkisi yok denecek düzeydedir; hele diasporanın kendi soykırım söylemi apaçık ırkçı iken... Diasporanın bu söylemine sessiz kalanların Perinçek için ırkçılık suçlaması yapması apaçık haksızlık. Perinçek'in siyasal görüşlerine katılıp katılmamanız, veya onu şahsen sevip sevmemeniz ayrı konu... Haksızlığın karşısında bu haksızlığı bilip de karşı durmayan aydınların, basın mensuplarının, diplomatların meslekleri için de gerekli olan ahlaki prensipleri fena halde boşladıklarını düşünüyorum.

Haksızlığa boyun eğerek ne doğruya, ne de barışa varılır!

NOBEL KUTLU OLSUN

Jurnalturk.com 8.12.2006

Orhan Pamuk Nobel ödülünü almak için Stockholm'e vasıl oldu. Orada gerçekten bir çok romanı gibi güzel, değerli, en az o kadar da duygusal bir konuşma yaptı.

Orhan Pamuk'un Nobel'i Ermeni ve Kürtlerle ilgili sözlerinin gölgesinde kalmıştı. Bu sözlerin inandığından ziyade faydacı bir yaklaşımın etkisine kısmen açık düşerek söylendiği kanısı bende de hâkimdi. Ama bundan dolayı eleştirmek istemedim. Sevtap Erener'in sırf Batı'nın Türkiye imajına uygun diye oryantal kıyafetiyle söylediği -bence bir hayli de vasat- şarkısının Eurovizyon'u almasına zil takıp aynı ritmle raks edecek kadar sevinenler Pamuk'a söylemediğini bırakmadı. (Bu söylediklerimden Erener'in başarısını küçümsediğim sonucu da çıkmasın!)

Bu ülkenin bir yazarı Nobel aldı. Genel duruşu, kültürü, davranışlarıyla -eğer bu bir temsil meselesiyse- toplumumuzu onu protesto edenlere göre çok daha iyi temsil etmediğini söylemek haksızlık olur.

Diyelim ki Orhan Pamuk salt kendi çıkarı için ülkesinin hakkında olumsuz şeyler söyleyecek kadar benlik düşkünlüğüne teslim olmuş, karakter zaafı gösteren bir kişidir. Öyle olduğunu düşünmüyorum ama diyelim ki öyledir. Onun yazarlığının büyüklüğüne bu durum gölge düşürür mü? Hayır düşürmez ve bizim zihnimizde de hakkında böyle bir gölge varsa doğrusu onu silmektir.

Alalım Dostoyevsky'yi. Bir eşcinsel olarak yaşamak zorunda kaldığı hayat, veya kumar tutkusuna kendini teslim edişi, belki de yaşadığı ölüm korkusu yüzünden bir zamanlar savunduğu radikal fikirlere sırt çevirip en fenasından dönekliğe yamanması yeterince karakter zaafı değil midir? Peki bunlar onun muhteşem yazarlığına halel getirir mi? Böylesi sebepten zamanında ona kızan küçük gören, hakaret eden çağdaşlarını mı hatırlıyoruz yoksa Dostoyevsky'nin çağlar aşan eserlerinin insanlığa kazandırdıklarını mı?

Balzac'ın veya başka yazarların karakter zaaflarını hiç saymayalım. Ama Orhan Pamuk eğer bir zaaf dönemi yaşamışsa bile bunların yanında zemzemle yıkanmış kabilindendir.

YA YAZARLIĞI?

Çok söylendi ki doğrudur; Nobel'i almayı kolaylaştıran siyasi, kültürel, felsefi kimi taraf tutmalar önyargılar var ve bu durumda da tıpkı önceki ödüllerde olduğu gibi rol oynamış olabilirler. Ama Nobel ciddi bir ödül. Kötü bir yazara sırf böylesi nedenlerle bu ödülü vermezler. Veya şu ana kadar hiç vermediler.

Kaldı ki Pamuk bu ödülü almasaydı da kimilerinin dediği gibi kötü bir yazar olduğunu savunmak için ya kendini belli -hadi diyelim ki edebi- kalıpların içine hapsetmiş ya da kıskançlık ve hırstan dengesini yitirmiş olmak lazım.

Elbette bir yazarın her eseri aynı kalibrede olmaz. Elbette herkes de aynı eseri beğenmez. Nobel de bunu değiştirmez. Kendi adıma ben Pamuk'un Cevdet Bey ve Oğullarını okumakta zorlandım ve okumadım. Bu onun kötü bir eser olduğunu hiç göstermez. Olsa olsa benim o dönem yeterli çabayı göstermediğime işarettir. Diğer yandan Kara Kitap'ın içine hiç giremedim; girdiğim kadarıyla da çok beğenmedim. Aynı şekilde çok satan Kar kitabı bende olumsuz bir duygu uyandırdı. Edebi olarak da zayıf buldum. Beyaz Kale çok hoşlanarak okuduğum bir kitaptı. Ama tarihi romanları seven biri olarak bana güzel bir deneme, iyi bir hazırlıkmış gibi geldi. Benim Adım Kırmızı'yı okuduğumda ise bu kitabın Nobel'e layık bir kitap olduğunu söylediğimi hatırlıyorum. Biraz da "Ama vermezler ki" duygusuyla hayıflanarak.

Orhan Pamuk'a hiç bir şey için değilse bile işte bu "Ama vermezler ki" duygumuzu boşa çıkardığı, kendimize olan güvenimize bir epeyce bir katkı sağladığı için teşekkür borçluyuz.

Ödülün kutlu olsun Orhan Pamuk!

BUNDAN İYİSİ ŞAM'DA KAYISI!

Haberdesin.com 24.7.2012

Şam'ın uluslararası bilinen adı: Damascus...

Damask veya **Damascus** önemli bütün Latin dillerinde...

'Kayısı' demek!

Şimdi anladık "Bundan iyisi, Şam'da Kayısı" lafının nereden geldiğini...

Peki, mesela Türkiye'nin desteklediği isyancıların Şam'ı ele geçirmesi halinde bile; Türkiye Suriye'deki o durum için "Bundan iyisi Şam'da kayısı" diyebilir mi?

Yoksa "Ne Şam'ın şekeri ne Arab'ın yüzü" mü demeliydi?

Kimilerine göre **'Ne Şam'ın şekeri...' eski moda 'kemalist' 'içe kapanmacı' dış politikayı** anlatıyor; **'Bundan iyisi Şam'da kayısı...' temennisi ise Ak Parti'nin 'neo-Osmanlıcı', 'aktif' dış politikasını...**

Bize kalırsa bu yakıştırmalar daha çok Batı 'mahfilleri'nce yapılan, çok da gerçekliğe oturmayan fistanlar...

Türkiye kendi jeopolitiğini, **'zamanın ruhu'na** uygun yürütmeye çalışan bir ülke... En azından son 150 yıldır böyle... Küresel ya da bölgesel politikayı büyük devletler yaratıyor; bizim gibiler ise ancak uyum gösteriyor, en iyi ihtimal kısmen etkileyebiliyor!

***

Yeni-Osmanlıcılık dedikleri şey de, eski Osmanlıcılık'ın devamı... Abdülhamid politikasının aslında... Ne yapmıştı, o zamanın deyimiyle Abdülhamid-i Sâni, 2. Abdülhamid, ya da 'Ulu Hakan' Abdülhamid?

'İmparatorluk'u fazladan 30 sene kadar daha yaşatmıştı. Hem de yıkılmasına ramak kalmış; düşman Yeşilköy'e kadar gelmişken...

Nasıl yapmıştı? İngiltere'nin kanadına sığınarak... Kimden korunmak için? Rusya'dan...

İslamcılığı da Osmanlı devlet politikası olarak Abdülhamid icad etmişti.

Niye? Bir yönüyle, Hindistan ve Mısır Müslümanlığı gibi İngiltere'nin zayıf karnı üzerinde belli bir güç tesis edebilmek için...

Abdülhamid'in yaptığı, o günün şartlarında o günün jeopolitiğini uygulamaktı. İyi ya da kötü...

Bugünkü hükümetin 'Şam macerası' da aslında aynı şeyi yapıyor. Türkiye Arap Baharı'nda Batı'nın, daha doğrusu ABD'nin kanadı altında... Türkiye'nin yeni İslami duruşu Türkiye'yi ABD politikaları açısından, kemalist duruşa göre, Arap halklarını etkileme adına daha yarayışlı kılıyor.

Bir kez daha asıl hedef, Rusya -artı bu kez- Çin... Geniş Orta Doğu doktrininin kimsenin okumaya zahmet etmediği belgelerini okursanız bunun apaçık yazıldığını görürsünüz.

***

Türkiye, sadece, engelleyemeyeceği gelişmelerin karşısında durmak yerine o gelişmelerin yanında yelken açmayı seçti. Bu sayede başa gelecek belalardan bir süreliğine -belki manevra yapıp onları def edebilecek imkânı bulabilecek kadar bir süreliğine- kurtulmayı umuyor.

Çok da yanlış bir hesap değil; yapacak başka bir hesap da yok aslında...

***

Fakat sonuca ulaşır mı? **Abdülhamid'in politikası istediği ulaşmadı**. İngiltere ve Rusya anlaştı; imparatorluğun yıkılacağı kesinleşti. İttihatçıların son umutsuz, ötesi beceriksiz vatan kurtarma çabaları işi daha da kötüleştirdi. Zaten 'kader' neredeyse belli olmuştu bile...

Bugün Türkiye Cumhuriyeti o eski zamanlara göre daha iyi şartlarda... Yine de Suriye'deki Kürt hareketliliği Ankara'nın en kötü kâbuslarını yeniden uyandırıyor. Özal'ın '1 Koyup 3 Almak' politikasının Irak'ta 'çuval'layışı gibi, yeni-Osmanlıcılık'ın 'Şam'da kayısı' politikasının da bekleneni vermeyişi muhtemel...

Sorun şu ki... Jeopolitik açıdan başka yapacak ne vardı?

***

Umalım ki iyimserlerin dediği çıksın. Umalım ki Suriye'de rejim muhalifleri ile rejim taraftarları arasındaki çatışma, yüz çeşit etnik ve dini topluluğun birbirini boğazlaması aşamasına gelmesin.

Umalım ki daha yumuşak bir geçişle 'demokratik' bir rejim kurulsun.

Umalım ki Kürt milliyetçilerinin 'Büyük Kürdistan' hedefleri ile Türk devletinin 'Balkanlar da böyle elden gitmişti!' reflekslerinin 'o hırslarla korkular çatışması'nda büyük felaketler yaşanmasın...

Umalım...

Geçmişe yollanan not: *Bu yazıda umalım diye, aslında belirgin bir umutsuzlukla işaret ettiğim tehlikelerin ne yazık ki hepsi gerçekleşti. Suriye'deki muhalefet emperyal güçlerin güdümü altında silaha sarıldı, rejim de belki yeterli esnekliği gösteremedi. AKP'nin çaresizlik ile ideolojik takıntılarının bir bileşimi olarak giriştiği Suriye politikası iflas etti. Kürt milliyetçisi PKK 'Büyük Kürdistan' uğruna içerideki çatışmasızlığı feda etti. Geldik bu noktaya.*

Aşağıdaki yazı bu kitapta bana ait olmayıp beni de konu alan iki yazıdan biri... Yılların usta gazetecisi Uğur Dündar'ın kendisi bir çok yolsuzluk, usulsüzlük ve ikiyüzlülüğü ortaya çıkarıp deşifre etmiştir. Fakat o aynı zamanda "haber Çin'de bile olsa gidip bulunuz" ilkesine inanan; başkalarının ortaya çıkardığı haberleri de bir çok başka "gazeteci"nin tersine olması gerektiği gibi, kaynak göstererek kullanabilen hiç kompleksiz bir kalem erbabı. O nedenle arkadaşlarımla ortaya çıkardığım bu haberi yeniden yazmak yerine ustamızın kaleminden nakletmekle yetiniyorum.

EMİN MİSİNİZ, SON KARARINIZ MI?

Sözcü 9.8.2014

Uğur Dündar

http://www.kadimdostlar.com/topic/82883-emin-misiniz-son-kararynyz-my-udhur-dundar/

9 agust 2014

Dün, Ayşenur Arslan'ın Halk TV'deki Medya Mahallesi'nde Cüneyt Akman'ın belgeleriyle ortaya attığı büyük skandalı bilmem duydunuz mu?

Meğer Başbakan Erdoğan'ın Davos'ta İsrail Cumhurbaşkanı Şimon Perez'e elinin tersini göstererek "van minit" dediği günlerde neler olup bitmiş biliyor musunuz?

Dışişleri Bakanlığı, Türkiye'nin İsrail'in politikalarını desteklediğini Amerika'daki Yahudi lobilerine anlatması için, bir tanıtım şirketine milyonlarca dolar para vermiş!

Yani AKP, içeriye "van minit" derken, o şirkete "Al milyonlarca doları, İsrail'i desteklediğimizi anlatmaya git!" demiş.

Başbakan, İsrail konusunda milletin gözünün içine baka baka yalan söylemiş.

AKP tüm iktidarı süresince o lobi şirketine dolar akıtmaya devam etmiş.

Belgelere göre yalan, politika haline gelmiş.

4. BÖLÜM

KİMLİK YAZILARI

KİMLİK SORUNLARI, ETNİK MESELELER, TÜRKLÜK, KÜRTLÜK

Aşağıdaki yazılarda Kürt Sorunu, "Türk sorunu", Ermeni Meselesi gibi bir zamanlar ve halen olanca sıcaklığıyla tartışılan konulara ilişkin yazdıklarımdan bir bölüm bulunuyor. Aynı zamanda Türkçe, Türkçe'nin sadeleşmesi, Dil Devrimi, Harf Devrimi ve Osmanlıca gibi konulardaki yazılarım da... Bunlar hakkındaki tutumumun da bu kitaptaki her konuda görüleceği gibi bir süre sonra "Yetmez Ama Evetçilik"e evrilecek olan Sivil toplumcu-Sol liberal çevrenin tezlerinden de, "Ulusalcı" tabir edilen çevrenin tezlerinden de keskin hatlarla ayrıştığını göreceksiniz. Esasen bu çevrenin görüşlerindeki çok temelmiş gibi görünen yüzeydeki farklılıklar aslında hiç de esasa ilişkin değildir ve ikisinin de evrensel sol (sosyalist ya da sosyal demokrat) duruşla pek ilgisi yoktur. Her iki grubun da AKP şeriatçılığına nöbeti birbirinden devralarak dönem dönem kısmen destek verdiklerini de sanırım biraz politikayla ilgilenen hemen herkes artık görmüştür. Bu falan veya filan yazarın, ya da falan veya filan liderin kişisel tercihlerinden kaynaklanmıyor yalnızca; bu savruluşlar o düşüncelerin bizatihi özünden geliyor. O nedenle yıllar içinde yazılmış ve hep belli bir perspektifi korumuş bu yazılara önem veriyorum. Bu yazıların yazarı olmaktan dolayı "Ne İsa'ya ne Musa'ya yaranamamış olmak" ve hep belli bir sansüre ya da görmezden gelinmeye uğramış olmak da beklemediğim bir şey değildi. Yazıların bazıları, kimi alışılmış ezberlerimizin değdiği sinir uçlarımızı acıtabilir ama sizden ricam kararınızı hepsini okuduktan sonra ve biraz üstünde tefekkür ettikten sonra vermenizdir.

ETNİK MESELELER VE TÜRKİYELİLİK

Birgün 2004

Benim babamın annesi kafkas göçmeni bir aileden gelirdi. **Gürcü**'ymüşler. Soyadım o aileden gelirmiş. Annemin anneannesi ise bugünkü Kosova'daki Priştine şehrinden Balkan savaşı öncesi birçok muhacirle birlikte Türkiye'ye göçmek zorunda kalmış. Annesi ölmüş, babası tutsak... Kendi yaşıtı kız kardeşi Irak'a, o İstanbul'a... Ben çok küçükken öldü. Arnavutçayı bilir ancak kendisinin Arnavut değil Türk olduğunu söylermiş. Bugünkü Kosova'daki Türk azınlık gibi...

Babamın dedesi ise bir **Arnavut asilzadesi** olmakla övünürmüş. Priştine'den çok da uzakta olmayan İpek şehri menşeli bir ailendenmiş. Arnavutluğu ile, ayrıca Arnavutluğun içindeki soy sopuylu da övünen biri... Öte yandan bir Osmanlı yöneticisi... Annemin babası Kayserili bir aileden... Ama onun babasının annesi Yemenli bir Arap... Şair Eşref'in dediği gibi "Padişah sayesinde kışlalar cennet gibidir/ Bir giren sonra gavur olsa çıkamaz! " misali Yemen'de yedi sene askerlik yaptıktan sonra yurda döndüğünde Yemenli bir kadınla evliymiş. Yemenli büyükannenin etnik kimliğini tam bilmiyoruz. Çünkü açık renk tenli ve gözlü olduğu rivayet edilir. Zaten sülalenin o tarafı inadına sarışındır.

Anneannemin ikinci eşi ve benim dede diye tek bildiğim ise anne tarafından **Sudan'lı,** baba tarafından **Mora göçmeni** bir aileye mensuptu. Çok sevdiğim ve çok şey öğrendiğim bu insan daha çok annesinin fiziksel özellliklerini almıştı. Sakin, yumuşak ama cesur, hem kuvvetli, hem de dayanıklıydı.

Priştine'li ninem gönüllü olarak Çanakkale savaşında hemşirelik yapmış derler. Ağır yaralı zabitler emekli maaşlarını hediye etmek için minnet duydukları hemşirelelere ölmek üzere iken nikah kıymayı teklif ederlermiş. Çoğu İstanbul'un "iyi aile"lerine mensup gönüllü hemşireler ise ağlaya ağlaya reddedermiş. Nine sonraları bir alevi adam ile evlenmiş. Zaten kendi ailesi Arnavutluktaki **bektaşi geleneğine** yakınmış. Benim doğduğum

İstanbul'un eski mahallesi ise belki bu yüzden alevilerin çok olduğu bir mahalleydi. Ailenin geri kalanı ise sünni idi. Geri kalanı deyince anneannemin asıl babası Karadeniz Ereğli'li anneannemin deyişiyle "anadolulu" bir aileye mensuptu. Anneannem, ninemle birlikte yaşamasına rağmen nedense kendisini daha çok Balkanlı değil de "Anadolulu" tarafa yakın görürdü. Fiziksel özellikleri de o tarafı andırırdı. Anem çocukken her çocuğun annesini kızdırmak istediği o zamanlardan bir kaçında bazen annesine "**muncuk**" dermiş. Atilla'nın babası mı ne! Tatar yani... Doğrusu anneannemde özellikle yörüklerde hala gözüken o hafif çekik gözler, yuvarlak çehre biraz dikkat edildiğinde fark ediliyordu. Sebebi yıllar sonra öğrenildi. Karadeniz Ereğlili ailenin bir kolu doğrudan Türkistan göçmeniydi.

İşte bunlar benim gibi aile ve secere meselelerine pek meraklı olmayan, üstelik anne babası da böyle meraksız olan birinin yaklaşık 150 yıllık bir tarih parçasından kulağında kalmış olanlar... Balkanlardan Doğu Karadeniz'in uzak köşelerine, oradan Orta Anadolu'ya kadar yayılı bir küçük ailenin içinde benim bilmediğim daha ne etnik özellikler, ne dini, mezhepsel farklılıklar olmalı.

TÜRKLÜK-TÜRKİYELİLİK

Bunları niye anlatıyorum? Uzun yıllardan beri insanlar kendi etnik ve kültürel farklılıklarını sergilemekten çekinir olmuşlardı; son zamanlarda ise herkes dip bucak karıştırıp kendine bir etnik kültürel kimlik bulma derdinde de ondan...

Bütün bu farklılıklara sahip bizim aile kendine Türk derdi. Hala da diyor. Bu birisinin kendini Gürcü, öbürünün Arnavut, berikinin başka bir şey saymasına engel de değildi. O nedenle sanıldığının aksine **Osmanlı döneminde bile "üst kimlik" Osmanlı değil, Türk idi**. Osmanlı, daha çok 'şehirli ve saraya ait veya oraya yakın, o özellikleri benimsemiş' anlamını taşırdı. **Tanzimat**'tan sonra bir milli üst kimlik olarak gayrimüslimleri de kapsamak amacıyla anlam değişikliğine uğratılmak istendiyse de tutmadı.

Yalnız eskiden kullanılan Türk kimliği ile şimdiki arasındaki farka dikkat çekmek lazım. Eskiden Türk daha çok kültürel bir kimliği temsil ediyordu. Etnik kimliği temsil eden, Türkmen, Yörük, Tatar vb'den farklı olarak... O dönem Avrupai anlamda bir Türk ulusu yoktu. **Cumhuriyet Avrupa anlamında bir ulus yaratmaya çalıştı.** Adı Türk olan bir ulus... Böylece karşımıza iki ayrı Türk kavramı çıktı. Ve ne yazık ki Batı Avrupa'nın bir çok ülkesi bu uluslaşma meselesini asırlar boyu ve ulusun yapmak zorunda olduğu asimilasyonu zamana yayarak gerçekleştirmişken Türkiye, tıpkı laikleşme, demokratikleşme, sanayileşme gibi**, uluslaşmayı da bir kaç on yıla sığdırmaya** çalıştı. Bu mecburi aculluk, Avrupa ulus devlet modelinin bir önasya imparatorluğuna uymayışı faktörü ile beraber ciddi bir baskı, ona karşı türemiş nefret ve direniş yansımasını doğurdu. Bugün Türk kelimesi halühazırda aynı kapsayıcılığı eskisi kadar yerine getiremeyebiliyor. Ayrıca eskiden bu kapsayıcılığa o kadar önem verilmezken şimdi veriliyor.

Bu meseleyi Türkiyelilik diye bir üst kimlik üreterek çözebilir miyiz? Doğrusu bunda da kuşkuluyum. Bir cins Osmanlılık denemesi gibi geliyor bana... Zaten bu mesele dünyada da çözülmüş bir mesele de değil. Azınlıklar meselesi yani... Azınlıklar ve bu çerçevede gruba tanınmış haklarla bireye tanınmış haklar, bunların ne kadar uyuşup, ne kadar çeliştiği Avrupa hukukunun çözmeye çalıştığı temel sorunlardan biri. Batının geçmişte ürettiği çözümler Orta Doğu, Balkanlar ve Kafkasya'ya uygulanmaya kalkışıldığında milyonlarca insanın yok oluşuna neden olan **etnik katastroftan** başka hiç bir şey sağlamadı. Şimdi önerdiği ve daha aklı başında olduğunu düşündüğüm çözümleri de hayli eksik.

Hatırlayın... AB ülkelerinin, özellikle Almanya'nın belirgin katkılarıyla ortaya çıkan **Yugoslavya'nın çözülüşü** işte o modelin uygulanmak istendiği yerlerden biriydi. Büyük bir sorumsuzlukla çözülmesi için uğraştıkları çok uluslu- çok kültürlü yapının yerine bir şey koymayıp insanların birbirini boğazlamasını kollarını kavuşturup seyrettiler.

BİR TARİHİ FIRSAT DAHA KAÇMASIN!

Birgün 12.6.2004

Dün DEHAP Genel Başkanı **Tuncer Bakırhan**, Kongra-Gel'e ateşkesi bozma kararını yeniden gözden geçirmesi için çağrı yaptı. Kimileri muhakkak ki "Apo'ya Sayın dedi", Kongra-Gel başkanına da sayın dedi", "Bölücü teröriste halk savunma güçleri dedi" gibi meselelere takılacaktır. Kimileri bu tür ifadeleri yeni kışkırtmalar için kullanacaktır. Fakat Bakırhan'ın hem çağrısı, hem de konuşmasındaki aynı anda Kongra-Gel ve Türkiye'ye yönelik uyarıları son derece önemlidir. Bölgede tırmanan gerilimi Birgün birinci sayfasında manşet yapmış ve manşetinde "Bölge barış istiyor" demişti. Sevindirici olan artık hem Türkler hem Kürtler arasında barışı tek çare olarak görenlerin sayısının eskiye göre çok daha fazla oluşudur. Bakırhan'ın "Çatışma yılları boyunca sosyal, ekonomik, kültürel dinamikleri büyük ölçüde tahrip olmuş ya da fiili olarak durdurulmuş olan bölgede, yeniden kalıcı bir inşa sürecinin başlatılmasının mümkün olduğu görülmüştür." sözleri üzerinde herkes iki kere düşünmeli.

Doğrusu ben bu konuda Kürtlerin daha sağduyulu olduğunu düşünüyorum. Çünkü nihayetinde ateş düştüğü yeri yakıyor. Türk devlet yetkililerinde ise bir taraftan "

Bakın işte kültürel hakları da verdik" türünden **adeta bahşiş veriyormuş** gibi bir tavır, diğer taraftan "Ah şu AB meselesi olmasaydı görürdünüz siz" gibi samimiyetsiz bir arka plan düşünce, yüzünü sıkça gösteriyor. Halbuki yıllardır solun uyarılarını zerre kadar göz önüne almayıp doğuyu sürgün yeri, dikkate değmez ikinci sınıf vatandaşların yeri gibi gören siyasetçi ve bürokrat, eğer aklı selim sahiplerinin nasihatlarından zerre fikir kapmamışsa, 15 senelik kan ve yıkımdan bir şeyler öğrenmiş olmalıydı.

En büyük tehlike ise bütün bu karşılıklı tavizlerin AB üyeliği beklentisiyle yapılmasıdır. Osmanlı devletinin geçmişinde de "azınlıklar"a Avrupa'nın baskısıyla haklar tanınmış fakat Avrupa ile ilişkiler gerginleşince tanındığı gibi geri alınmıştı. İnançsızca yapılan reformların sonu böyle olabiliyor. O dönemki Türk olmayan uyruklar da kendilerini Avrupa'nın koruyuculuğuna adamışlar, yaptıkları kimi faaliyetlerle bu topraklarda yaşayan diğer halklar tarafından arkadan vuran birileri gibi görünmeyi çok kolay göze almışlardı. **Böylesi bir fikri atmosferin sonunda ne gibi trajedilere yol açtığı malum**. Evet, bugün Kürt meselesinde sağduyu bütün taraflarda hâkim olmaya başlamış görünüyor. AB ödülü ve zaruretin itişi buna sebep oluyor. Umalım ki daha çok insanın zihninde sağduyulu düşünceler zor veya ödülün bir gereği olarak değil de doğrunun ta kendisi olarak samimiyetle kabul görsün. DEHAP başkanının çağrısını ve Leyla Zana ile arkadaşlarının soğukkanlı ve düşünceli davranışlarını samimiyetsizlikle suçlamadan evvel herkes önce kendi kalbini dinlemeli. Dinlemeli ve bir an önce bu toprağın bütün halklarının kardeşçe bir birlik içinde yaşayabilmesinin gereklerini yerine getirmek için aklına gelen bütün pozitif önerileri sıralamalı. Türkiye devleti bu topraklardaki yaşayanların haklarını AB istedi diye ayağını sürüye sürüye, eksik, aksak vereceğine; bir toplumsal barış projesini, Osmanlı ve Cumhuriyet tarihinde kırk kere söz verdiği bu projeyi tam anlamıyla hayata geçirmeye bakmalı.

Geçmişe yollanan not: *Bu tarihi fırsat da kaçtı ne yazık ki. O yıllardan bu yana Türkiye birkaç kez daha gerek "yok" dediği bazı hakları sonradan kabul etti ve ardından da ya uygulamadı, ya da doğrudan ihlal etti. Kaç kere gizli/açık görüşmelere başladı ve sonra ya PKK ya Türkiye Cumhuriyeti masayı devirdi. Kaç kere PKK, daha barışçı bir tutum alan Meclis'te siyaseti tercih eden –mesela bu yazıda adı geçen, Bakırhan ve Zana gibilerini bir kenara itti; itibarsızlaştırmaya çalıştı? Adlarını bile zor hatırladığımız çok sayıda "Kürt partİsi"nin başkan ve yöneticileri şimdi nerede ve o eski ün ve itibarlarından eser kaldı mı? PKK ve Türkiye devletinin yöneticileri zor ama çözülmesi imkansız olmayan bu sorunu adeta içinden çıkılmaz bir yumağa çevirmekte işbirliği içindedir. PKK ve Türkiye gericiliğinin birbirine düşman göründüğüne bakmayın. Biri olmadan öbürü de yaşayamaz. Varlıklarını birbirine borçludurlar. Zaten ne zaman iktidarları tehlikeye girse, ve sadece bunun için oturup gizli gizli pazarlık etmeyi iyi bilirler.*

TÜRK'E DE KÜRT'E DE FIRSAT VERMEK

Birgün 17.06.2004

Kimilerince Mevlana'ya atfedilen bir beyit vardır hani... "Türk'e fırsat verme yâ râb Mısır'a sultan olmasın/ Ayağını çarık sıksın asla rahat bulmasın/ Bu beyitin bir başka versiyonu da halk arasında "Kürd'e fırsat verme yâ râb..." şeklinde söylenir, diğer kısmı aynıdır. Şiir, Osmanlı da dâhil olmak üzere Orta Doğunun kozmopolit aristokrasisinin barbar ya da dağlı gördüğü bu iki halk hakkındaki görüşünü pek güzel özetler. Yine de onlar ne derse desin her iki ulus da Mısır'a sultan oldu. Eyyübilerle Kürtler... Kıpçak köleler ile Memlük ve Yavuz zamanındaki Osmanlı ile Türkler... Her ikisi de Mısıra sultan oldular. Ayaklarını çarık sıktı mı, hiç onlara fırsat verildi mi yoksa fırsatlarını kendi elleriyle mi kaptılar? Fakat Mısır'a sultan oldular. Mısır'a sultan oldular olmasına ama kendi ülkelerine sultan olamadılar. Kürt Mehmet hep alavere dalavere ile nöbete koşuldu. "Dil bilmez dağlı" dendi, "Kuyruklu Kürt" dendi. Türk Mehmet'in ömrü askerde geçti. Yedi sene askerlik yaptı da şaire "(Padişahın) Sayesinde kışlalar cennet gibidir / Bir giren sonradan gavur olsa çıkamaz / dedirtti. Onlara da "Etrak bîidrak" (İdraksiz, akılsız Türkler) denildi. Kendi ülkelerinde sürdükleri öküz kadar değerleri olmadı.

Yoksul ve cahil bırakıldılar. Hanedanlar gitti. Hanedanların yöneticilere miras bıraktığı zihniyet devam etti. İçerden ve dışardan iki halkı birbirine ve daha pek çok halkı onlara düşman etmek için tarihin bildiği tüm oyunlar oynandı. İki tarafın da hainleri vardı. İki tarafın da savaştan çıkar umanları oldu. Savaşmak için üstelik sebepler de oldu. Savaşçı uluslardı. Savaştıkları da oldu.

Başka ulusların kendi içinde yaşansa insanların birbirinin boğazına sarılacağı şeyler yaşandı. İnsanların birbirinin boğazına sarılması yaşanmadı.

Orta Doğu'nun bu iki ateşli, savaşçı, sert halkı... İki yoksul, horlanmış ve cahil halk insanilik imtihanından yüz akıyla çıktı. Orta Doğudaki herkese Türkiye'nin son 20 yılda yaşadıkları bir derstir.

Şimdi bu iki halkın Orta Doğu'ya vereceği bir ders daha vardır. Zanalar olanca zorlukları cesaretle aşıp bu dersi vermeye başladılar bile. Bu ülkede kendisine aydın diyen herkesin, kendisine insan diyen herkesin şimdi bir görevi, bir sorumluluğu var. Zor yolu, onca engele rağmen barış yolunu seçenlere destek olmak. Kimse hamasi milliyetçi nutukların arkasına saklanmasın. Ne Türkler, ne de Kürtler... Kimse "biz terörü yendik yine yeneriz" filan demesin. Kimse "şu bu olmazsa savaşırız" demesin. En önemlisi de kimi Türk veya batılı aydınlar oturdukları yerden Kürtler ve Türkler üzerinden politika yapmasın. Kimse ister açık, ister örtülü savaşı savunmasın. Kimse bir kaç senedir savaşı özleyen her taraftaki şahinlere, yoo hayır akbabalara fırsat vermesin. Bir fırsat verilecekse eğer, tarihte bir kez olsun bu iki halka verilsin. Onlara bir kez fırsat verin. Onlar tüm Orta Doğu'ya tam şimdi öğrenmesi gereken barış ve kardeşlik dersini vermek için hazırlar.

İŞİN TÜRKÇESİ

Birgün 17.07.2004

Birkaç gün arka arkaya "Türk nedir?" başlığı ile köşe yazıları yazmıştım. Araya başka güncel konular girince bu köşe dizisi yarım kalmış oldu. O gün "Türk sorunu"nu tartışmaya Kürt sorununun ani bir ısınması nedeniyle başlamıştım. Gazetemizin "Kürt sorunu tartışılıyor" diye başlattığı yazıyı vesile bilip ben de "Türk meselesi"ne bir döneyim.

Önceki yazılarımda Türklerin Asya'da tarih sahnesinde bu adla ilk ortaya çıkışlarını ve hemen sonrasını ele almış; bu kavimler topluluğunun pek çok etnik biraradalıklara kıyasla ırksal olarak daha o zaman bile büyük farklılıklar, menşe çeşitlilikleri taşıdığını ifade etmiştim. Bugün Türkler için en yaygın olarak kullanılan Türkmen deyiminin bile Türk değil Türk'e benzeyen anlamını taşıdığına da işaret etmiştim. Türk ırkçılığının yere göğe koyamadığı Turan yurdunun sahibi Tur kavminin de bugünkü anlamıyla Türk değil İranlı bir kavmin adı olduğunu, Irkçılığın Türki kavimler için savunulmasının bütün diğer kavimler için savunulmasından daha saçma olduğunu, bu saçmalığın bir de "Turancılık" terimiyle daha adından başladığını belirtmiştim.

Aslında Türk ırkçılığının bir de sarkık bıyık saçmalığı vardır. Bilindiği gibi Türk faşistleri özellikle 70'lerde Orta Asya orijinal Türk tipine uygun olduklarını düşündükleri için sarkık bıyık bırakırlardı. Malum Moğol etnik özelliklerine bağlı kavimlerde ve Çinlilerde –eski deyimle sarı ırkta- yüz tüyleri biraz seyrektir. O yüzden sakal ya pek bırakılmaz ya da yanlarda iyice seyrelmiş keçi sakallar olur. Bıyıkta ayni fizyolojik nedenle uzatıldığında seyrek sarkık bıyık durumuna gelir çokluk… Şimdi Orta Doğu ve Akdeniz toplumlarına has etnik özelliklerle hayli donanmış, dolayısıyla gereğinden bile kıllı yurdum insanında sarkık bıyık en azından epeyce şekilsiz duruyordu. İşin estetiği bir yana daha Orta Asya'da ilk ortaya çıktıklarından bu yana Ukrayna bozkırlarından, güney doğu Sibirya'ya kadar uzanan Türk kavimleri hem karışma nedeniyle, hem de aslında bugün anlatıldığı üzre bir "Türk kavmi" olmadıklarından son derece farklı fiziksel özellikler gösterirdi. Üstelik hatta aynı coğrafi bölgede bile çeşitli "Türk kavimleri" arasında ciddi fiziksel farklılıklar mevcuttu. Böyle baktığınızda Orta Asya Türk heykellerinde niye pek sarkık bıyık olmadığı, tersine gayet esaslı pos bıyıklara rastlandığı ortaya çıkar. Lakin ırkçılık, temelinde öyle saçma bir ideolojidir ki onu kabul edecek kadar zıvanadan çıkmış bir kafa için böyle küçük saçmalıklar fazla değer taşımaz. Ne de olsa gerçek Almanlar sarı saçlı uzun boyludur filan diye kitaplar yazdıran siyah saçlı, tıfıl biri olan Hitler değil miydi?

DİL IRKÇILIĞI

Tabii Hitler'in yenilgisinden sonra ırka dayanan ırkçılık bednam oldu. Artık ırkçılar kendilerine ırkçı demiyorlar; fiziksel özelliklere yapılan vurgu ortadan kalkmasa da azaldı. Şimdi ırkın yerini kültür ve kültürün belki de en önemli ögelerinden biri yani dil aldı. Şimdi eski Turan'a ait olduğu söylenen Tüm Türkî kavimlerin ortak bir kültürü paylaştığı iddiası var. Elbette neticede tüm insanlık da ortak bir kültürü paylaşır. Kastedilen ortak bir ulusal nitelik oluşturacak kadar diğer uluslardan farklı kültürel ortaklık... Gelgelelim örneğin bir Kırgız'ın Türkiye'deki bir Türkmen'le bir Yunan veya Suriyeli'den daha çok hangi kültürel ögelerde ortaklık içinde olduğu sorusu somut incelemede sorulunca bu yeni nesil kültürel ırkçı için işler çatallaşır. Böyle bir soruya Adana kebabı aslen bir Orta Asya yemeğidir gibi standart bir ırkçı kafası için bile saçma eşiğini zorlayan bir cevap vermek istemiyorsa vereceği tek cevap kültürün en önemli unsurunu dilin oluşturduğunu ve tüm bu kavimlerin Türkçe konuştuğunu söylemek zorundadır. Böylece ırksal ırkçılık ve kültürel ırkçılık aşamasından sonra dilsel ırkçılık aşamasına terfi etmiş olur.

Evet gerçekten de batı Avrupa'da ırkçılığın doğuşunda dil incelemelerinin büyük rolü vardı. Linguistik (dilbilim), daha doğuşunda Batı uluslarının kullandığı tüm dillerin tek bir dil ailesine ait olduklarını (Hint-Avrupa dil ailesi), bütün bu dillerin tek bir ortak ata-dilden türediğini iddia etti. Böylece bu dili konuşan bir ilk ırkın dünyayı uygarlaştıran üstün ırk olduğunu bunun bazı bölgelerde daha saf kalırken bazı bölgelerde aşağı ırklarla karıştığı iddiası sağlam gibi görünen bir zemin bulmuş oldu.

Türk dil ırkçıları ise -ki sadece bildik faşistlerden ibaret değiller- benzer modeli takip ettiler. Gelgelelim aynı yöntem ırkçılık bakımından ırk kavramından bile daha problemlidir. Türk dillerinin ait olduğu dil kümesi yani Ural-Altay dil kümesi hiç de Hint-Avrupa dillerinin ilk bakıştaki rahatlığını vermez bir ırkçıya... Yani ırkçılığın Türkçesi, ırkçılığın ırkçasından daha dikenli bir mevzu. Gelecek yazıda bu Türkçe meselesine biraz daha değineceğim.

TÜRK DİL IRKÇILIĞININ SORUNLARI

Birgün 20.07.2004

Geçen yazımda ırkçılığın bir çeşidi olarak dil ırkçılığına atıf yapmış, dil üzerinden gidilen şekli ile ırkçılığın aslında kafatasçılıktan bile önce doğduğunu, ırkçılığın orijinal şeklinin dil üzerinden geliştiğine işaret etmiştim. Buna örnek olarak 'linguistik' in (dilbilim) başlangıcında Hint-Avrupa dil ailesinin keşfinin nasıl ırkçılığın atasını doğurduğunu belirtmiştim. Bu konuda Ortodoks bilim açısından kimi aşırı iddiaları içerse bile son derece ilgi uyandırmış bir kitap olan **Kara Athena** kitabının ilgili bölümlerine bakılabilir. Dilbilimi ile ilgili Türkçe mehaz çok yetersiz olmakla beraber Kaynak Yayınlarının yayımladığı bu kitap konuyu yeterince işliyor. Üstün ırk kavramı burada da belirtildiği gibi modern zamanlarda ilk kez Hint-Avrupa dil ailesinin orijinal bir Hint-Avrupa üstün ırkına dayandığı iddiası üzerinden çıkmıştı.

Türk ırkçılığı söz konusu olduğunda da Türk dilinin ululaştırılması, bu tezin Türkün üstün bir ırk olarak lanse edilmesi ile at başı gitmesi dikkate değer. Türk ırkçılığı daha Osmanlının son döneminde bile dil meselesi ile beraber doğsa da bir dil ırkçılığı aslında Atatürk döneminde Güneş Dil Teorisi ile geliştirildi. Rejimin Avrupa'daki faşist rejimlere iyice öykündüğü sonraki yıllarda, Güneş Dil Teorisi'nde önceden atılmış kimi geri adımlara rağmen, o zaman ortaya çıkmış özel bir tür öztürkçecilik iyice aşırılaştı. Sonraki yıllar faşist akım tamamen kafatasçı Alman ekolü üzerinden geliştiği ve laik derin devlet ilişkilerini bir taraftan bugüne kadar sürdürmekle birlikte Osmanlıcı-dinci çevrelerin yoluna giderek daha fazla kapılması sonucu dil ırkçılığı Türkçede güdük kaldı, doktrinleşemedi.

Bununla birlikte turan doktrininin "ortak bilinç, ortak öz" iddiası daha önceleri yazdığım gibi ne etnik-ırksal ne de kültürel yönden kimi saçma sapan tezler dışında ciddi olarak temellendirilemiyordu. O nedenle Türk dilinin Türk kavimleri arasındaki ortaklığı ırkçılığın, her ne kadar dilsel ırkçılık doktrinleri üzerinde yükselmese bile Türk faşizminin temel tezidir. Ne var ki bunun için hiç değilse başlangıçta "saf bir Türk ırkı" gibi saf bir Türk dili, ve "kadim Türk ırkı" gibi kadim Türk dilinden bahsetmek gerekiyor. Bu nedenle Türk dilinin incelenmesine kısa birkaç satır ayırmak elzem olacak.

BU DİLİN ATASI KİM?

Türk dili veya daha doğru bir deyişle Türk dilleri dilbilim açısından Ural-Altay dil ailesinden sayılır. Ve daha bu ilk cümleden itibaren kavga başlar. Çünkü uluslararası dilbilim camiası başka dillerin tersine bu diller konusunda büyük bir tartışmanın içindedir. Öyle ki bu tartışmanın ne kadar bilimsel ne kadar siyasi olduğu tartışılır. Rus dilbilimcilerin birçoğuna göre içinde **Türkçe**, Moğolca, **Tunguzca**, Fince ve **Macarca** gibi dillerin bulunduğu bu "aile" bir aile değil bir gruptur. Yani ortak bir ata dilden türememişler, uzun yıllar bir arada komşuluk ettikleri için birbirlerinden gerek sözcüksel, gerek yapısal ödünçlemeler yapmışlardır. Buna karşılık Batılı bilim çevrelerinde bu dillerin bir aile oluşturdukları, en azından **Ural dilleri** ile **Altay dillerinin** birer aile oldukları görüşü daha yaygındır. Bu ayrılığın Türk, Moğol dil kümelerinin ortak ulusal bir tavır sergilememesi, bir özel yakınlığı çağrıştırmaması kaygısının özellikle Ruslarda bulunduğu, diğer tarafta ise aksi yönde bir çabanın olduğu kolayca görülebilir. Bir başka tartışma da Türk dillerinin kendisidir. Türk yazarlar çoğunlukla Türk dilinin lehçelerinden bahsederler. Yani Türk dili tektir; **Kazakça,** Türkmence, Çuvaşça, Özbekçe bunun lehçeleridir. Uluslararası literatürde ise artık Türkik/Türkî diller terimi yaygın. Böyle olunca Kazakça, Çuvaşça vb ayrı ayrı diller oluyor. Turancıların bundan pek hoşlanmayacağı kesin. Öyle olmakla beraber örneğin nispeten ortak kelimeleri kollayarak verdiğim bu Çuvaşça atasözlerini anlamanın kıyısından bile geçmeye çalışın: "Çeye tili te çitlihe lekni tet" veya "Şıva kimesir işme vireneymin"... Eğer bir takım kelimeleri anladık diyen varsa, bir İspanyol da İtalyanca veya Portekizce'den çok daha fazla kelimeyi hatta bazen cümleyi bütün olarak anlayabilir. Yine de bunlar bildiğiniz gibi ayrı dillerdir. Neyse merakınızı gidermek için yazayım. İlk atasözü "Kurnaz tilki de kafese girermiş derler" ikinci atasözü "Suya girmedikçe yüzme öğrenemezsin" anlamındadır. (Çuvaş Atasözleri ve Deyimleri, Simurg Yayınları 1996) Gelecek yazımda Türk dili üzerine başka sorunlara ve "Türk dili inşa ediyorum" derken başka dillerin inkârının doğuşuna değineceğim.

BENİM OĞLUM BİNA OKUR...

Birgün 28.9.2004

İki gün önce Dil Bayramı'nın 72. yıldönümüydü. Bazı günler ve bazı bayramlar var ki artık kutlanmıyor. Kutlanmadığı gibi 1930'ların artığı diye bir de dalga geçiliyor. Yerli Malı Haftası, Kabotaj Bayramı filan böyle günlerden... Dil Bayramının da -hala böyle bir bayramın olduğunu bilen varsa- bu tür bir muameleye tabi tutulduğunu görmek kolay. Bir zamandan beri sol kesimde de eski ve Osmanlıca kelimeleri kullanma alışkanlığı türedi. Eskidense, tersine uysa da uymasa da öztürkçe kelimeleri ard arda sıralama merakı vardı.

Osmanlıca kelimeleri kullandığında yakıştıranı var, yakıştırmayanı da... Doğrusu bizim Tanıl Bora bunu bir üslup özelliği olarak kullanıyor ve yakıştırıyor da... Bazıları da bir moda gibi uysa da uymasa da Osmanlıca kullanıyor; çoğu kez anlamlarını da karıştırarak... Yani tipik Karagöz Hacivat oyunundaki cahil Karagöz'ün lugat paralaması misali. Üstelik karşılarında onu tiye alacak yarı okumuş bir Hacivat bile yok...

Bir de kimi yeni edebiyatçılarımız bir zamanlar sadece muhafazakâr kesimin savunduğu bir teze yapışmış. Genel olarak dil konusundaki reform ve öztürkçeleşmeye karşı çıkmakla kalmayıp, alfabenin Latin alfabesine geçmesinin bile dilde sadeleşme akımıyla birlikte bizi bütün bir 1000 yıllık kültürümüzden yoksun kıldığı, yeni nesillerin eskinin büyük bir edebi ve sair kültür hazinelerini anlayamaz olduğunu savunuyor.

Öztürkçeciliğin kimi aşırılıkları, muhafazakâr kesimin aslı olmayan uydurma kelimeleri öztürkçe türetilmiş sözcükler gibi sunup dalga geçmesi, öztürkçeleşmenin halkın gözünden düşmesine birlikte yardımcı oldu. Buna rağmen dilde sadeleşmenin mayası tuttu. Kanımca sadeleşmenin sonucu mesela Taha Akyol'un Dil Bayramı vesilesiyle ifade ettiği gibi, felaket veya dilde kısırlaşma olmadı.

Dilde sadeleşme ve reform hareketinin yarattığı olumsuz sonuçlar olmamış mıdır? Elbette var. Ama yapılan işin değerini bu sonuçları dilin reform öncesi haliyle kıyaslayarak kavrayabiliriz.

Osmanlıca sanıldığı gibi günlük dilin tümüyle Arapça, Farsça kelimelere boğulduğu bir dil değildi. Divan edebiyatının sanatlı dili hariç... Orada bile Lale devrinde tekrar halk diline bir dönüş yaşanmıştır. Mesela Nedim sanıldığı gibi karmaşık dille yazan bir şair değil, sade ve halkın nispeten okumuş kesimlerinin de anlayabileceği bir dili tercih eden yazarlardandı. Bunun dışında Osmanlının günlük dili büyük ölçüde eski Anadolu Türkçesine dayanan hoş bir dildir. Fakat -dünyada mesela İngilizce de de görüldüğü gibi- 19. yüzyılda özellikle Tanzimat'tan sonra günlük dil bile halkın az çok okumuş kesimlerinin dahi anlayamayacağı cinsten bir ağdalı lisana dönüştü. Dilde Türkçe kelimeler neredeyse birkaç fiilden ibaret kaldı.

ELİFBA-ALFABE-ABECE

Birgün 30.09.2004

Geçen yazımda Osmanlıca ve Osmanlıca'nın yazılmasında kullanılan bir Arapça alfabe versiyonunun ortadan kalkmasının kültürel bir yok oluş olduğunu savunanlara karşı bazı tezler öne sürmüştüm. Bana göre durum tersine. Zaten 80 yıldan beri yaşananlar da bunu gösteriyor. Yıllar yılı Kur'an kursları görüntüsü altında Osmanlıca elifbayı diriltmeye çalışanlar bile çoktan havlu attı. Halktan ve aydınlardan bu elifbayı sürdürmek yolunda ciddi bir ısrar olmadı. Mesela Arapça ezan için gösterilen tepki, Kur'an yazısı diye savunulmaya çalışılan eski yazı için hemen hiç gösterilmedi. Yeni Latin kökenli alfabe pek az dirençle kabul edildi. Atatürk dönemi reformlarının bir çoğuna, şapka, kıyafet, Pazar tatili vb gibi görünüşte daha önemsiz kimi konulara karşı gösterilen direniş yanında yeni alfabe çok daha kolay kabul edildi. Peki niye?

İsterseniz bu konuya girmeden önce elifbayı terk edince "yok olan", mahrum kaldığımız kültürel miras meselesine değinelim.

1. Osmanlı döneminde hele de matbaa kullanılana kadar yazılan eski yazı metinlerin hatırı sayılır bölümü devlet ve diğer resmi makamların yazışmaları olup arşivlerde çalışanlar bunları meslekleri gereği o elifba ile okuyabilirler. Kalan bölümünün birçoğu edebi değeri olmayan günlük yazışmalar. Edebi, kültürel değeri olanlar ise bugünün yayın piyasasının hacmi ile kıyaslandığında istense biraz devlet desteği ile birkaç yılda yeni yazıya çevrilebilir. Yani ortada öyle kaybolmak zorunda olan bir kültür yok. Kültür kayboluyorsa alfabe değişikliğinden değil. Ona duyulan ilginin azlığından. Ki o kültür daha Osmanlı zamanında aynı sebepten kayboluyordu.

2. Buna rağmen eski yazı öğrenimi o kadar önemliyse bundan şikayet eden entelektüellerimiz şikayet etmeye harcadıkları vakitte rahatça bu yazıyı öğrenebilirler. İsteyen herkes de.. Biraz çetrefil bir alfabe olmakla

birlikte öğrenmesi zor değildir. Günde 1-2 saatlik bir çalışmayla en çok iki ayınızı alır. Gerekli eğitim malzemeleri ise hemen her ilde mevcut.

3. Alfabe Osmanlıca'nın en zayıf unsuruydu. Yüzyıllar boyunca neredeyse hiç düzenli bir imlası olmadı. Japon ve Çin alfabeleri gibi dünyada tuhaf görülen alfabeler hiç değilse o dile iyi adapte olmuş araçlarken Arapça alfabe bir türlü Türk diline uydurulamadı. Hemen birkaç basit eksiğini söyleyelim. Arapça imlada çoğu kez sesli harfler yazılmaz. Zaten bu alfabede sesli harf neredeyse yok gibidir. Olan sesli harfler bile aslında sessizden türemiştir. Pek çok eski alfabede olan bu durum Arapça alfabede günümüze kadar pek az değişerek sürmüştür. Türkçe, söylemeye bile gerek yok dünya dilleri arasında sesli harfleri en hovardaca kullanan bir dil. Arapça'da sesli harflerin hangisinin yazılacağı, hangisinin yazılmayacağına ilişkin belli kurallar vardır; bu Osmanlıca'da hiçbir zaman oturmadı. 19. yy sonu 20. yy başı gibi bütün sesli harflerin yazılması gibi bir öneri ortaya atıldıysa da saçma bulunarak benimsenmedi.

4. Eski alfabede Arapça'da olan, Türkçe'de hiç veya artık olmayan sesler için pek çok sessiz harf var. Örneğin "s" sesi için, se, sin ve sad olmak üzere üç harf kullanılır. "T" sesi için te ve tı harfleri, "H" sesi için he, ha ve hı harfleri kullanılır. Başka örneklere gerek yok. Bir de Türkçe'nin ihtiyacı olan sesli harflere bakalım. Vav harfi, "v" sesi için kullanılan bir sessiz. Eski Türkçede bunu "o" sesi için, "u" sesi için, "ö" sesi için, "ü" sesi için kullanırlardı. Son yıllarında o/u ile ö/ü vav a eklenen işaretlerle çözülmeye çalışıldıysa da o bile yaygın kullanılmadı. "ye" sesi için kullanılan ye harfi ise aynı zamanda ı ve i için de kullanılır. Zaten Arapça'da aslında neredeyse sesli harf yoktur. A harfini temsil eden elif bile aslen sessizdir. Arapça'da sesli harfler asıl olarak sessizlerin üstüne konan hareke denen işaretlerle yazılır. Bunlar özellikle Kur'an devrinden sonra yanlış okumayı önlemek için geliştirildi. Arapça'da ince ve kalın seslerin hangi harekeyle nasıl okunacağı bellidir. Osmanlıca'da dil yapısından dolayı bu da yerleşmediğinden gelişigüzel bir imla alfabe kaldırılıncaya kadar sürdü. Bunun sonucunda eğer siz kelimeyi bilmiyorsanız eski metinlere bakarak o kelimenin tam okunuşunu anlamak neredeyse mümkün değildi. Başka modern dillerde mesela İngilizce'de de görülebilen bu durum Osmanlıca için hem bir hayli genel bir durumu hem de telaffuzda daha büyük sapmaları temsil eder.

Dili gelişkin olmayan bir insanın düşüncesi de yeterince gelişmeyebilir; yazı da öyledir. Yazısı muğlak ve yetersiz olan bir ulusun fikir hayatı da ister istemez böyle olacaktır. Eski alfabenin değiştirilmesi ve yerine yenisinin getirilmesi sırasında kimi ideolojik mülahazalar oldu, kimi anlam kayıpları da... Fakat eski yazı ile biraz ilgilenen ve özel bir ideolojik tavrı olmayan herkes kazanımın daha büyük olduğunu görür. Kabul etmek istemeseler bile İslamcılar bile bunun farkındadır.

MADEM Kİ ERMENİSİN!

Birgün 9.10.2004

Yeniçağ gazetesi, **yazarımız Hrant Dink'in** 8 Ekim Cuma günkü yazısına tepki göstermiş. Eğer tepki sözü bunu açıklayabilirse... Zira Yeniçağ "**Ermeniye bak!**" diye başlık atmış.

Birgün gazetesinde birçok yazar görüşlerini açıklıyor. Bu yazarların görüşleri kimi kez birbirine benzemiyor. Birbirine genel olarak benzer görüşleri paylaşanlar da her bir özel konuda aynı düşünmüyor, aynı şeyi yazmıyor. Hrant Dink'in başlığı yani "Hoş gidişler ola..." yarım cümlesi benim kulağımda da çok memnuniyet verici bir tını bırakmadı. Bana içindeki görüşlerin birçoğuna katıldığım bu yazının kendisine en uygun bir başlık gibi gelmedi. Yazının başlığının meşhur türkü dolayısıyla Mustafa Kemal'i çağrıştırması, ardından yazıda eleştirilen, şu an içinde yaşadığımız statükoculuğu doğrudan Mustafa Kemal'in şahsına bağlıyor gibi bir izlenim uyandırması bakımından bence başlık tam oturmamış.

Oturmuş veya oturmamış, yazarımız bu başlığı seçmiş. **Yazının içeriği de Birgün'ün yayın ilkeleriyle tümüyle uyumlu demokrat bir bakış açısını sergiliyor**. Bu yazıya gelen tepkiye bakın bir de... Doğrusu kemalistlerden gelmedi. Şimdi evet bir takım kemalist geçinenlerin son zamanlarda iyice can ciğer kuzu sarması oldukları ülkücü bir gelenekten geldi. Türkiye'de bu geleneğin yıllardır kemalistler dahil her türlü solcu, ilericiye karşı kimlerle ittifak ettiği ise belli.

Ben Hırant Dink'in AB konusundaki coşkusunu da o denli paylaşmıyorum. Bence AB, örneğin "21. yüzyılın en büyük barış projesi"nden daha başka bir şey. Ama Hrant Dink'in yazısı bizzat varlığıyla bile bir ciddi tehlikeyi deşifre etmesi bakımından ne kadar mühim. İşte AB ile ne idüğü belirsiz bir müzakere vaadi bile Türkiye'deki demokrasi düşmanı düşünceyi ne kadar rahatsız ediyor.

Ve Hrant Dink elbette gayet değerli düşünceleri yanında sadece varlığıyla bile bu ülke için ne kadar değerli.

Demek bir Ermeni düşünür Türkiye hakkında fikir üretemeyecek... Demek özgürce fikrini söylerse hemen "Ermeniye bak" çirkinliğinin muhatabı olacak. Ondan sonra "bize haksızlık ediyorsunuz, biz ırkçı filan değiliz" diyeceksiniz. Çocuklarınıza "Mademki Ermenisin..." diye başlayan ırkçı, cinsiyetçi küfürler öğreteceksin. Sonra "Türkiye'de azınlıklar özgürce yaşayıp gidiyor, AB'ye ne oluyor?" diyeceksin. Türkiye insanı, en başta da bu topraklara şu anki ismini vermiş olan Türkler AB zoruyla değil öyle olmaları gerektiği için her türlü ırkçılığa ve demokrasi düşmanlığına tepki göstermeli. Sonuna kadar demokrasi... Sonuna kadar hümanizm... İşte Türkiye'nin tek çıkış yolu...

Bir de hatırlatması şu "Hoş gelişler ola..." türküsü Mustafa Kemal'e sonradan adapte edilmiştir. Aslı **Enver Paşa** için bestelenmişti.

Hani şu Ermenisi, Türkü, Kürdü, Çerkezi milyonlarca yurt insanını haksız bir savaşta kırdıran maceraperest için. Padişaha damat olup bir anda bilmem kaç rütbe birden atlayıp general olan, Turancılık hayalleriyle ülkeyi batıran Enver... **Kendisi gibi yatakta değil savaş meydanında general olan Mustafa Kemal'i vurdurmaya kalkan Enver...** Yeniçağ editörü acaba gerçek düşünsel atasının kemikleri sızladı diye mi alındı?

DİLDE DEMOKRATİKLEŞME

Gerçek bir demokratikleşme hareketinin mutlaka yapması gereken işlerden biri dilde halkın anlayabileceği, kullanabileceği sade bir dile dönmek ve dili bu sadeleşme üzerinden yeniden zenginleştirmektir. Çünkü Tanzimat sonrası dönemde dil görünüşte zenginleştirme adı altında tümüyle anlaşılmaz, ağdalı, ne Arapça ne Farsça gerçekten uydurmaca bir dil oluşturulmuştu. Şimdi o dilin bakiyesine uydurmaca demeyenler (Uydurmacaydı çünkü Arapça gibi görünen bir kelime, aslında Arapça başka anlama gelen bir kökten uydurulmuş, Arapların anlamadığı kelimelerden oluşuyordu) tarama sözlükleriyle Anadolu'da veya başka bölgelerde gerçekten kullanılan Türkçe sözcüklere yeniden hayatiyet kazandırılmasına ve eğer yetmiyorsa Arapça değil de Türkçe bir kökten sözcük türetilmesine uydurmaca dediler. Bunun dilde kısırlaşmaya yol açtığını savundular. Genel muhazâkarlığın dilde de gözlenen bir dışavurumu olan bu durum o kesim için şaşırtıcı olmasa da buna "modern", hatta sol kesimden destek gelmesi biraz zamanın gereklerinden, biraz da artık sık rastladığımız kafa karışıklığından değil de nedendir?

Sizi bu dil konusuyla biraz daha meşgul etmeyi düşündüğümü itiraf etmeliyim. Biraz burada söylediklerimi örneklerle açıklamak için biraz da dilde sadeleşmenin kusurlarından bahsetmek için... E, modaya da uyalım hani ! Ama ondan önce eski dili savunanlara –Osmanlıca'nın zenginliği iddiasını sonra tartışacağız- çetrefilli halini işaret eden bir özdeyişi hatırlatayım: Benim oğlum bina okur; döner döner yine okur!

Bilindiği gibi bina eski dilde dilbilgisi anlamına gelir. Osmanlıcanın talihsiz öğrencileri cebiri, geometriyi değil şu bizim dilbilgisini yıllar boyunca sökemeyip yeniden okurlardı. Savunduğunuz dil budur!

TÜRK MÜSÜN - TÜRKİYELİ Mİ?

Birgün 6.11.2004

Geçenlerde Ülkü Ocaklarının bir afişini gördüm. "Onlar Türkiyeli" başlığının altında Baskın Oran, Recep Tayip Erdoğan, Abdullah Gül gibi ne amaçla bir araya getirdiği ilk anda pek belli olmayan kişilerin resimleri bulunuyordu. Resimlerin hemen altında ise "Biz Türk'üz" ibaresi yer alıyordu. Solda da bu Türk-Türkiyeli ayrımına sol milliyetçilerin tepkili olduğu malum. Fakat asıl sorun galiba Türk ile Türkiyeli kavgasına girmeden önce bu kavramların içeriği üzerinde anlaşmak.

Ülkü Ocaklarının geldiği gelenek olan Türkçü-Turancı akım doğrudan ırkçı, etnik ayırımcı bir gelenekti. Malum Hitler nazizmi ile yakın bağları olmuştur. Irkçı-Turancılık hakkında açılan davalarda Hitler Almanyası adına casusluk şüpheleri önemli yer tutar. Aynı ekip o yıllarda Türkiye'nin Almanya yanında 2. Dünya Savaşı'na katılması için aktif olarak çalışmıştır. Allahtan ülkenin daha aklıselim sahibi yöneticileri vardı da ülke savaşa hem de kaybeden taraf, hem de açıkça haksız olan taraf yanında girmekten, Hitler'in suçlarına ortak olmaktan kurtuldu. Turancılığın ilk kurucularından Enver Paşa'nın ülkeyi dünya savaşlarının birincisine sokarak tüm topluma yaşattığı felaketin misliyle yeniden yaşanması tehlikesi öylece atlatıldı. Türk milliyetçiliğinin yabancı bir ülke adına çalışmak ve kendi ülkesini sonu belirsiz savaş maceralarına atmakla nasıl bir ilişkisi olduğu nedense bu ülkede sorulmuyor. O ekip de anlaşılan bunun özeleştirisini kendi içinde pek yapmıyor. Yapsaydı örneğin 1970'lerde ülkeyi bir iç savaşın eşiğine getiren silahlı eylemlerde aktif olarak kışkırtıcı rol almaz, ülkeyi askeri darbeye sürüklemek için bilinçli bir politika sergilemezdi. Sergilemezdi çünkü gerçekten Türk milliyetçisi olsaydı bu senaryonun Amerikan malı bir senaryo olduğunu görürdü. Şimdi eski CIA istasyon şefleri anılarında bunun Amerika tarafından nasıl planlandığını ve ülkücülerin bu amaçla nasıl kullanıldığını açık açık yazıyor. Umarım bu kez biraz daha sakin kafayla düşünürler ve şimdi AB yolunda atılan adımlara karşı toplumda yaratılmaya çalışılan gerginliğin arkasında yine bazı uluslararası güçlerin olup olmadığını tartarlar. Zira herhalde AB süreci senaryolarında açıkça varlığı görülen AB ülkeleri, o senaryolardaki yegâne aktörler değil. Onlar Türkiye'yi belli bir yöne doğru etkilemeye çalışıyor. Bu doğru; ama acaba dünya çapında etkisi gayet bariz olan başka güçler bu ülkede hiç mi etkin değil. Ve neden etkileri açıkça gözükmüyor. Açıkça gözükmüyorlarsa bu etkinliklerini kimler eliyle yürütüyorlar?

YURTSEVERLİK BASİRET İSTER

Özetle "Biz Türküz" demekle öyle Türk milliyetçisi veya yurtsever olunmuyor. Hem biz Türk'üz derken kastedilen ne? Biraz da onun üzerinde düşünülmeli. Irkçı-Turancı geleneğe göre ırken Türk olmak esastır. Fakat Türkiye gibi bir ülkede böylelikle ancak marjinal bir grup olunuyordu. Mesela Alpaslan Türkeş gibi ismi apaçık ırksal Türklüğü vurgulayan önemli bir kişi köken olarak Kıbrıslıydı ve asıl ismi de Hüseyin Feyzullah'tı. Alpaslan Türkeş niye ismini değiştirmek ihtiyacı hissetti? Gerekli miydi? Sonradan onun anti-komünistlik temelinde örgütlenişi sırasında İslamcı ögelere göz kırpması ırksal özellikler yerine dinsel özellikleri vurgulaması o cenahta neleri değiştirdi? O cenah şimdi Türklük kavramından ne anlıyor; bunu biraz tartışmak gerekiyor. Anti-komünizm asıl kimlik olunca etnik kimlikten elbette taviz verildi. Örneğin Türkiye'de muhafazakâr kimliğin yaygın olduğu Çerkes-Abaza köyleri hatta kimi Kürt bölgeleri MHP'nin özellikle kuvvetli olduğu yerler oldu. Denilebilir ki Türkmen etnik kimliğinin en zayıf, başka ve eskiden Türk sayılmayan etnik kimliklerin en başat olduğu partilerden biriydi MHP. Bu durumu Erciyes'te Yörük çadırı kurmak da kurtaramıyordu. Bu çeşit etnik kimliklerden insanlar MHP'yi desteklerken zoraki biz Türküz deseler de iki sohbette kolayca anlaşılıyordu ki aslında kendilerini Türkiyeli anti-komünistler olarak görüyorlardı. Nitekim Sovyetler dağılınca ve Kürt milliyetçiliği PKK dışında da yayılınca bu unsurların bir kısmının kendi orijinal etnik kimliklerinin bir arayışı içine girdiği fark ediliyor.

Yani MHP ve ülkü Ocakları kendilerini ne olarak görmek isterlerse istesinler fena halde Türkiyeliler. Kötü mü? Bence değil. Ama Türkiyeliliğe saldırmadan önce biraz düşünmeyi gerektiriyor.

Şimdi soğukkanlı olma zamanı. Baskın Oran Birgün'deki geçen yazısında yurtdışında Ermeni diasporasının kimi fanatik unsurlarıyla uğraştığını, Türkiye'ye gelince de Türk milliyetçilerinin fanatikleriyle uğraştığını yazdı. Yurtdışındakiler hiç değilse bozuk plak gibi aynı şeyi söylüyor, buradakiler işi fiziksel müdahaleye kadar götürüyorlar diyordu. Evet azınlık meselesi, uluslar ve etnik, dinsel kimlikler, tüm bunlarla ilgili tartışmalar öyle kolay hallolacak şeyler değil. En az 250 senedir insanlık bu meseleler üstünde tartışıp duruyor. Bu ülke de yaklaşık 150 senedir... Ortada tek ve kesin bir doğru da yok. Tek ihtiyacımız bütün bir toplumca sağduyulu ve birbirine, özellikle de farklı fikirlere karşı hoşgörü... Ülkenin bütünlüğü konusunda duyarlı olduğunu iddia edenlerin bu hoşgörüye herkesten fazla dikkat etmesi özellikle bugünlerde iyice elzem...

TÜRKLER DE KİMMİŞ?

Birgün Gazetesi 11.11.2004

Şu azınlık çoğunluk meseleleri, Türkler, Kütler, Çerkezler, Lazlar derken etnik aidiyetler en ilgi çeken konulardan biri oldu. Tabii bütün bu meselelerde liberal düşüncenin, muhafazakâr düşüncenin, sosyalist düşüncenin ne tür geleneklere sahip olduğu da yeniden okunmaya başlandı. Kafamızı iyice karıştırmak istiyorsak –ki karışsa iyi olur- bu okumaya girişmek gerekiyor. Dikkat edin kafamızın açılması değil, karışması diyorum. Çünkü bu üç gelenek de azınlıklar ve etnik aidiyetler konusunda çok değişik ve hatta çelişik fikirlerden oluşan bir yumak gibi. Uygulamalarına hiç girmiyorum.

Mesela bu yazının başlığı Stalin'e ait... Aktaran ünlü Bulgar komünisti Dimitrov. TÜSTAV Yayınları Dimitrov'un günlüklerini ilk kez tam olarak yayımladı. Günlük 1998'de ortaya çıkmış. Dimitrov aldığı ilaçları bile günü gününe kaydetmiş. Tabii pek çok politik olayı da... Bakın mesela Dünya savaşı başlamadan yapılan Alman –Sovyet anlaşması imzalandıktan sonra ve Almanların Rusya'ya saldırmasından önce Sovyet yönetiminin savunma için gerekli tedbirleri almadığı söylenir, yönetim eleştirilirdi. Kimileri de durumun böyle olmadığını savunurdu. Gerçekten de iki yönde de yazılı belgeler vardı. Ancak Dimitrov'un günlüğündeki bir not Sovyet yönetiminin gerçekten de Nazi saldırısını o sırada beklemediğini gösterir gibi. 21 Haziran 1941 tarihli Dimitrov'un Günlüğü'nde şöyle yazıyor. **"Bugün Çin Komünist Partisi yöneticisi Mao Zedung'tan Komintern yöneticisi Shan kay Sheik'e ilettiği şu enformasyonu aldım. Bu gün Naziler Sovyetler Birliği'ne saldıracak"**. Ve o gece Naziler, Sovyetler Birliği'ne saldırıyor. Dimitrov şöyle devam ediyor: **''Bu bilgiyi Molotof'a ilettim. Spekülasyonlara dikkat etmek gerekir dedi''**

Günlük'te Türkiye ilgili bir not da var. Kitabın 2. Cildi, 37. sayfasında... Yine sanırım aynı dönemlerde yani Almanlarla 'dostluk' günlerinde

Stalin Türkiye hakkında şöyle diyor: **"Türkler de kimmiş, beş milyon insan süreriz Orta Asya'ya, geçer gideriz"** Türkleri değil ama Kırım Tatarları ile kimi Kafkasyalıları savaş sonrasında gerçekten Orta Asya'ya sürdü. Yani adamın kafasında önceden varmış. "Savaşta Almanlarla işbirliği" iddiaları filan havada kalıyor böylece. Stalin'in Alman saldırısından sonra Türkiye'ye bakışı ise daha bir dostça oluyor. Onu da belirtmek lazım...

Bir de Orta Asya politikası var Bolşeviklerin. Orta Asya'da Türkistan, azınlık hakları adı altında öyle bir bölünüp parçalandı ki, Kara Kalpakistan diye özerk cumhuriyet bile kuruldu. Alın size azınlık haklarının bir anlamda kötüye kullanımı. Maksat akraba etnik kimliklerin bir araya gelip uluslaşmasını önlemek.

AZINLIK HAKLARI ÇELİŞKİSİ

Gerçekten de bu azınlık hakları ilginç konu. Bir ulusun altında onun tahakkümüne uğrayan ve kendisi uluslaşma çabası içinde olan toplumsal yapı bir yandan hâkim ulustan kendi azınlık haklarının peşine düşüyor, ama uluslaşma iddiasını sürdürdüğü ölçüde de kendi alt kimliklerinin ayrı varlıklarını reddetme eğilimi taşıyor. Örneğin Kürtler kendi etnik ve kültürel kimliklerini Türklere kabul ettirmek isterken öte yandan Zazalar benzer bir çabayı Kürtler için göstermek zorunda kalıyor. Zazalığı ayrı bir etnik kimlik olarak savunanlar bazen Kürtlerden gelen bölücülük ithamıyla karşı karşıya kalıyor.

Geçenlerde bir okurum MHP ve azınlık raporu ile ilgili yazımı eleştiren bir e-posta atmış. Sayın Alpay Ardzınba Sakarya-Düzce civarında MHP oylarının Kafkasya kökenlilerden değil onlar nedeniyle Türklüğe sahip çıkma güdüsüne kapılan Türk kökenli seçmenlerden geldiğini söylüyor. Doğru olabilir. Bu konuda bilgilerim kendi tanışıklıklarımdan... Yani özel bir bölge incelemesi yapmış değilim. Benzer bir durum Kürt – Türkmen karışık bölgelerdeki Türkmen köylerinde görülür. Yalnız gerek bu bölgelerde gerek başka Kürt bölgelerinde Kürt MHP'liler de vardır. Bu konuda hem şahsi tanıklıklarım var hem de oy yapılanmalarında ve gazete haberlerinde görülüyor. Her etnik kesimde çok değişik siyasi eğilimler görülüyor Türkiye'de. Söylemek istediğim de bu. Fakat sayın Ardzınba aynı zamanda Çerkez- Abaza deyiminin yanlış olduğunu Çerkez denince zaten onların bir alt grubu olan Abazaların da belirtilmiş olacağını ifade ediyor. Bu görüş biraz önce vurguladığım Kürt-Zaza meselesine benziyor. Veya bizim Turancıların "Özbek, Kazak filan yok onların hepsi Türk'tür" demesine. Bana kalırsa kim kendine ne diyorsa odur. Ve ne yazık ki bir ulus doğarken kendi alt kimliklerini asimile etmek zorunda... Bütün kavga da oradan kopuyor. Azınlık haklarının önemli bir çelişkisi de yine oradan geliyor. Mesela Türkiye eğer Çerkezler veya Kürtlere azınlık haklarını tanımaktan kaçınamıyorsa tıpkı Bolşeviklerin yaptığı gibi olabilecek en küçük alt kimliklere de daha büyükleriyle aynı hakları tanımayı tercih eder. Üstelik azınlık hakları teorisi küçüklere daha fazla hakkın tanınmasını da içerdiğinden bunu savunmak da kolaydır. Öte yandan yukarda söylediğim gibi uluslaşma yolundaki azınlıklar kendi ayrı alt kimliklerinin önemini reddetmeseler bile azımsamaya çalışır, onlara tanınacak hakları o derece, diyelim ki, önemsemezler.

Velhasıl bu azınlık meseleleri öyle kolay içinden çıkılacak meseleler değil, daha çok çalışmamız lazım çook...

***

TÜRK SORUNU

Birgün 3.1.2005

Hani Pir Sultan'ın bir dörtlüğü vardır, bir yerinde şöyle der "Şu ellerin taşı hiç bana değmez/ ille dostun gülü pareler beni/ Son haftalarda Birgün gazetesi Bölgede süren nispî barış ortamının ortadan kalkması ihtimaline karşı tüm Türkiyeli vatandaşların ama özellikle Bölge halkının endişelerine tercüman olmuş, herkesi sağduyuya, sükunete ve barışı sürdürmeye çağırmıştı. Bir dostumuz da Birgün gazetesinin kimi yazarlarını –ki hepsi de birbirinden farklı düşünen kişilerdi, ortak noktaları Birgün'ün bu barış çağrısını yazılarının bir yerinde desteklemiş olmalarıydı- devletin ağzı ile konuşmakla itham etti; hadi itham etti demeyelim böyle ima etti diyelim. Başka yerden gelse beni etkilemeyecek olan bu yazı Pir Sultan'ın dediği gibi dosttan geldiği için beni üzdü.

Dün eski DEPli milletvekillerinin, içerisinde **8 maddelik bir talep listesi** de barındıran bir açıklamaları oldu. Birgün gazetesi de işte tam bunları söylüyordu. Milletvekillerinin bu açıklaması, Türkiye'nin hâkim siyasi ve örgütlü odakları eğer tribünlere oynamazsa, zor olanları söylemeye, desteklemeye, gerekirse Birgün gibi eleştiri toplamayı göze alırsa, eğer hepimiz, Milletvekillerinin bu cesur hamlesini desteklersek Türkiye'yi önemli ve ışıltılı noktalara götürebilir.

Geçenlerde bir köşedaşım **Rıdvan Akar** mesela Boşnaklar gibi kimi etnik grupların anadilde yayın meselesinde "Biz Türküz, böyle bir talebimiz de yok" tepkilerini eleştirmiş. Haklı bir eleştiri! Fakat yazısında yine Cumhuriyet önemindeki kimi asimilasyon uygulamalarından; bu arada **Rıza Nur**'un anılarından örnek vererek Cumhuriyet yönetiminin Kürtleri, Çerkezleri, Lazları, **Boşnakları** vb. Türk görmediğini belirtmiş. Belki de asimilasyonun sonucu olarak bu tür etnik grupların kendini Türk görebileceğini ama onların aslında (aslen) Türk olmadığını belirtiyor; "...Türk değildiniz" diye bitiyor. Belki çok yanlış değil; elbette 3000-4000 vuruşluk bir köşe yazısında sağlam bir analiz yapılamaz. Fakat yazı bu haliyle meselenin çok eksik bir panoramasını çizmiş oluyor. Hangi meselenin derseniz... Bu toprakların en önemli meselesinin yani Türk meselesinin... **Türk nedir?** Tek anlamı mı vardır? **Kim Türktür, kim değildir?** İnsan Türküm demekle Türk olur mu? Türk değilim diyeni zorla Türk kabul edebilir misin? Velhasıl bu sorun içinde, bin soru, bin tarihi, coğrafi, dilsel problem barındırır. Gazete sütunları elbette yetmez ama biz bir yerden tartışmaya başlasak mı ne dersiniz.

Aşağıdaki yazı hiçbir yerde yayınlanmadı. Birikim dergisinde yayımlanması için yazıldı ve gönderildi. Ancak daha önce pek çok yazımı yayımlayan Birikim, Ermeni meselesinde kimi yazarlarının tutumunu –sadece bilimsel açıdan- eleştiren bu yazıyı yayımlamaktan kaçındı. Üstelik bunun için herhangi bir gerekçe göstermekten de... Bu kitaba genellikle hemen hiçbir teorik yazıyı tam metin olarak koymadım. Bu yazı hariç... Yazı, Birikim'de Ermeni Sorunu üzerine peş peşe diyebileceğim sıklıkta yayımlanan birçok yazının hemen hemen çoğunda görülen bilimsel yöntem ve maddi hatalarla ilişkili. Yazı yayımlanmayınca onların da buna cevap verme şansı ellerinden alındı. Türkiye'de 'Ermeni meselesi' denilen konuyu tartışanlara ilişkin baskı ve engelleme malumdur. Ama görüldüğü gibi o "mesele"yi gündeme getiren kimi liberal solcular da iş gerçek hayattaki politikaya geldiğinde pek liberal ya da özgürlükçü değiller. Yazı bu "sorun" hakkındaki yorumuyla belli başlı iki tutumdan ayrılıyor. Yani ne "Ermeni soykırımı olmamıştır, her şey emperyalist yalanıdır" diyen milliyetçi/ulusalcı çizgiye katılıyor; ne de "Ermeni soykırımı az çok Diaspora'nın anlattığı şekliyle vuku bulmuştur, bunda da neredeyse tek suçlu İttihat Terakki Cemiyet'nin yönettiği Osmanlı Devleti'dir" tezine... Yazının tezleri ise aşağı yukarı şöyle: Hemen hepsi de sosyal bilimci olan eleştiriye tâbi tuttuğumuz yazarlar bu bilim grubunun temel kurallarını bu konudaki yazılarında o kadar pervasızca ihlal ediyorsa bunun politika tercihleriyle bir ilgisi vardır ve kendi tezlerini bilimsel bir gerçek olarak sunmaya ünvanları kâfi değildir. 2. Dünya Savaşı sonrası hukukçu Lemkin tarafından oluşturulmuş ve oldukça dar kapsamda kabul edilerek uluslararası hukuka dâhil edilmiş jenosit/soykırım kavramı oldukça eksik ve kusurludur. 1915 olayları bu açıdan bakıldığında bana göre de "tanım gereği" jenosittir. Ama bu, o topraklarda o dönemlerde uygulanan tek soykırım değildir. Müslümanlar da soykırıma uğramıştır. Birikim çevresinin bunu "dolaylı inkarı" da eğer "Ermeni soykırımı" bir "suç" ise, aynı şekilde suçtur. Tartışma bu şekliyle emperyalist merkezlerin istediği şekilde yürütülmektedir ve bunun da solla bir ilgisi yoktur. Bu sorun "denklemin" içine emperyalizm değişkenini ve sınıf kavramını sokmadan tartışılamaz. Halbuki yazıda eleştirdiğimiz yazarların yaptığı da esas olarak budur. Belli bir grup yazı hakkında yazılmasına rağmen buradaki tezler ve eleştiriler kanımca hâlâ güncelliğini korumaktadır.

BİLİNECEĞİ BİLMEK YA DA 'ERMENİ MESELESİ'NDE YÖNTEM SORUNLARI

2006

Birikim geçtiğimiz yıl Mayıs sayısı ile Ermeni sorununun tartışılmasında önemli bir adım attı. Bu adımı sonraki sayılardaki kimi yazılar da perçinledi. Geçen yıl Boğaziçi Üniversitesi'nin ertelenen Ermeni konferansı ve daha sonra bunun Bilgi Üniversitesi'nde protestolar eşliğinde nihayet yapılması arkada bıraktığımız bir yıllık süreyi Ermeni tehciri veya jenosidini –nereden baktığınıza göre değişiyor- hem Türkiye akademik dünyasında, hem de politikacılar ve halk arasında çok tartışılan konulardan birisi olarak karşımıza çıkardı.

Tartışma diyorum ama aslında "İşin uzmanları" arasında birbiriyle konuşmadan yürüyen bir acayip tartışma bu... Bu acayip "tartışma"nın bir yanında Türkiye Devleti ve onun bir anlamda memuru olan tarihçiler, Türk tarih Kurumu vb var... Onlar hakkında söylenebilecek olumlu şey ne yazık ki çok az... Geliştirmeye çalıştıkları tezler fena halde politik çıkar ve devlet güdümü kokuyor. Tezlerin dayandığı kuramsal yapıları sadece zayıf olmakla kalmıyor, bazen neredeyse çocukça ki bu masumiyet kokan niteleme de aslında entelektüel yetersizliği anlatmak için bile olsa o kadar da uymuyor. İşlerine gelen belgeleri kullanıyor, işlerine gelmeyenleri saklıyor veya tahrif ediyorlar... Buna karşılık tarihçiliğin zanaat kısmında, bir anlamda vakanüvislik derekesine kadar inseler de, örneğin arşiv çalışmalarında veya Osmanlıca'ya vukuflarında çoğu kere muarızlarına belli üstünlükleri de mevcut.

Ara yerde tarihçiliği ciddiye alınabilecek ama devlete, dolayısıyla resmi tezlere yakın duran İlber Ortaylı gibiler ile örneğin kaybettiğimiz önemli tarihçi **Stefanos Yerasimos** gibi resmi devlet tezine uzak fakat yurtdışındaki özellikle Ermeni tarihçilerinin tezlerine de aynı derecede uzak duran kişiler var. Türkiye'deki tartışmanın üçüncü kanadı Taner Akçam'ın önünü açtığı, Ermeni jenosidinin kabul edilmesini isteyen, resmi

Ermeni tezlerine yakın görüşleri savunan akademisyenler. Özellikle **Ermeni diasporasında** hâkim olan anti Türk, ırkçı yaklaşım ve üslup elbette ki bu akademisyenlerde mevcut değil. Ancak bunun bir jenosit- soykırım olduğu; Türkiye'nin özür ve tazminle yükümlü olduğu; bu jenosidin uluslararası planda tanınmasının önemli olduğu, bu yaşananlarda Ermenilerin esas olarak mağdur/kurban, Müslümanların ise fail olduğu gibi 1915'ten bu yana asıl olarak Ermeni örgütleri tarafından dile getirilen görüşleri savunuyorlar. Bu akademik grubun sayısı da uluslararası platformdaki Ermeni tezlerinin kabulüne paralel olarak artıyor. Tabii hemen belirtelim bu görüşlerin 1915 yılından bu yana asıl olarak Ermeni kesimince savunulması hiç de Türk milliyetçilerinin iddia ettiği gibi yanlış olmaları için esastan bir kanıt teşkil etmiyor.

Bu "tartışma"nın **Birikim dergisi** sayfalarında yer bulan kısmına bakıştan hareketle tartışma hakkında birkaç şey söylemeye çalışacağım. Değinmelerim kullanılan malzemelerden çok yöntemlerle ilgili olacak. Bu dergide yer alabilecek birkaç sayfa içinde bu çapraşık meseleyi tartışmak hatta buna bir giriş bile yapmak mümkün değil. O yüzden belki her biri bir yazı başlığı, bir kitap bölümü olabilecek noktalara kısaca değinmekten başka çare yok. Değindiğim yazarlar da aynı yer sorunu ve meseleleri kısmi ele alma mecburiyeti nedeniyle dertlerini tam anlatamamış olabilirler ve umarım onlar veya başka arkadaşlar bu meseleleri açarak eksikleri veya benim -olabilir ki- yanlış anlamalarımı tamamlar/düzeltir. Böylece bu tartışma insanların ve toplumların birbirini suçlaması, eski yaraların yeniden deşilip kanatılması, şüphe ve paranoyaların hortlatılmasına değil de Yerasimos'un bu konudaki bir nevi vasiyeti sayabileceğimiz tarihsel çalışmanın gerçekleşmesine yol açabilir. [*"Bu çalışmanın ilk amacı dünya kamuoyunu etkilemek hatta aydınlatmak değil Türkiye toplumunu kendi geçmişi ile barıştırmak olacaktır. (…) Böyle bir tartışmanın hukuksal tartışmaya bir zararı olmaz. Resmi görüşleri bağlamaz(…) Resmi görüler bu çalışmadan istedikleri zaman ve ölçüde faydalanacaklarından onlara daha büyük manevra imkanı verir. Ve zamanla bu bilgilerin Türk ve yabancı kamuoyları tarafından benimsenmesiyle yol alınmış olur." Toplumsal Tarih, Eylül 2002. s. 18.)*

***

Birikim'deki yazılarda ilk gözüme çarpan neyin tam olarak bilindiği veya neyin tartışmalı olduğunun ayrımının hemen hiçbir yazıda altının çizilerek yapılmamış oluşuydu. Tarih biliminde ve genel olarak sosyal bilimlerde esasen bir matematik ispatı beklenemez; ne de hatta fen bilimlerinin kullandığı türden bir kanıtlama... Sosyal bilimlerin, bir tezin bırakınız ispatlanması yeterince delille bile donatılmasının en zor olan dallarından biri belki de birincisi tarihtir. Evet ama bizzat bu nedenden dolayı hiç değilse öne sürülen yargıların/ tezlerin biraz daha ihtiyatlı ifade edilmesi gerekmez miydi? Zira her türden tezin ispatlanmış doğrular olarak kesin bir dille öne sürülmesi gerçekten iyi delillendirilmiş olguların da güvenilirliğine gölge düşürüyor. Burada daha doğru olan, süregelen tartışmada hemencecik bir yan tutmak değil; önce üzerinde kesinkes anlaşabileceğimiz hiçbir tarafça inkar edilmesi zor asgari tespitleri yapabilmek olmalıydı. Sadece örnek vermek için bahsedeyim... Anadolu'dan tehcirleri sırasında yüzbinlere varan Ermeni yurttaşlarımızın öldüğü bir vakıadır. Bu sonuçta İttihat Terakki'nin Anadolu'yu Türkleştirme kaygısının rol oynadığı da delillendirilebilir. Ama örneğin bunun için kapsamlı bir planının **Triumvira** (Üç paşalar: Enver,Talat, Cemal) tarafından en ince ayrıntısına kadar yapıldığı, **Teşkilat-Mahsusa'nın** bu amaçla bir derin devlet olarak kurulduğu ve hatta onun içinde ikinci bir Teşkilat-ı Mahsusa kurulduğu (derin derin devlet), emirlerin bizzat Talat'ın odasındaki özel telgraftan verildiği gibi belirsiz bir iki belgeye veya kimi çelişkili hatıratlara dayanan çok ayrıntılı olgusal tezler için aynı şey söylenemez.

Bir başka örnek ise kuramsal olarak sorunlu tezler... Mesela jenosid girişiminin altında yatan ağırlıklı etkenin, gerçekten savaş ve vatanın ciddi bir tehlikede olduğu algısının değil de **protofaşist bir sosyal darwinizm** ve bundan doğan yurdu ırken saflaştırma düşüncesinin bulunduğu tezi. Bu tezin eldeki verilerle ciddi olarak ispatlanacağı bizzat tezin yapısı gereği şüpheli – çünkü tez ne yanlışlanabilir, ne de doğrulanabilir bir yapıda...

Öyleyse yapılması gereken bilinecekleri bilmek; onları doğrudan söylemek, diğerlerini ise yorum veya kişisel kanı olarak ayrıca ifade etmekten başka bir şey olmamalı. Böylece olguları anlamak için kuracağımız teorik çerçeveye inandıklarımızı değil ispatlayabildiklerimizi alırız ki bilimin yapması gereken de budur. Böylesi bir tutum tarihi dar alana hapsetmek değildir. İnandıklarımızı yine ifade etmeye çalışırız - ki benim de bu meselede böyle ispatlayamayacağım inançlarım var; hatta bazıları bu konuda yazan Birikim yazarlarıyla aynı- ama bilimsel bir gerçek olarak değil bir kanı veya ispata muhtaç bir tez olarak... Yine de onlar için yeni deliller aramaya devam ederek elbette... Böyle davranmak yani önce bilineceği bilmek... Ermeni sorunu konusunda yapıcı bir tartışmanın da önkoşulu olur; yeni kavgalar yaratmaz!

SOĞUK BİLİMİN ELZEMLİĞİ

Birikim'deki yazılarda gördüğüm bir başka özellik aslında kendi aralarında herhangi bir tartışma içermeyişi. Birbirinden farklı kişilerce yazılmış bu yazılar bana sanki bir bütünün birbirini tamamlayan parçaları, bir kitabın bölümleri gibi geldi... Belki mesela 199. sayıda yer alan Necati Polat'ın yazısı hariç... (Onun da hemen iki sayı sonra **Etyen Mahcupyan** tarafından bir anlamda 'ağzının payı' verildi!) Bu durum meselenin tartışılıp bitmiş, sanki geriye sadece Türk aydınlarına veya vatandaşlarına tebliği kalmış gibi bir görüntü sergiliyor. Belki durum öyledir ama mesela bana öyle gelmiyor. Birikim'de bir sorunla ilgili farklı görüşlerin tartışılmasına alışığım, belki ondan yadırgadım.

Ermeni sorunu üzerine yazıların bir başka yanı da çoğu yönleriyle duygusal hassasiyetler ve hatta tabularla fazlasıyla yüklü olması; bazen de pedagojik denebilecek bir yaklaşım sergilemeleri... Üstelik bu söylediğim Birikim'de yazan veya yazmayan kimi yazarların başka yerlerdeki yazılarında da, hatta daha açık olarak, gözleniyor. Ne demek istediğimi açayım. Örneğin Ermeni sorununun tarihsel arka planını açıklamak isteyen bir yazar uzun uzun bunun katliamları mazur göstermek anlamına gelmeyeceğini anlatarak işe başlıyor. Anlaşılır bir durum. Ancak bu duygusal tansiyon mesela 'Gerçekte kaç Ermeni katledildi?' sorusunun 'ölü hesabı yapmak' veya ahlak dışı bir tutum olarak ele alınmasına yol açabiliyor. *[Bu sorunla literatürde çok karşılaşıyoruz. Ne zaman Ermeni kayıpları araştırılsa 'Soykırımı inkar ediyorsun'dan, 'ölülerin hesabını yapmak ahlaksızlıktır, bu ölenlerin yakınlarına hakarettir' e kadar uzanan suçlamalar geliyor. Bu "araştırma"ların sıklıkla gerçeği bulmak için değil de meselenin boyutunu küçültmek için mazeret olarak da kullanılması bu eleştirileri haklı kılabiliyor. Ama o zaman aynı eleştiri örneğin Birikim 193/194 sayıda Timuçin Binder'in "Türkiye*

Soykırıma Uğradı mı?" yazısı için de geçerli olmalı. Bu yazıda yazar, Devlet Arşivleri Müdürlüğü'nün bir araştırmasına göre 500 bin Türk'ün Ermenilerce katliama uğratıldığı iddiasını çürütmeye çalışırken -ki bu özensiz çalışmanın çürütülmesi gayet kolay- söylediği şeylerden tıpkı ölen Ermenilerin yakınları gibi ölen Müslümanların yakınları da kendilerine hakaret edildiğini düşünebilir.] Elbette ki sorunun önemli bir yönü olan bu hususu ondan sonra gel de tartış! Fakat eğer mesele gerçekten Türk veya dünya kamuoyunu bazı doğrular hakkında bilgilendirmek, kendimiz için ise tarihin bilinebilecek daha gerçekçi bir resmini üretebilmek ise böylesi duygusal kaygıları kesinlikle bilim odasının dışında –elbette ki yüreğimiz veya beynimizin dışında değil- bırakmalıyız.

Pedagojik yaklaşımdan kastettiğime gelince… **Halil Berktay** ve **Taner Akçam**'ın dışındaki yazarların neredeyse tümü Jenosit terimini kullanmaktan kaçınıyor. Jenosit teriminin hukuksal, politik uzantıları nedeniyle sorunları olduğundan veya jenosidin olayları anlatan doğru kelime olduğuna inanmamalarından değil… En azından ben yazılarından öyle anlıyorum ki -ayrıca bazı yazarlar bunu açık açık söylüyor- "Türkler" bu konuya daha hazır değil; onlara bu gerçek alıştıra alıştıra söylenmeli; yoksa diyalog baştan kopar!" düşüncesinden… Böyle olunca işte jenosit teriminin yerine, "kırım", "kıtal", "trajedi" vb ikame ediliyor. "İyi niyet" ile de olsa bu tutumu doğru bulmuyorum. Burada tarihsel gerçekleri aydınlatmak istiyorsak ne pahasına olursa olsun, acıtsa bile terimleri yerli yerinde kullanalım. Yok inanmıyorsak o başka; o zaman da sessiz kalmayıp o terimin niçin uygun olmadığını açıklayalım.

BİLİMİN ZİNCİRLERİNİ ÇÖZMEK

Yine yazılarda gördüğüm bir başka şaşırtıcı husus uluslararası platformda Ermeni sorununda bazı tezlerin tartışılmasının parlamento ve mahkeme kararlarıyla yasaklanmasına hiç tepki verilmeyişiydi. Örneğin ünlü tarihçi **Bernard Lewis**'in mahkum ettirilmesi, **Gilles Veinstein**'in başına gelenler… Hatta bırakın hiç de Türk resmi tezinin memurları sayılamayacak bu tarihçileri, Halaçoğlu gibi birinin bile görüşlerini ifade etmesini zor yoluyla önlemek mutlaka kınanması gereken bir durum değil mi? Burada bir ayrıma dikkat! Nefret içerikli, ırkçı, başka toplulukları aşağılayan üslup ve içeriğin yasaklanması ayrı konu... Bu anlamıyla Yahudi, Ermeni veya Türk, Kürt, Zenci vb gibi toplulukları aşağılayan konuşmaların yasalarca suç sayılması doğrudur. Gerçek bilim adamı da böyle şeyler yazmaz, söylemez. **Neo Nazi** veya **Ku Klux Klan'cıların** bu arada pek çok Türk faşistinin de konuşma ve yazılarında bu suçu sürekli işlemeleri yüzünden ilgili yasalarca men edilmeleri de doğrudur. Doğru olmayan ise, işaret ettiğim bu ayrımı ortadan kaldıran türden yasaların yukarda bahsettiğimiz hakkı ve imkanı kötüye kullanan lobilerce çıkarılması; bir anlamda bilimin zincire vurulması... Bu nokta şu bakımdan da önemli... Pek çok yazar uluslararası "akademya"nın bu sorunda jenositle ilgili şüpheleri artık dile getirmediğini söyleyerek bunu jenosidin gerçekliğinin tartışılmaz bir başka kanıtı olarak öne sürüyor. Tartışanları aforoz, hatta hapis edip sonra da "kimse tartışmıyor, demek ki gerçek" demek ne kadar dürüstçe oluyor? Üstelik uluslararası akademik çevrenin bir konu hakkında belirli bir konjonktürde verdiği hüküm ne yazık ki bilimsel gerçekle her zaman o kadar da ilgili olmayabiliyor. Kendi alanımdan örnek vereyim. 1970'lerin ortasından1980'lerin başına kadar, iktisatta Keynesçi incelemeler neredeyse aniden azaldı, olanların çoğu eleştirel bir bakış sundu; yerine yeni-parasalcılık incelemeleri akademik çevreleri doldurdu. Kürsü başkanlığı gibi akademik kariyerlerde de benzer değişimler yaşandı. Bu değişimin sebebi bilimin kendi iç mantığı, yani-keynesçiliğin çok çürük, parasalcılığın da kuvvetli bir teori oluşu değildi. Gerisinde doğrudan toplumdaki sınıfsal çıkarların ve güçlü lobilerin –özellikle Wall Street'tekilerin- üniversite mütevelli heyetlerine ve tek tek akademisyenlere etkisi yatıyordu.

ŞU ESKİ MODA KAVRAMLAR

Gördüğüm tüm yazılarda bir iki imanın dışında ne sınıf analizi, ne de emperyalizm kavramı kullanılmıştı. Bunların artık sosyalist yazında bile eski moda kavramlar olarak algılandığını bilmez değilim –ki bana göre çok yanlış bir algı... Fakat özellikle Ermeni sorununda bu kavramları kullanmadan doğru dürüst bir analiz yapabilmek kanımca neredeyse imkansız. Ermeni Sorunu, Doğu Sorunu'nun bir parçasıydı; o da emperyalist dönemin doğrudan ürünü... Emperyalist politikalar olmasa halklar arasında tarihte daima görülen çatışmalardan biri olarak kalabilecek bir olaylar dizisi muazzam bir kıyıma dönüşmeyebilirdi. Belki emperyalizm ve sınıf kavramları sadece eski moda olduğundan değil; jenositteki Osmanlı devletinin sorumluluğunu azaltacağı (sorumluluğun emperyalistlere atılacağı) endişesinden ötürü veya mesela sınıf kavramı da etnik sorunu sulandıracağı düşünüldüğünden kullanılmıyor. Fakat eğer öyleyse zaten bu da bilimin politikaya bir başka şekilde alet edilmesi olur. Üstelik sınıf analizi mesela bir tarafın belli ki çok istediği Ermeni soykırımını Yahudi soykırımına benzetmeyi, hatta kolaylaştırır bile [*" Ermenilerle Musevilerin iki ortak özeliği var: aşırı dağınık durumda olmaları ve yaşadıkları toplumdan eğitim sanayi ve ticaret konularındaki genel üstünlükleri. Komşuları onlardan korkuyor ve hoşlanmıyor. Buna karşılık onlar savunmasızlar." Mil'man, Politicheskii Stroi Azerbaidzhana " 1966, s. 218 Akt. Swietochowski, Müslüman Cemaatten ulusal Kimliğe Rus Azerbeycanı 1905-1920)* Burada bahsedilen **Rus Kafkaslarındaki** gerilimdir. **Azeri-Ermeni** geriliminin perde arkasında yatan petrol sahalarındaki ihaleler ile işçiler arasında ve Azeri-Ermeni burjuvazisi arasındaki yaşanan mücadeleler tasvir edilir. Benzer bir öykü elbette Osmanlı'da da vardır. Ancak küçük değinmeler dışında biz bunu Birikim'deki yazılarda görmüyoruz.]

"YENİ" MODA ELEŞTİREL TEORİ

Dedim ya, eski moda kavramlar artık pek gözde değil. Bir zamandır eleştirel teori genel başlığının içinde 'post yapısalcı' tezler moda... Psikanalizden alınan travma, sosyoloji ve sosyal psikolojiden bulunan kimlik tartışmaları, dilbilimden gelme yapısökümü vb... Soykırım kavramı 'hakiki' mi "o bir 'real' midir? Yoksa hakiki değil midir, vb... Şöyle veya böyle aslında 1950'lerden beri geliştirileduran bu "yeni" kavramların veya kuramsal çerçevelerin düşmanı da, sosyal bilimlere belli bir zenginlik getirdiğinin inkarcısı da değilim. Sadece **Lacan**, Derrida veya **Zizeck**'in kavramlarının bu konuya aceleyle hatta biraz dikkatsizce uygulandığını düşünüyorum. Bu kavramsal çerçevenin uygulamalarına ilişkin başka şeyler de söylenebilir ama doğrusu sırf başka yazarlar bu teorik aletleri kimlik meselesinde veya Yahudi soykırımı meselesinde başarıyla kullandı ve şimdi de başka bazıları Ermeni soykırımına da uygulamaya çalışıyor diye benzer denemeleri birkaç sayfaya sıkıştırıp Birikim'de kağıda dökmek beni bu aletlerin, en azından bu özel konuda işe yararlığı konusunda ikna etmedi. *[Bu konuda belki soykırımın yeni kavramlarında kullanıldığı buna karşın mesela Hannah Arendt'in analizlerinin de ele alındığı başarılı sayılabilecek bir örneği için Bkz, Bartov, O. Mirrors of Destruction, War, Genocide and Modern Identity" Oxford Uni. Pres, 2000]*

Yazılarda ne Türk kimliğinin oluşmasında Ermeni soykırımının önemli bir rolü olduğunun ispatlandığını, ne de Türk toplumunun –iddia olunduğu gibi- bu sebepten bir travma içinde olduğunun açıkça sergilendiğini düşünüyorum. Bunlar sadece ileri sürülmekle yetiniliyor. Keşke öyle olsaydı. Keşke mesela Türk veya Kürt toplumu Ermenilerin katliamı nedeniyle, mesela bari vicdani bir rahatsızlık duysaydı... Hani jenosit tartışılırken "Şimdi olsa adı jenosit olurdu" diye garip bir tespit var ya... Kanımca 'şimdi olsa' maalesef vatandaşlarımız bundan 90 sene öncesinden daha bir şevkle kitle kıyımında yer alabilir. Ülkenin politik olarak getirildiği iklim buna çok daha müsait.

Bir başka tez ise bu sorunun devletin kışkırtmasıyla yapıldığı; yani sorumlunun hatta Osmanlı devleti bile değil İttihat ve Terakki Cemiyeti olduğu; hâttâ, hâttâ onun içindeki derin İT, yani Triumvira olduğu tezi. Eğer bu da bir pedagojik yaklaşım değilse böyle bir şey klasik ve ciddi soykırım literatüründe bildiğim kadarıyla hiç önerilmedi... Tersine, genel eğilim 'sıradan insanların' da o sıradanlıklarıyla sorumlu oldukları yönünde. **Holokost** (Yahudi soykırımı) söz konusu olduğunda 101. Alman Polis Birliği üstünde dönen ve **'Goldhagen Controversy'** diye bilinen tartışmada hatta sıradan insanın da değil, belli tarihsel, kültürel birikimiyle sıradan Alman'ın soykırımın sorumlusu olduğu dahi ileri sürüldü. *[Bkz. Hinton, A., Why Did the Nazis Kill, Antropology, Genocide and Goldhagen Controversy; Antropology Today, october 1998]*

Öyleyse bu kavramları kullanmak, Anadolu'daki toplulukların, 'sıradan Müslümanlar'ın nasıl bir kültürel geçmişle soykırıma eğilimli olduğunun da beraberinde gösterilmesini gerektirirdi.

Kavramlarla ilgili yöntem sorunları sadece bunlarla da sınırlı değil. Bir başka sorun bir kuramsal çerçeve içinde kullanılmış bir kavramı oradan adeta makasla kesip alarak bir başka zemine yapıştırmak... Örneğin sosyal darwinizm kavramı... Holokost ile birlikte kullanılan bu kavramın gerisinde Yahudilere ve 'aşağı ırklara' karşı üstün ırkın kendini koruma hakkı kavramı yatar. Bu kavram sıradan bir 'en güçlünün yaşaması' kavramı değildir. Eğer bu kavramı kullanıldığı çerçeveden alıp Ermeni soykırımı meselesine uygulamak isterseniz o zaman Osmanlı toplumunda kök salmış ve yaygın bir ırkçılığın varlığını da göstermeniz gerekir.

Bi başka yöntem hatası ise yine tarihsel olarak farklı aktörleri sadece aralarındaki bazı benzerlik ve etkilenmeler nedeniyle birbirine eşitlemek... Bu durum **jakobenizm** kavramında iyice ortaya çıkıyor. Orijinal jakobenler, mesela **Robespierre**, sonraki nesilde kendini jakoben gören veya öyle lanse eden bir dizi akıma eşitleniyor; bu akımlardan oluşmuş, ortak bir jakobenizm varmış gibi karikatür bir tip yaratılıyor; dönülüyor o da mesela **Enver Paşa** ve **Talat Paşa** ile eşleniyor. (Kralın kellesini uçuran Robespierre ile Padişaha damat olan Enver "Paşa" nın ne tür bir benzerliği varsa!) Yetmiyor, onların zihniyetinde daha sonra Nazi döneminde oluşacak ırkçı faşist ideolojinin oldukça olgunlaşmış bir erken örneği keşfediliyor. Bunlar o saik ile bir erken dönem Holokost'u gerçekleştiriyorlar ve böylece Hitler'e örnek bile oluyorlar. Sonra Türkiye'deki yeni rejim yine neredeyse tam bir süreklilikle bu görüşteki insanlardan oluş(turul)uyor. Yetmiyor bu ekip 1990'larda bu kez yeni-ittihatçılar kılığında bildiğimiz faşistler olarak ülkenin AB yolunu tıkıyor, vs, vs, vs... *[Jakobenizm konusunda kendini jakoben sananlarla onları jakoben sananlar arasındaki tartışma ve Jakobenizmin ne olduğu hakkında bkz. Jakobenizm Bir Yanlış tartışma 1 ve 2 Türkiye Sorunları Dizisi içinde, 1988, Cüneyt Akman]* Jakobenizm ile Pozitivizm arasındaki bağlantıların kuruluş şeklinin de kimi zaman bizzat pozitivist mantığı andırması ayrı konu...

TÜRK MESELESİ

Ermeni meselesi tartışılırken özellikle Batılı yazarların eserlerinde 'geniş anlamda Türkler' de ister istemez baş aktör ve kötü adam olarak ortaya çıkıyor. Bu eserlerde katliamların basit açıklamaları var. Ve eserleri –kendi içinde-tutarlı! Özetle açıklamaları şu: Türkler (Onlar Türk deyince genellikle Türk, Kürt Arap bütün küçük Asyalı Müslüman unsurları kastediyor) Asyalı ve barbar bir toplum olarak zaten şiddete eğilimlidir. Batılı tekniklerle bir miktar modernleşmeleri onları daha uygar değil, sadece daha tehlikeli yapmıştır. Aşağı bir ırk olarak uygarlığa ehliyetleri yetersizdir.

Kültürel geçmişleri yüzünden bütün Hristiyanların amansız düşmanıdırlar. Batılı tekniklerin yardımı ve dünya savaşı dolayısıyla uygar devletlerin engel olamayışı sayesinde zaten asırlardır yapmak isteyip de yapamadıklarını sonunda yapmışlardır. [*Bu konuda Ermeni katliamları hakkında ilk yazılan kitaplardan biri olan ve geniş ölçüde kamuoyu oluşturan şu esere Bkz. Orta Doğu üst düzey ABD diplomatının yazdığı, Blight of Asia, Horton, G., Bobbs-Merril Company, 1926; bu kadar aşırı ırkçı bir yaklaşım sergilemeyen bir başka ünlü diplomat ise elbette Bkz Ambassador Morngenthau's Story, Morgenthau, H., Garden City Doubleday, Page & Company, 1918. Horton'un tersine Morgenthau'nun sorunu daha çok savaştaki asıl düşman olarak gördüğü Almanlar ve onların işbirlikçisi olarak İ.T üçlüsüdür.]*

Böylece özellikle o sıradaki Türkiye'de görev yapan diplomatlar, birçoğu Protestan olan misyonerlerin tanıklıklarına geliyoruz. 'Bunlar hiçbir teorik kanıtlamaya gerek bırakmadan yaşananları kanıtlıyor' denilir. Ancak burada da bir başka yöntem sorunu var. Sözlü tarihler, anlatılar, anılar tek başlarına tarihi anlatmaz; sadece o tarihi olayları o kişilerin nasıl gördüğünü ve nasıl anlatmayı tercih ettiğini anlatır. Aralarında Türklere de sempatik bir gözle bakanlar olsa da onlar için Ermeniler, tıpkı Yunanlar gibi çok özel bir topluluktur. Biri ilk uygarlığı kuranlar, diğeri ilk Hristiyan olanlar... Ayrıca misyonerlerin bu topraklarda toplu mezhep değiştirebildikleri yani başarılı oldukları tek topluluk Ermenilerdi. Amerika açtığı okullarda Ermenilere özel bir dikkat gösteriyordu ve bu çalışmalar neredeyse onyıllardır sürüyordu. Gerçekten de yaşananlar sadece korkunç bir insanlık dramı değildi onlar açısından; aynı zamanda Türkiye'nin birer vatandaşı olarak yaşamaları bile büyük bir haksızlık olan 'o asil ve zavallı halk' için yıllardır yaptıklarının bir anda yerle bir olmasıydı. İster istemez olayları kendi bazen ırkçı, bazen dinci görüşleriyle kaynaştırarak verdiler. Gerçekleri hepsi ille de çarpıtmadı belki ama, neredeyse hepsi de o gerçeğin sadece belli yüzlerini anlattı. Dahası onların anılarında çizdiği korkunç vahşet sahneleri –ki büyük bölümünün doğru olduğundan kuşkulanmak için bir sebep yoktur- kültürel geçmişleri ve bunun getirdiği anlatış tarzıyla ne sorunun eksiksiz bir tasvirini yaptı, ne de sorunun çözümüne olumlu bir katkı...

KRONOLOJİ PROBLEMİ

Aslında buna zaman ve mekan problemi demek daha doğru. Önemli bir sorun çünkü bir başka yöntem sorunu da burada yatıyor. Örneğin Mayıs 2005 tarihli Birikim kronolojiyi **Tanzimat Fermanı** ile başlatıyor, **Osmanlı Rus 1877 Savaşı** ile derinleştiriyor ve **1912 Balkan Savaşı'nı** dönüm noktası olarak gösteriyor... Devamında 1914-21 arasında asıl tehciri ve sonrası çatışmaları inceliyor. Mekan olarak ise inceleme alanı sadece Osmanlı toprakları... İlk bakışta bu normal görünüyor. Böyle bakınca büyük bir devletin içinde ondan özgürlüğünü almaya çalışan küçük bir ulus ve ona kendisiyle eşit haklar tanımaya bir türlü razı olmayan "millet-i hâkime" var manzarada... Senaryoya göre Ermeniler azınlıkta oldukları halde, bu baskıdan kurtulmak amacıyla da olsa bağımsız bir devlet kurmak aslında pek istemiyorlar... **Taşnak partisi** aslında en fazla özerklik istiyor... Müslüman kitlenin kendisini tehlikede hissetmesi için çeşitli muhaceratın (Kafkas ve Balkan Müslüman göçmenleri) yarattığı psikososyal travma dışında aslında nesnel bir sebebi yok. İttihatçıların **Turan sevdaları,** neredeyse durduk yerde (!) tek ve homojen bir nüfus yaratma inatları "iç düşman" olarak gördükleri Ermenileri yolun üstünden çekmek için bu jenosidi yarattı. [İç düşman kavramı Ahmet İnsel'in yazısında yine jakobenlerin yarattığı bir kavram olarak gösteriliyor. *Halbuki* iç düşman düşüncesi belki insanlık tarihi kadar eski. Kavramlaştırılması, terimin yaratılması ise Jakobenlerden 250-300 sene kadar öncesine dayanıyor. *Terim Avrupa din savaşlarına dayanıyor ve orijinali ne kadar ironiktir ki, "İç Türkler/içimizdeki Türkler " şeklinde. Literatürde İç Türkler'in gerçek Türklerden daha kötü olduğu altı çizilerek belirtiliyor Bkz. Housley N. Religious Warfare in Europe 1400-1536, Oxford Uni. Press, 2002, s. 142]*

Olayın dünya savaşı ve Rus işgali tehlikesiyle ilgisi neredeyse yok mertebesinde...

Denilebilir ki "Öyle değil; sen karikatürleştiriyorsun; biz pek çok başka unsuru da yazılarda belirttik." Elbette basitleştirerek anlatıyorum. Ancak burada vurgulanması gerekir; ayrıntıda pek çok aykırı şey söyleyebilirsiniz ama kuramınızda/modelinizde yine de bunlar değer taşımayabilir. Çünkü bazen bir yazıyı laf kalabalığından sıyırıp değişkenler, sabiteler, katsayılar, denklem sayıları olarak sınıflandırsak, sonuç çıkarmada yani denklemlerde, yazının içinde önemliymiş gibi zikredilen bir çok değişkenin ya hiç yer almadığını ya da ihmal edilebilir katsayılar eşliğinde yok mertebesine indirildiği görülür. Bu sadece Birikim'deki tartıştığım yazıların değil sosyal bilimlerin, hatta bizzat okuduğunuz bu yazının da genel sorunudur. İyi sosyal bilimciler bu sorunu asgaride tutarlar. Ermeni sorunu tartışmasının, baştan beri vurguladığım duygusallık, tabu, etik sorunlarıyla çevrelenmiş zemini ise anlaşılan bunu asgaride tutmaya o kadar da fırsat vermiyor.

Zaman ve mekan sorunu demiştik... Zamanla başlayalım. Müslüman-gayrimüslim çekişmesinin **Haçlı seferlerine** dayanan uzun bir geçmişi var. Ve bu geçmiş modern zamanlarda büyük devletlerin aklında, Ermenilerin aklında ve Müslümanların aklında uğursuz bir hayalet gibi yeniden doğup duruyor. Ve bir anda, geçmişte hiç değilse soluklaşmış olan bu heyula yeniden ete kemiğe bürünüveriyor. Belki de geçmişin bu şiddetli damgası olmasa bu topraklarda o günkü koşullarda bile asla böyle bir vahşet yaşanmazdı.

Ya mekan... Doğru ele alındığında sadece Osmanlı coğrafyası değildir olayların yaşandığı... İran ve özellikle Kafkasya aslında olayların başladığı asıl mekandır. Ne var ki eleştirdiğim yazılarda bu yok. Öyle olunca 'Ermeni komitacılarının bireysel terör eylemleri Müslüman topluluktan özellikle Doğu Anadolu'da kitlesel kıyımla cevap görüyor' şeklinde bir anlatıyla karşılaşıyoruz. Halbuki mesela 1890 Ermeni kıyımlarını, **1860 Çerkez kıyımları** olmadan anlamak imkansızdır. 1830'lardaki Rus işgalinin ardından 1859'da İmam Şamil direnişinin de bitişi sonunda Rusların Çerkez tehciri başladı. 1 milyon olduğu tahmin edilen Çerkez nüfusu tehcir sonrası 145 bine düştü. Yolda açlık, salgın hastalık, Rus birliklerinin tacizi ve Hristiyan komşularının saldırısı sonunda yüzbinlerce Çerkez öldü. Gerek Osmanlı'ya gelen bu Çerkezler gerek ise Balkanlardan Hristiyanlarca zorla göç ettirilen Müslümanlar bu kez Anadolu'da ve Kafkasya'da şiddetin tohumlarını ekti. Ermenilerin Rusya ile geleneksel iyi ilişkileri, Azerbaycan'da ve sair Kafkas bölgelerinde Rus işgali nedeniyle mülksüzleştirilen Müslümanlar arasında Ermenilere karşı nefreti artırdı. Ermenilere yönelik 1915 katliamları öncesinde sırf milli sınırın dışında diye atlanan, ama halkların gayet iyi hatırladığı 1905 sonbaharı **Ermeni-Tatar Savaşı** (Ruslar Kafkasya Müslümanlara kısmen aşağılayıcı bir anlam da yükleyerek Tatar diyordu) yaşanmıştı. Her iki tarafta sivil, kadın, çocuk binlerce kişi öldü. 1917 Mart'ında da benzer şeyler daha da büyük ölçüde yaşanacaktı.

Ben bütün bu olaylarda kayda geçmiş korkunç ve vahşiyane şeyleri anlatmayacağım, Çerkezlerin, Balkan göçmenlerinin, Azerilerin başına getirilen ve hayvanların bile yapmayacağı şeyleri... Bunlar o insanlara karşı pek de sempatik bakmayan yabancı gözlemciler ve gazeteciler tarafından bile kısmen de olsa belgelendi. Yani mesele " Ermenilerin yaptığı katliamlar 'intikam cinayetleri'dir; önce Ermeniler şiddete uğradı" tezinin –Birikim yazılarında yoğunlukla görülen tez- anlattığından çok daha karmaşıktır. Ne yaşanan cinayetler sonradan yapılmış intikam cinayetleridir, ne de kendilerine yapılanların aynısını intikam cinayeti olarak yapmak binlerce insanın katlini mazur gösterebilir veya hafifletir.

Osmanlı'nın Batı karşısında gerilemesi, Rusya'nın saldırganlığı, sonra da emperyalist dönemle Osmanlı'nın koloníleştirilip dağıtılmaya çalışılması, milyonlarca insanın göç ettirilmesi ve yok edilmesiyle beraber yürüyen bir süreç olmuştur. Bu süreçte halklar kasıtlı olarak birbirine düşürülmüş; unutulmuş tarihi düşmanlıklar zorla yeniden yaratılmıştır. Çoğu kere, azınlıklardan komprador sınıflar oluşturulmuş; ülke içindeki etnik/sınıfsal güç dengeleri büyük öfkeler yaratacak surette suni olarak değiştirilmiştir. Osmanlı yönetici sınıfları bu manipülasyonlara benzer yöntemlerle cevap vermiş; sık sık da şiddete başvurmuşlardır. Halkların birbirine veya devlete, devletin halklara küçük şiddet gösterileri daha büyük şiddet gösterileriyle cevap bulmuş; şiddet helezoni şekilde tırmanmıştır. Küçük devletlerin Büyük Bulgaristan, Büyük Sırbistan, Büyük Yunanistan, Büyük Ermenistan hevesleri ki, çoğu "gerçekten büyük" devletler tarafından özendirilmiştir, bu katliamlardan Osmanlı kadar sorumludur. *[Bu konunun hem bir doğrudan gözlemci hem de kendisi bir azınlık unsuru olan Bolşevik kumandan Frunze'nin Büyük Ermenistan vb ve Antant'ın bundaki rolü hakkındaki yorumu için Bkz. Türkiye Anıları, Frunze, M.V, Cem Yayınevi, 1978.]*

En büyük sorumlu ise hiç şüphesiz Orta Doğu ve Balkanlara önce kendi ulus devlet modelini dayatıp, sonra bunu **"Gambot Politikaları"**yla hâttâ bizzat uygulamaya koyan, en sonra ise **Wilson Prensipleri** gibi kurallar yoluyla "kim çoğunluksa orası onun olacak" demeye getirip bütün etnik grupları 'çoğunluk olacağız' diye birbirini kesmeye yönelten emperyal devletlerdir.

Sonuçta milyonlarca Müslüman Balkanlar ve Kafkasya'dan zorla göç ettirilmiş ve katliamlara uğramış, etnik temizlik kurbanı olmuş, milyonlarca gayrimüslim de Anadolu'da aynı akıbete uğramıştır. Tarihin belli bir bölümünde 'Holokost'tan farklı da olsa klasik etnik temizliklerden de farklı' olduğu söylenen 1915 Ermeni katliamları daha geniş bir zaman mekan perspektifinden bakıldığında yine özgün ama o denli farklı görülmeyebiliyor.

ŞİMDİ NE YAPMALI

Birikim'deki yazıların bazılarından çıkan sonuç şu: Türkiye sorumluluğu almalı. Özür dilemeli, soykırımı tanımalı. Ermenilere tazminat ödemeli. Onları vatandaşlığa yeniden kabul etmeli. Ermenistan'la sınırlarını açmalı. **Karabağ** meselesine kafayı takmamalı. Böylece mesele çözüm yoluna girer.

Girer mi? Mesele bu kadar basit mi? Benim korkum kısmen közlenmiş kin ateşlerinin bu yolla tersine bir kez daha eskisinden de vahşice parlaması. Politik olarak da şu ana kadar Ermeni tartışmaları ülkenin demokratikleşmesine değil aşırı milliyetçiliğin güç kazanmasına yaradı. Diyelim ki Türkiye halkı ikna olmadan Batı'nın baskısıyla devlet bu önerilen adımların hepsini atmak zorunda kaldı. Ne olacak? Olası bir sonuç, ilk Dünya Savaşı sonunda müttefiklerce kasıtlı olarak gururu kırılmış ve tazminatla ekonomisi yıkılmış Almanya nasıl **Hitler'in** kucağına düştüyse Türkiye'de de benzer bir sürecin yaşanmasıdır. Yukarıdaki önerileri yapanların bu sonucu hesaba katan, onu önleyecek karşı tedbirleri neler? Varsa bile ben henüz duymadım! *[Tek duyduğum Taner Akçam'ın "Gerekirse AB bir fon kurar tazminat için" mealindeki sözüydü. Bkz. Aztag Daily adlı Ermenice Lübnan gazetesindeki mülakat, 18 Aralık 2003,* www.aztagdaily.com

Aynı şekilde Türkiye toplumunun ikna olması için şu soruya da cevap verilmeli. 20. yüzyılda yaşanan pek çok soykırım veya etnik temizlikten niçin sadece -Almanya'yı hariç tutarsak- Türkiye'ninki (bir de 'gariban' Sırbistan'ınki) uluslararası olarak tanınıyor da diğerleri görmezden geliniyor? Bu biraz nükleer silah tartışmasını andırmıyor mu? Çünkü mesele soruları doğru seçmek, doğru soruları sormakla yakından ilgili... Soruları şöyle seçelim: **İran** nükleer silah üretmeye çalışıyor mu? Evet... İran bunu gizliyor ve nükleer araştırmayı başka amaçlarla yaptığını iddia ediyor mu? Evet... İran bunu kullanıp binlerce insanı yok edebilir mi? Bir ihtimal olarak evet! O zaman İran'ın üstüne yüklenip onun dişlerini erkenden sökmek doğru mudur? Bu soruların doğal mantıki sonucu olarak ona da evet! İşte emperyal imtiyazları veri kabul eder ve onların çizdiği mantık içinde kalırsanız varılacak sonuç sözde barışçıl bir niyetle korkunç bir kıyıma, İran'ın yok edilmesine eşitlenir.

Şimdi Osmanlı tehcir uyguladı mı? Evet. Tehcirin yüzbinlerin ölümüne sebep olabileceğini biliyor muydu? Evet. Üstelik bu sonucu kolaylaştırmak için ayrıca çaba gösterdi mi? Evet. Bu büyük bir adaletsizlik değil miydi? Evet. Bu adaletsizliğin çözümü için Türkiye'nin şu, şu, şu adımları atması adil değil midir? Evet. Eğer Türkiye bu adımları atmaktan ısrarla kaçınırsa onu buna her şekilde zorlamak uygar dünyanın hakkı değil midir? Mantıksal olarak evet! Emperyal imtiyazları veri kabul eden biri ancak bu sonuca varır. Çünkü bu dünya düzeni içinde Birleşmiş Milletler'in **Güvenlik Konseyi** ve vetoları denen acayip düzeni de veri kabul eder. ABD'nin Fransa'nın, İngiltere'nin yaptığı ve BM Soykırım Konvansiyonu'na göre jenosit olan eylemlerin cezalandırılamayacağını kabul eder. *[ABD, BM Soykırımı Önleme ve Cezalandırma Konvansiyonu'nu kendisine karşı böyle bir suçlamanın kendi rızası olmadan (!) yöneltilemeyeceği şerhiyle imzaladı.]* O sözleşmede sırf politik katliamlar hariç tutuldu diye –şimdi bizim diplomatların umudu, Ermeni katliamlarının ırksal önyargıyla değil politik isyan nedeniyle yapıldığını kabul ettirebilmek- Yahudilerle aynı katiller tarafından, aynı gaz odalarında ve aynı mantık ve saik ile yok edilen milyonlarca komünist veya Nazi karşıtı demokratın haklarının aranamayacağını kabul eder. Daha pek çok şeyi sessiz sedasız kabul eder. İşin acıklı tarafı bir de böylece insanlık vicdanını temsil ettiğini iddia eder.

Peki yapılması gereken nedir? Kişisel olarak emperyalist/sömürgeci dönemin bütün kitlesel acıklı sonuçlar doğuran insanlık suçlarının -buna öldürmeler kadar bir ülkenin bütün kültür ve ekonomik varlığını hedef alan faaliyetlerin de- tazmini için ısrarlı olmak. Örneğin **Latin Amerika'da** yaratılan plantasyonlar, köle işçiler, tek tipleştirilmiş ve dünya pazarına bağlanmış ekonomi, global köle ticareti gibi... İngiltere'nin açlık yoluyla toplu öldürmeleri gibi: İrlanda ve Hindistan... **Fransa, Almanya, Belçika, Hollanda'nın** sömürge savaşlarında yol açtığı göçler ve toplu ölümler gibi... **Kamboçya, Çin ve Sovyetlerdeki** politik nedenli toplu sürgün ve öldürmeler gibi... **Irak** halkına uygulanan ilaç ambargosu sonucu ölen yüzbinlerce yaşlı ve çocuk ve sonra bombardımanlarla öldürülen siviller gibi... Bilinen soykırım örneklerinden daha aşağılık belki de tek olay olan nükleer silah veya savunmasız kentlere hedef gözetmeksizin yoğun hava bombardımanı gibi: Japonya'nın **Hiroşima**, Nagazaki ve Almanya'nın **Dresden** kenti... Ve elbette geç Osmanlı dönemi ile mütareke döneminde Ermenilere, Rumlara, Kürtlere ve Türklere ve diğer halklara yapılanlar gibi...

Eğer bir nebze adalet duygusu varsa; uygulanan şey, emperyal güçlerin hizmetinde bir vicdan rahatlatma tiyatrosu, yahut yeni güç alanları elde etme oyunu değilse; jenosit karşıtı mücadeleyi savunanlar bütün bunlar ve burada saymadığımız benzerleri için toptan mücadele ederler, bir tane eksiği için bile değil...

Belki bu önerim Türkiye'yi sorumlu olmaktan kurtaracak bir ipe un serme yöntemi olarak görülebilir. Tersine, yeryüzünde bir kez daha jenosit suçu işlenmeyeceğini bilsem ve elimde olsa Türkiye'nin istenenden çok daha fazla şeyini feda ederdim. Bu bakımdan Ömer Laçiner'in "(...) bölge halklarının mümkün olan en geniş birliğini, biraradalığını bu dersin ışığında sağlayabilecek bir çözüm üretilirse; bunun uğruna o milliyetçilerin muhafazaya çalıştığı her şeyi gözümüzü kırpmadan feda edebilmeliyiz" sözü bana Birikim'deki bu yazıların içindeki en önemli cümle gibi *geliyor [Birikim 193,194. sayı, s.18]* Ne var ki ben böyle bir çözümün ancak yukarıda önerdiğim gibi toptan ve bir anlamda "imkansızı isteyen" bir mücadeleyle gerçekleşebileceğine, eksik çözümlerin ise ancak yeni kitle kıyımlarının tohumlarını atacağına inanıyorum. İnandığım bir diğer şey de bunun tersini düşünenlerin ikna çabalarına açık olunması gerektiği... Ve bunu ispatlamak için çalışma ve propaganda yapmalarını sonuna kadar destekliyorum. Onların bu hakkını zorla veya şirretlikle ellerinden almaya çalışanlara ise bütün gücümüzle karşı çıkmak gerektiğinin, ne kadar altını çizsek azdır.

Aşağıdaki yazı Kürt sorunu hakkındaki en yakıcı meselelerden biri olarak gündeme gelen "anadilde eğitim" konusunu işliyor. Kürt milliyetçi/ayrılıkçılığını en sert eleştiren yazarlardan biri olarak burada da "ezber bozan" bir tutumu tercih ettim. Sanıldığı gibi anadilde eğitim ille de ülkeye zarar veren, bölünmeye götüren bir tercih değildir. Tersine ülke için büyük bir ekonomik ve sosyal güç artışı sağlayabilir. Mesele daha çok bu eğitimin nasıl verileceği, nasıl uygulanacağıdır. Anadilde eğitim bir insan hakkıdır. Ancak bütün insan hakları gibi uygulama şekil ve düzeyleri ülkeden ülkeye değişmektedir. Türkiye için en uygun olan şekli ise tartışmaya muhtaçtır ve tartışılmalıdır.

Ekonomik ve Sosyal Bir Mesele Olarak
ANADİLDE EĞİTİM

Haberdesin.com 21.2.2011

21 Şubat "Dünya Anadil Günü!" Birleşmiş Milletler 2000 yılından bu yana böyle bir gün tesis etmiş. Bu yıl 11.si kutlanıyor. Öyleyken bütün dünyada pek çok insan anadilini öğrenemiyor; pek çok dil unutuluyor, yok olup gidiyor.

Türkiye'de iktidar partileri de, muhalefet partileri de zaman zaman 'alicenaplık' gösterip tasvipkâr ifadeler kullansalar da bu anadil meselesinden hiç hoşlanmazlar. Tabi mesele hemen **Kürtçe'ye**, hemen bölünme korkusuna geliyor. İlk bakışta sanki haksız da değiller; dil birliği bir ulusun en temel oluşturucu ögelerinden biri diye bilinir. PKK'nın şimdilerde kültürel hakları ve bu arada 'anadilde eğitim' meselesini ön plana çıkarması da herhalde Türk kamuoyunda tepki doğuruyor.

Fakat ister iktidar, ister muhalefet partileri, isterse de kamuoyu bu konuya soğuk yaklaşsın; ve sebep olarak da PKK'yı göstersin; o zaman benim de "Bu yapılana bizim memlekette imama kızıp oruç bozmak denmez mi?" diye sorma hakkım doğar. Eğer anadili öğrenmek ve konuşmanın temel bir insan hakkı olduğunu kabul ediyorsak bundan kızdığımız biri savunuyor diye caymamıza başka ne denir?

Sayın Kılıçdaroğlu geçtiğimiz hafta sonu Van'a gitti ve bir açıklama yaptı: "Anadil yasağının kaldırılmasıyla ilgili ilk teklifi veren CHP'dir. Herkesin kendi anadilini öğrenmesi bir insanlık hakkıdır. Onu teslim ediyoruz. Ayrıca biz, asimilasyona karşıyız, entegrasyondan yanayız." Fakat aynı zamanda "Anadilde eğitimi bugün çözülebilecek bir sorun" olarak görmediklerini belirtti.

İyi de anadilde eğitim savunulmadan anadil hakkı savunulmuş olmuyor ki; çocuk eğitimini almadığı dili nasıl konuşacak? CHP halbuki, haklı olarak, bir zamanlar yazdığı 'Kürt Raporu'nun bugüne kadar büyük partilerce, bu konuda yazılmış en ilerici belge olduğunu iddia eder. Peki ama bu yeni formülüyle CHP, şimdi AKP'den daha ileride bir duruş mu sergiliyor? Soru önemli, çünkü Van gezisinin amacı belli ki o illerdeki BDP ve AKP tekelini kırmak ve CHP'yi bir güç olarak ortaya çıkarmak. İyi ama o amaç, böylesi yarım adımlarla ne kadar mümkün? Bu haliyle o adım, CHP'yi Kürt kökenli seçmene sevdiremediği gibi, ulusalcı tandansa sahip CHP seçmenini de soğutma tehlikesi taşıyor.

Ulusalcı seçmen de şu soruyu bir kez daha düşünmeli: Anadilde eğitim yoktu da Öcalan'ın ayrılıkçı olması bu sayede önlendi mi? Veya Kürt kökenli insanların önemli bir bölümünün ayrılıkçı örgüte yakın partilere oy vermesi durdu mu? Üstelik o insanların büyük bölümünün gerçekten Kürtçe okuyup yazmayı, hatta konuşmayı yeterince bilmiyor olmasına rağmen söz konusu siyasal eğilim zayıfladı mı? Yoksa Kürtçe yasağı, ve Kürtçe öğrenim ve eğitimin önündeki engeller bu sempatinin önemli bir besleyicisi mi?

İRLANDA, İSRAİL, ABD, SOVYETLER BİZE NE ÖĞRETİR?

Aslında bu sorular da faydacı bir bakışı taşıdığı için yetersizdir! Siz sol, sosyal demokrat bir dünya görüşünü savunuyorsanız, anadil hakkını eveleyip gevelemeden savunmanız gerekir. Sadece şovenist olmayan bir ulusçu-demokrat iseniz bile, kendi etnik kimliğiniz için doğal bir hak saydığınızı başka etnik kimliklerden esirgememeniz gerekir.

Kişisel kanaatim anadilde eğitimin, ayrılıkçılığı körüklemeyeceği, tersine yurt bütünlüğüne yardımcı olacağı yönündedir.

Üstelik mesele **sadece Kürtler için** geçerli bir sorun değildir. Bu kadar dillendirilmese de Çerkesler, Gürcüler, Araplar gibi pek çok etnik kimlik bu dertten mustariptir. Gidin bu kökenden tanıdıklarınızla konuşun; ilk çekingenliklerini üstlerinden atınca bakın ne diyecekler?

Aslında anadilde eğitim yerel dilin tekelini garanti altına da alamaz. ABD'de İspanyolca eğitim vardır; ama Latin kökenli çocuklar daima İngilizceyi tercih ediyor.

Sovyetler'de anadilde eğitim vardı ama son zamanlara kadar mesela Kazakların arasında Kazakça konuşanları anca arayınca buluyordunuz.

Tersi açıdan bakacak olursak, hemen **hemen hiçbirisinin İrlanda Keltçesini bilmeyişi** ve neredeyse hepsinin İngilizce konuşması İrlandalıların İngilizlere karşı inatla isyan etmesinin önüne geçmedi. İrlanda bağımsız oldu, hala İngilizce konuşmaya devam ediyor! **Yahudiler, İsrail'i kurana kadar**, birkaç haham dışında İbraniceyi bilen yoktu. O hahamlar da İbranice konuşmazdı. Ölü bir dili sonradan yeniden icat ettiler. Demek ki bir ayrı dilin yaygınlaşmayışı ya da yokluğu, milliyetçi ayrılıkçılığın önünde engel olmadığı gibi, bazen mücadelelerinde motive edici unsur olmaktan başka bir sonuca yol açmıyor.

Daha da komiği, resmi eğitimin yokluğunda küçük etnik kimlikler daima çoğunluk içinde asimile olacağından **Türkiye devletinin bu politikası sadece Kürt ulusçuluğunu değil, bizzat Kürt ulusunu inşa ve geliştirmeye yaramaktadır**. Bu sayede Kürtlerin çoğunlukta olduğu bölgelerde **Araplar**, Zazalar, **Süryaniler** vs, mecburen Kürtleşmektedir.

ANADİLDE EĞİTİMİN EKONOMİK POTANSİYELİ

Anadile karşı yürütülen mücadele, ekonomik olarak da anlamsızdır. Eğitim süreleri, müfredat, insanların bilmedikleri (belki de gönüllü olarak bilmek istemedikleri) bir dilde yürütülmeye çalışıldığı için anlamsızca uzamakta ve verimsizleşmektedir- Hakkari niye hep ÖSYM'de sonuncu sanıyorsunuz?

Ben bu sorunu ilk kez Lise I. Sınıfta tesadüfen (38 sene önce) bir Çerkes sınıf arkadaşımdan duymuştum. Zeki bir çocuktu ama edebiyat vb gibi sözel derslerle başı dertteydi. Bir gün bize "Benim ailem Çerkesce konuşuyor ben Türkçeyi sonradan öğrendim, sizin kadar iyi ve çabuk anlayamıyorum zor metinleri" demişti. O zamana kadar Çerkesce konuşan aileler olduğunu hiç duymamıştım.

Türkiye eğer ilerlemek istiyorsa insan kaynaklarını en hızlı ve en etkin biçimde eğitmekle mükelleftir. Gerisi insani olarak yazık olduğu gibi, ekonomik olarak da israftır. Eğitim kadrolarını asimilasyona ayıracağına etkin eğitime ayırsa daha iyi eder. Kısıtlı eğitim bütçesi ile dahi, gönüllü katılım sayesinde daha iyi sonuç alınır. Pratikte zaten, doğuda bir köyde eğitim veren bir öğretmenin hikayesini anlatan **'İki Dil Bir Bavul'** filminin adı gibi, çoğu yerde fiili iki dillilik ortaya çıkmakta işleri daha da karıştırmaktadır. Halbuki gerçek iki dillilik öğretilse belki bavullar- yani bu ülkenin zenginliği- de duble olacaktır!

Kendi köken dilleri **Arapça'yı**, Kürtçe'yi, **Boşnakça'yı**, Arnavutça'yı iyi öğrenmiş **Türkler** Türkiye için, uluslararası soyal ve ekonomik etki açısından büyük bir kazanım olacaktır. (Çünkü bence 'Türk vatandaşlığı' değil, 'Türklük' zaten bir üst kimliktir, çünkü 'aşiret', 'kavim' gibi organik kimliklere göre 'ulus' bir üst kimliktir; tabi bu kendini Türk saymayana zorla 'Türksün' demek anlamını taşımaz)

Türkiye'nin Orta Doğu, Balkanlar ve Kafkasyadaki etkinlik ve saygınlığı başka ülkelerin yedeğinde yarı emperyalist politikalar gütmeye, İslamcı maceralara kalkışmadan da artabilecektir. Bu etkinlik ve saygınlık aynı zamanda iyi bir ekonomik gelişmenin önünü açabilir**. M.K. Atatürk'ün** komşu ülkelerle ilgili pozisyonunun biraz daha yakın incelenmesi, **bu pozisyonun, sanıldığının tersine hiçbir biçimde içe kapanmacı, otarşik bir ekonomik ve diplomatik tarzı içermediği** gibi, Türklüğü de etnik bir olgu olarak görmediğini ispatlar. (Yeri gelmişken anılarını okuyanlar bilir, bu kafatasçı Türklük anlayışının o dönemde baş savunanı islamcıların pek sevdiği şu meşhur **Rıza Nur**'dur!)

Sonuçta Türkiye demokratik ve ekonomik olarak güçlü bir ülke olursa ayrılıkçılık o kadar da hevesle istenir olmaz; tersine Osmanlı'nın tarihinin gösterdiği üzere, ne eğitim vermeyiş, ne de bir başka baskı, ayrılma ve bölünmeyi engelleyemez.

Günümüz Türkiye'sinde **bütün yurtseverlerin** ulusal mesele ve dil meselesini biraz daha geniş perspektiften, daha geçen asırda ileri görüşlü sosyalist, sosyal demokrat, hatta şovenist olmayan ulusçu düşünürlerin geliştirdiği perspektiften ele almalarında sayısız fayda vardır.

BARIŞI HİÇ İSTEYEN YOK Kİ!

Haberdar.com 23.1.2016

Sorsan, kimse savaş istemez... Buna karşılık insanlığın savaşsız, değil yıl, gün bile görmüşlüğü yok...

Hele otuz yılı aşkındır Türkiye... İlle de Türkiye'nin doğusu...

Peki niye böyle?

Eskiden sosyalistler, dünyada savaşların kapitalistlerin veya silah tüccarlarının kâr hırsı yüzünden çıktığını söylemeyi pek severdi. BBC'de yayınlanan bir makalede ise insanlık tarihinde savaşa ait en eski kanıtların Kenya'nın kuzeyinde 10 bin yıl öncesine ait kalıntılarda görüldüğü yazılı... (http://www.bbc.com/turkce/haberler/2016/01/160121_savas_arkeolojik_kanit)

En yakın akrabalarımız şempanzelerin oldukça "savaşçı" bir hayvan olduğunu biliyoruz; buna karşılık cüce şempanze denilen bonoboların hayat düsturunun daha çok "savaşma seviş" olduğunu da... Şempanzeler erkek egemen sürülerce yönetiliyormuş, bonobolar ise kızkardeş gruplarınca... The Economist dergisine göre şempanzeler çeteler oluşturup daha fazla bölgeyi kontrol etmek için "gerilla savaşı" vermeyi biliyorlarmış. Bonoboların böyle bir huyu yok.

(http://www.economist.com/node/16422404 "Şempanze Davranışı, Öldürme İçgüdüsü: İnsanlar gibi şempanzeler de komşularına karşı "gerilla savaşı" yürütüyor. Ödül ise tıpkı insanlardaki gibi daha fazla araziyi kontrol etmek")

(Bonobolarla şempanzeler arasındaki farkları merak edenler için bkz: http://www.evrimagaci.org/makale/190)

Velhasıl, bizler bonobolara değil şempanzelere çektiğimiz için savaşıyoruz. Daha doğrusu insan olduğumuz için... İnsanlığımız yani medeniyetimiz geliştikçe her aşamada savaşmak için daha çok ve daha komplike sebepler icat etmişiz ve tabi daha gelişkin araçlar... Barışı getirmek iddiasıyla ortaya çıkan **dinler bile** yalnızca savaşın en esaslı sebebi haline gelebilmiş.

Demek ki **savaşın bir tek sebebi var** o da savaşın kendisi… Savaşmak istiyoruz; barışı sevmiyoruz… İşte bu… Yoksa mutlak savaş sebebi olarak düşünülen pek çok anlaşmazlığı barış ve müzakereyle çözmek aslında çok daha kolay.

Ne var ki bir kez savaş başladı mı, barışın kıymeti hemen anlaşılır. Onu geri getirmek isteyenler, uzlaştırıcılar çıkar ortaya… Fakat çoğu kere -büyük zararlardan sonra bile- toplumlar barışı, yalnızca bir süre sonra yeniden kapışmak üzere biraz soluklanmak, güç toplamak için kabul eder.

Savaşı bu kadar sevmesine rağmen, insanoğlu, mesela şempanzeler gibi gönül rahatlığıyla saldırıp öldürüp, vicdanen rahat keyfine bakamaz. Hep bir rahatsızlık duyar… Hep **aslında kendilerinin barışçı olduğunu, savaşı asıl çıkaranın karşı taraf olduğunu** iddia eder. İnsanoğlu barışın iyi, savaşın kötü olduğunu –şempanzelerin tersine- bilir çünkü…

O yüzden bir taraftan savaşırken, bir taraftan barış isteyenlere, onun için çabalayanları takdir eder. Yine o sayede "en haklı savaşlar"dan bile insan bazen aniden vazgeçiverir. İnsanın bu ikili doğası, savaşçı ve barışsever ruhun aynı cinste yer alışı bütün tarihi boyunca görülür. İnsanoğlu bir cins olarak bu anlamda doğuştan bipolar bozuklukla maluldür desek yanlış olmaz.

BARIŞ MI İSTİYORSUN DEMEK Kİ SEN VATAN HAİNİSİN!

İnsanoğlu böyledir böyle olmasına ama, herkesin zorla savaşçı (asker) yapılması ve savaşmak istemeyenlerin hain sayılması insanlık tarihinde nispeten yenidir. Hele hele, barış istemenin alenen suç sayılması, **insanoğlunun "faşist" denilen özel bir çeşidine** ve bu türün hâkim olduğu yerlerde görülebilen, nadir sayılabilecek bir olgu... Son zamanlarda "barışiçinakademsiyenler" adıyla Güneydoğu'daki çatışmanın bitmesi için imza toplayanların başına gelenler işte bu nadir olgunun memleketimizdeki son örneklerinden biridir.

Aslında bir süredir Türkiye denen toprak parçasındaki yüksek zekalı primatlardan bir kısmı, diğer bir kısım yüksek zekalı primata, kendilerine bazı haklar verilmediği gerekçesiyle savaş açmıştı. Ancak daha kalabalık ve daha örgütlü diğer grup, evvelki grubu genellikle dövüyor buna karşılık bir türlü isyanlarını da önleyemiyordu.

Uzaydaki bir uçan daireden dünyayı, özellikle de Türkiye'yi gözlemleyen uzaylıların mesela, bu yüksek primatların **"siyaset"** dediği şeyi anlaması pek mümkün değilse de bunun, pek çok garip kurala dayalı bir oyun olduğu; ama siyaset denilen garip ve anlaşılmaz kurallarla dolu bu oyunun sık sık kavga ve savaşlara yol açtığını anlaması pekâlâ mümkündür.

Uzaylılar ekranlarını bu bölgeye son çevirdiklerinde görünen o ki Türkiye'de bir kez daha **kendine "Türk" diyen maymunumsularla** (primat) **kendine "Kürt" demeyi tercih eden maymunumsuların** belli bir kısmı arasında yine savaş çıkmıştı. Uzaylılar buna pek şaşırmıştı çünkü uzaydan yaptığı taramalarda bu iki grup arasında ne ciddi bir genetik fark, ne de çok farklı bir kültür teşhis edememişlerdi.

Kendilerine **"akademisyen" denilen ve barış istediği söylenilen primatlara niçin o kadar öfke** duyulmuştu ki? İşte uzaylılar bunu biraz olsun anladıklarına inanıyorlardı. Dünya yüzündeki hayvanlar arasında yalnızca o belirli primat türü birkaç bin yıldan beri adına **"devlet" dedikleri özel bir sürü biçimi** icat etmişti. Adına Türk denilen primatlar epeydir bu özel sürü biçimine sahipken, Kürt primatların da bazıları kendi sürü biçimini kurmak adına, (örgüt) dedikleri benzer gruplar oluşturmuş ve diğer sürüyle o şekilde savaşıyorlardı.

İşte kendilerine akademisyen diyen maymunlar barış istediklerini söylemekle birlikte bu çağrıyı yalnızca devlet sürüsüne yapıyor, eleştirilerini o gruba yöneltiyorlardı. Uzaylılar bu iki sürü çeşidi arasında "barış isteyen" akademisyen maymunların niçin böyle bir tercih yaptığını, barışı sağlamak için iki tarafın da arasına girmek varken sadece kenardan tek bir sürüye seslenmiş olmalarını anlamsız değilse de epeyce işe yaramaz olarak görmüş olmalıydılar. Yine de uzaylılar, bu akademisyen maymunları en nihayetinde biraz beceriksiz olmakla itham etmek varken, niçin devlet sürüsünün şefleri tarafından, **adeta örgüt sürüsünden bile daha kötü maymunlar** olarak suçlandığını anlamakta zorluk çekiyor olmalılar.

Kanaatimce uzaylıların bu konuda varabilecekleri en makul karar, insan denen primat türünün **bipolar/manik depresif yaradılış kusuru** nedeniyle akademisyen maymunlara iki bilinçdışı tepkiyle düşman olduklarını varsaymaktı: Bir kere onlar en sevdikleri şu kanlı sporu ellerinden almaya çalışıyordu; sırf bu yüzden bile lanetlenmeliydiler... Ve iki, tam ters bir sebeple, o barış taleplerini makul ve olması gereken sekilde savaşan taraflara aynı anda ulaşıp aralarına girerek yapmıyor; yani gerçekte "barış için savaşmıyor" olmalarından dolayı onlara saygı duymuyor, hatta rakip sürüden de daha değersiz addediyorlardı.

***

Sonuçta Türkiye denilen kara parçasında insanlar savaşıyor; çünkü savaşmak istiyor. Barışmıyorlar, çünkü henüz barışı yeterince arzulamıyorlar. Savaş, henüz çoğunluğu veya çok sayıda etkili insanı fazla olumsuz etkilemiyor. Maliyeti her iki maymun sürüsü için de henüz katlanılabilir seviyede... **Ezilenler ise belli bir bölgedeki çocuklar, yaşlılar, dişiler... Bir de savaşçı genç erkeklerin küçük bir bölümü**... Maymun sürüleri için zaten bu sonuncu saydığım grubun, yani risk yaratan maceracı nüfus bölümünün belli bir kontrol altında olması istenir bir şey. Üzülür gibi durduklarına bakmayın. **Yani aslında kimse bu akan kandan o derece rahatsız değil.** Zaten olsalar, ne pahasına olursa olsun bunu durdurmaya çalışırlardı; hem de öyle imzayla filan değil. Herkes kendi savaşçı gençlerinin önüne koşar; önce onları engellemeye çalışırdı. Çünkü herkes düşman sürüye karşı çıkabilir, ama hiçbir genç maymun kendi anne babasına, akrabalarına karşı çıkıp, kendisini engellemelerinden kurtulmak için boyunlarına sivri köpek dişlerini geçirmeye kalkışmaz.

***

Bu yazıyı okuyup "biz maymun değiliz; insanız, insan..." diye seslenecek olan varsa eğer... Ben de onlara şu soruyu sorayım: İnsanlığın gerçek anlamıyla, felsefenin, dinin, irfanın anlattığı gibi **"hakikaten insan" olabilseydik eğer**... Hiç savaşır mıydık ki?

5. BÖLÜM

SAVAŞ "SANAT"I, TERÖR VE TÜRKİYE

SAVAŞ "SANAT"I, TERÖRVE TÜRKİYE

Türkiye'nin belki de en büyük sorununun "terör" daha doğrusu etnik ayrılıkçı Kürt hareketinin kullandığı terör ve şiddet olduğunu söyleyen birine pek az kişi itiraz edecektir. Zaman zaman TSK bile bu sorunun sadece askeri metotlarla çözülemeyeceğini söylüyor. Sosyal demokratlar ve liberaller ise sık sık "mesele"nin "güvenlikçi politikalar"la çözülemeyeceğini vurguluyor. Şüphesiz hepsi de haklılar! Kaldı ki "ayrılıkçı terör", ister Kürt sorunu" deyin, ister "Doğu'nun geri kalmışlığı sorunu", nasıl adlandırırsanız adlandırın, kapsamlı bir toplumsal meseleden güç kazanmaktadır. Kürt ayrılıkçı hareketleri de Osmanlı'dan miras kaldığını düşündükleri 'Şark Meselesi'nin son halkasını kendilerinin oluşturduğundan eminler. Sadece onlar emin olsa neyse... Batılı emperyal dünyanın içinde hatırı sayılır güç odakları ve düşünürler de giderek aynı kanıya vardılar.

Şark meselesinin Orta Doğu'da Osmanlı sonrası aldığı şekil özellikle 1990'lardan sonra Büyük Orta Doğu Projesi bağlamında bölge devletlerinin sınırlarının yeniden çizilmesi ihtimaliyle yakından ilişkilidir. Kürt ayrılıkçı hareketleri, zaman zaman özerklik/federasyon gibi taktik geri çekilmeleri kabul etseler de aslında Kürt Sorunu'nun da nihai olarak böyle "çözülmesi" gerektiği kanısındadırlar.

BOP benzeri emperyal teşebbüsler esasen Sovyetler Birliği'nin yıkılmasıyla mümkün görülmeye başlanmıştı. Çok kutuplu ve "sosyalist blok"un var olduğu eski dünyada 19. yy usulü doğrudan emperyalist kaba güç metotlarının kullanılması pek mümkün değil –ya da fazlasıyla riskliydi. Bloklar arası mücadele ve halkların ulusal kurtuluş yolunda antiemperyalist mücadelesi, iki dünya savaşı arası ve sonrasında silahlı mücadele yöntemleriyle önemli aşamalar kaydetti. (Bunun ilk önemli ve başarılı örneğinin Türk İstiklal Harbi oluşu bu ülke için ayrı bir gurur vesilesi; emperyal güçler açısından da bu ülke hakkında sürekli bir hazımsızlık nedenidir)

2. Dünya Savaşı sonrası Çin ve ardından Küba devrimleri adeta bir "gerilla savaşları" devri başlattı. Gayrinizami harp tekniklerinin sosyal isyancılar tarafından kullanılması, karşı tarafın da kontgerilla diye adlandırılacak başka toplumsal baskı yöntemlerini öne çıkarmasına sebep oldu. Dünyada bu "gerillacılık" dalgası yıllar içinde sönümlenirken başka bazı bölgelerde özellikle Orta Doğu'da varlığını sürdürmek bir yana üstelik gelişmeyi başardı. Bunun ne tek, ne de en önemli sebebi emperyal ülkelerin bu coğrafyadaki operasyonlarıdır. Ama bu operasyonlar "başarı"nın en önemli değilse de, şüphe yok ki çok önemli bir faktörüdür.

Dünyanın pek çok yerinde ama özellikle Orta Doğu'da emperyal güçlerin adeta 19. yy'daki Gambot Policy denilen kaba güç yöntemlerine dönmesi ve gerilla faaliyetlerinin bu güçlerle adeta diplomatik ilişkiler kurabildikleri 18. ve 19. yy milliyetçi hareketlerinin imkânlarına kavuşması, çete savaşı tekniğine de yeni bir canlanma getirdi. O nedenle reform hareketleri, kültürel haklar, çatışma önleme teknikleri üzerinde çalışmak ne kadar önemliyse, emperyal devasa güçler ya da içerdeki merkezkaç eğilimli silahlı güçlerin askeri harekât ve imkanlarını incelemek de o kadar önemlidir.

İşin gerçeği silaha silahla karşı konur! Müzakere ed*ilecekse bile genellikle emperyal güçler ya da iç ayrılıkçılar toplumun askeri gücünü denemek ister. Bütün bu çatışmalı süreçlerde karşılıklı talep ve pazarlıkları da belirleyen çoğu kere askeri başarı ya da başarısızlıklardır.*

Askeri başarılar ise, kabul etmek isteyelim veya istemeyelim askerlik sanatı ya da bilimi denen şeyle, silah teknolojisi, lojistik, strateji ve taktikler, birlik disiplin ve morali gibi şeylerle sağlanır. Sıklıkla atlanan konu ise bu tür "teknik"lerin, ya da o "sanat"ın toplum biçimlerinden, siyasi yapıların gelişmişliğinden bağımsız olmayışı.

O yüzden ister emperyal güçlerin saldırılarına karşı haklı bir direniş, ister iç ayrılıkçı güçlere karşı "savunma" söz konusu olsun savaş tarihi ve savaş teorisi hakkında biraz çalışmak kaçınılmazdır. Bu konuda kalem oynatmanın bazen vicdanları sızlatacak ölçüde soğuk ve acımasız bir nesnellik içerdiği doğrudur. Ancak bu acımasız görevin eskiden beri hem devrimci ya da demokratik savaşın imkânlarını kullanmak isteyen Garibaldi, Engels vb gibi devrimcilerce, hem de savaşa tümüyle karşı olan Jean Jaures gibi pasifistlerce yerine getirilmek zorunda kalındığı da malum.

Özetle savaşı önlemek için bile onu iyi anlamaya mecburuz!

Aşağıdaki yazılar ABD'nin Irak Harekâtı sonrası (Artık Suriye diye de okunabilir. C.A) yaşanan gelişmeleri kavramak için de elzem. Bu yazıları daha önceki bölümlerde örneğin Irak işgali ve Felluce direnişi ile birlikte okumak gereklidir. Bugünkü IŞİD'i o gelişmeleri bilmeden anlamak mümkün değildir.

Aynı şekilde bir durup, bir başlayan bugünkü PKK ve devlet şiddetinin nereye varacağını da, o çatışmanın safhalarını hatırlamadan çözümlemek yine olanaksızdır.

Eski sosyalist ve sosyal demokratların da mecburen ilgilendikleri bu savaş teorisini tıpkı generaller gibi asker olmak ya da tereciye tere satmak için değil toplumsal sorunları daha iyi kavramak için konu ettik. Öte yandan hepimizin kanının döküldüğü bu süreçte Churchill'in şu sözleri daha da anlamlı:

"Savaş generallere bırakılmayacak kadar ciddi bir iştir!"

ROMA'YI YENMEK

Gelecek Dergisi Mayıs.2003

Bu yazının konusu son zamanlarda gelişme gösteren ilkesel savaş karşıtlığı, yani **pasifizm** taraftarlarını kızdırabilir. Burada pasifizmi olumlu bir terim olarak kullandığımı hemen belirteyim; böylece gereksiz tartışmaları açılmadan kapatalım. Yine ta baştan yazının hacminin konunun ancak önemli noktalarına değinmeyi mümkün kıldığını vurgulayıp özür borcumu yerine getireyim.

İlkesel olarak 'her savaşa' karşı arkadaşları kızdırabilir dedik; çünkü bu yazı savaş teknolojisi, savaş teorisi ve bunları kullanmak hakkında. Yani emperyal güçlere karşı şiddet kullanma fikrini de askeri açıdan içeriyor. Pasifist düşünce ise **tümüyle haksız olmayarak** bu tür bir tavrın hem kendi içinde çelişik, hem de nihayetinde faydasız olduğu fikrindedir. **Savaşı savaşla, şiddeti şiddetle önleyemezsiniz!**

Fakat ben yine de Amerika Birleşik Devletleri'nin, yöneticilerinin ve kimi düşmanlarının gözünde bir "**Yeni Roma**" olan bu dev savaş makinesinin militer özelliklerine ve bunun alt edilip edilemeyeceğine dair kimi soruları –tümüyle teorik bir merakla- soracağım. Bu sorular bir başlangıçtır. Yazının hacmi cevaplara yetmez. Belki de bu konuda daha meraklı ve bilgili kişiler görevi devralırlar.

Irak savaşı aslında bu sorunun pratik bir cevabıydı veya olabilirdi. Yeni Roma klasik bir savaşta ne ölçüde incitilebilir? Bu mekanizma yenilebilir mi? Hemen herkesin üzerinde ittifak ettiği bir husus savaş yorumcusu emekli paşaların bu savaşı askeri açıdan değerlendirmekte genellikte aciz kaldığıydı. Acaba neden?

Emperyal savaş makinesinde niteliksel bir değişiklik mi olmuştu, ve bu değişiklik ona karşı koymayı düşünenler için kimi handikaplar veya tersine avantajlar yaratıyor muydu? Tabii askeri açıdan karşı koymayı kastediyorum...

İlk akla gelen cevap "Vietnam'da başarıyla karşı konuldu, niye aynı şey tekrarlanmasın ki" olabilir. Aynı şekilde İngiliz ve Fransız sömürge kuvvetlerine 20. yy'ın başından beri verilen başarılı askeri direnişler örnek gösterilebilir.

Bu elbette ki en genel anlamda doğru olmakla birlikte **zamanın yarattığı kimi değişiklikleri görmezlerse** muhtemel direniş odakları belki de kendilerini aldatıyor olabilir. Daha ötesi eğer böyle bir yengi imkanı varsa bile hazır formüller adına onu aramaktan, bulmaktan kaçınmış olurlar.

Önce hemen belirtelim Sovyetler'in çöküşü sonrasında klasik sömürgeci dönem taktiklerine kesin bir geri dönüş gözlemlenmektedir. Bush doktrini başka özellikleri yanı sıra eski İngiliz **"gambot policy"**nin yeni araçlarla bir tekrarıdır da. Yani savaş gemileri herhangi bir bağımsız ülkeye gider, orayı bombalar, asker çıkarılır, işgal edilir, bir genel vali atanır, 'yerli'lerin yerel direnişleri terörle bastırılır vb...

Bütün o emperyalizm literatürüne rağmen 2. Dünya savaşından sonra bu tür klasik emperyal stratejiye ya çok sınırlı başvurulmuş veya hemen hiç kullanılmamıştır. Artık kullanılıyor!

Bu yönteme karşı o gün ortaya çıkmış direniş örnekleri yani pasifist (Mesela Gandhici) teknikler, ulusal düzenli ordu savaşı (Örneğin Türkiye Kurtuluş Savaşı) veya gerilla teknikleri (Çin gibi) bugün hâlâ o zamanki hallerine kıyasla ne kadar etkindir? Irak savaşı pek çok eksikliklerine rağmen askeri stratejistlere bir fikir verebilir mi? Ve bu savaşta Irak ordusu, ABD'yi yenecek veya hiç değilse prestijini sarsacak ölçüde ciddi bir direniş gösterilebilir miydi?

YERLİ AMERİKALILAR!

Aslında bir ölçüde gösterildi zaten... Fakat uluslararası medya bunu bir nevi sümen altı etti. Sümen altı edilemeyecek kadar uzun süren bir askeri direniş ise gösterilemedi. Bu durum tüm dünyadaki **"yerel Amerikalılar"** tarafından ABD askeri mekanizmasının yenilemeyeceğine, en iyisinin işbirliği yapmak olduğuna kanıt olarak gösteriliyor; hem de mütemadiyen, hem de inanılmaz bir iğrençlikle...

Gerçekten de bugün **her ülkede kendisini** Türk, Yunan, Hintli, Rus olduğu kadar **Amerikalı gören veya oraya yakın hisseden bir toplum**

kesimi mevcuttur. Roma döneminde de böyleydi. Roma'ya düşman olan ülkelerin bile hatta yönetici elitinde **kendini Romalı gibi hissedenler** önemli bir ağırlık taşıyordu. Roma'nın cumhuriyet döneminde değilse de imparatorluk döneminde, askeri aygıtı kadar önemli bir diğer kozu da bu gruplardı.

Bu grupları sadece Roma'nın basit işbirlikçileri veya onun yenilmezliğine inanmış kişiler olarak görmek yanıltıcı olur. Unutmayalım o dönem Roma dünya medeniyetinin de merkeziydi. Yani medeniyet adına olumlu ne varsa Roma aynı zamanda bunları da temsil ediyordu. Yerel elit, özlem duyduğu medeniyet seviyesini temsil eden Roma'ya karşı direnen kendi yerel insanlarına baktığında **sadece onurlu barbarları** görüyordu. Ve muhtemelen haklıydı! Yani örneğin uzak bir vilayette Roma lejyonlarının yenilerek kovulması demek, aynı zamanda oranın "barbarlığa dönüşü" demekti. Bu bakış açısı bir propaganda yöntemi olarak da o dönemde Roma tarafından, sonra 19. yy'da İngiliz emperyal güçleri tarafından yoğun biçimde kullanılmıştır.

Bu teze yönelik doğan karşı tepki **medeniyet değerlerinin emperyalizmle eş tutulması** ve ikisine birden karşı çıkılması eğilimiydi. Ve şimdi de böyle bir eğilim filizlenmektedir. Bir zamanlar "**medeniyet dediğin tek dişi kalmış canavar!**" dizesiyle en kibar ifadesini bulan böylesi bir anlayış bugün dini başkaldırılar ve kimi "üçüncü dünyacı" (aslında bu terime ciddi itirazlarım var!) tezlerle yeniden yaygınlaşabilir.

(**Geçmişe Yollanan Not**: IŞİD örgütü ve eylemleri, aslında emperyalizme tepkinin İslamcı ideolojiyle yozlaşıp medeniyetin bizatihi kendisine karşı çıkış haline gelişin somut biçiminden başka bir şey değildir. C.A)

IRAK'TAN KISA DERSLER

Zor olan, sömürgeci ihtiraslar nedeniyle, bizzat o sömürgecilerin elinde sakatlanmış ve gelişemeyen medeniyet mirasına sahip çıkıp direnebilmektir. **Bush dönemi**, emperyal ihtirasların, önce kendi ülkesindeki demokrasiye ve sonra Bağdat'ta kasıtlı organize edilen yağma ile de insanlık değerlerine ve mirasına nasıl bir darbe nasıl bir tehdit oluşturduğunu yeterince gözler önüne serdi.

Gelelim savaşa...

En azından Irak özelinde bu savaş iki konuyu açıklığa kavuşturdu. Klasik ulusal bir ordunun ABD askeri aygıtına karşı başarılı bir savaş yürütemeyeceği ve buna karşılık, bu emperyal savaş aygıtının biraz organize olan klasik ordu birlikleri karşısında dahi propaganda edildiği kadar korunaklı olmadığını... Yani klasik ulusal ordular Irak'ınki gibi dişleri sökülmüş bir ordu olmasa da ABD askeri aygıtına karşı sonuç alıcı bir başarı gösteremez, fakat ona zarar verebilecek kadar başarılı savunma savaşı örnekleri verebilir.

İkincisi şehir savaşı ihtimalini hariç tutarsak, bir **kırsal gerilla hareketini** en azından yoğun operasyon sırasında başarıyla uygulamak da mümkün değildir. Yani Irak gibi bir çöl ülkesinde bir zamanlar Ömer Muhtar'ın Kuzey Afrika'da yaptığı başarılı çöl direnişini yapmak artık çok mümkün değildi. Aynı durum mesela Vietnam gibi son derece uygun kimi bölgeler dışında gerilla mücadelesinin de etkinliğinin eskiye oranla azaldığını gösteriyor.

BİRAZ ASKERİ TARİH

ABD ordusunun böylesi bir yetenek kazanmış olması ne tür askeri dönüşümlerle gerçekleşti?

Öncelikle belirtmek gerekir ki, emperyal ordu artık eski ulus devlet ordusundan farklı. Askere alınan sıradan insanların temsil ettiği **ulusal ordu** -ki büyük ölçüde Fransız Devrimi'nin icadıdır- ondan önceki profesyonel ve aristokrasiye dayanan **hanedan ordularına** karşı yeni bir modeldi. Eski monarşik devletlerin aristokratik orduları bilindiği gibi ücretli askerler ve/veya zorla askere alınmış köylülerden oluşan erat ile aristokrat subaylardan oluşurdu.

Fransız devrimi ilk kez **23 Ağustos 1793**'te Konvansiyon'un bir kararnamesi ile tüm vatandaşlardan oluşan **bir ulusal, demokratik ordu** yarattı. Bu ordunun benzersiz karakteri aslında hiç de profesyonel olmayan taktiklere ve yetersiz teçhizata rağmen klasik savaşlar yoluyla Avrupa'nın en büyük güçlerinin ordularını durdurmayı başarmasıyla tüm askeri strateji uzmanlarının dikkatini çekti.

Aslında böyle bir imkânın varlığı Fransız Devrimi öncesinde kimi askeri teorisyenlerce ifade edilmişti. En önemlilerinde biri **Guibert Kontu'nun** 1779'da yazdığı eserdir. Bütün benzeri eserlerde **Amerikan Bağımsızlık Savaşı'nın** etkileri görülür. Dersler çıkarılır ve bir **vatandaşlar ordusunun** üstünlüklerinden bahsedilir.

Vatandaşlar ordusu daha sonra **Napoleon** tarafından emperyal amaçlar için kullanıldı. Bu belki de sosyal dönüşümlerin askeri tekniklerde yol açtığı değişimlerin bizzat bu dönüşümlere düşman güçlerce nasıl mülk edinildiğinin ilk örneğidir. Bu tür mülk edinmelerin ikinci eksik örneği Prusya ordusu, daha tam örneği ise Hitler'in ordusudur. Son örneği ABD ordusunda görüyoruz ki buna daha sonra döneceğiz.

Napoleon'un gücü -kendisinin askeri dehasını hariç tutacak olursak- üç özelliğe dayanıyordu. Bu öyle bir güçtü ki onun sayesinde ihtilal ve harp yorgunu Fransa bir kaç yıl içinde bütün Avrupa'yı işgal edip Moskova kapılarına dayanabilmişti. Bilinen hiç bir askeri taktik veya silah gücü bu orduyu durduramıyordu.

Bahsettiğimiz üç özellik şunlardı: Devrimin yarattığı vatandaşlardan oluşan demokratik, düzenli ordu organizasyonu; Fransız 'Eski Rejim'inin 1763 yenilgisi ile denizaşırı topraklarını kaybetmesinden sonra, özellikle topçu sınıfında yaptığı reformlarla gücü artan bir ateş kabiliyeti; ve bu ikisinin mümkün kıldığı, eski pozisyon savaşı taktiklerinin terki. Bu sonuncusu, en mükemmel haline Hitler'in ordularının uyguladığı yıldırım savaşı **'blitzkrieg'** ile ulaşacaktır.

SIRTLAN SAVAŞI

Hitler'in ordusuna nasıl varıldığını göstermek için aslında Napoleon taktiklerinin Prusya ordusuna nasıl uygulandığını anlatmak gerekir; ancak isterseniz bunu şimdi atlayalım.

Hitler ordusunun bir özelliği Fransız devrimindeki ideolojik özelliğin yeniden kurulumudur. Bu sadece Fransız devriminden değil, Rus iç savaşından da öğrenilmişti. Napoleon'un, Devrim'den miras edindiği bu demokratik teknikleri dönüştürürken, biçimi aşırı vurgulayıp içeriğinden boşaltma yöntemini bu kez Hitler uygulamıştı. Hitler'in ordusu **Nazi**

ideolojisiyle donanmıştı. Bu ideoloji üst sınıflara karşı orta sınıfın bir nefretini de içeriyordu. Biçimsel olarak Prusya ordusuna göre çok daha 'demokratik'ti. Napoleon'un ateş gücü ve doğrudan rakibin merkezine saldırı, hızlı manevra gibi özellikleri, yeni teknoloji ile daha ileri götürülmüştü. Teknoloji esas olarak tank ve sair motorize birlikler ile **Luftwaffe**, yani Alman hava kuvvetlerine dayanıyordu. Bu organizasyon sömürge savaşına göre örgütlenmiş hayli elitist kalmış olan o yılların İngiliz ve Fransızların ordu organizasyonuna büyük bir üstünlük taşıyordu. Hafif panzer tanklarının, sadece klasik piyadeye destek olarak kullanımından çıkarılıp bağımsız birimler halinde örgütlenmesiyle oluşan **panzer birimleri**, buna eşlik eden ve yıkmak kadar terör yaratmak amaçlı da olan hava saldırıları ile birlikte Hitler'in asıl gücünü oluşturuyorlardı.

Hitler, kaynağı yine daha öncelere dayanan **'topyekün savaş'** kavramını da son sınırlarına kadar uyguladı. Bu kavramda **bütün ulus bir harp makinesi** şeklinde yeniden örgütlerken, karşı tarafın sadece askeri kaynakları değil tüm kaynak ve vatandaşları da hedef kabul ediliyordu. Bu savaş türü, tarihte **Cengiz Han** ordusunda bile görülmeyen bir kan içiciliği, güçsüze karşı kalleş ve zalim bir **Sırtlan Savaşı** yöntemini sergiledi. Artık ana karnındaki bebekler bile düşman sayılmıştı. **Hitler'e karşı savaşıldı evet; ama yöntemleri bir kez daha rakiplerce mülk edinildi.**

2. Dünya savaşı tüm orduların benzer yöntem ve taktiklere doğru evrilme yıllarıdır. Bahsettiğimiz taktiklerin doğal mantıki sonucu kitle imha silahları ve stratejik, uzun menzilli füzelerdir. Bunların da yine ilk ciddi denemeleri Hitler tarafından yapılmıştır.

Söylemeye gerek yok, böylesi uygulamaların en iyi adaptasyonu ve taktiklerin adeta mantıksal sonuçlarına ulaştırılması **ABD ordusu** tarafından yapılmıştır. Nazilerin V-2 füzeleri stratejik Pershing II'ler ve benzerlerine, Hitler'in zamanında yetiştirmeyi başaramadığı nükleer denemeleri, Hiroşimalara ve binlerce nükleer başlığa, zırhlı birlikler konsepti zırhlı personel taşıyıcıları ve helikopterlerle tümüyle zırhlı ve hareketli tümenlere ('101. Demir At Tümeni' vb) evrildi.

Yine Hitler döneminde özellikle savaş öncesi düşman ülkedeki faşist örgütler vasıtası ile uygulanan gizli savaş; **propaganda ve casusluk savaşı** da Amerika tarafından mükemmelleştirildi.

Hitler ordusunun düşmanların şaşırtan bir diğer özelliği **komando birlikleriydi.** Özel savaş birimleri, şu veya bu renkten bereliler gibi isimlerle Rambo filmlerine konu olan birimler yine ABD tarafından mükemmelleştirildi.

Komando birlikleri aslında klasik ordu organizasyonunun bir türlü yeni tekniklere, hareketli operasyonlara tam adapte olamayışının da kısmi bir çözümüydü. Ordunun yapısı esnekleştikçe klasik komando birlikleri daha donanımlı özel birliklere dönüştü. Ordunun genel yapısı ise muharip sınıflar itibarı ile komando standartlarına çıkarıldı. **Amerikan deniz piyadeleri** bu tip yüksek düzeyde eğitilmiş hareketli birliklere iyi birer örnektir.

Böylece Amerikan ordusunun, özellikle Vietnam savaşı sırasında yaşadığı bir 'demokratikleşme'(!) dönüşümünün gerekçesini de görüyoruz. Çoğu yorumcu **ordunun ABD'nin en 'demokratik' hatta daha da ileri giderek en 'ilerici' kurumu** olduğunu söyler. Orduda herkes 'eşit'tir. Bu askeri teorisyenlerin her zaman hayal ettikleri bir durumdu. **Ordulardaki bu sahte demokrasi**, sınıf farklarının genelde veya kışla içinde önemsenmemesi, ordunun vurucu gücünü artırır. "Dönüşümü toplumda yapamıyorsan bari kışlada yap" denir. Üstelik daha önce verdiğimiz örneklerde görüldüğü gibi **bu "demokratik dönüşüm" toplumdaki demokratik dönüşümün önünü kesmek için** kullanılır.

ABD ordusunda özellikle Irak savaşı sırasında göze batan kimi özellikler aslında Vietnam savaşından kalmadır. Yani toplumda ırk ayrımı varken orduda siyahlara daha eşit davranılması, daha çok fırsat verilmesi, orduda işçi sınıfı kökenlilerin ve Latinler gibi azınlıkların sayısının artması bir yönüyle bu dönüşümün, bir yönüyle de toplumda ordunun alt sınıflar için bir sınıf atlama yöntemi olmasındandır. **Tıpkı eski Roma'daki gibi.**

KURTLARIN KARDEŞLİĞİ

Böylece ABD ordusu 500 yıllık bir deneyimden sonra yeniden 2000 sene öncesine dönerek askeri organizasyon olarak da Roma modeline yaklaşmıştır: **Lejyon modeli!**

Lejyon modeli eski Roma'da cumhuriyetin yıkılmasından sonra iyice yetkinleştirilmiş bir modeldi. Toplumdan nispeten soyutlanmış, iyi yetiştirilmiş profesyonel askerler, daima kamplarda yaşarlardı. Üstün bir teknoloji ve gayet standart bir teçhizat taşırlardı. Ancak bu standart teçhizatın ustasıydılar. En önemlisi bunlar arasında bir 'kurtların kardeşliği' mevcuttu. **Cumhuriyet'in** aristokratik bozulmaya uğramış olsa da bir yanda Eski Yunan'dan bir yandan arkaik aşiret düzeninden devraldığı eşitlikçi ögeler toplumun tüm kesimlerinde tasfiye edilirken orduda tersine pekiştirilmişti. Lejyon 'demokratik'ti. Lejyon aynı zamanda yerleştiği yerleri Romalılaştıran bir unsurdu. **Tıpkı Amerikan üsleri gibi...**

Lejyon örgütlenmesinin 2000 sene sonraki bu kısıtlı uyarlanması, kimi teknik ilerlemelerle beraber askeri taktikler açısından yeni imkanlar getirdi. Bu durum emekli paşaların konuyu algılamadaki iddia edilen yetersizliklerini açıklar. **Eksik bilgi anlamanın önünde cehaletten daha büyük bir engeldir.**

Gelelim Amerikan ordusunun stratejik tercihlerine... Soğuk savaşın sonundan bu yana ABD yönetiminin başlıca amacı stratejik hamle gücünü elinde tutarken kendisini stratejik tehditten bağışık kılmaktır. **Reagan döneminden** bu yana sürdürülen **Yıldız Savaşları Projesi** bir yönüyle Pentagon ile iş yapan 'askeri sınai kompleks'i beslemeyi amaçlıyor idiyse de, asıl hedefi budur. Yani 1946'daki tek nükleer güç olma pozisyonunu yeniden ele geçirmek.

Bunun için Amerikan füze savunma sisteminin diğerlerinin elindeki stratejik füzeleri tümüyle engelleyebilmesi gerekir. Şu anda bu amaca ulaşılamamıştır. ABD'li şahinlere göre Amerika dünya çapında başlattığı atağı erteleseydi rakipleri (Rusya, Çin, AB, vb.) 1991 sonrası ABD lehine açılan askeri ve inisiyatif üstünlüğü on, onbeş yıl içinde önce azaltıp sonra da ele geçirecekti.

ABD şimdi yaptığı hamle ile **Büyük Frederic** döneminde artık askeri stratejist zihinlerinde sona eren; ancak pratikte Frederic'in üstün askeri tekniklerine rağmen fiilen yürürlükte kalan 'pozisyon savaşını hareketli savaşa döndürme strateji'sini bu kez dünya çapında uygulamaktadır. Dünya çapında yapılan bu manevralar başta ABD'li stratejisyenlerin **'Geniş Ortadoğu'** (Bosna, Afganistan arası diye tanımlanıyor) dedikleri coğrafi bölgeyi kontrol altına almayı birinci hedef olarak görürken, dediğimiz gibi nükleer tekeli de amaçlamaktadır.

'ÜÇÜNCÜ DÜNYA' DİRENİŞİNİN ASKERİ LİMİTLERİ

Amerikan askeri teknolojileri stratejik kitle imha silahları; nötron bombası gibi taktik nükleer silahlar; zırhlı birliklere kısa sürede yer değiştirme imkanı sunan havadan nakliyenin lojistik desteği; **helikopterler ve tanklarla eski orduların hafif ve ağır süvarilerinin yeniden yaratılması**; kesin hava hakimiyeti ile hem yıkıcı hem terörize edici hava bombardımanı; yoğunlaştırılmış özel birlik operasyonları gibi unsurlardan oluşmaktadır. ABD dünyanın her tarafında bu operasyonları yapacak üslere sahip olduğu gibi deniz gücü ve havada ikmal sayesinde üslere olan ihtiyacı da bir ölçüde azalmıştır.

Böyle bir orduya karşı klasik ulus devletin sıradan vatandaşlardan oluşan orduları kısıtlı manevra yetenekleri ve daha da kısıtlı ateş güçleri ile ne kadar direnebilir? Evvelce dediğimiz gibi ancak şehir savunmalarında kısmi etkinliği olabilir. Irak savaşı kimi ihanetler, belki de bir tür gizli anlaşma olmasaydı bu alanda bir hayli etkili olunabileceğinin ilk örneklerini vermeyi başarmıştır. **Umm Kasr ve Basra müdafaası** bunun örnekleridir.

Ya klasik çete savaşları yani gerilla tarzı savaş? Tarihin derinliklerinden beri güçlüye karşı en etkili yöntem olan bu tarzın tümüyle işe yaramaz olduğu söylenemez. Fakat gerillayı saklayan toplumsal örtü dışında, özellikle ileri aşamalarında zorunlu olarak düzenli orduya doğru geliştikçe daha da gerekli olan coğrafi örtü ve kamuflaj, yani dağ ve ormanlar, bir taraftan fazlasıyla gerekli olurken (Mesela bugünkü teknolojide eskiden bu savaş türü için ideal olan çöl ortamı artık pek az işe yarıyor!) diğer yandan gelişen uydu ve sair gözlem imkanları sonucu eskiden zayıf ordu için yararlı olan coğrafi alanlar her an azalıyor.

Ayrıca **klasik gerilla savaşı** tekniklerinin önemli **taktik handikapları** da vardır. Bu tür savaşların belli başlı kaynakları aslında sömürgeci orduların yerlilerle yaptıkları savaşlar sırasında edinilen karşılıklı yöntemler ile Rus iç savaşı deneyimleridir.

Japonlara karşı denenen ve Fransız sömürge savaşlarından ilham almış Çin Komünist Partisi gerilla yöntemleri ile, özellikle İspanyolların Fas'taki sömürge savaşları ile yine İspanya iç savaşından ilham almış, sonra kendi ülkelerindeki köylü çeteciliği gelenekleriyle de birleşmiş Latin Amerika gerilla hareketlerinin, yeni teknoloji ve hareketli özel birlik harekatlarına karşı **eskisi kadar etkin olmadığı** da uzun zamandır gözlemlenmektedir.

Bu konuda bırakın ABD ordusunu dünyanın bu konuda en elverişli yerlerinden biri olan Doğu Anadolu'da PKK gruplarının Türk ordusuyla yaptığı çatışmaların gidişi bile yöntemin eski etkisinden çok şey kaybettiğini gösterdi.

Aslında bu sorun yeni de değildir. Dünyada emperyalizme karşı ilk savaşlardan biri olan **Türk Kurtuluş Savaşı komuta heyeti** bizzat böylesi bir problemle karşı karşıya kalmışlardı. Çözüm olarak çete kuvvetleri ile düzenli ordunun hayli karmaşık ve iç içe geçmiş bir uygulamasını geliştirdiler. Bu deneyimi çağdaş teknolojiler çerçevesinde daha fazla incelemeli deyip şimdilik geçelim

Aynı dönemde benzer bir sorunla Hindistan'da karşı karşıya kalan **Mahatma Gandhi** bambaşka bir yöntem izledi: Pasifizm.

Her iki örnek de (Türk ve Hint örnekleri) aslında işgal ordularının sömürge amaçlı olmaları nedeniyle 'topyekün savaş' taktikleri uygulayamayacağı varsayımı üzerine kurulu bir strateji yürütmüştür. Bu varsayım birden çok ülke için verilen mücadelelerde halen geçerlidir.

YENİ ROMA'NIN ASKERİ LİMİTLERİ

Amerikan yönetiminin bu stratejisi aynı zamanda rakiplerinin -sadece devletlerin de değil bazı grupların bile- nükleer teknoloji ve sair yıkım araçlarına başvurmasını güdüleyecektir. **Nükleer Kulüb**'ü sınırlamak isteyen ABD, tam tersi bir sonuçla karşılaşabilir: Her yerde nükleer silah! Bunun sonucu ünlü **Kumsalda (On the Beach)** romanının anlattığı gibi korkunç olabilir: Dünyanın yok oluşu! Çünkü yeni ABD askeri taktikleri tek tek ulus devletlere ve direniş gruplarına nükleer silaha başvurmaktan başka neredeyse hiç bir çare bırakmamaktadır.

Amerikan askeri gücünün bir diğer zayıf noktası, hâttâ neredeyse **Aşil Topuğu**, uydu teknolojisidir. ABD savaş makinesinin asıl gücü İleri Teknoloji Savaşı (Advanced Technology Warfare) denen ve esas olarak hemen tümüyle uzaydaki uydulara dayanan bir teknolojidir. Bu uydular olmaksızın bütün bir Amerikan savaş makinesi pahalı ve hantal bir deve dönüşmekte... Yüksek eliptik yörüngeye sahip, yüksek irtifa uyduları (20 bin-40 bin km) özellikle etkindir. Son yıllarda karşı tarafın uydularını yok etme ve bizzat uzaydaki uydulara balistik nükleer silah yerleştirme çalışmaları sürdürülüyor. Tüm bunlara rağmen ABD hâlâ uydularını koruyacak etkin bir mekanizmaya sahip değildir.

ABD'nin şimdiki stratejik atağının bir zayıf noktası daha var ki; o da dünyada büyük bir korku ve hatırı sayılır sayıda gizli düşman kitlesi yaratmış olmasıdır. ABD'ye karşı çıkacak her direniş odağı önemli sayıda gizli lojistik üsse sahip olacaktır.

ABD'nin bir başka açmazı yukarda saydığımız türden ordu reformlarının ve emperyal stratejilerinin kaçınılmaz olarak toplumun kendi iç dengelerini yıpratmasıdır. Demokrasi, medeni seviye, sanat, hatta iş dünyası bir bütün olarak askerileşmekte, çürümekte, verimsizleşmektedir. İmparatorluklar böylece dünyayı fethetmekte ne kadar başarılı olurlarsa kendi toplumlarını dejenere etmekte, çökertmekte de o kadar başarılı olmaktadırlar.

Eski Roma'nın başat çelişkisi buydu. Aynı yolu seçtiği ölçüde Yeni Roma'nın da bu olacaktır!

SAVAŞ HİÇ DE ERKEKÇE DEĞİL

Birgün 5.8.2004

Rütbesiz asker anlamına gelen "er" kelimesi doğrudan doğruya erkek kişi anlamına gelirken... Dünyanın her yerinde asker eğitimleri erkeklik özelliklerinin abartılması ve tahriki üzerine kuruluyken... Savaşın, dünyanın her yerinde şimdilerde kadınların da katıldığı fakat özünde erkekçe bir iş olduğu genel kabul görmüşken... Hâttâ kimi feministlere göre erkek egemen dünyanın dolaysız bir sonucu iken, eğer erkek egemenliği olmasa savaşın da olmayacağı sık söylenen bir şey iken..

Savaşın erkeklikle ilgisiz bir şey olduğunu, hâttâ daha ileri giderek toplumun erkeklikle ilgili yarattığı genel rollere üstelik uyumsuz olduğunu iddia etmek ne kadar ikna edici olabilir ki?

Hani testosteron denen "erkeklik" hormonunun güdülediği fiziksel güç, ataklık, saldırganlık, şiddet vb gibi genetik özellikler ile toplumun biçtiği mertlik, yiğitlik, arkadan vurmamak, sözünden dönmemek gibi batıdaki şövalyece davranış biçimleri ile örtüşen kimi nitelikler ilişkilendirilir ve bunların savaşçı özelliklerle örtüştüğü söylenir ya.. (Şövalye bile Fransızca "atlı asker" anlamına geliyor.)

İşin kolayına da kaçmayayım hem.. Son dönemdeki savaşlarda 1000 metre yüksekten bombaları aşağı bırakmak için erkek rolünün varsayılan niteliklerine ihtiyaç olmadığını; halbuki modern savaşların böyle yürüdüğünü söyleyip işin içinden çıkmayacağım. Tersine insanların ilkel vahşiler olmaktan çıktıkları ilk andan beri savaşın "erkeksi özellikler"le sadece uyumsuz değil, üstelik onlara hayli karşı olduğunu iddia edeceğim.

BÜYÜK FATİHLER

Savaşın bir erkek işi olduğu efsanesi ancak eşzamanlı yaratılan bir başka efsane ile yürür: Tarihteki büyük fatihlerin, komutanların, askeri dehaların erkeksi özellikleriyle öne çıkmış kişiler olduğu.. Gerçekten de eğer savaş erkeklerin -genetik veya toplumun yarattığı- ama en temel özellikleriyle son derece ilintiliyse, en büyük savaş adamlarının erkeksi özellikleriyle özellikle öne çıkan kişiler olması beklenir. Öyle mi bir bakalım..

Tarihteki en büyük fatih olarak genellikle **Makedonyalı Büyük İskender** gösterilir. Haksız yere de değil.. Genç yaşında ve kısa sürede bilinen dünyanın önemli bölümünü fethetmiş, hiç bir savaşta yenilmemiştir. Hem Doğu'da hem Batı'da efsane olmuş neredeyse tek tarihi kişiliktir.

Ne var ki çoğu tarihçiye göre eşcinselliği en iyi belgelenmiş bir tarihsel şahsiyettir de.. Ya tarihte adını kral ile eşanlamlı kılmış Roma imparatorluğunun gerçek kurucusu **Julius Caesar**'a ne demeli? Galya Fatihi'ne Roma'da takılan "Roma'daki bütün kadınların kocası, bütün erkeklerin de karısı " boşuna mıydı?

Tarihteki belki son büyük komutan Napoleon Bonaparte'tı. Onun askeri dehası da neredeyse İskender kadar güçlüydü. Tıpkı Sezar gibi çok da çapkındı. Ne tuhaf ki karısı Josephine'in çapkınlıkları da bir o kadar meşhurdu. Ölümünden sonra, ünlü psikolog Adler'e "aşağılık kompleksi" kavramını tanıtmada en bilinen örnek olmasını sağlayan boy kısalığının Napoleon'a ait tek kısalık olmadığı ortaya çıktı.

Kimilerine göre İskender'den de büyük bir fatih olan **Cengiz Han**'a bir bakalım. Henüz sivrilmeye başlayan bir bozkır savaşçısıyken düşman baskını sırasında canını kurtarmak için karısını düşmanlara terk etti. Uzun bir süre sonra onu kurtardı. Ama ardından doğan çocuğu ve sevgili komutanı Cuci kardeşlerince ömrü boyunca "piç" diye aşağılandı. Bütün şu Tarkan, Kara Murat gibi eski Türk kahramanlarını anlatan resimli romanlarının atası sayılabilecek Malkoçoğlu? Evet akıncı beyi Malkoçoğlu, tam ismiyle Malkoçoğlu Bali Bey gerçekten yaşamıştır. Zamanın en ünlü akıncı beyi olan bu zat seferden sefere koşarken karısı İstanbul'da yanlış hatırlamıyorsam bir Rum genciyle fazla sıkı fıkı olmuş, olay tam bir skandala dönüşmüştü. Başkasının karısı olsa recm ile sonuçlanabilecek bu ilişkinin üstü örtülmüş; yaşlıca Bali Bey de bunu fazla mesele etmemiştir.

Zaten erkeksi özellikleri yılların getirdiği yükle epeyce törpüleyen yaşlılık illeti gerçek komutanların başarısının ardındaki önemli bir özellikti. Kanije zaferinin mimarı **Tiryaki Hasan Paşa** yaşlı başlı, adından anlaşılacağı gibi biraz da afyonkeş bir adamdı. Akka Kalesi önünde **Napoleon'u**

püskürten Cezzar Ahmet Paşa da hayli yaşlıydı. Siz bakmayın Hollywood filmlerindeki üçgen vücutlu Apaçi'ye. Yıllarca Amerikan ordusuna kök söktüren ünlü **Apaçi savaşçısı Geronimo** (Yerli dilindeki gerçek adıyla Esneyen Kişi!) en başarılı savaşlarını altmışlarında, yetmişe merdiven dayamışken gerçekleştirdi.

Tabii bir de hadımlar var. Gerçekten kısırlaştırılmış mıydı bilmem ama Osmanlı'nın en başarılı komutanlarından olan **Hadım Süleyman Paşa**'nın adı herhal yanlış anlaşılır diye ders kitaplarında hak ettiği yeri tam anlamıyla alamadı. Bizans'ın en ünlü komutanlarından birinin de hadım olduğu kesindir. Persler de de benzer örnekler vardı.

Sonuçta tarihin en meşhur savaşçılarına baktığımızda karşımıza eşcinseller, hadımlar, iyice yaşlanmış erkekler veya erkekçe özelliklere çok ters düşmüş şeyler yapanlar, cinsel yetersizlikleri olanlar gibi hiç de erkeklikleriyle öne çıkmayan şahsiyetlerle karşılaşıyoruz. Tersine **Yıldırım Bayezıd** gibi tipik erkeksi özelliklerle öne çıkan bir Osmanlı şövalyesi ise sırf bu özellikleri yüzünden Osmanlı'nın gördüğü en kahraman savaşçı olmasına karşın Timur'a yenik düştü. Tıpkı gerçek bir bozkır şövaylesi olan Camoka'nın Cengiz'e yenildiği gibi. Aslında yine yaşlı zamanında savaşçı olmak zorunda kalmış **Hazreti Muhammed** savaşı en iyi tarifleyen kIŞİDir belki de; ama bu tarifin erkekliğe atfedilen mertlik, yiğitlik, direngeçlik vb ile hiç alakası yoktur. İslamın peygamberi "Harp hud'a'dır" der. Hud'a hile anlamına gelir! Dönemin toplumsal ideolojisinde hilenin erkeğe değil kadına atfedilen bir özellik olduğu malumdur.

İşin en başına gidecek olursak antropologlar ilkel toplum savaşlarını izlediğinde savaş tarihini değiştiren bir gerçeği keşfettiler. Genç savaşçıların gittiği ilkel kabile savaşları genellikle büyük kavgaları andırıyor ve öldürmekten çok karşısındakini küçük düşürmek, kendini övmek ve kadınlara karşı güçlü bir adam olduğunu ispata yönelik tuhaf cesurane hareketler yapmaktan ibaret bir hal alıyordu. Amacı kimi zaman hırsızlık, yağma veya kız kaçırma gibi görünür ekonomik faydalara yönelik de olsa genç erkeklerin bu faaliyetleri tıpkı yaptıkları avcılık gibi ekonomik özellikli olmaktan çok (kabile hiç bir zaman onların şansları yaver giderse tutacakları iki fare veya bir domuza güvenmezdi) kadınlara yönelik gösterişten ibaretti. O nedenle genç erkekler savaşta malzeme olarak kullanıldılar ama onların erkeksi özelliklerinin öne çıktığı şövalyece davranışları ciddiye alan gerçekten erkeksi kişiler asla iyi savaşçı olamadı. Bir ideolojik tahrik amacı olarak eğitimde erkeklik değerleri öne çıkarılsa da hemen gözleneceği gibi genç erkekler ancak **erkekliğe atfedilen bütün özellikleri ordu disipliniyle yok edildiği ölçüde** gerçek birer asker olabilir.

GÜNEY DOĞU ÇATIŞMALARININ ASKERİ YÖNÜ (1)

Haberdesin.com 31.8.2012

Askerler bile söylüyor, " 'terörle mücadele' (yalnız) askeri yöntemlerle başarılı olamaz" Tersine, sadece, ağırlıklı olarak silahlı yöntemler başarılı olabilir.

Bu önermemiz her iki taraftan şahinleri memnun edecekse eğer; hiç sevinmesinler. Çünkü 'terör' asıl olarak askeri cevabı davet eder ve –amaç birinin diğerini askeri olarak yenmesi ise- ancak öyle sona erebilirse de; o mücadelenin altında yatan toplumsal sorun, silahlı mücadele ile –hiç değilse zor ve şiddetin klasik ve 'kabul edilmiş', 'meşru' biçimleri kısıtındaki silahlı mücadele ile- yok edilemez.

Yani örneğin PKK'yı silahla yenebilirsiniz –ya da yenemezsiniz- fakat Kürt sorununu, Kürt nüfusun çoğunlukta yaşadığı bölgeyi imha etmeden ortadan kaldıramazsınız. Böyle olunca da PKK gider, mesela SKK gelir. Bu yeni gelenin PKK'dan daha iyi olacağı da tartışılır. Tersi daha mümkündür.

Fakat bir süre 'rahat' edersiniz. Tıpkı 1920'ler ve 1930'lardaki Kürt isyanlarının 'tenkili' sonrası yaşanan rahatlık, daha doğrusu sessizlik gibi... Ancak o sükûnun bedeli, toplumsal ve ekonomik olarak yıkıma uğramış bir Doğu olduğundan... Bugün ödediğimiz bedel o sükûn döneminde ödemediğimizin faiziyle, fazlasıyla ödediğimiz karşılığıdır.

Lakin gelin, şimdilik toplumsal meseleleri, kısa dönem için 'tıpkı eskisi gibi' rafa kaldıralım. **Ve sadece 1984'ten beri süren bu çatışmaların askeri yönüne bakalım.** Nasıl olsa sorunun politik ve sosyal tarafını propaganda konusu yapmakta PKK da, Türkiye devletinin şahinleri de aynı ölçüde mahir ve meselenin çözümünün 'namlunun ucunda' olduğunda aynı derecede hemfikirler.

Onlar böyle düşündüklerine göre, meselenin çözümü (meseleden kasıt Kürt meselesi değil PKK meselesi olarak algılandığında) gerçekten de namlunun ucundadır. Sonunda hariçten ve dâhilden bakan kimilerinin hep önerdiği gibi, bir ateşkes veya siyasi çözüm var olacaksa bile, bunun yolu önce çatışmaktan geçiyor.

Çatışmanın sonunda bir yerde kitleneceği açık. Mesele hangi tarafın 'yarısahasında' kitleneceğidir. PKK, koparacağının maksimumunu koparmak için çatışmayı Türkiye'nin yarısahasında kitleme peşinde. Türkiye devleti de -ya da AKP hükümeti diyelim- PKK'yı iyice ezdikten sonra bir daha masaya oturmak niyetinde... **Tüm bunlar uluslararası diplomasi çevrelerinde apaçık biliniyor.** Her iki tarafın sadece en aşırı milliyetçileri her şeyi fethedip, karşı tarafa tam teslim bayrağı çektireceğinden emin... Muhtemelen böyle bir şey olmayacak.

Tabii her iki taraf da uluslararası koşulların denk geleceği çok esaslı bir fırsatta, bir çeşit **'mükemmel zafer' piyangosu**nun peşinden koşmaktan da geri kalmıyor.

(**Geçmişe Yollanan Notlar**: 2012 yılındaki bu çatışmalar gerçekten de bir müddet sonra bir anlamda iki tarafın da mükemmel zafere erişememesiyle bir cins pat durumunda bitti ve yazıda da iddia ettiğimiz gibi 28.12 2012'de bir TV röportajında Erdoğan'ın Kürt sorununu çözmek için hükümetin İmralı'da hapis yatmakta olan Öcalan'la görüşmeler yapıldığını duyurması ardından 2013'te müzakere masası yeniden kuruldu)

Türkiye'nin 50 yıllık 'şahane' dış politikası, kaçınılmaz bazı küresel gelişmelerle yan yana gelince özellikle 1970'lerin ikinci yarısından bu yana bölgesel dış koşullar genelde PKK lehine seyrediyor.

Öyleyse bu olumsuz dış koşullar veri alınmak şartıyla, Türkiye Cumhuriyeti devleti PKK ile mücadelesini askeri olarak nasıl sürdürdü, nasıl sürdürebilir; PKK buna karşı ne cevap verdi, ve ne cevap verebilir; gelin bunu inceleyim. **Böyle bir inceleme yakın dönemde 'terörle mücadelenin' seyrinin nasıl olacağını ve Türkiye'nin gerek batısı gerek doğusundaki milyonların –örneğin askere gidecek yüzbinlerin ve onların ailelerinin- hayatında neler değişeceğini daha iyi görmemizi sağlayacaktır.**

Bu incelemeyi yaparken de gereksiz taraftar duygularından, gereksiz heyecanlardan, sakınmak rasyonel, mantıklı ve nesnel olmak gerekir. Doğrusu böyle yakıcı bir sorunda çok zor! Fakat bir o kadar da gerekli

Bir sonraki yazımızda Güneydoğu çatışmalarının askeri niteliğine daha doğrudan bir giriş yapacağız.

G.DOĞU ÇATIŞMASININ ASKERİ YÖNÜ (2)

Haberdesin.com 6.9.2012

Şemdinli'ye nazır masa kuran gazeteci ve 10 şehit! Radikal Gazetesi'nde Özgürel "PKK Barış istiyor" yazdı ardından PKK'nın 1 ay süren Şemdinli saldırısı başladı. Enis Berberoğlu Şemdinli sırtlarında çiçekli masa kurdu; PKK'nın Beytüşşebap saldırısı başladı.

Yanlış anlaşılmasın, gazeteciler böyle haberler yapıyor diye saldırmıyor PKK; onlar zaten saldıracaktı. Fakat bu haberler -ki, gazetecilik sınırlarını fena halde zorluyorlar- bu saldırıları daha da kışkırtıyor olabilir. En azından verdikleri hatalı mesajlarla Türkiye kamuoyunu veya gereksiz bir rahatlığa itiyor olabilirler. Ve son olarak da, gazetecilik sınırlarını zorlamanın bizatihi kendisinin getirdiği bir basına güven kaybı sorunu yaşatabilirler. Bunların hiç biri olmayabilir. Hepsi de bir ölçüde gerçekleşiyor olabilir. Kanaatim bu ikinci yöndedir.

Enis Berberoğlu, başarılı bir gazeteci... Oraya gidip haber yapması, aslında koltuktan kalkmaktan üşenen çok sayıda yayın yönetmenine iyi bir örnek... Buraya kadar sorun yok. Fakat haberinden ziyade, o çiçekli masalı, bacak bacak üstüne atılmış resmin verdiği mesaj problem... O mesajı bilerek mi verdi bilinmez ama mesajı 3 Eylül'deki 'Enis, o dağda ne işin var?' yazısında Ertuğrul Özkök deşifre etmiş. Doğru etmiş ve böylece, o mesajın ne kadar yanlış olduğunu –kendisi doğru olduğunu savunsa da- aynı anda deşifre etmiş.

Aslında mesajın yanlışlığını zaten Beytüşşebap saldırısı gösterdi. Çok kanlı bir haber tekzibi... Şemdinli ve civar ilçelerin sırtlarında 'PKK'nın esamisi okunmuyor, işte böyle masa kurup oturabiliyorsun' mesajı kimilerinin hoşuna gitse de ne yazık ki doğru değil. Nitekim başta Şemdinli olmak üzere o sıkışık alandaki çok sayıda ilçe ve hatta il merkezi PKK'nın şiddetli saldırısı altındadır. Beytüşşebap olayları bunu bir kez daha kanıtladı.

BASKINLARIN ASKERİ ANLAMI

PKK, en yetkili ağızlarından gerilla savaşında yeni bir evreye geçtiklerini, artık **alan hâkimiyetini** ellerine geçirdiklerini söylüyor. Yöre halkını ayaklanmaya çağırıp, 'korkmayın hemen yakınınızda gerilla var sizi korur' mesajı vermeye çalışıyor. Beytüşşebap'taki PKK'lı cesetlerini almak için yapılan gösteri ve çatışmalar ayaklanma kışkırtmak için PKK eylemlerini kullanmanın bir örneği...

Fakat aslında PKK doğru söylemiyor. 'Alanda' PKK'nın kesin bir hâkimiyeti yok. **'Vur ve Kaç' yerine 'Vur ve Kal' sistemine geçtikleri** ve bunun **'modern gerilla savaşı'nda yeni bir evre olduğu** savı da gerçek değil.

Gerçek olan 2000 yılından bu yana Türkiye Cumhuriyeti devleti ve toplumunun bütün önemli fırsatları harcadığı, önemli bir gaflet içine düştüğü, böylece PKK'ya ya da teröre karşı kazanılmış çok önemli mevzileri hasımlarına, üstelik hiç çatışmadan geri verdiğidir.

PKK 1992-93 yılındaki, önceki ve sonraki yıllara göre fazlasıyla kendi lehine olan güç dengesini 2012'de zahmetsizce yeniden elde etti.

Bugünkü 'modern gerilla savaşı', 'Vur ve Kal' vb gibi yeni söylemler aslında 1992'den bu yana, 20 yılda ancak eski seviyelerine yaklaştıklarını gösteren, bir kısır döngü durumunu gizlemek amacını güdüyor.

Türkiye açısından ise, uygun koşullar ve büyük fedakârlıkla elde ettiği stratejik kazanımları kelimenin tam anlamıyla 'aptalca' geri vermeye ne demek lazım, artık okuyucu karar versin.

PKK'NIN 38 YILI VE 1992 VE 2012 KARŞILAŞTIRILMASI

PKK 1978 yılında kuruldu. Fakat aslında 'partileşmeden' önce 1974'ten beri Kürdistan Devrimcileri ve sonra da 'Apocular' adlarıyla fiilen mevcuttu. Demek ki 38 yıldır varlar. Bu 38 yılda neler elde ettiler?

Apo için kendini yakan, 'kocam için canımı vermem, Öcalan için veririm'(Bkz. **Bejan Matur**, Dağın Ardına Bakmak) diyen; bombayla kendini uçuracak kadar lidere ölümüne bağlı çok sayıda militanı, 10-20 yıl süren militanlık hayatları boyunca, bölgesini ve gerilla savaşı tekniklerini öğrenmiş tecrübeli savaşçılar haline geldi. Örgütün cephe gerisi üsleri var. Bu üsler kimi devletlerce korunuyorlar. PKK bir devlet gibi diplomatik ilişkilere, mahkemelere, polise ve maliye teşkilatına sahip... Bir kısmı tehditle olduğu söylense bile, özellikle Şırnak ve Hakkari gibi bölgelerde büyük bir halk desteğine sahip; Kürt nüfusunun çoğunluğu oluşturduğu diğer bazı illerde de halk desteği hatırı sayılır derecede...

Buna rağmen bütün bu imkânlara sahip PKK'nın hiç beklenmedik ciddi zaafları var. Atik, çevik ve akıllı bir boksörün bir iki kombine yumruğu ile hiç beklenmedik şekilde nakavt olan iri yarı hantal boksörler gibi, devletin güvenlik güçlerinin iyi düşünülmüş birkaç askeri operasyonu örgütü yere sermeye yeterli olabiliyor. Bu hem 1994'te, hem de 1999'da açık seçik görüldü.

Devletinkine kıyasla, PKK'nın ölümcül zaafları ne? Devlet bu zaafları niye kullanamıyor? PKK devlete karşı, başka ülkelerdeki Kürt ayrılıkçılığının tersine, niye galebe çalamıyor. Ve G.Doğu'daki bu çatışmalar askeri yönden niçin aynı noktada kilitlenip kalıyor?

PKK'NIN EVRİMİ

40 yıla varan bu savaş ortamında hem PKK, hem Türkiye Cumhuriyeti devleti belli ölçülerde değişti. Mevcut ölümcül kilitlenmenin anahtarı da biraz bu değişimlerde yatıyor.

PKK 1970'lerin 2. Yarısında Apocular adıyla ortaya çıktığında, bir yandan **Mahir Çayan'ın** gerilla savaşı tezlerinden, diğer yandan **Baba Barzani'nin** (Mesut Barzani'nin babası Molla Mustafa Barzani) peşmerge savaşından etkilenmiş bir grup Kürt sosyalistinin hareketiydi. O zamana kadar **TİP** ve **Dev-Genç**, Kürt ve Türk etnisitelerinin beraber örgütlenmesini savunurken, bu yeni grup ve daha başka bazı Kürt grupları **'Kürdistan'ın Sömürge olduğu'** tezinden hareketle 'ayrı örgütlenme'yi savundu. Bunun ayrılıkçı bir yapılanmaya gideceği o zamandan bilinmekteydi. Öyle de oldu. Aynı dönemde 'Türk solu' içinden bugün BDP milletvekili olan **Ertuğrul Kürkçü** gibi bazılarının da o zaman yakın olduğu, **'Kurtuluş'** gibi örgütler, muhtemelen Doğu illerinden sempatizan devşirme umuduyla bu teze destek verdiler.

1970'LERİN HİZBULLAH'I: PKK

Fakat asıl ve beklenmedik destek çok başka bir yerden, Türkiye Cumhuriyeti Devleti'nin kimi organlarından geldi. Şimdi artık iyi biliniyor ki, başta **MİT** olmak üzere kimi güvenlik kurumları Kürt çoğunluğunun yaşadığı illerde güçlü olan sol hareketi zayıf düşürmek için, başta Apocular olmak üzere ayrılıkçı Kürt grupları destekledi. Böylece **PKK'nın 1. Aşaması** 1992-98 arası Hizbullah'ın oynadığı bir role benzer bir noktayı işaret eder. Gerçekten de nasıl JİTEM vb gibi "yarıyasal" güvenlik güçleri 90'larda Hizbullah'ı –karşı tarafın **HizbulKontra** nitelemesine hak kazandıracak ölçüde- desteklemiş ve PKK sempatizanı olarak görülenlere yönelik suikastlarda kullanmış ise, 1970'lerde de bu rolü PKK, bölgedeki o zamanki sol gruplara karşı oynadı. Böylece örgüt, devletin örtülü desteğinin olduğu bu ilk aşamada serpilmeye başladı.

Aynı dönemde PKK benzer işlevler edinebilecek, kendisi kadar cüretkâr ve atak olamayan çeşitli Kürt gruplarını da fiziken yok ederek rakipsiz kaldı. Bunu da 1. Dönemin İkinci Aşaması diye niteleyebiliriz. Böylece 1978 gibi, artık G.Doğu'daki en kuvvetli grup olmak üzereydi.

1980 DARBESİ VE SÜRGÜN

1980 darbesi bütün sol ile birlikte PKK'ya da, hatta daha ağır şekilde, yüklendi. Örgütün daha önce **Bucaklar** gibi kimi aşiretlerle girdiği kan davasında sergilediği vahşet ve o aşiretin örgüte karşı uyguladığı vahşet birbiriyle yarışıyordu. Bir tarafın burun, kulak kestiği, diğer tarafın yakaladıklarını biçerdöver makinesinin içine atıp, lokma lokma doğradığı söyleniyordu. İster gerçek olsun ister tevatür, böylesi bir algı, PKK'nın Hindistan, Kamboçya gibi kimi ülkelerdeki aşırı vahşi yöntemler kullanan "sol" gerilla hareketlerine benzer şekilde, ilk bakışta son derece güçlü bir görünüm vermesine neden oluyordu. 1980 darbesi, örgütün, en az bu örnekler kadar zayıf olduğunu gösterdi. Cezaevleri hariç hiçbir yerde direnemedi ve sınır dışına kaçtı. Devletin, mesela Diyarbakır Cezaevi'nde uyguladığı, Nazi toplama kamplarını kıskandıran uygulamalar PKK'yı belli bir haklılık ve mazlumiyet zırhına kavuşturmuş; bir cins psikolojik üstünlük kazanmamıştır.

PKK, 1980 sonrası Suriye'ye sığındı. İddia edilen MİT desteğinin yerini bu kez **El Muhaberat** desteği aldı. 12 Eylül döneminin Kürt vatandaşların yaşadığı illerde uyguladığı insanlık dışı baskı, o an için mevcut mütevazı kitle desteğini hem arttırdı, hem de keskinleştirdi. Turgut Özal yönetiminin ve Ordu'nun adeta iktidarı paylaştığı; fakat hem ayrılıkçı şiddet hem de ABD'nin Irak Operasyonu hakkında bu iki güç odağının farklı düşüncelere sahip oluşu; ne yapacağı konusunda tereddütlü ve farklı organları farklı notalardan çalan bir devlet yapısı ortaya çıkardı. PKK'nın bu çatlaklardan beslendiği dönem **PKK'nın 2. Dönemi'dir.** Bu döneme karşı Devletin cevabı 1987 yılında kurulan olağanüstü hal uygulaması ve bölgesi (**OHAL**)oldu.

1992 IRAK SAVAŞI VE SONRASI

PKK'nın **3. Dönemi** Irak'taki değişimlerle ilgilidir. Barzani'nin KDP'si Saddam Hüseyin'e karşı ayaklanmış ama katliama dönüşen bir karşı saldırı sonunda yenilmişti. ABD'nin ısrarı ile BM, Kuzey Irak'ta uçuşa yasak bir bölge ilan etti ve Barzani'nin peşmergeleri yanında, PKK gibi gruplar da fiilen orada barınma hakkı elde ettiler. Türkiye ABD'ye Irak savaşında lojistik destek vermekle birlikte fiilen savaşan koalisyona katılmamıştı (Özal ile dönemin **Genelkurmay Başkanı Torumtay** bu meselede kavgalıydılar. Torumtay istifa ettirildi ancak Türkiye yine de Özal'ın istediği '1 koyup 3 alma' oyununa giremedi. Bu dönemde PKK, bazen Türkiye'nin baskısı ve kendi rekabet korkusu yüzünden onu sıkıştıran KDP ile sıkıntılı bir süreç yaşasa da, aslında yine KDP şemsiyesi altında Türkiye sınırında kamplar teşkil edebildi. Mevcut harekât noktalarını da berkitebildi. Böylece başta silah olmak üzere Irak savaşı sonrasının kaotik ortamında elde ettiği diğer lojistik destekler yardımıyla ciddi bir gerilla savaşı verecek pozisyona nihayet erişti. Aynı yıllarda PKK'nın kitle tabanı da gelişti. Gerilla teşkilatı bölgesel milislerle pekiştirildi. Bu sayede PKK ilk başlarda darbe yemesine rağmen OHAL uygulamasına karşı direnebildi. Direnmekle kalmadı çatışmaların seviyesini yükseltmeyi de başardı.

1992-93 yılına geldiğinde PKK, Şemdinli, Şırnak vb. gibi belli başlı ilçe merkezlerini tehdit edebilecek; oralarda kitlesel ayaklanma benzeri protesto gösterilerini (**Serhılden**) kampanya biçiminde örgütleyebilecek ve bu ilçelerin çevrelerindeki dağlık alanda alan hâkimiyetinde Ordu ile yarışabilecek noktaya geldi. Öyle ki bu kırsal alanlarda gündüz ordu birlikleri denetimi elde tutsa da, gece denetim tamamen PKK gruplarının eline geçiyordu. Giderek gündüz vakti bile karayolunu kesen PKK'lılar sık görünmeye başlamıştı. PKK'nın 3. Döneminin örgüt açısından zirvesi budur. İşte PKK'nın modern gerilla savaşında yeni aşama veya **Vur ve Kal** dediği sözüm ona yeni dönem aslında 1992-93 seviyesine yeniden erişmekten ibarettir.

1994-2000 DÖNEMİ

PKK'nın en kuvvetli göründüğü anda büyük zaaf göstermesinin bir başka örneği 1994 yılı ve sonrasıdır. PKK o dönemde adeta bir anda çöktü.

Bu nasıl oldu?

Bu sorunun cevabı, dönemi yine iki ayrı alt döneme ayırmaktan geçiyor. **Birinci dönem** devletin, stratejik olarak savunmaya çekildiği 1991-93 yıllarının sona erip, stratejik saldırı dönemine geçişi simgeler.

Devletin bu dönemde PKK'ya karşı başlıca **7 ayrı cevabı** oldu. Bunlar zirve noktalarına büyük ölçüde Çiller'in başbakanlığı döneminde erişti.

Bu yöntemlerin büyük bölümü hukuk dışı olduğundan uzun dönemli olarak sürdürülemez nitelikteydi ve bu da anılan dönem mücadelesinin zayıf karnını oluşturuyordu. Ayrıca bu 'antiterör ilaçlarının' yan etkileri bir hayli fazlaydı. Buna karşılık 'Gerillaya Karşı Kontrgerilla' anlayışının en gelişmiş, hatta pervasız uygulamalarının yapıldığı bu dönemdeki 'tedbir'ler kısa dönemde çok etkili oldu. PKK tamamen savunmaya geçmek ve giderek sinmek zorunda kaldı!

İŞTE PKK'YA KARŞI DÖNEMİN 7 ETKİLİ TAKTİĞİ

1.Köy Koruculuğu ve Köy Boşaltmalar: PKK gerillaları en etkili eylemlerini civar köy ve mezralardaki sempatizanlarının bir kısmını milisleştirerek adeta yerel yardımcı gerilla haline getirerek gerçekleştirebiliyordu.

Devlet daha önceden kurulmuş ancak etkin olarak kullanılmayan Köy Koruculuğu sistemini son sınırına kadar zorladı. Böylelikle adeta paralel ve devlet yanlısı bir milis teşkilatı oluşturdu.

Aynı anda PKK sempatizanlarının kuvvetli olduğu kimi köy ve mezralar 'boşaltıldı'. Bunun köy yakmalar eşliğinde bir cins zorla sürgün niteliğini kazandığı da biliniyor. Böylece dağdaki gerillaların milis teşkilatı büyük darbe yedi. Gerilla birimleri, lojistik ve istihbarat imkanları bakımından zayıf düştü.

2. Hizbullah ve JİTEM'le Kontrgerilla Eylemleri: PKK şehir ve kasabalarda kitle desteğinin önemli bir kısmını 1970'lerden beri zor kullanarak ve cinayetlerle sağlıyordu. İslamcı Kürt gruplar ve JİTEM türü yarı askeri organizasyonlarla, şehir bölgelerindeki PKK'nın aktif destekçilerine karşı, PKK'nın karşı tarafa düzenlediğine benzer yargısız infazlar ve cinayetler kullanılarak bir terör dalgası estirildi. (Tabi bu tür kirli eylem organizasyonlarında cinayetlerin kişisel hesaplaşmalara ve terörle ilgisiz kişilere de yöneldiğini belirtmek gerekir.) Bu terör dalgası PKK'nın pasif destekçileri ya da sadece korktuğu için sessiz kalan bir kısım halkın ya nötr pozisyona geçmesi ya da devletin yanında yer almasına neden oldu. Yani korktuğu için örgütü destekleyenlere 'O zaman devletten daha çok korkmalısın!' mesajı çok kanlı biçimde verilmişti.

3. Nitelikli Antiterör Timleri: PKK'nın tecrübeli gerillaları yöreyi iyi biliyordu ve birçoğu da yıllardır savaşa savaşa gayrinizami harp üzerinde uzmanlaşmıştı. Bunlara karşı orada birkaç ay askerlik yapmak için o bölgeye gelmiş, tecrübesiz ve her gün 'Şafak kaç?' sayan genç Mehmetçiklerle mücadele etmek hem imkânsız, hem de şehit sayısını çok arttıran bir yöntemdi.

Genç Mehmetçikler kuşatma ve alan kontrolünde yine rol üstlendiler ama operasyonlarda giderek erbaşlardan, astsubaylardan oluşmuş daha tecrübeli birlikler görev aldı. Komando eğitiminin kalitesi ve komando asker sayısı arttırıldı. Bu değişim sayesinde örneğin avcı kolları yürüyüş düzeni, keşif, öncü birlik, nöbet gibi temel kurallarda genel olarak disipline daha çok dikkat edilir oldu.

4. K.Irak'a Sınır Ötesi Harekatlar: Türkiye her ne kadar ABD'nin 1. Irak Operasyonu'na (Çöl Fırtınası Operasyonu: Yarım kalmış işgal denemesi) askeri birlikleriyle destek vermese de lojistik olarak destek oldu.

Kaçan K. Irak Kürtlerine de sığınma hakkı tanıdı. Karşılığında K.Irak'ta PKK'ya karşı özel birlikler tutabilme ve sınırlı da olsa K.Irak'a sınır ötesi harekâtlar düzenleme hakkını elde etti. Barzani'nin KDP'si de yarı gönüllü biçimde PKK'ya karşı operasyonlarda bir ölçüde yer aldı. PKK sınır sızmalarını azaltmak, Türkiye'deki militanlarını kendi üs bölgelerini savunmak için kısmen geri çekmek gibi tedbirler almak zorunda kaldı; saldırıdan çok savunmayla meşgul oldu.

5. Kitle Gösterilerinin Bastırılması ve Kontrgerilla: PKK'nın G.Doğu şehir ve ilçe merkezlerindeki Serhılden tarzı ayaklanma benzeri kitle yürüyüş ve gösterileri çok sert şekilde ve kararlılıkla bastırıldı. Şehirlerde bir örneği daha sonra Şemdinli'de meşhur 'iyi çocuklar' tartışmasına yol açacak olanına benzer kimi kontrgerilla eylemleri PKK yanlısı halk kesimlerini sindirmek amacıyla kullanıldı.

6. Teknolojik Donanım artışı: 1990'lı yılların ilk yarısında güvenlik güçlerinin teknolojik donanımları önemli ölçüde iyileştirildi. Bu iyileştirme miktar açısından aslında sınırlıydı. Bazı seçkin birlikler yararlanabiliyordu. Genele yönelik ileri teknolojili silahların (saldırı helikopterleri vb.) sayısı ve niteliği eksikti. Buna rağmen teknolojinin etkisi çok büyük oldu. PKK itirafçılarının en mühimi Şemdin Sakık'ın ünlü kitabının alt başlığının 'Kobralar Üzerimize Gelince Aklımızı Kaçırıyorduk!' oluşu tesadüf değildi.

Teknolojik gelişim aşağı yukarı şunlardan ibaretti:

A. Seçkin bazı birliklere gerilla savaşına uygun olmayan G-3 piyade tüfeği yerine PKK'nın kullandığı **Kaleşnikof** tüfeklerinin de dağıtılması

B. ZPT'lerin kullanımının yaygınlaşması: Askerlerin açık kasalı kamyonlarda değil daha çok mayına nispeten, makineli tüfek ateşine tamamen korumalı zırhlı personel taşıyıcılar ile taşınması

C. Helikopter desteği: Bunlar birkaç çeşittir. Vietnam savaşından kalma eski genel maksat helikopterleri ki daha çok operasyon bölgesine manga indirme amaçlı kullanılır. Saldırı kapasitesi yok denecek kadar azdır. Eski 1979 yapımı Sikorsy şirketi yapımı Kara Şahinler Bunlar UH-60 ve benzeri tiplerdir. O yılların standardına göre daha sonraki saldırı helikopterlerinin prototipi olarak çıkarılmışlardır. Saldırı güçleri sınırlıdır.

Vietnam savaşında kalma tek motorlu Kobra helikopterleri benzer şekilde kısmen saldırı helikopteri özelliği verilmek istenmiş helikopterlerdir. Saldırı özellikleri sınırlıdır. Bunları Bell şirketi üretir. AH serisi olarak bilinirler. AH serisinin tam olarak saldırı helikopteri diye niteleyebileceğimiz olanları ise Süper Kobra diye bilinen çift motorlu helikopterlerdir. Bunlar PKK gruplarına karşı en etkili olanlardır. Ancak sayıları çok azdır.

Her halükarda 1990'larda TSK'nın helikopter filosu çok yetersiz de olsa PKK'ya karşı etkili bir güç olacak seviyeye eriştirilmişti.

D. Termal kamera ve İnsansız Hava Araçları (İHA) ve Uydular: 2001 yılı sonuna kadar Türkiye'nin İHA desteği büyük ölçüde ABD tarafından sağlandı. Sınırlı bir uydu desteği de öyle... 2001 yılından sonra özellikle İsrail yapımı Heron'ların belli bir desteği oldu. İsrail ile ortak Heron üretimi projesi hem teknik ve hem de en sonunda dış politik sebeplerle sonuç vermedi. Türkiye'nin TAI vasıtasıyla kendi üretti ği –daha doğrusu ürettiğini iddia ettiği- ANKA tipi İHA'ların ise akıbeti meçhul. Bir de arada sırada bahis konusu edilen maket uçağa benzeyen sözüm ona İHA modelleri var. Sonuç İHA'lardan Türkiye etkin yararlanamıyor. Yine de olduğu kadarıyla ilk uygulandığı dönemlerde PKK'lılara karşı etkili oldu. Şimdi de hareketlerini kısıtlayan bir unsur olmayı sürdürüyor. Termal kameralar da özellik sınır karakolları ve stratejik yerlerdeki karakollarda artık yaygın olarak bulunuyor. İşe de yarıyor. Yine termal kameralar, gece görüş dürbünleri tek başına mucize yaratan bir teknoloji değil. Yakına gelene kadar tespit edilenin gerilla grubu olup olmadığı anlaşılamıyor. Böylede olsa PKK'lılar eskiden olduğu gibi karakolun burnunun dibine her zaman kolayca sokulamıyorlar.

E. Karakol Konum ve Mimarisinin İyileştirilmesi: Karakolların kaçakçılık için yeterli olan ancak gayrinizami harp unsurlarının saldırısına karşı yetersiz kalan mimari ve plan durumu hiç değilse bazı karakollarda düzeltildi. Konumları yanlış olan bazı karakolların yerleri de değiştirildi veya terk edildi. Buna karşılık bu iyileştirme olması gerektiği seviyeye ulaştırılamadı. Yine de karakol baskınları 1980'li yıllara göre PKK açısından daha maliyetli bir hal aldı.

Daha başka küçük teknolojik gelişmeler de 90'ların ilk yarısında uygulanmaya başlandı ancak en önemlileri yukarıda saydıklarımızdı. Ve bu 4 teknolojik gelişme beraberce PKK saldırılarının ilk vurucu etkisini yavaşlattılar; ardından gelen askeri mukabelenin etkinliğini yükselterek PKK'nın maliyetini arttırdılar. Daha önemlisi TSK'nın, daha PKK saldırmadan önleyici vuruş özelliğini arttırdılar.

7. Askeri Taktiklerin Gelişmesi: TSK'nın özelde Kara Kuvvetleri ve Jandarma birliklerinin eğitim ve taktikleri, bir dereceye kadar komando veya Jandarma komandolar hariç tutulacak olursa gayrinizami harbin hareketliliğine uygun değildi. Esasen özel birlikler hariç hiçbir ordununki de değildir. PKK'nın güç ve yaygınlığının artması bu gerilla birliklerine karşı sadece özel birliklerle müdahale edilmesini imkânsız kıldığına ve özel birliklerin de sayı ve eğitimi böyle yaygın bir çatışmaya uygun olmadığına göre PKK çatışmalarda taktik olarak önemli bir avantaj sağlıyordu. 1990'ların ikinci yarısına doğru özel birliklerin sayısı ve eğitim kalitesi artmıştı. **Osman Pamukoğlu** gibi bazı komutanlar da gayrinizami harbin hareketli yapısına iyi uyum sağlamıştı. Subayların bölgeye alışmadan tayinlerinin çıkması gibi bir sorunun tümüyle üstesinden gelinemese de daha iyi planlamayla bunun zararlı etkisi bir ölçüde azaltılmıştı. Tüm bu unsurlar TSK'nın da gayrinizami harp unsurlarını taktik olarak uygulamasına imkân verdi. Karakollar kadar arazideki birliklerin önemi ve reaktif harekât yerine proaktif saldırının önemi arttı. Bu son gelişme diğer 6 unsurla birlikte PKK'nın 1994 yenilgisinin önemli bir etkeni oldu.

PKK'YA TAYİN EDİCİ DARBE: ÖCALAN'IN YAKALANMASI

Çatışmaların zirve yaptığı ve PKK'nın momentumu kaybettiği 1994 yılından sonra yine G.Doğu'da savaş ortamı sürüp gidiyordu. Fakat artık PKK'nın 1992/93 yıllarındaki gibi 'işi götürdük; yarın serhılden; öbür gün kurtarılmış bölge' havası yoktu. TSK ve devlet yanlısı güçler psikolojik üstünlüğü ele geçirmeye başlamıştı. Fakat çatışmalar sürüyordu ve kontrol altında tutulması için hâlâ 1995'te yapılan Çelik **Harekatı** ve 1997'de yapılan **Balyoz Harekatı** gibi iki geniş çaplı sınırötesi harekata ihtiyaç duyulmuştu. İçeride yapabileceklerinin önemli bölümünü yapan Türkiye sınır ötesi harekâtlarla kesin sonuç alamayacağının da farkındaydı. İşte bu noktada 1990'lı yıllardaki **2. Dönemi** açan; PKK'nın uzun yıllar sürecek bir askeri siyasi getirecek 1998 yılı başladı.

Neyse ki o dönemde başına büyük dertler açan Irak savaşının kendisine yarar da sağlayan bir yönünü el yordamıyla keşfetti. Irak'ta Baas rejimi büyük darbe yemişti. Her an yeni bir savaş bekleniyordu. (Nitekim 2003'te Irak'ın işgaliyle sonuçlanacak savaş hayli gecikmiş olarak çıktı.) Irak'ın zayıflaması aynı zamanda bölgedeki diğer tek **Baas Partisi** iktidarının yani Suriye rejiminin de tehdit altında olduğunun açık göstergesiydi. Üstelik **Hafız Esad**'ın sağlık durumu da iyi değildi. Rejim kendi içinde de en zayıf anlarını yaşıyordu. Böylece Türkiye 1998'de Suriye'ye karşı **sınıra tank sürmek** eşliğinde savaş tehdidi de dahil tam bir pres uyguladı. Zamanlama çok uygundu. **Esad rejimi 'blöf'ü göremedi ve Öcalan bir anda barınaksız kaldı.**

Aynı dönemde PKK açısından risklerin bir başka açıdan da tepe yaptığı bir dönemdi. 1990'ların sonları **Baku-Ceyhan hattının** hayata geçirilmeye çalışıldığı. Orta Asya petrolünün Batı tarafından kullanılması için **Rusya** ile rekabetin had safhada olduğu, Kafkasya'daki Çeçen direnişinin Batı (ve Türkiye) tarafından desteklenerek bu pazarlıklarda Rusya'ya geri adım attırılmaya çalışıldığı bir dönemdi. Kafkasya mücadelesinde **Batı bloğunun** ve özellikle ABD'nin Türkiye'ye ihtiyacının en kuvvetli olduğu; Baku-Ceyhan hattı civarında PKK eylemlerinin yarattığı istikrarsızlığın en münasebetsiz göründüğü zamandı. PKK liderliği bu durumu göremedi; ya da gördüyse de azımsadı veya yapacağı bir şey olmadığına inandı. Öcalan'ın 15 Şubat 1999'da ABD destekli bir **operasyonla yakalanıp Türkiye'ye teslim edilmesini bu dinamikleri kavramadan anlamak zordur.**

1999-2004 SÜKUNET DÖNEMİ

Öcalan henüz yakalanmadan önce zaten iklimin örgüt için kötüye gittiğini fark etmişti. Ağustos 1998'de **ilan ettiği 3. Ateşkes** daha önce örgütün sığınaklara gireceği kış başında propaganda amaçlı ilan edip yaz başında bir bahaneyle bozduğu uyduruk ateşkeslerden değildi. 1999'da yakalanınca **lideri idam tehdidi altında rehin kalan örgüt** bu tehdit ortadan kalkana kadar sessiz kalmaya mecbur hissetti kendini.

1990'ların ikinci yarısında sonu Öcalan'ın yakalanmasına gidecek süreçte gerçekleşen bir başka olay da PKK'nın hiç değilse resmen **ABD, AB ve İsrail tarafından terörist örgüt olarak tanınması** ve bu tanımanın gereklerinin de giderek belli ölçüde ciddiye alınmasıydı. Batı ülkelerinde PKK derneklerine, banka hesaplarına operasyonlar düzenleniyordu. Zaten sessiz kalmaya ve militanlarını sınır ötesine çekmeye mecbur kalmış olan örgüt adını da değiştirip **Kongra-Gel** haline getirdi. Gerilla savaşı yerine siyasi mücadeleyi ve son adı BDP olan kendine yakın parti dizisini öne çıkardı.

PKK'nın tek taraflı ateşkesi 2004 yılına dek sürdü. Güvenlik güçleri fırsattan istifade içeride kalan PKK unsurlarını yok etmek veya teslime zorlamak bir bütün olarak ele alındığında örgütü fırsat elde iken biraz daha zayıflatmak için operasyonlarını sürdürdü. Fakat güvenlik güçlerinin de bu dönemde eskisi kadar çaba sarf ettiği söylenemezdi. Operasyonlardaki bu rehavet, 1990'ların başında 1993'teki Turgut Özal'ın ölümünden hemen önceki meşhur federasyon tartışmalarının etrafındaki 'siyasi çözüm' arayışları açısından da benzer bir rehavetle birlikte yürüyordu.

Siyasi çözüm aramak şöyle dursun Ayrılıkçı Kürt hareketinin 'beraber yaşamaya' en eğilimli olduğu bir zamanın bu grubun beraber yaşamaya en istekli legal unsurlarının da toplandığı HADEP daha önceki benzer partiler gibi 2003'te kapatıldı. Türkiye siyasal eliti kendi içine düştüğü anlaşmazlık ve çelişkiler içinde büyük resmi görmekten iyice uzaklaşmıştı. Sonuçta bu elitin 'PKK'nın belini kırıp, terörü bitirelim, sonra siyasi reformlar yapacağız!' diye yıllardır ağzından düşürmediği tezin hiçbir geçerliği olmadığı hem yurtdışına hem de Kürk kökenli vatandaşlara tıpkı 1980 sonrası gibi bir daha gösterilmiş oldu. Türk siyasal eliti –bunun içine kısmen AKP de dâhildir- kıymetli bir 5 yılı böylece heba etti.

2004-2012 DÖNEMİ: AKP İKTİDARINDA PKK NASIL YENİDEN GÜÇLENDİ?

Türk siyasi elitinin yeterince kavrayamadığı bir şey de 1990'ların ikinci yarısında Türkiye için fırsatlar yaratan dış konjonktürün bir kez daha yerini ters rüzgarlara bırakmakta oluşuydu.

2000'lerin ilk yarısında Geniş Orta Doğu Projesinde aslında Bush tarzı bir sapma olan Irak işgali Türk siyasal elitinin krize deli saçması bir yaklaşımı sonucu olabilecek en kötü biçimde sonuçlandı. Mesele bugünlerde kimi yazarların **'Ahh o gün Amerikalılarla birlikte Irak'a girseydik. Bugün başımıza bunlar gelmezdi'** zırvalarından daha ötedir. Birincisi kimsenin oraya girmemizi istediği, ötesi buna müsaade ettiği, kimi çokbilmiş iddiaların tersine, yoktu. Eğer Türkiye ABD askerlerine karadan köprü olmayı kabul etseydi bile, onların uzun süre G.Doğu'da yerleşmesi 'risk'inin yanı sıra, aslında belki biraz gecikmeyle sonuç yine değişmeyecekti. Ortadoğu'da sınırların yeniden çizilmesi Türkiye için asıl riskti; Türkiye'nin buna hevesle yardım etmesi adını savaş kışkırtıcısına çıkarmaktan başka bir işe de yaramayacaktı. Nitekim Türkiye Suriye krizinde Irak krizinden farklı olarak Batı blokunun en hevesli üyesi rolüne soyundu sonuç gene değişmiş değil; benzer riskler şimdiden ortaya çıktı bile! (**Geçmişe Yollanan Notlar**: Aslında TSK'nın devreden büyük ölçüde çıkarıldığı bir sağ iktidarın nasıl maceracı olabileceği, Irak olayı yerine Suriye konusunda kendini gösterdi. Kaçınılması gereken risk adeta zorla gerçek haline sokuldu. PKK ile bugünkü korkunç çatışmanın temelinde Suriye politikasının aptallığı yatıyor. "Irak'ta ABD ile birlikte hareket etseydik" savının saçmalığı da öyle hareket edilen Suriye örneğinde, görmek isteyenler için yeterince ortaya çıktı.)

2000'li yıllarda Rusya 1998'de içine düştüğü ekonomik krizinden nihayet sıyrılmış; tersine yükselen petrol fiyatlarıyla kendine olan güvenini kazanmıştı. Bush'un kaba saldırıları Şanghay Bloku'nda savunma pozisyonu alan Çin ve Rusya'nın yanına Hindistan, Brezilya gibi büyükçe BRIC ülkelerinin de yaklaşmasıyla neticelenmişti. Rusya, Çeçen direnişini zor yoluyla büyük ölçüde bastırmış; hatta ABD'nin Güney Kafkasya'daki Gürcistan gibi dayanak noktalarını tehdit eder hale gelmişti. Orta Asya petrol ve özellikle gaz rezervlerinde de aslan payını elde etmiş ve ABD şirketleriyle belli bir oranda anlaşmaya varmıştı. **Artık PKK uluslararası sermaye için o kadar da tehlikeli değildi!**

Obama döneminde Geniş orta Doğu Projesi ilk kurgulandığı (Bush sapmasına uğramamış) orijinal şekliyle uygulanmaya çalışılacaktı ve burada kilit ülkelerden biri Türkiye, daha doğrusu daha önce uluslararası diplomasi dergilerinde zaten ifade edilmiş olduğu gibi **'kısmen İslami-**

leşmiş' bir Türkiye'ydi. Kemalist bir Türkiye Orta Doğu'nun Arap halkları nezdinde üzerine biçilen rolü oynayamazdı, emperyalist ideologlara göre... Obama'nın bölgeye ilk ziyaretini Türkiye'ye yapmasından cesaret alan AKP kendi önemini muhtemelen abarttı ve yine muhtemelen PKK ile yürüttüğü gizli görüşmeler trafiğini kendi parti içi anlaşmazlıklarının yanı sıra biraz da bu sebepten biraz lakayt yürüttü. Sonuçta 'siyasi çözüm' arayışları **Habur'dan Oslo'ya tam bir skandallar dizisi** haline dönüştü. AKP, benzer özgüvene aynı anda eşlik eden AB ile ilişkilerin buzdolabında olduğu dönemi fırsat bilerek, AB'nin onaylamayacağı PKK'nın legal sempatizanlarına karşı toplu tutuklamalara girişti.

KCK operasyonları çerçevesinde yapılanlar örgütün gerilla dışı yöntemleri kullanarak bölgedeki baskın karakterini sürdürme denemelerini ciddi olarak tehlikeye atıyordu.

Sonuç olarak 21. yy'ın 2. onyılındaki böyle bir çatışma zaten kaçınılmazdı. Fakat AKP bu çatışmayı, güvenlik güçleri yeni döneme henüz hazırlanmamış, ötesi TSK'ya yönelik **Ergenekon, Balyoz operasyonları** sonucu moral ve komuta olarak zayıf düşmüşken kabul, hatta tahrik ederek çok gereksiz bir risk almış oldu.

AKP öncesi koalisyon hükümeti Öcalan'ın boynunu ipten kurtarmış; doğrusu AKP de bu hediyeden ziyadesiyle memnun kalmıştı. PKK'nın üzerinden de belli bir yük böylece kalkmıştı. Uluslararası ortam lehine dönmeye başlıyordu. AB ile soğuyan ilişkiler ABD ile henüz düzelmemiş bir ortam ve İsrail ile sonradan krize dönüşecek olayların ilk habercileri çoktan görülmeye başlanmış; 'Sıfır sorun politikası'nın iflası o zamandan belli olmuştu. **PKK için yeni destekler ufukta görünüyordu.**

K. Irak'ta Barzani Yönetimi güçlenmiş, kendine güveni artmıştı. Türkiye kırmızıçizgilerini boş verip onla anlaşma yoluna gitti. Bir bakıma zekiceydi; diğer taraftan ise artık PKK'ya karşı sınır ötesinde ABD izin verse de bir şey yapamayacak demekti. AKP'nin bu tercihi yapması bir ölçüde mecburiyetten ise de bir ölçüde Orta Doğuda girdiği **'Sünni rejimler ittifakı'nın** bir gereğiydi. Bu birbirine pek de güvenmeyen müttefiklerin oluşturduğu 'ittifak' ilk mağlubiyetini Irak seçimlerinde aldı ve Türkiye'nin desteklediği Sünni aday kaybetti; Türkiye Irak rejimiyle adeta kanlı bıçaklı olmaya başladı.

İç politikada bile AKP, Anayasa Referandumu ve genel seçim zaferi sonrası kendine öylesine güvenmeye başlamıştı ki **teröre karşı ulusal mutabakatı nobranca elinin kenarıyla itmekten** geri durmadı. Böylece PKK'ya yakın Kürt ayrılıkçı güçleri ülke içi ve dışında giderek eski çözülme eğilimlerini yenip birlik oluştururken Türkiye toplumunda durum tersine seyrediyordu.

Askeri alanda da güç dengeleri değişmekteydi. PKK askeri planda dengeleri lehine çevirmeye başladı? Ama bu bir başka yazının konusu...

ÇÖZÜM SÜRECİ VE ŞEHİR ÇATIŞMALARI DÖNEMİ

21.4.2016

2009 yılında gizlice Oslo Görüşmeleri ile başlayan "çözüm süreci"nin ses kaydı ve tapeleri 13 Eylül 2011'de sızdırıldı. 19 Ekim'de PKK Çukurca'ya saldırdı 24 asker şehit oldu. 28 Aralık'ta Türk Hava Kuvvetleri'nin yine bir PKK'lı grubun sızdığı istihbaratı üzerine K.Irak sınırında yaptığı bombardımanda sadece kaçakçı olduğu anlaşılan Uludereli 35 vatandaş hayatını kaybetti. Ardından 20012 yılının yaz aylarında çatışma yeniden şiddetlendi. Yukarıdaki Şemdinli yazılarında anlattığımız gibi PKK, modern gerilla taktiklerine geçtiğini ve büyük zafer kazanacağını iddia ederek çatışmaları yükseltti. Şemdinli'yi ele geçirme teşebbüsünde bulundu. Başaramadı. Ancak kırsal alanda ZPT'lere karşı çok sayıda tahrip gücü yüksek patlayıcılı saldırı düzenledi. Çatışmalar bir nevi "pat" durumunda iken yeniden 2013 yılında "çözüm süreci"ne geri dönüldü.

AKP döneminde 2009 ile 2011 sonu arasındaki 1.Çözüm Süreci ile 2013 ile 2015 arasındaki 2.Çözüm Sürecinin sebepleri neydi, sonuçları ne oldu?

AKP açısından olayın bir faydacı ve konjonktürel, diğeri ideolojik ve stratejik iki özelliği vardı. Konjonktürel olan kısmı AKP açısından çok önemli olan bazı seçim operasyonlarını tamamlamaktı. Bu süreçte çatışmaları bitirdiği, artık anaların ağlamayacağı propagandasının olumlu etkisi altında AKP kendisine oy kaybettiren çatışma ortamından kurtuldu ve bu "barış" ortamında **12 Eylül Referandumu'nu** kazandı. Aynı şekilde **12 Haziran 2011 Genel Seçimini** de kazandı. Bu süreçte PKK, tek taraflı olarak ateşkesi uzatarak kimi gözlemcilere göre bir anlamda AKP'nin seçim zaferlerini inşa etmesine yardımcı oldu. 2010 Referandumu'nda BDP de **Hayır yerine Boykot kararı alarak** "Yetmez ama Evetçi(YAE)" kesimden çok daha etkili biçimde AKP'nin referandumu kazanmasının önünü açtı. Bu konuların İmralı'da Öcalan'la konuşarak kararlaştırıldığı artık biliniyor. 2010 Referandumu ile AKP yargıyı ele geçirdi ve bir cins sivil darbe yapmış oldu. Gerçek yeni AKP rejimi böylece Cemaat ve sair dinî tarikatlar+PKK+YAE diyen sol liberallerin yardımıyla kurulmuş oldu. Kısa süre sonra bu "kutsal ittifak"ın yıkılışına tanık olacaktık.

AKP açısından çözüm sürecinin ikinci öz**elliği ideolojik ve stratejikti**. Yeni Osmanlıcı kafa, Cumhuriyet'in kuruluşundaki ilkeleri ortadan kaldırarak "eski rejim"e bir tür kısmi dönüş arzuluyordu. Bu kitapta Jurnaltürk.com'daki yazılarımızda daha 2007-2008 yılında AKP'nin bunu "**restorasyon**" diyerek açıkladığını ifade etmiştik. O zamanlar pek kimsenin dikkat etmediği restorasyon tartışması son yıllarda çok daha cüretkar biçimde ifade edilir olunca nihayet dikkat çekti. Bilindiği gibi restorasyon terimi, siyaset biliminde devrimci düzenden, eski rejim"e (krallığa/sultanlığa vb) dönüş için kullanılır.

AKP ideologları, cumhuriyetin ulus devlet kavramını küçümsüyor; bir cins ümmet olarak din kardeşliği temelinde en eski millet kavramına dönmeyi öneriyorlardı. Böylece bir üst kimlik olarak "Türk" ortadan kaldırılacak; Türk kavramı da Türkiye içindeki Laz, Çerkes, Gürcü, Kürt gibi diğer kavimler mertebesinde olacaktı... Üst kimlik ise **Müslüman milleti** olacaktı.

İlk bakışta (aslında son bakışta da) son derece tehlikeli olduğu görülen **bu girişimden iki fayda** umuluyordu. Bu sayede Kürt ayrılıkçılarla –nihai?-bir anlaşmaya varmak ve Suriye, Irak, belki Balkanlar'da Osmanlı İmparatorluğu'nu kısmen de olsa diriltmek. Turgut Özal'ın Musul sevdası sırasında türetilen bu görüşleri, AKP Musul'un yanı sıra, özellikle Suriye için de geliştirdi. AKP'nin artık deli saçması bir fiyasko olduğu iyice görülen bu Suriye politikası, daha doğrusu macerasına nasıl balıklama atlayabildiğini, bu ideolojik duruşu hesaba katmadan anlamak mümkün olamaz.

İmparatorluk düşleri ile pragmatik gerçekler arasında ara bağlantıyı sağlayan, daha yapısal, daha gerçek sorunlara suni de olsa çözüm arayışlarını görmezsek, bu ikisi arasındaki mantıksal illiyeti sağlayan ara zincir halkasını atlamış oluruz ki, çok önemli bir halkadır.

Cumhuriyet'in böyle bir restorasyonu ve millet kavramının değişimi, TSK'nın, ordunun gücü kırılmadan mümkün değildi. TSK'ya **Balyoz**, Ergenekon vb türü bir dizi operasyon yapılırken PKK ile etkili şekilde savaşılamayacağı açıktı. Yani TSK'ya yönelik bu operasyonların sonuca kavuşması için PKK'ya operasyonların durması gerekliydi. İmparatorluk düşlerine gelince... Bunun da tek sebebi AKP'nin hayalciliği değildi. Türkiye ekonomisi artık yeni pazarlar ele geçirmeden büyüyemeyecek kadar irileşmişti. Orta Doğu ve benzeri pazarlarda daha ileri bir pay ancak siyasi etki ve güçle elde edilir diye düşünülüyordu. Bunu önce Suriye üstünde barışçı –yani doğru yöntemle- deneyen AKP, bu yolun Batı müdahalesi ile işlemez hale geleceğini fark ettiğinde esasen kendi fikrine daha da uygun gelen Yeni Osmanlıcı düşlerle, yine aynı sonucu elde edeceği vehmine kapıldı. Böylece 19. yy'dan kalma sömürgeci projeyi, zaten var olmayan gücüyle 21. yy'da deneyen AKP'nin vardığı nokta ortada... İşin bu cephesini bu kitapta da bazı pasajları yer alan **2011 Ocak ayındaki Monthly Review yazısında** irdelemiş; AKP'nin sert milliyetçiliğe dönüş yapıp, PKK ile çatışmayı da yeniden başlatacağını öngörmüştük.

PKK AÇISINDAN ÇÖZÜM SÜRECİ VE ÇATIŞMA

PKK açısından çözüm sürecinin avantajları ise bellidir. Öcalan'ın yeniden inisiyatif kazanması başlı başına bir kazançtı. Ötesi askeri anlamda yenilmiyor ama kazanamıyordu da... Gerilla savaşını ileri aşamaya çekme yolundaki her denemesi büyük kayıplar vermesi ve etkisi altındaki halk kitlesi nezdinde şüpheler uyanmasına neden oluyordu. Çözüm sürecinde çok iyi bir pazarlık yaptılar. **Ve AKP, G. Doğu ve Doğu Anadolu'nun büyük bölümünün kontrolünü "çatışmasızlık" karşılığı PKK'ya terk etti.** Böylece PKK ilk kez kendi tabiriyle "Kuzey Kürdistan"da önemli bir denetim sağladı ve kitle tabanını genişletti.

PKK açısından 2009 yılındaki o ilk çözüm sürecinde özellikle TSK'nın yıpratılması da başlı başına büyük bir kazançtı. PKK'ya karşı sert tutumlarıyla bilinen subay kesimi Ergenekon soruşturmalarının en önemli hedefiydi.

2013 yılı 2. Çözüm Süreci'nde ise belirleyici faktör PKK açısından da Suriye'ydi. Suriye'de –biraz da AKP sayesinde- doğan boşluktan yeni bir Kürdistan, Rojava bölgesi kurulmuştu ve diğer "kanton"larla birleşerek bütün Kuzey Suriye'yi ele geçirme hesapları yapılıyordu. Ama önlerinde

IŞİD tehdidi vardı ve Kobani kuşatması ile bu tehdit çok acil bir hale gelmişti. Sonuçta PKK, Suriye ile ilgilenebilmek için Türkiye'deki çatışmaların durmasına muhtaçtı. 2. Çözüm Süreci, PKK'ya bu fırsatı da verdi.

Kolayca görüleceği gibi PKK/YPG'nin **Kuzey Suriye Kürdistanı** projesi ile AKP'nin İslamcı **Türkiye-Kuzey Suriye Sünni birliği** projesinin aynı anda yürümesi mümkün değildi. Zaten ilk kriz de 6-7 Ekim Kobani Olayları'yla buradan koptu.

Sonrasını biliyoruz. Yükselen gerginlik süreci PKK'nın bir dizi kışkırtma eylemiyle daha da hızlandı. AKP, bu tür eylemlere eskisi kadar kapamadı gözlerini... Ama asıl sorun 2015 Haziran'ındaki genel seçimlerde HDP'nin parti olarak seçime girip %13 gibi bir oy almasıyla patlak verdi. Daha doğrusu zaten gelişmekte olan çatışma süreci sonuca çok daha hızlı ulaştı.

Bu süreçte hükümetin ateşkes sürecini zorlayacağı tahmin ediliyordu. Çünkü önceki yılların tersine bu kez parlamento çoğunluğunu yeniden elde etmenin tek yolu HDP'nin "Türkiyelilik" iddiasını çürütecek şekilde, onu PKK'nın yanına yeniden iterek kriminalize etmek; diğer yandan da MHP'nin çözüm sürecine karşı milliyetçi seçmenini, en az MHP kadar radikal bir çatışma yanlısı tutum sergileyerek kendi yanına çekmekten geçiyordu. Esasen çözüm sürecinde verdiği ve asla yerine getiremeyeceği ya da getirirse iktidarda kalamayacağı vaatlerin **son ödeme tarihi** de gelmişti. Sonunda **masayı devirmekten** başka çaresi pek yoktu olsa olsa süreyi uzatabilirdi; üstelik masayı devirmek tam iki seçim arasında yukarıda anlattığım oy hesapları nedeniyle çok işine geliyordu. Böylece 28 Şubat 2015'te Dolmabahçe'de HDP ve AKP yetkilileri Öcalan'ın onayladığı 10 maddelik **Dolmabahçe Mutabakatı'nı** TV kameraları önünde okuduktan hemen hemen 1 ay sonra Cumhurbaşkanı Erdoğan **22 Mart'ta Ukrayna dönüşü** uçakta Dolmabahçe Mutabakatı'nı tanımadığını ilan etti. Bu 1 aylık süre zarfında HDP lideri Demirtaş'ın partisinin meclis grup toplantısında o meşhur 3 cümlelik "Seni başkan yaptırmayacağız!" konuşmasının siyaseten tek önemli olay olduğunu hatırlatalım.

Dediğimiz gibi AKP'nin "çözüm süreci"ni bitirmek için çok "geçerli" nedenleri vardı. Diyebiliriz ki mecburdu. "Liberal" kamuoyunun hâttâ HDP'lilerin bile şaşırdığı şey ise çözüm sürecini bitirmekte PKK'nın neden o kadar istekli olduğuydu. Çünkü örneğin PKK'nın bahane olarak öne sürdüğü kimi TSK operasyonları Haziran seçiminden önce de vuku bulmuş, PKK ise kendi deyimiyle bu "provokasyonlar" karşısında geri çekilmiş, HDP'yi zor durumda bırakacak çatışmalardan özenle kaçınmıştı. Kasım seçimi öncesi ise tam tersini yaptı. Niye?

Birincisi Demirtaş'ın giderek hareketin "yeni ve genç lideri" olarak çok fazla popülerlik kazanmış olması, seçim zaferi ile de ilk kez neredeyse Kandil ve Öcalan mertebesine yaklaşan bir karizma edinmesi alarm zillerini çaldırdı. Bir an evvel Demirtaş'ın tabiri caizse burnu sürtülmeliydi. Çatışma başladığında ise Demirtaş, ya "Türkiyelileşme" tezinde ısrar edip "Kürdistan"da hain ilan edilecek; ya da hendek/barikat direnişini sahiplenerek Batı'daki karizmasını yitirip PKK'lılaşacaktı. Demirtaş, gerçekten de iki ara bir derede kaldı. Önce "direnişleri sahipleniyoruz" diyerek karizmasının bir bölümünü yitirdi; arkasından PKK üstünde bu çatışmayı önleyecek hiç etkilerinin olmadığının ortaya çıkışıyla diğer bir kısmını... Demirtaş'ın, şehir çatışmalarının PKK'nın istediği gibi gitmemesi üzerine "hendek siyaseti"ni yeniden yüksek sesle eleştirmeye başlaması karizmasının" ne kadarını geri kazandırır bunu da göreceğiz. PKK'nın –ve muhtemelen Öcalan'ın- parlamenter Kürt hareketinin kendisine bağlı/yarı bağlı başkanlarını bile biraz ünlendiklerinde nasıl harcadığını görmek için HEP'in, DEP'in, DEHAP'ın, BDP'nin filan eski başkanlarının durumuna bakın. Bir zamanların o ünlü başkanlarının belki de isimlerini bile hatırlayamazsınız. Bir kısmına açıkça boyun eğdirilmiş, kenara itilmiş, bir kısmı ise hâttâ hain ilan edilmiştir. Dolayısıyla Demirtaş'a yönelik tutum şaşırtıcı değildir.

Diğer yandan **PKK bir başka sebeple de çatışma çıkarmak zorundaydı**. Çözüm süreci sayesinde Kuzey Suriye'ye kuvvet kaydırarak pozisyonunu güçlendirmiş ve Batı ittifakına IŞİD'e karşı mücadelesinde kullanılabilecek çapta bir kuvvet olduğunu ispatlayabilmişti. Şimdi Batı'nın desteğinden yararlanarak Suriye'de zaten daha önceden ilan ettiği Kürt kantonlarını bu kez de birleştirmek için harekete geçebilirdi. Bunun AKP'nin Suriye'den tümüyle dışlanması anlamına geleceği açık olduğuna göre "TC'nin" bir askeri müdahalesinden korkması için her türlü nedeni vardı. Hendekler ve barikatların yanında bir de üstüne üstlük, ilan ettiği "özyönetim ve özsavunma" sonucu şehir çatışmaları dönemini başlattı. Çok kayıp vereceğini biliyordu, ama karşılığında Türkiye'nin Suriye'ye olası bir müdahalesini, onu içeride oyalayarak durdurmuş oldu. Aslında daha sonra TSK'nın 24 Kasım'da bir Rus uçağını düşürmesi zaten anlamlı bir müdahaleyi imkansız kılacaktı.

AKP yönetimi ise kendisine "dışarıda" yani Suriye'de oynanan bu oyunun cezasını PKK'ya iyice vermek için bu kez "içeride" neredeyse şehirleri tümüyle yakıp yıkan çılgınca bir öç alma operasyonuna girişti. Bunu sürdürmesi ve bilhassa işi uzatması olası bir Başkanlık referandumunda "PKK'yı bitirmeye kararlı Ulusun Başkomutanı" kisvesiyle oy toplamaya da yardımcı olacaktı. **Görüldüğü gibi AKP/Erdoğan'ın ve Öcalan/Kandil'in bu çatışmaları yeniden başlatmakta, ötesi çok daha yıkıcı, sivil halkı cezalandırıcı bir seviyeye taşımaya ihtiyaçları vardı.** Birbirleriyle en çok çatışır gözüktükleri bu anlarda belki de çözüm sürecinden bile daha kuvvetli bir işbirliği içinde oldukları söylenebilir. Bu işbirliği Oslovari bir gizli görüşme trafiği ile hâlâ sürüyor olabileceği gibi aslında buna gerek yoktur. İktisattaki **Oyun Teorisi**'nin siyasete uygulanmasıyla bu işbirliğinin görüşmeler yapmadan da yürütülebileceği kolayca ispatlanabilir.

ŞEHİR ÇATIŞMALARI DÖNEMİ

Şehir çatışmalarına gelince... Bu nizami ve gayrinizami harbin en zor bölümlerinden biridir. İncelenmesi başlı başına bir yazıya ihtiyaç duyar. Şimdilik şu özelliklerine değinelim.

*Şehir çatışmaları zırhlı birliklerin kullanımı yönünden düzenli ordu açısından dezavantajlıdır. Tanklar ve Zırhlı Personel Taşıyıcılar (ZPT) dar sokaklarda yeterli manevra alanına sahip olamadığı gibi mayın ve El Yapımı Patlayıcılar (EYP) için kolay hedef olurlar.

*Modern bulvarlara sahip olmayan küçük şehirler ve düzensiz yapılaşma, dar sokaklarda barikat ve hendek oluşturmayı kolaylaştırır. Binalar tüneller ve duvar geçişleriyle birbirine bağlanarak adeta birer savunma kaleleri sistemi haline getirilebilir.

*Şehir çatışmaları keskin nişancı (sniper) kullanımının en etkili olduğu savaş türüdür ve düzenli ordunun subaylarını kır çatışmalarına göre daha kolay hedef alabilir. Yine kısa menzilli ve isabet oranı düşük RPG roketatarları şehir çatışmalarında kıra göre çok daha etkili kullanılabilir. PKK her iki yöntemi de oldukça etkili kullandı.

*Şehir çatışmaları, bütün savaş tarihinde, yukarıdaki nedenlerden ötürü küçük kuvvetlerin büyük ve teknolojik üstünlüğe sahip ordulara karşı belli bir avantaja sahip olduğu alandır. Ayrıca kırsal alandaki gibi iyi yetişmiş gerillacı insan gücüne daha az ihtiyaç duyar. Milis düzeyindeki kalabalıklar şehir savaşında pekala iş görür.

*PKK, eğer çatışmayı eskisi gibi kır gerillası gibi sürdürseydi ateşkesi bitirdiğini açıkladığı 11 Temmuz 2015'ten sonra elinde coğrafi, iklimsel ve lojistik açıdan çok az bir süre kalacak; kendisine Suriye amacı için gereken oyalama zamanını kış aylarında kazandıramayacaktı.

*Kuzey Irak'ta, Kuzey Suriye'de, özellikle IŞİD'in Kobani kuşatması sırasında PKK, büyük kısmını IŞİD'den öğrendiği şehir savaşı tekniklerini pratikte test etme ve bunlarda ustalaşma imkanı elde etmişti. Bu tekniklerin Türkiye'de daha da etkili olacağı hesabını yaptı.

*AKP, ideolojik yanılgıları nedeniyle askere hâlâ yeterince güvenmediğinden çatışmaların özellikle ilk aylarında TSK'yı şehirlere sokmakta tereddüt etti. Esasen TSK da belli güvenceler almadan devreye girmekte isteksizdi. Polis Özel Harekat (PÖH) ile şehir savaşı yürütmeye kalkıldı ki; askeri açıdan korkunç bir hataydı. Sonrasında bunu tankların uzaktan desteği ile Jandarma Özel Harekat (JÖH) ile takviye etti. "Temizleme" harekatlarını kısa süreli operasyonlar şeklinde sınırlı tuttu. Bu da ikinci büyük hataydı. PKK'nın tecrübesiz genç kent milisleri bu yok edici yanı sınırlı harekatlar karşısında, zayiat vermelerine karşın dayandılar ve üstelik savaş tecrübesi kazandılar; eksik ve hatalarını giderdiler. Nitekim bu ilk operasyonlardan sonra Nusaybin gibi güya başarılı olunmuş merkezlerde barikat ve hendekler yeniden yükseldi.

*AKP benzer bir hatayı "savaş"ın yönetiminde de yaptı. Önce işi valilere emanet etmişti. Sonra fiili olarak yetkiyi sorumlu vali yardımcıları ve askeri yetkili arasında paylaştırdı. Askeri tam yetkili kılacak sıkıyönetim ilanından kaçındı. Sonra sonra çaresizce askere tam yetki tanıdı. Bu kez de Ergenekon, Balyoz soruşturmalarında 1990'lardaki faaliyetler yüzünden başlarına gelenleri hatırlayan TSK'nın "topa tam girmediği" fark edildi. Bu kitabın baskıya hazırlandığı şu sıralarda ise askere istediği yasal "koruma zırhı"nın verilmesi hazırlıkları sürüyor.

*Bütün bu stratejik/taktik hatalar ve yönetim sorunları nedeniyle şehir çatışmaları kimi uzmanlara göre gereğinden fazla zayiat verilmesiyle sürüyor; kesin sonuç alınması uzuyordu. Kesin sonuç alma girişimlerinde ise neredeyse bütün şehrin yakılıp yıkılıyordu ki; bunun ulusal ve uluslararası platformda sonuçları ağır olmaktadır.

*Her şeye rağmen, yukarıda açıkladığımız siyasi ve kimileri sınır ötesi kaynaklı sebeplerle PKK'nın başlattığı ve/veya kabul ettiği bu savaş, özünde sonunun mağlubiyetle ve büyük kayıplarla biteceği belli olan bir intihar savaşıydı. PKK, "galiptir bu yolda mağlup" zihniyetiyle büyük askeri bedeller karşılığında önemli siyasi kazanımlar elde edeceğini hesaplamıştı. Fakat öyle görülüyor ki bu hesapları da düşündükleri kadar sağlam değildir. AKP'nin seri hatalarına rağmen PKK'nın siyasi kayıpları da hatırı sayılır ölçüdedir.

KÜRT SORUNU- ÇÖZÜM SÜRECİ-ASKERİ ÇÖZÜM

PKK, bir "gerilla savaşı" yürütüyor. Bunun TSK ve devlet tarafından bazıları geçerli kimi nedenlerle "gerilla savaşı" sayılmaması askeri açıdan önemli değil. Bu savaş cinsi askeri olarak "**gayri nizami savaş**" niteliğini taşır. Siyasi açıdan **ise Politikleşmiş Askeri Savaş Stratejisi** olarak bilinir. Yani PKK için savaş yöntemi zaten aslında bir siyasi mücadele yöntemidir. PKK'nın çok özel şartlar haricinde bu savaşı bırakması, bir anlamda bildiği yegane siyaset yapma yolunu da terk etmesi anlamına geliyor.

Ötesi meselenin, **İrlanda**, Kolombiya, **İspanya'daki** (IRA, FARC, ETA) ayrılıkçı örgütlerdeki gibi bir **silah bırakmayla** sonuçlanması da mümkün değildir. Daha doğrusu Türkiye açısından bu konuda geç kalınmış ve o fırsat kaçırılmıştır. PKK artık **dört ayrı devlette** silahlı güçleri olan bir örgüttür. Türkiye'de silah bırakması karşılığında T.C'nin "taviz" vermesi nihai bir çözüm sağlamaz. PKK istediği zaman diğer üç ülkedeki silahlı güçlerini Türkiye'ye yeniden sokar. Öyleyse Kürt sorunu artık uluslararası bir meseledir ve sadece Türkiye'de çözülemez. O tren kaçmıştır.

Peki sonsuza dek savaşılacak mıdır? İşte bu da bir başka imkansızlıktır. Böylece iki imkansızlığın arasında daha en az birkaç yıl sürecek bir **alacakaranlık yarı çatışmalı** bir dönem yaşanacak. Bazen çatışmaların azaldığı, dönemsel ateşkeslerin olduğu; bazen ise şiddetlendiği dönemler...

PKK ve diğer Kürt ayrılıkçı hareketlerinin en önemli gayesi bir **Kürt Ulusu** ve bir **Kürt Ulusal Devleti** inşa etmek... Üstelik bu devleti yaşayabilir kılmak için gerekli gördükleri "yaşam alanları"nı ele geçirmek. Bunlar su, petrol gibi doğal kaynaklar ,sınır ve bölge bütünlüğü, kopmayı düşündükleri "düşman" devletler haricinde başka devletlerle sınır, mümkünse denize açılan liman gibi şeyler... Bunun için gereken şey ise başka etnik unsurların da çoğunluk olduğu kimi bölgeleri de içeren "**Büyük Kürdistan'ı** oluşturmaktır. Bu macerayı deneyen başka ayrılıkçıların 19.

Ve 20. yy'larda ne gibi felaketlere yol açtığını biliyoruz. Bildiğimiz bir başka şey ise hiçbir **"geç milliyetçi" ayrılıkçı hareketin** bu "Büyük"lük fantezisinin cazibesine direnemediğidir.

PKK ve HDP için Türkiye devleti ile şimdi artık asgari anlaşma şartının çıtası da yükselmiştir. Bu iki kardeş grup açısından Kürtlerin bir **ulus olarak kimliğinin** yasal olarak tanınması ve **bölgesel siyasi özerkliğini** kabul etmek ve iki uluslu bir anayasaya geçmek zaruridir. Bu durum ise Türkiye'yi kaçınılmaz olarak **kan ve soy temelli bir ulus/vatandaşlık tanımına** sürükleyecek, pek çok kişinin ileri sürdüğünün tersine çok **gerici bir hamle** olacaktır. Bunun Türk veya Kürt kökenli yurttaşlar için yaratacağı sonuçlar olası bir ayrılıktan bile daha kötü olabilir.

Öyleyse ne yapılmalıdır?

Türkiye bu konuda çaresiz değildir. Esasen 2000'li yıllarda çözüme çok da yaklaşılmıştı ve "çözüm süreci" ile bu çözümden tersine uzaklaşılmıştır.

Kanaatimce yapılması gerekenler şunlardır:

*PKK ile çatışmaların dozunu azaltmak, ateşkeslerin süresini uzatmak için samimi bir çaba içine girilmeli. Bunun yolu ise sanılanın aksine askeri başarıdan geçer.

*Uzun süreli bir barış için HDP veya benzeri Kürt siyasi hareketiyle Meclis'in denetiminde açık barış görüşmeleri aşırı ümitler bağlanmasa bile ısrarla sürdürülmeli. Ulusal ve uluslararası koşullar beklenmeyen şekilde uygun bir kalıcı barış umudu doğurabilir. Her zaman barışa şans verilmelidir

*Kürtlerin toplu bir ulus veya halk olarak anayasal tanınması yerine anadilde eğitimden başlayarak temel kültürel haklar tanınmalı, yerel idari (siyasi değil) özerklikler arttırılmalı, Avrupa Yerel Yönetimler Özerklik Şartı'na uyum sağlanması kabul edilmeli

*En önemli çözüm ise ülkenin genel demokratikleşmesinde derhal Batı standartları ve hâttâ üstüne çıkılmalı. Türkiye'de sadece Kürtler değil, herhangi bir etnik grubun da çoğunluğu, böyle bir ülke yerine bir Orta Doğulu ulus devlet vatandaşı olmayı istemeyebilir.

*"Kürt sorunu"nun çözümü, başta ABD olmak üzere, Batılı toplumlardaki yöntemdir. Daha iyi demokrasi, daha güçlü ekonomi, daha çok kültürel ve idari haklar... Daha ötesi için ise sonuna kadar mücadele...

Çünkü bir başka yöntemin bu coğrafyada kalıcı bir çözüm olma imkanının bulunmaması bir yana, yakın tarihin bize anlattığı, yarım çözümlerin halklar arasındaki düşmanlığı arttırmaktan başka işe yaramadığıdır.

6. BÖLÜM

EKONOMİPOLİTİK YAZILARI

EKONOMİPOLİTİK YAZILARINA GİRİŞ

İsterseniz bir mesleki deformasyon deyin, ben başta ekonomi olmak üzere sosyal bilim dallarından anlamadan, siyasi "analiz" yapanların özgüvenlerine şaşıyorum. Siyasette şimdiki zamanı tahlil ve geleceği tahmin önemli yer tutar. Yakın ve orta vadeyi ne kadar iyi görebilirsen rakiplerine karşı hamleleri düzenlemek için o kadar vaktin olur. Siyasi parti ve örgütler –birilerin ya da talihin kollamasını hariç tutacak olursak- ancak böyle iktidara gelebilir.

Bu bölümde onyıllardır dönemin, o zamanın ruhunun bir yanını tasvir eden kimi ekonomipolitik yazılarımı topladım. Bunlar yıllar içinde yazdığım ekonomipolitik yazılarının çok küçük bir bölümü. Bir tür örnekleme denebilir... Üstelik yazıları da, ilgilenmeyen okuyucuyu rakamların ayrıntılarıyla sıkmamak ve kitabın hacmini şişirmemek adına adeta hunharca kısalttım. Kısaltma yerleri (...) ile gösterildi. Yazıların tamamı ilgili yayınlarda veya sitelerde bulunabilir. Belki bir gün tam halleriyle bir kitapta toplamak mümkün olur.

Bu yazılarda önemli birkaç uyarı vardır. Birincisi **kriz** uyarıları... Türkiye'de 1994 ve 2001 krizini, dünyada ise 2008 Küresel Krizi'ni genelde 2 yıl kadar önce öngören yazılar... Sadece öngörmek değil, mesela 2008 krizinin nasıl olacağını ayrıntılarıyla anlatan yazılar...

Fakat sadece kriz uyarıları yoktur bu yazılarda... AKP'nin iktidara gelmesini sağlayan 2001 krizi sonrası yolsuzluklar ve AKP'nin toplumdaki infiali kullanarak çıkardığı "Hortum Yasası" vb gibi yasalarla ileride şirket ve bankalara el koymanın yollarını nasıl döşediğini, öte yandan gelecekteki hırsızlıkları için bazı yolları nasıl açık bıraktığını da o günlerde sıcağı sıcağına yazmaya çalıştım. Bu yazılarda bir önemli tema da AKP'nin ekonomik büyümeyi sürdüremeyeceğine ve böylece 1-2 senede iktidardan yuvarlanıp gideceğini düşünenlere –sol ve sosyal demokrat kesimlerde 2002-2004 arası yaygın bir kanaatti- karşı yaptığım uyarılardı. Büyümenin (ve getirdiği nispî refahın) sorunlu ama gerçek olduğunu; bu durumda AKP'nin iktidardan sanıldığı kadar kolay düşmeyeceğini vurgulamaya çalıştım.

2005 yılından itibaren ise bu kez sol liberal çevreler, -bunlar içinde CHP'deki kimi takdir ettiğim akademisyenler de vardı- AKP'nin "ekonomik başarıları"nı överken, tersine böyle bir AKP başarısının filan olmadığını, dünyada büyük bir ekonomik çalkantı, hatta kriz olacağını bunun da Türkiye'yi derinden etkileyeceğini vurguladım. Kriz sonrasında ise Roubini gibi küresel krizin "2. bir dip" yapacağını (2. Kriz) savunanlara karşı beklendiği gibi benzer bir kriz olmayacağını fakat mevcut krizden çıkışın beklenenden de daha "uzun ve acılı" olacağına vurgu yaptım ki, **Büyük Resesyon** denen bu süreç aynen öyle gelişti.

Yazılarımda haber verdiğim o çalkantı 2006 ve 2007'de görüldü; iki sene öncesinden haber verdiğim kriz ise küresel anlamda 2008'de... Deprem dalgasının bizi vurması 2009'daydı... Ülkede menkul ve gayrimenkul piyasalarının Batı'daki gibi henüz iç içe geçmemiş oluşu; 2007 yılında ilk çalkantıya bir tepki olarak ekonomide frene basmak zorunda kalınmış oluşu, **Derviş+IMF reformları** nedeniyle bankacılığın halen sıkı disiplinini koruyor oluşu krizin etkisini Türkiye için azalttı. "Kaynağı belirsiz para" operasyonlarıyla bankacılık sektörünün çökmesi kıyıdan engellendi.

Fakat kriz asla "teğet" geçmedi. Reel ekonomi büyük darbe yedi. Tıpkı başka "Gelişen Ekonomiler"deki gibi toparlanmanın sıcak para yoluyla ve hızlı olması, sanıldığının aksine hasarı onarmaktan uzaktı. Bu dönemdeki yazılarımda **Arap Baharı** denilen ayaklanmaların sadece emperyalizmin eseri olmayıp o ülkelerdeki sosyal ama özellikle 2008 krizinin etkisiyle ağırlaşmış ekonomik sorunlarla beslendiğini yazdım.

Yine bu yazılarda Türkiye'deki **sahte demokrasinin** karşılıksız para basma ya da bunun bir başka şekli olan ödeme karşılığı olmayan dış borç alımına dayandığını, o para azaldığında rejimin hızla otoriterleştiği, bittiğinde de güdük demokrasinin de bittiğini anlatmaya çalıştım. **Neo-Osmanlıcı eğilimlerin** da aslında AKP'den önce başlamış bir süreç olduğunu; bu eğilimlerin **maceracı siyasi yönelimlere** gitmesinin de fazlasıyla muhtemel olduğunu da... 2007 ve özellikle 2011'den sonra AKP iktidarının tarihi daha önceki sağ iktidarlardan bu bakımdan çok da farklı değildi. Gelişmeler yazılarımda çizmeye çalıştığım modelin öngörülerini anlamlı ölçüde doğruladı denilebilir.

Özellikle 2011 yılından itibaren yazılarımda Arap Baharı'nda görülen cinsten kitle gösterilerinin Türkiye gibi "nispeten gelişmiş ülkelerde" olmayacağını düşünen aydınlara karşı, Türkiye'de de büyük kitle gösterilerinin beklenmesi gerektiğini gösteren analizlere yer verdim. **Bu son yazılar açıkça GEZİ PARKI DİRENİŞİNİ haber veren yazılardı.** Bu bölümdeki son yazı daha doğrusu yazı alıntısı ise 2016 ve sonrası için küçük bir değinme... Bakalım doğrulanacak mı?

Aşağıdaki yazı "O Karanlık"ın başladığı yıllarda yazılmış bir kitapçıktan alınmış parçadır. 12 Eylül darbesinin hemen ardından yazıldı. Darbeciler ülkede bir sürek avı başlatmış devrimci ve demokratları, aydınları, gazetecileri, bilim adamlarını, yayıncıları sendikacıları zindanlara dolduruyor, birçoğunu da ya sokak ortasında ya da işkencehanede öldürüyordu. Ülke sus pus olmuştu. O yıllarda genç insanlar olarak bir taraftan bu yeni "ara" rejime karşı sokaklarda gösterilerle, bildirilerle, konuşmalarla direnmeye çalışır, o zalim sürek avına karşı yardımlaşma çemberleri oluşturmaya gayret ederken; diğer yandan bu rejimin neden geldiğini ve nereye varacağını analiz eden çalışmalar yapmaya koyulmuştuk. Böyle şeylerin artık yazılamadığı zamanlarda iş, ekonomi öğrencileri olarak bize düşmüştü. Aşağıdaki çalışma kolektif bir çabanın ürünüdür. Boğaziçi Üniversitesi Ekonomi Kulübü'nde toplanmış birkaç kişi o zaman için riskli bir kitapçığın hazırlanmasına darbeden sadece 2-3 ay sonra girişti. Kitap bin zorlukla 81'in Nisan'ında yayımlandı.

Kitapçıktaki ifadelerde sansürün etkisi kısmen hissedilir. Buna karşılık analizlerde son derece açık sözlüdür: Şampiyonluğunu o zaman için henüz bir bürokrat olan Turgut Özal'ın yaptığı 24 Ocak kararları aslında 12 Eylül darbesinin peşrevi, prelüdü, önsözüdür. 12 Eylül'ün "güçlü devlet"i olmasa 24 Ocak "ekonomik" programı uygulanamazdı. Bu program ve 12 Eylül, daha sonra Büyük Orta Doğu Projesi denilen stratejinin, henüz formel bir proje haline gelmeden önceki ilk uygulamasıdır da aynı zamanda... 24 Ocak'ın şampiyonu kadrolar, başta Özal olmak üzere geleceğin önemli adamları yapılmıştır. Türkiye'nin "islamcılaştırılması" ve şimdiki karanlık günlerin başlangıcı özellikle o 1980-81 yılına dayanır. 1980 öncesinin çalkantılı yıllarını ise bir anlamda "sahne"yi bu oyuna hazırlamanın ön hazırlıkları olarak da okumak mümkündür. 12 Eylül'ün sözde "Kemalist" paşaları Uğur Mumcu'nun o yıllarda gösterdiği gibi, ülkeyi Suudi kuruluşu "Rabıta'ya teslim etmişlerdir. Nakşibendi Özal da "dincileşmenin" ekonomik, siyasal temellerini güçlendirmiştir.

Sıkıyönetimler bu projeye direnecek olanları zindanlarda eli kolu bağlı tuttu. Bu karanlığa girişimiz böyle başladı. Yine de o yılları sadece bir uluslararası komplo olarak okumak eksiktir. Türkiye toplumunun iç ilişkileri, sınıf ve tabakaların, siyasi partilerin mücadeleleri kitapçıkta ayrıntılı olarak anlatılmıştı. Türkiye'ye o zamanlar Dünya Bankası ve TÜSİAD gibi kurumlar tarafından örnek gösterilen Brezilya'nın ve tabii ümit edilen ekonomik anlamda kullanılan "Türk Mucizesi"nin sonu da irdelenmişti. Bu sistemle Türkiye'nin beklendiği gibi kalkınamayacağı, "ihracata yönelik sanayileşme" stratejisinin muhtemelen iflas edeceği ve ödemeler dengesinin düzelmeyip açık vermeye devam edeceği, bunun da yeni krizlere yol açacağı öngörülmüştür. Sonraki yıllar bu öngörüleri çok büyük ölçüde doğruladı.

Cüret edilen bu küçük kitapçığın intikamı yıllar içinde alındı. Ekonomi Kulübü kapanmak zorunda kaldı. Sonraki yıllarda polis soruşturmalarında da bu kitapçık sanki bir suç unsuruymuş gibi sürekli karşımıza çıkarıldı Yine de bu ülkenin genç insanları olarak 35 yıl önce susmadık; kalemle de, kalemsiz de direndik. Tıpkı bugünün genç insanları gibi... Zorbalar, istedikleri o sürgit faşist düzeni, her şeye rağmen o günlerde ülkenin her yerindeki bu ve benzeri direnişler nedeniyle yaşatamadılar; bir cins "demokrasi"ye dönmek zorunda kaldılar. Bugün içine sokulduğumuz "islamcı faşist" karanlık, o gün başaramadıklarının yeniden denenmesidir... İstedikleri yeni faşist düzeni bin yıl egemen kılmaktır. Yine başaramayacaklar!)

24 Ocak ve Türkiye BÜEAK Bülteni Nisan 1981

(...)

1977 başında DÇM uygulaması nedeniyle borçlar birikmeye başlayınca IMF konuya eğilmiştir. Türk burjuvazisi köşeye sıkışmıştır. Borç ertelenmesi ya da yeni krediler için başvurulan her banka ilk koşul olarak IMF ile anlaşılmasını istiyorlardı.

IMF'nin borçları toplumsal çalkantılar yaratacak boyuttaydı; ülkede zaten tırmanan huzursuzluğu bastırabilecek "sıkı" bir rejim olmadan herhangi bir hükümet tarafından uygulanmaya konabilmesi olanaksızdı.1977 seçimlerinden sonra **II. MC'nin** kurulmasıyla bu koşullar iktidarın AP kanadı tarafından kabullenilir. IMF'nin şart koştuğu TL'nin dalgalanmaya bırakılması önleminin örtülü şekilde yerine getirilmesi bir dizi "mini" devalüasyon yoluyla olur. Ancak bu durumdan ne IMF, ne de kitleler memnundur. AP'den 11 milletvekili istifa eder ve "motel odalarında" yeni bir hükümet kurulur.

Yeni **Ecevit hükümetinin** yaptığı ilk iş IMF'yi ikna girişimleridir. 1978 Şubat'ında devalüasyon yapmış ve bir ekibi IMF'ye gönderir. Ancak IMF dalgalı kurda ısrar eder. Ecevit hükümetinin programı önceki hükümetler tarafından enkaza çevrilen ekonomi için bir pansuman programı olarak esasında fena sayılmazdı. Bu programın talihsizliği 1978 başında IMF ana sözleşmesinde "İkinci Değişiklik" denilen yeni kuralların benimsenmesine denk düşmesindeydi. Dolar'ın altına konvertibilitesinden sonra dünya para sisteminin çöktüğünü görmüştük. Bu çöken sistemi yeniden düzenlemek üzere IMF ve Dünya Bankası, sermayenin uluslararasılaşması düzeyine uygun düşecek yeni bir para sisteminin oluşturulması için uluslarüstü bir merkez bankası ve planlama örgütü gibi çalışacaktır.

Bütün yukarıda anlattıklarımıza İran devrimi ve **Afganistan'da** ortalığın kızışması sonucu, **Türkiye'nin jeopolitik öneminin artması** da eklenince, Türkiye yeni bir "kalkınma stratejisi"ne geçmek için ayrıcalıklı bir konum aldı. Daha önce 2. Bölüm'de anlattığımız gibi bu bağımlı bir "ihracata dönük ekonomi" modelidir.

(Yazının bundan sonrasında Ecevit hükümeti kurmaylarının IMF ve Dünya Bankası'yla görüşmelerinde Türkiye'nin hızlı büyüme, sanayileşme gibi yöntemleri bırakıp Brezilya, Meksika gibi hükümetleri örnek alma tavsiyeleri nakledilir. Anlaşma olmaz. Ve sonrasında Ecevit'i düşürme operasyonları başlar. C.A)

Hâl böyle olunca bir "onarım hükümeti" olarak kurulan Ecevit iktidarı ile iş çevreleri arasında bağ kopmuştur. (TÜSİAD, hükümet aleyhtarlığında gazetelere ilan vermeye kadar gider.) Türkiye maliyesi iflas durumundadır. Kapı kapı dolaşılmasına rağmen tüm kapılar yüze kapanır. Yabancı bankalar açık sözlüdür: "Ya IMF ile anlaşın, ya da bizden bir şey beklemeyin" Tüm bu olaylarla iyice yıpranan CHP, 1979'da 1/3 yenileme seçimlerinde hezimete uğrar. Yerine geçen **AP azınlık hükümeti** ise sonunda IMF'nin isteklerini kabul eder. Tüm bu istekler "önlemler paketi" adı altında **24 Ocak'ta bir ekonomik program** halinde hükümet tarafından kabul edilir.

(...)

(Buradan sonra bu önlemler paketinin ayrıntıları anlatılmakta; ithalatın serbestleştirilmesi, KİT'lerin -Kamu İktisadi Teşebbüsleri- satılması/özelleştirme, yabancı sermaye kontrollerinin kaldırılması ve daha sonraki Derviş döneminde iyice yetkinleştirilen "üst kurul"ların ilk örneklerinin kurulması anlatılmakta. Bu yeni yöntemin "güçlü" kamu yönetimi olarak lanse edildiği aktarılıyor. Tasarlanan asıl "güçlü kamu yönetimi"nin 12 Eylül darbesi olduğu açıklanıyor.)

Güçlü kamu yönetiminin yolu güçlü bir hükümetten geçiyordu. MSP ve MHP'nin desteğiyle zor ayakta duran AP hükümeti, bu yapıyı kurmaktan acizdi. Parlamento büyük mücadelelere sahne oldu. Güçlü kamu yönetimine karşı olan unsurlar, her an AP hükümetini desteği çekmekle tehdit ettiler. Öte yandan bu güçlü hükümetin çareleri önce CHP-AP koalisyonunda aranmaya başlandı. Bunun sökmemesi üzerine erken seçim olanakları zorlandı. **Sonunda da Parlamento'dan umut kesildi.** Bugün oluşturulan "güçlü hükümet" sayesinde güçlü bir kamu yönetimi kurmak için büyük bir çaba başlamıştır. Ekonomik program yavaş yavaş uygulanmakta ve sonuçları uzun vadede beklenmektedir.

(Yazının bundan sonrasında 24 Ocak Kararları'nın ancak bir faşist darbe ile ve ekonomik kriz ortamında uygulanabilecek olduğu vurgulanıyor. 12 Eylül dönemi, AP'deki bir kesim ile MSP ve MHP'de kendini gösteren orta

boy Anadolu eşrafı ticaret erbabı ve toprak sahiplerine karşı da ülkede sanayi çevrelerinin desteklediği türden bir darbe olduğu da ifade ediliyor. Onlara fiziken dokunulmayacağı, ama siyasi erkleri geçici süre ellerinden alınacağı belirtilirken bu sayede sanayi burjuvazisinin uluslararası kuruluşlarla ortak hazırladığı siyasi, sosyal ve ekonomik dönüşüm programının uygulanmaya başlaması anlatılıyor. Ne var ki bu siyasi "yeni düzen" ancak yeni ekonomik düzenin başarısıyla sürebilirdi. Yazı bu ekonomik projenin başarısız olacağını öngörür. Öyle de olmuştur. Önce Bankerlik Krizi, sonra 1987 çalkantısı, sonra 94 krizi ve 2001 krizi... Rejim bir türlü yerine oturamamıştır. İç ve dış mahfillerin son denemeleri 2001 krizi sonrası AKP eliyledir.)

Sonuç:

Sonuncusu ve en önemlisi, hem geçmişten devralınan borçların ödenmesi hem de artan girdi ithalatıyla, yükselecek dış ödemeler dengesi açığının kapatılması ve yabancı sermayenin kar transferlerini karşılayabilmek için muazzam kredilere ihtiyaç vardır.

(...)

Kısacası ihraca dönük ekonominin daha beşikteyken ölmesi ihtimali büyük...

(...)

Bütün bunlara rağmen, tüm bu engeller aşılıp, uzun dönemde bir "Türk Mucizesi" gerçekleştirilebilse bile, bu "Türk Mucizesi'nin sonunun (Bir zamanlar IMF tarafından örnek almamız istenen) "Brezilya Mucizesi" gibi olacağından kuşkunuz olmasın!

***

Aşağıdaki yazının dergi editörleri tarafından talep edilmesi finans tarihine Kara Çarşamba diye geçen 16 Eylül 1992 paniği nedeniyledir. O gün, daha sonra AB olarak bilinecek Avrupa ülkelerinin, ileride tek paraya geçmek amacıyla başlattıkları Avrupa Para Sistemi'nin (EMS) bir süredir devam eden spekülatif saldırılar nedeniyle ilk önemli darbeyi aldığı gündür. O tarihte, sonradan çok meşhur olacak George Soros'un başı çektiği bazı spekülatörlerin hedefi olan İngiltere para birimi Sterlin, devalüe olarak EMS'den çıkmak zorunda kaldı. Soros'un bu spekülasyondan 1 milyar Dolar'ın üzerinde kâr ettiği söylenir. Kimilerine göre kârı 1 milyar Sterlin kadardır. Saldırıların devamında Avrupa Para sistemindeki başka paralar da çökmüş; ERM yeniden dizayn edilmek zorunda kalınmıştı. Yine bu çöküş nedeniyle Avrupa tek para projesi (Euro) yıllarca gecikmişti. Uluslararası durgunluk ve arkasından Avrupa Para Sisteminin dağılma noktasına gelmesi, tıpkı 2008 krizinden sonra olduğu gibi "Kapitalizm ölüyor mu?" tartışmasını gündeme getirmişti. İşte o yıllarda para ve menkul kıymet piyasalarının teknik detaylarına vakıf nispeten az sayıdaki sol görüşlü iktisatçıdan biri olduğum için, bana da bu soru yöneltildi ve bu konu hakkında yazı yazmam istendi. Yazıda kapitalizmin yaşadığı sıkıntıları anlatmakla beraber çökecek olduğuna ilişkin kehanetlere katılmadım. O yıllarda özellikle sol cenahta pek az kişi tarafından bilinen "türev piyasalar"ın hızlı yükselişine ve asıl riskin bu türev araçlarda ve onlarla iç içe, aşırı kuralsız dünya para piyasasında olduğunu öne sürdüm. Yazıda uyardığım riskler ve aşırı "şişme" 1990'ların 2. ve 2000'li yılların ilk yarısında katlana katlana büyüdü. Merkez bankalarının ve özellikle ABD Merkez Bankası'nın (Fed) aşırı genişletici para politikası ile piyasalarda şişen balonun patlaması suni olarak ertelendi. 2007 yılında ise kriz ABD gayrimenkul piyasasındaki o zamandan beri daha da karmaşıklaşmış türev piyasalarda patladı. Tıpkı yazıda da uyardığım gibi orada patlayan kriz "saatler içinde" bütün dünyaya yayıldı. Bugün yeniden okunduğunda, yazıda vurgulanan çok yüksek uluslararası likiditeye rağmen dünya ekonomisinde geleneksel iktisat açısından "şaşırtıcı şekilde" süren durgunluğun, neredeyse bugün için aynen söylenebilmesi ilginçtir. Yazının belki de en dikkate değer yanı ise, sonlara doğru Türkiye incelenirken, ülkenin muhtemelen 1-2 sene içinde krize gireceği ama bunun hükümet borçlanması ve yanlış bankacılık usulleri nedeniyle olacağı tahminidir. Çiller Hükümeti dönemindeki büyük 1994 Nisan Krizi bu yazıdan sadece 18 ay sonra uyardığımız nedenle kopmuştur.

NE KADAR PARA, O KADAR KRİZ

2000'e Doğru 4.10.1992

Bir süredir dünya para piyasalarını alt üst eden çalkantı Fransızlar'ın yüzde 51'i sayesinde durulmuş gözüküyor. Herkes birbirine neyse ki bu sefer de atlattık diyor, ama gerçekte bütün otoriteler hiçbir şeyin atlatılmadığının farkında. Dünya ekonomisindeki durgunluğun özellikle finans piyasasındaki kaos yoluyla 1929'u andıran bir depresyona dönüşmesinin nasıl önleneceği bütün merkezlerde tartışılıyor.

Kapitalizm bu sorunların üstesinden gelecek mi, yoksa tıpkı bir zamanki sözde sosyalist sistem gibi krizin pençesinde kaosa mı yuvarlanacak? Gerçekten de 19.yüzyıldaki olmasa da hala kapitalizmin genel bir ekonomik kriz ile yıkılacağını düşünenler de var. **Kapitalizm böylesi bir yıkımın eşiğinde değilse de,** sayılamayacak kadar ciddi problemlerin tam göbeğinde yaşıyor. **Gorbaçov** Sovyet rejimini intihara yöneltmeseydi, kapitalizmin krizi "sosyalizm"inkinden daha önce patlak verebilecekti. İşin ilginç tarafı, şimdi Sovyet sisteminin enkazı bile kapitalizmin başına dert olmaya devam ediyor. Doğu Avrupa ülkelerinden **Almanya'ya** 1,5 milyon göçmen geldi. Buna Yugoslavya'dan yeni gelen 250 bin kişi dâhil değil. Avrupa'nın liderliğine soyununca da bunlara "Go home" diyemiyorsunuz. Sonuç, sadece Doğu Almanya GSMH'sinin yüzde 8'i kadarlık, yani 200 milyar Mark'lık bir sübvansiyon yapıldı. Ve daha en az o kadar gerekiyor. Almanya bir taraftan Doğu Almanya'yı sindirmeye, diğer taraftan da Doğu Avrupa'nın geri kalanını yutmaya çalışırken çatlamamak için o denli sert ekonomik tedbirler almak zorunda kaldı ki; bu tedbirlerin onu kurtarmadığı henüz belli değil, ama bunlar sayesinde dünya kapitalist finans sistemi neredeyse çöküyordu. Sonuç geçen hafta açıklandı. Almanya'nın geniş tanımlı para arzı (M3) yüzde 9 arttı. Bu artışın çok daha fazla olmaması tümüyle Alman yüksek faiz oranları sayesinde...

Bir zamanlar **Friedman** gericiliğinin yerin dibine batırdığı Keynesçilik bil neredeyse geçer akçe olacak. **Clinton'un** ABD başkanı olması halinde bu yönde bir gelişme hiç de küçük bir ihtimal değil. Zaten parasalcılık (Monetarizm), ideolojij kimi başarılar -mesela özelleştirme yahut sendikaların tahribi- kazanmasına rağmen teorik olarak iflas halinde... Parasalcılar para arzını kontrol etmenin yeterli olacağını söylüyorlardı. Kendi yarattıkları ya da hiç değilse teşvik ettikleri finansal "deregülasyon" sonucu para arzını artık hemen hiçbir hükümet kontrol edemez durumda. Kısmen kontrol etmek için başvurulan meşhur silah, yüksek faiz operasyonları sadece resesyonu daha ağırlaştırıyor. Parasalcılar için asıl acı olansa "para"nın ne olduğu üstünde bile anlaşamamaları. Yani bir an için kontrol edilebildiği düşünülse bile neyin kontrol edilmesi gerektiği (Emisyon mu, vadesiz mevduat mı, vadeli mi, yoksa çeşitleri yüzleri bulan "para benzerleri" mi, kredi kartları "over draft"ları mı?) belirsiz.

Şu günlerin ortaya çıkardığı gerçeklerden biri de bir zamanlar dünya ekonomik durgunluğunun petrol krizi sebebiyle -yani sistemin kusuru dışında- doğduğu iddiasının geçersizliğidir. Birinci ve ikinci petrol şokları geçti, hatta petrol fiyatı yıllardır düşüyor. Durgunluk ise berdevam... Dünya ekonomisi 1974'te bunalıma girdi. Genel büyüme oranı yüzde 1'lere düştü. Petrol şoku falan derken önce biraz iyileştiyse de 1982 gibi yeniden yüzde yarımlara indi, 1992'de ise pratik olarak sıfır. Pek çok metropol ülkenin ise eksi... **Marx'ın** 10 yıllık krizlerini modası geçmiş olarak niteleyenlerin modası tehlikede..

İşin en ilginç yanı ise dünya çapındaki ekonomik durgunluğun muazzam bir uluslararası likidite artışı bile birlikte gerçekleşmiş olmasıdır ki bu bile tek başına parasalcı teorinin komik duruma düşmesidir. Bu kadar çok para artışının hiç canlanma yaratmaması, hatta tersine sebep olması Marx'tan başka kimin aklına gelirdi ki...

Kontrolsüz uluslararası likiditeyi **"saatli bomba"** diye niteliyor ekonomistler... Bizce saatli bomba reel ekonomide gözlenen resesyonun kendisi. Ama parasal ekonominin şimdiki kaotik hali bomba değilse de fünyedir.

Geçtiğimiz kriz provasının incelenecek pek çok yanı var. Doğu blokuna karşı dayanışmanın bitişi ile gelişen emperyal istekler, ekonomik milliyetçilik, AT'nin kaderi, yeni sömürge ülkelerin borç sorunu vs... Ancak bütün bunların yanında şu bahsettiğimiz uluslararası likiditenin bizzat kendisi yakından incelenmeye muhtaçtır. Özellikle sosyalistler bakımından bu elzem. Zira son yıllarda görülen bir eğilim, bu piyasaların neredeyse anlaşılması imkansız hale gelmiş karmaşık terminolojisi yüzünden incelemeye üşenmektir. **"Future"lar,** "put option"lar, **"take over bid"ler**, "reverse repo"ların karmaşık dünyasına dalmaktansa, kenarından dolaşıp genel olarak kapitalizmin çelişkilerinden bahsetmek cazip geliyor. O yüzden de pek çok sosyalist ekonomi teorisyeninin kapitalizm ile ilgili teorik öngörüleri ya hedefi ıskalıyor, ya da en iyi durumda yanlış zamanda vuruyor.

"Global piyasa çağı" denilen 1980'lerin "finans devrimi" sonucu yaratılan şu uluslararası likidite dünyasına biraz daha yakından bakalım.1980 yılında 324 milyar dolar olan uluslararası banka borçları 1991'de 7,5 trilyon dolara çıkmıştır. Yani 20 katı aşkın bir satın alma gücü yaratılmıştır. Üstelik bu neredeyse bütün dünyanın sözüm ona sıkı para politikası izlediği bir 10 yılda oldu. Bu rakamın gerçek anlamını görebilmek için bir de reel büyümeye göz atalım. OECD ülkelerinin toplam gayri safi yurt içi hasılası aynı dönemde 7,6 trilyon dolardan ancak 17,1 trilyona çıkabildi. Yani sadece uluslararası banka borcu biçimindeki parasal genişlemenin reel ekonomiye oranı 1980'de yüzde 4'ken, bu oran 199'de yüzde 44'e çıktı. Para balonunun karşılıksız şişmesi bundan ibaret değil. 1982'de toplam uluslararası tahviller 259 milyar dolarken 1991'de 1,65 trilyon dolar oldu. Bu da uluslararası menkul kıymetler alanındaki şişme...

Menkul kıymetler alanında **bir başka şişme** hisse senetlerinde görülüyordu: Uluslararası hisse senetleri işlemleri 1980'ler boyunca her yıl yüzde 28 gibi muazzam bir büyüme haddi tutturdu ve yıllık işlem hacmi 120 milyar dolardan 1,4 trilyon dolara yükseldi. "Derivativ" tabir edilen future ve opsiyon işlemleri daha 1986 gibi yakın bir tarihte 1,1 trilyon dolarken (üstelik bu rakam 1970'lerin sonunda, hemen hemen sıfır mertebesindeydi) 1991'de 6,9 trilyon doları bulmuştur. Araştırmacıların tahminlerine göre bu işlemlerin yalnızca yüzde 2'si reel amaçlarla yapılmakta, kalanı tümüyle spekülatif amaçlarla gerçekleşmektedir. İşte son krizin başlıca sorumlusu Sterlin'e karşı girişilen bu tür spekülasyonlardı. Uluslararası döviz piyasalarının yalnızca bir gün içinde yaptıkları işlem hacmi 900 milyar dolar civarındadır. Bu daha 1989 yılında 650 milyardı ve 1986'da da bu rakamın yarısı kadardı. Üstelik dikkat edilmeli ki bu rakamlar uluslararası işlemleri içermekte, örneğin yerli kişilerin banka borçlanmalarını, konvertibi olmayan döviz işlemlerini yani yerel ve iç piyasa şişmelerini içermemekte... Özellikle birçok ülkede reel ekonomide büyüme değil küçülme (Örneğin sosyal demokrat cenneti İsveç yüzde 3 küçüldü) olduğu bir dönemde böylesi bir şişme, herkesin aklına bu balon ne zaman patlayacak sorusunu takıyor.

Artık **krizin bir ülkeden bir ülkeye atlaması** aylar almayacak. Bilgisayar sayesinde **birkaç saat içinde** bütün dünyayı (hem de istisnasız bütün dünyayı) saracak.

Tekelleşmeyle atbaşı giden uluslararasılaşma, kriz riskini kapitalizmin tarihinde görülmedir derecede artırırken, finansal liberasyon (Buna deregülasyon diyorlar) bunu önlemek için hükümetlerce alınabilecek önlemleri son derece zorlaştırmıştır. Bugün çoğu büyük tekellere bağlı 35 bin uluslararası şirket vardır ve bunlar tam 147 bin bağlı şirketi kontrol etmektedir. 1986-90 arasında sadece ABD, Japonya, Almanya, Fransa ve İngiltere'den yapılmış direkt sermaye ihracı 61 milyar dolardan 156 milyar dolara çıktı. Yıllık yüzde 27'lik bir artış ve geçen seneden beri durgunluktan dolayı (Düşen kar hadleri!) bu miktar düşmekte. Emperyalizm dönemi bitti mi diye tartışanların dikkatine!

Portföy yatırımları olarak bakarsak, örneğin Japonlar gayri safi yurtiçi hasılalarının yüzde 120'si kadar menkul işlemini yabancılarla yapıyor. Londra'nın meşhur City'si sayesinde bu oran İngilizler'de yüzde 690. Bütün bunlar şu anlama geliyor: Belli bir borsada en ufak bir kriz her geçen gün başka ülkelerdeki birçok şirket ve yabancı bireyi dolaylı olarak zarara sokarak krizi yayacaktır.

Bu parasal şişme (Ve şimdi bizde de moda olan "**securatizasyon**" yöntemleri sayesinde menkul şişmesi) büyük bir satın alma gücü yaratmasına rağmen ekonomik gelişmeyi yeterince motive edemiyor. Çünkü çoğu durumda böylesi "kağıt"lara yatırım yapmak sanayiye yatırım yapmaktan daha karlı, daha kolay. Klasik emperyal çağda bile kupon keserek yaşayan rantiye sınıfı bugünkü kadar kalabalık olmamıştı. Bunların bir kısmı özellikle asalak ve tehlikeli... Bu kuponcu profesyonellerin başlıca işi, şirketleri ele geçirip tasfiye etmek ve bundan kar sağlamak. Bu köpekbalıklarının bir tasviri geçen sezon vizyona giren *Başkalarının Parası* filminde pek güzel yapılır. Kimi muhafazakâr kapitalistler bugünlerde finans yöneticilerine şirketlerini kaptırmamak için borsa oyunları ile mecburen ilgilenmekten kendi işlerini yapamayıştan şikayetçi.

Kuralsız şişmeyi yaratan parasal sistemin asıl sorunu, ticaretin gelişimi için şart olan sağlam bir para biriminden yoksun oluştur. Böyle bir para biriminin yaratılamamış olması ve sermaye akımları büyük hızla serbestleştirilirken, mal hareketlerinin hala yeterince serbest olmayışı... (Son Uruguay görüşmeleri de sonuçsuz kaldı) Bu iki olgu, spekülasyonu geçerli ve karlı, gerçek yatırımı ise karsız ve oynak kurlar nedeniyle riskli kılıyor. Bu nedenle dünya sistemi yaklaşık 20 senedir durgunluktan çıkamıyor.

Son olarak **Bush** sağlam para özlemini altın ya da buğday gibi bir metaya dayalı para sistemi önerisiyle ifade etti. Almanya buna karşı. Çünkü şimdiki istikrarsızlık, güçlenen markın işine yarıyor. Esasen Bush'un önerisi her muhafazakar ekonomistin idealinde yatan 1800'lerin son çeyreğinde ki altın para sistemine geri dönüş hayalinin bir yansıması. Doğru bir sınıf içgüdüsü... Ama aynı zamanda ilkel bir bilgelik... Yeni sorunları eski çözümler, hele hele eskiden de tıkanmış çözümler gideremez.

1973'te çöken **Bretton Woods'un** yerine yeni bir uluslararası para sistemi getirilmedikçe mevcut para "sistemi", dünya çapında ve bu zamana kadar görülmedik derecede yaygın, derin bir krizi yaklaştırmaktan başka bir işe yaramayacaktır. **Ortak bir AT parası** bu sorunu çözme umudunu temsil ettiği için önemli. Son oylamadan "evet" çıkması biraz da bu nedenle paniği önledi. Ama "kıl payı bir evet"in uzun dönemde Avrupa kur mekanizması (ERM) ve para sistemi (EMS) açısından Fransız aşırı sağcısı **Le Pen'in** deyişiyle bir "Pirus zaferi"ni temsil ettiği de açık.

Öte yandan **az gelişmiş ülkeler ya da Türkiye'nin** yeni sorunlar yaşaması için para sisteminde bir krize bile gerek yok. Geçici bir sarsıntı bunları hasta etmeye yeter. Hatta diyelim ki para sistemi bir sarsıntı bile geçirmeyip sadece eskisi kadar şişmesin. Bu bile bizim gibi ülkelerde orta vadede kriz demektir. Çünkü bugün uluslararası para sisteminin ve doğrudan yatırımların aslan payını gelişmiş ülkeler almakta, kalan kırıntılar az gelişmişlerin en gelişmişlerine düşmektedir. Örneğin, az gelişmişlere yapılan doğrudan yatırımlar 30 milyar dolar civarındadır (Toplamın beşte biri) ama bunun yarısından fazlası **Asya Kaplanları** diye bilinen birkaç Uzak Doğu ülkesine gitmektedir. Uluslararası para-sermaye (dış borç) akımı da benzer bir paylaşım içindedir. Şimdilerde borç kuyruğuna eski "sosyalist" ülkeler de girmiş bulunmakta. Artık dilimler daha da küçülecek. Aynı şekilde bankalar geçirdikleri son borç bunalımı yüzünden kestikleri kredileri Latin Amerika ülkelerine yeniden açtılar. **Bu demektir ki Türkiye eskisi kadar kolay borç bulamayacak.**

Halbuki Türkiye sadece devletin ihtiyaçları için borçlanmıyor. 1980'lerden beri bankalar ve özel sektör neredeyse denetimsiz biçimde dövizle borçlanmakta. İçerde yeterli mevduat toplayamayan **bankalar döviz borcu alıp bunu kardeş holdinglerine verip batırıyor**; alamadığı para için yeniden borçlanıyor. Bilinen o ki, bankaların gerçek karları ne kur riskini ne de faizi karşılayacak ölçüde değil. Yani bu paraları batırmasalar bile yine de geri ödeyemeyecekler. Devlet ise dış borçla bütçe açığını kapatmak gibi sonu çöküş olduğu son yıllarda sayısız kereler kanıtlanmış yola yeniden başvurmaya başladı. Üstelik son yıllarda Türkiye "samurai bond", "yankee bond" piyasası gibi riskli piyasalara giderek daha çok adım atıyor.

Sanayinin kendisi de daha az ölçülerde olmakla beraber benzer durumda. Yani Türkiye'nin krize girmesi için uluslararası krize ihtiyacı yok. Bu zamana kadar girmemesi ve **belki bir iki yıl daha girmeyecek oluşu** ise uluslararası para sistemindeki likidite bolluğu ve bu zamana kadar kısmen az rakibinin oluşundandı. Uluslararası piyasalardaki esnek kur sistemi ve liberalizasyon da dış borçlanmayı fahiş fiyatla da olsa kolaylaştırmıştı.

İster derin ister geçici herhangi bir kriz parasal servetin bir kısmının buharlaşmasını, yani uluslararası likiditenin kısıtlanmasını getireceği gibi, aynı zamanda akış kanallarını da şu veya bu süre için tıkayacaktır. O zaman az gelişmiş bir ülke için, bu süre içinde dayanıp dayanamayacağı temel bir sorun olacaktır.

İLK ENTERNASYONAL TÜRK KRİZİ

NTV MAG Dergisi 15.12.2000

Ne krizler gördük! Ama şööle Güney Amerika krizleri gibi yabancı borsaları düşüren, dünyada panik yaratan bir krizimiz olmadı! Böyle son krizlerimiz Osmanlı dönemindeydi. Neydi canım o krizler! Osmanlı tahvilleri ödemiyor, moratoryum ilan edecek filan dendi miydi Avrupa'da ne Londra Borsası kalırdı, ne Paris... İşte ecdadımızın yarattığı kriz de böyle haşmetli olurdu. Şimdi şu Cumhuriyet krizlerine bakın... En şiddetlisinde bile bir kaç alacaklı dışında paniğe kapılan gavur yok! ama Galatasaray'ın Avrupa'daki başarılarından sonra ters yönde de olsa Türk ekonomisi de Avrupa çapında bir başarıya imza attı. Bu son krizde bütün dünya 'Türk krizi'ni konuştu. Deutsche Bank v.s gibi devasa Alman bankalarının borsada hisseleri değer kaybetti. Moskova, Budapeşte borsaları düştü. Artık enternasyonal bir krizimiz var! Avrupa, Avrupa duy sesimizi... İşte nihayet duydular. Başlangıç için fena değil...

Bundan tam 10 ay önce kendi web sitemiz **Sibermedya**'da piyasa tüyoları bölümünde şöyle demişiz:

"(24/02/2000 11:32:20) Bundan yaklaşık bir ay evvel Sibermen`in dışında kimse endeksin 15 bin puanın altına geleceğini düşünmüyordu. Gelinen nokta ortada yine yorumcu arkadaşlarımız destek noktalarına geldiğimizi söylüyorlar. Ama Sibermen size endekste gerçek beklentilerin **8 ile 10 bin puan aralığında** olduğunu söylüyor. "Neden" mi diyorsunuz; Çünkü düşüş trendi henüz bitmedi. Çünkü yabancı bu fiyattan mal almaz. Çünkü enflasyon en az üç ay daha yüksek çıkacak. Çünkü faizler yükselmeye devam edecek. Çünkü Türkiye`ye özgü kısa süreli siyasi krizler artarak sürecek. Bu şartlarda hükümetin enflasyon hedefi tutmayacak."

Sitenin diğer bölümlerinde de döviz politikasının yanlışlığını sık sık vurguladık. İsteyen ayrıntıları web arşivinden okuyabilir.

Piyasanın günlük güneşlik ve herkesin moralinin yerinde olduğu o günlerde borsada devasa bir çöküş yaşanacağını yazdığımız için çok eleştiri aldık. Şimdi de tebrik alıyoruz. İşin tuhafı ikisini de hak etmedik. Niye mi? Çünkü Türkiye'de krizi bilmek için fazla marifete gerek yok da ondan.

SÜREKLİ KRİZ ÜLKESİ

Hani şu ünlü Rus ihtilalcisi **Lev Trotsky'nin** meşhur 'sürekli devrim' teorisi vardır. Ben pek tutmam... Zira sizi bilmem, devrimden yana mısınız, karşı mı ama; her ne hal ise, hiç bir şeyin ve tabii devrimin de 'süreklisi' çekilmez... Onun çekilmez de ekonomik krizin süreklisi çekilir mi? Bir ülke düşünün bütün boş zamanlarını krize girerek değerlendiriyor!

Hadi iyice eskimişlerini saymayalım ama işte yeni Türkiye'nin ebesi **1977-78 krizi**... Hani 70 cente muhtaç kaldığımız, ışıkların kesildiği, tüp gaz kuydukları filan... Onu önlemek için 24 Ocak kararları ve bunun yarattığı **1980-81 krizi**. Beraberinde bir de siyasi kriz:12 Eylül. Derken **1983 Banker Krizi**... Bitmedi **1988 borsa ve döviz krizi**, Şubat kararları Özal'ın liberal politikadan zorunlu geri adımı... Hah bitti derken **1991 Körfez Krizi**. Daha yeni çıkmıştık ki **1994 Çiller Krizi**. Üç senede zar zor kriz öncesi seviyelere geldik derken **1998 Tekstil Krizi, ve Asya-Rusya krizi**. Şimdi de **2000 Krizi**. Daha adı konmadı. İster Bankacılık Krizi deyin, ister Milenyum Krizi.

(...)

Bu seferki kriz nasıl patladı?

Aslında her seferki kriz gibi...

Yine Türkiye'nin dövizi bitti.

Genel olarak Türkiye 1950'lerden beri hep böyle krize girer. Ama neden dövizi tükettiğinin sebepleri farklı olduğu gibi özellikle 1980 sonrası piyasaların deregüle olduğu serbestleştiği, çok sayıda organize piyasanın kurulduğu son dönemde krizin ortaya çıkışında deregülasyon öncesine göre daha da önemli farklar var. Bu önemli farklar nedeniyle örneğin 80'li yıllarda birçok ünlü iktisatçı Türkiye'nin bir daha eskisi gibi döviz krizine girmeyeceğini iddia etmişti. Onlara göre uluslararası piyasalardan gerekli garantileri vererek ve gerekirse fiyatı yükselterek döviz borçlanmak artık çok kolaydı. Bu yüzden eski türden döviz darboğazları yaşanmayacaktı. İktisat fakültelerinde atasözlerini iyi öğretmiyorlar anlaşılan; yoksa "el aşıyla öğün olmaz o da vaktinde bulunmaz!" sözünü bilirlerdi. Nitekim krizin orta yerinde tam lazım olduğunda 1 $ bile bulunamadı.

EKONOMİDE DURUM

Birgün 11.05.2004

Dün Birgün'ün manşeti **"Ekonomide Alarm"**dı. Yine dün Recep Tayip Erdoğan Meclis'te bir konuşma yaptı. Özetle iki şey söyledi. Bir, ekonomi iyi yoldadır. Hatta hiç olmadığı kadar iyi durumdadır. İki, YÖK tasarısında yetki ve karar milli egemenliğin gereği olarak Meclis'tedir. Önceki gün Cemil Çiçek'in ve dün Tayip Erdoğan'ın konuşmalarından görünüşte çıkan sonuç: **"Geri adım atmayız; iktidar yetkimizi sonuna kadar kullanacağız."** Gazeteler de Cemil Çiçek'in açıklamasını böyle verdi. Önceki yazımda belirtmiştim. Hükümet, hele de karizmatik bir lider olarak Erdoğan bu **karizmanın ordu tarafından açıkça çizilmesine müsaade edemez.**

Ötesi AB ile tarih pazarlığının bitimine altı ay kadar kalmışken "Ordu muhtıra verdi, bunlar geri adım attı" görüntüsü pek hoş olmazdı. Bunu herkes bildiğine göre AKP YÖK tasarısına direnişini bu hususu vurgulayarak haklı gösterebilirdi. Tüm bunlar doğru fakat ben yine de AKP'deki dirençli tutumun, sert üslubun göstermelik olduğunu düşünüyorum. Çünkü cumhurbaşkanının tasarıyı veto edeceği kesin ve AKP'nin asıl tavrı bu vetodan sonra ortaya çıkacak. Eğer cumhurbaşkanı tasarıyı bir süre bekledikten sonra veto ederse o takdirde üniversite sınavları açısından imam hatipler için kervan en azından bu sene kaçabilir. AKP de onlara dönüp "biz elimizden geleni yaptık ama..." diye durumu kurtarabilir. İş biraz tezkere krizine benziyor. AKP böylesi durumlarda **topu Meclis'e atıyor** ve süreci gündelik durum değişikliklerine göre o platformda **manipüle etmeyi** tercih ediyor.

AKP öyle yapıyor ama piyasalar ve bir bütün olarak ekonomideki 'karar alıcılar' bu durumdan memnun değil. Geçen gün ve dün yaşananlar **ordunun muhtıra gibi açıklamasından sonra** piyasaların verdiği ayrı bir muhtıra sayıldı. AKP yanlısı basının tavrı bunun bir komplo olduğu yolundaydı. Kulislerde **Serdengeçti** yönetimindeki **merkez bankasının**

Dolar'ın yükselmesine kasıtlı olarak geç müdahale ettiği iddia edildi. Bilindiği gibi AKP iktidara geldiğinde bir süre Serdengeçti'nin görevden alınacağı konuşulmuştu. Bağımsız kurullar, merkez bankasının bağımsızlığı filan, ekonomi forumları söz konusuysa hükümetlerin çok sevdiği konular; fakat iş uygulamaya gelince prensipler bir kenara atılıp iktidar mücadelesinin soğuk gerçekleri öne çıkıyor.

SARI ALARM

Peki ekonomide neler oluyor? Ekonomide bir alarm durumu gerçekten var mı? Kanaatim olduğu yönünde... Ancak alarm vaar, alarm var! **Ortada kırmızı alarmlık bir durum yok.** Yine de Başbakan Erdoğan'ın iddialarının tersine ekonomide ciddi sıkıntılar var ve eğer gerçek bir sarı alarm şimdi verilmezse Türkiye tıpkı öncekiler gibi bir, iki yıl içinde kendini kırmızı alarm bile veremeden hazırlıksızca krizin içinde bulabilir.

Asıl vahim olan AKP'nin iktidar olduğundan beri uluslararası finans ile iyi geçinmekten başka herhangi bir ekonomik program bulamayışı. Böylesi bir program kısa vadede piyasaları sakinleştirecek her donanıma sahip. Uzun vadede ise kriz yaratmak için her donanıma... İlk iktidara geldiğinizde yeni bir kriz yaratmamak için uluslararası finansla dalaşmayı göze almamak anlaşılır bir şey belki. Ama iktidara geleli 1,5 yıl oldu ve ülkenin, içinde bulunduğu kronikleşmiş ekonomik krizden nasıl çıkacağına dair hala bir planınız yoksa o zaman yeni felaketlerin sebebi açıkça siz olursunuz. AKP sözcüleri ve başbakan piyasaları sakinleştirmek için bula bula faiz dışı fazla taahhüdüne uyacakları duyurusunu buldu. 1,5 sene önce de aynı duyuruyla ortalığı sakinleştirdikleri hatırladılar sanırım. Ancak siyasi ortam bambaşka... O zamanlar AKP'nin hiç beklenmedik "**maceracı" ekonomik kararlar** alacağından korkuluyordu. O yüzden 'sisteme uyacağız' anlamını taşıyan faiz dışı fazla açıklaması işe yaramıştı. Şimdi ise AKP'nin **maceracı siyasi kararlar** alacağından endişe ediliyor. Bunu 1,5 yıl önceki formülle çözmek, akla **Nasreddin Hoca**'nın meşhur fıkrasını getiriyor: Hani Hoca evde bir şey aranıyormuş. Sormuşlar ; "Anahtarımı bahçede düşürdüm de onu arıyorum" demiş. "Yahu bahçede düşürdünse niye odada arıyorsun?" diye sorulunca, "E, orası karanlıktı" demiş ya. İşte o hesap...

HIRSIZA HIRSIZ DEMEK!

Birgün 10.6.2004

Dünkü Birgün'ün sürmanşetindeki haber "Ekonomiye sansür" başlığını taşıyordu. Bankacılık sektörünü düzenlemek maksadıyla hazırlanan Bankalar Yasa Taslağı'na iki madde konmuş. Bunlardan biri **Madde 172** genel olarak finansal piyasalara duyulan güveni sarsıcı haberlere ceza getiriyor. Böyle olunca "Ey millet bakın ekonomide kötü bir gidiş var; bu durum mali piyasalarda da etkisini gösterir" diyemeyeceksiniz. Ekonomi iyiye gidecek, borsa daha da iyiye gidecek demek serbest; tersini söylemek yasak! Bir de **Madde 185** var. O madde de genel olarak piyasa hakkında değil de herhangi bir bankanın veya özel finans kurumunun (İslamcı bankanın) hakkında olumsuz bir şey yazılmasını engelliyor; daha doğrusu yasa böyle çıkarsa engelleyecek.

Ne güzel şey... Baktın ekonomiyi düzeltemiyorsun o zaman kötü şeylerin yazılmasını sansürle! Hani meşhur Amerikalı dolar milyarderi **Rockefeller** ağır hastayken strese girip sağlık durumu bozulmasın diye kendisine daima iyi haberlerin yer aldığı özel bir gazete bastırılıp sırf bunu okuması sağlanırmış ya işte öyle... Şimdi artık milletçe biz de Rocky gibi "pembe gazete" okuyacağız.

Bakın Türkiye'nin zaten gayet iyi ve gerekli denetimleri mümkün kılan bir yasası kırk elli yıldır mevcuttu. Bu yasa değiştirildi, **4389 sayılı yasa** geldi. Hem de 18.6.1999'da. "Artık bu yasa ile bankacılık zapturapta alındı" deniyordu. Ne oldu? **2001 krizi gösterdi ki bu yasa çıktıktan sonra banka kaynakları deve kervanıyla götürülmüş**; devletin sözüm ona haberi olmamış. Sanmayın ki yasada eksik vardı. Üstelik bahis konusu yasa bile yeterli görülmeyip 99'un son ayı **4491 no. ile bir yasa daha** çıkmıştı. Krizden sonra 2001'in Mayıs'ında bu kez bankacılık **yasası 4672 sayılı yasa ile bir kez daha** değiştirildi. Ardından AKP 2003 sonunda **5020 sayılı "Hortum Yasası" olarak bilinen yasayı** çıkardı. Tüm bu yasalar dediğim gibi bir taraftan asıl amaç olarak bankacılık sektörünün denetimini esas alıyorken ne hikmetse bu denetimin en önemli, hatta tek yardımcısı olan özgür basının ağzını tıkamaya özel bir gayreti de içeriyor. Neden dersiniz? İşte size nedeni hakkında ipucu verecek iki anım. Bunlardan biri askeri yönetim dönemine ait diğeri sivil... Görüleceği gibi mali çıkarlar söz konusu olduğunda ikisi arasında hiç fark yok!

İKİ ANI

12 Eylül sonrası bilindiği gibi Turgut Özal'ın ekonomiden sorumlu olduğu Ulusu hükümeti döneminde sonradan **"banker faciası"** diye ünlenecek mali aracı kuruluşların birbiri ardından batışları yaşanmıştı. Bu durum Özal'ı götürdü. Askeri yönetim yerine Adnan Başer Kafaoğlu'nu getirdi. Dostumuzun ilk uygulaması bankacıların demeç vermesini, gazetecilerin de ekonomi hakkında olumsuz yazı yazmasını yasaklattırmaktı. Dönem askeri yönetim dönemiydi. Çalıştığımız gazeteyi bazen bir teğmen arar, ekonomik konularda yanlış şeyler yazmamamızı isterdi. Aradan 20 sene geçti... AB yolunda ilerliyoruz... Yine aynı yasaklar. **Tek farkı bu kez yasakçıların üstünde üniforma yok!** Bu daha da utanç verici değil mi?

Hadi ikinci anımı da anlatayım. Sanıyorum 98 yılıydı. Birçok banka o zamanın meşhur **64. maddesi** kapsamındaydı. Yani durumları kötü olduğundan yönetim kurullarına devlet temsilcisi atanmıştı. Yani bu bankaların durumunun kötü olduğu biliniyordu. Biliniyor fakat hiçbir önlem de alınmıyordu. Bir gün artık çalıştığım grupta bu durumu halka duyuracak bir haber yapmak yoluna gittik. **Halk parasını kaybetmek üzereydi. Devlet bunu biliyor ve göz yumuyordu. Bari halk da bilsindi**. Bunu duyan bir banka genel müdürü (sonradan beklendiği üzere batacak olan bir küçük bankaydı) bizi devletin ilgili bölümünün en üst yetkilisine şikayet etmiş. Şimdi cesarete bakın ki adam hırsız, hırsızlığını devletten saklayacağı yerde halktan gizlenmesi için devletten yardım isteme cüretini gösteriyor. Sonra ne oldu dersiniz? Devletin yüksek bürokratlarından biri bizi telefonda "uyardı": "Bu yaptığınız suçtur.". İtibarı olmayan bu bankaların itibarını şey ediyormuşuz. Hırsızlığı engellemekle görevli bürokratın hırsızın avukatı olduğu ülkede vatandaşın katrilyonları işte böyle çalındı. Ben o zaman "Hırsıza hırsız demek ne zaman suç oldu?" demiştim. Bunu diyebilecek kadar esnekti yasa. Şimdi ey vatandaşlar, aynı şey bir daha tekrarlanırsa aynı cevabı veremeyeceğim. **Artık "hırsıza hırsız demek" suçtur. Haberiniz ola!**

BÜYÜME SÜRECEK Mİ?

Birgün 10.7.2004

Büyüme Türkiye için hem bir ihtiyaç hem de aslında ülkenin başının derdi bir olgu. Ülke milli gelirini hem de hızla artırmak zorunda. Bu gerçek. Öte yandan büyüme sürecinin bugüne kadarki örnekleri daima bir sonraki krizin tohumlarını içinde taşıdığından her hızlı büyümenin sonunda hızlı bir gerileme yaşanıyor. Ülke mehter takımı gibi iki ileri bir geri, bazen de iki geri bir ileri gidiyor. Doksanlardan beri ise durum daha çok yerinde saymaya benziyor. Yerinde saysanız hiç değilse bu kadar ıstırap çekmeyecekken, bir hızlı büyüyüp bir küçülünce ülkenin bünyesi, tansiyonu bir çıkıp bir inen insanınki gibi alt üst oluyor.

Her büyümenin bir krizi içinde taşıması aslında kapitalizmin doğası gereği... Fakat Türkiye örneğinde bahsettiğimiz bu değil. Örneğin Türkiye'de kriz, asla **düşen kar haddinin tetiklediği** kitaplarda yazılan kapitalist üretim krizlerine benzemiyor.

Türkiye'de sağ iktidarların sürekli yaptığı, **gelecekten aldıkları krediyi** o gün için plansız ve hesapsızca harcayarak büyümeyi indüklemekten ibaret. Evvelce doğrudan doğruya para basarak ve dış borç alarak ekonomide kısa-orta vadeli karşılıksız talep yaratırlardı. Sonra Özal döneminde dış borcun yanı sıra iç borca yüklenildi. **Son yıllarda** kısa vadeli sermaye hareketlerini yüksek faizle ülkeye çekmek yöntemi daha bir ağırlık kazandı. **Dünyada** büyük bir yüzergezer kısa vadeli fon fazlası var. Aşırı faizler vererek bu para ülkeye sokulunca ister istemez hızlı bir talep artışı oluyor.

OBEZ DEVLET

Bakın 1991'de toplam iç borç 19, dış borç 50 milyar dolardı. 2000 krizi ortaya çıktığında ise iç borç 54 milyar dolara, dış borç 119 milyar dolara tırmanmıştı. Peki 2000 sonrasındaki üç yılda ne oldu dersiniz? Üç yıl içinde 54 milyar iç borç 139 milyar dolara, 119 milyar dolar dış borç 147 milyar dolara, **toplam borç miktarı ise** 173 milyardan sadece üç yılda 286 milyar dolara çıktı.

Şimdi daha çarpıcı bir rakam vereyim 1994 yılında devlet bütçesi 30 milyar dolardı. 2003 yılında bütçe 93 milyar dolara tırmandı. Burada sonuçta devleti küçültelim teraneleri arasında üç misli büyümüş bir devlet bütçesi var. Peki ama bu dönemde bütçeden halkın aldığı eğitim, sağlık gibi fonlar ya yerinde saymış ya gerilemiş. **O zaman soralım bu şişkin bütçe nereye gidiyor?**

Özetle ülke ekonomisi aslında oldukça dinamik bir ekonomi; bir takım yapısal mikro sorunları var; sektörel ve faktörel dar boğazlar, kıt kaynaklar vb gibi reel sorunlar yaşıyor. Yine de sağlıklı bir büyüme ve çalışanlara insanca bir geliri sağlayabilecek kadar **dinamik. Fakat ortada bir devlet var. Yaptığı yegane iş** ülkedeki bir grup "işadamı"nın sermaye birikimini sağlamak için fiktif sermaye yaratmak uğruna akıldışı bir borçlanma... Bunun sonucu büyümenin anormal artışları ve ardından kaynak tükenişi sonucu ani daralmalar... Devlet küçültülecek diye kamu malları yok pahasına satılırken bütçe yukarda görüldüğü gibi belli kesimler için şişirildikçe şişiriliyor. **Böyle bir büyüme ne sürdürülebilir ne de sağlıklı oluyor**. Tıpkı kas yerine yağ depolayan obez bir vücut gibi...

DAR KÖŞEDE İKTİSAT

Birgün 30.7.2004

Bir **Pazar yazısını** ekonomi gibi sıkıcı bir konuya ayırmak için köşe yazarı aklını peynir ekmekle yemiş olmalı... Okuyucularımızdan bir kere daha **sabır** istirham edeyim.

Geçen yazımda ekonomideki büyümeye değinmiş ve ekonomide büyüme, enflasyonun düşmesi gibi olumlu gelişmeleri bazı bakımlardan sorgulamak kadar bu büyümenin halka yansımasını talep etme ve bunun için mücadele etmenin önemini vurgulamıştım.

İktisat yorumlarının belki politik yorumlardan bile daha doğrudan politik etkileri vardır. Siz "Ekonomi her an bozulabilir, durum da çok kötü" derseniz -yani durum belki de o kadar kötü değilken mesela hükümetin ekonomik politikasını eleştirmek adına... O zaman, yine mesela asgari ücret tespit komisyonunda, size yazılarınızı gösterip "krizden yeni çıktık; işte sizin de dediğiniz gibi ekonomi parlak vaziyette değil; şimdi halka para dağıtıp krizin başına geri mi dönelim" deyiverirler. Yine de ekonomik yorumlar yaparken **elbette gerçeğe ve daima gerçeğe** bağlı kalmak önemlidir.

Ancak küçük bir köşede iktisadın derinliklerine dalmaya benim gibi destursuz cüret edenlerin başına işte gelecek budur: Anlaşılmamak, daha kötüsü yanlış anlaşılmak...

Bir okuyucum "Siz demi?" başlıklı bir yazı yollamış. M.B. adlı okuyucuma teşekkür borçluyum; çünkü belki çok kişinin, hatta iktisatçıların aklındakileri o, açık yüreklilikle iletmiş. Bakın neler diyor:

"Bugünkü yazınızda hükümetin büyüme propagandasına sizin de kapıldığınızı üzülerek gördüm. (...)Açıklanan rakamların yanlış olduğunu ileriye sürecek değilim, gerçi siz solun ille de muhalefet etme derdinden dolayı bu rakamlara yalan diyor diye yazıyorsunuz ama onların kimler olduğunu ne yazık ki belirtmiyorsunuz; böylece iddianız da desteksiz kalıyor.(...) Şimdi bu olumlu gelişmenin halka yansımasını istemeliyiz diyorsunuz ama bu gelişmelerin kapitalizmde ileride yansıyacağını da yazıyorsunuz. Bu da kendi içinde bir çelişkiyi oluşturmuyor mu?(...) Bence üretim artışı ile büyüme farklı şeylerdir. Dünya Bankası Türkiye Direktörü Andrew Vorkink "Türkiye hızla büyüyor, fakat bu büyüme yatırımlardan değil, kapasitenin arttırılmasından kaynaklanıyor" diyor. Bence meselenin can alıcı noktası burası; üretim artışı ile büyümenin farklı olduğu işte burada bulunuyor. (...)Eğer bir ülkede sabit sermaye yatırımları artmıyorsa, o ülkede kapasite kullanımı artıyorsa bu büyüme değil üretim artışıdır. Büyüme bir fabrikanın yanına bir fabrika yapılmasıyla gerçekleşir."

Yer darlığından bu kadar özetleyebildim. Bazı kavramların iktisat teorisi açısından yerine oturmaması, mesela üretim artışının doğrudan doğruya gerçekten de büyüme anlamına geliyor olması önemli değil. Ancak kimi iktisatçılarımızın da öne sürdükleri şu tezlerden izler taşıyor: Büyüme var ama kapasite kullanım oranından doğuyor; uzun soluklu olamaz. Çünkü sabit sermaye artmıyor. Veya büyüme var ancak ithalata dayanıyor, sağlıksız. Son olarak da büyüme halka yansımıyor. İşsizlik oranı artıyor, reel ücretler düşüyor." Bu saptamalardan kalkılarak 'bu ne biçim büyüme, böyle büyüme olmaz'a geliniyor.

Ama var! Var ise biz de onu görmek durumundayız. Üstelik öngörmek durumundayız. **Kendi adıma ben 2 yıldır Türkiye'nin hızlı bir büyüme yaşayacağını yazıp duruyorum.** Bunun için hükümetin ekonomi politikasını beğenmek gerekmiyor.

Sol adına, hatta iktisat teorisinin belli bir dalı adına gerçekte olanları es geçmek tıpkı politikada bunu yapanlar gibi, bizlerin de başına iyi şeyler getirmez. Küçük bir örnek vereyim. Meşhur iktisatçılardan biri 80'lerin başında Özal'ın "ihracata yönelik büyüme" stratejisini eleştirirken tezini şuna dayandırmıştı: Sıkı para politikası ekonomiyi küçülten bir uygulamadır. İhracatın artması ise ihracatı teşvik uygulamaları ile konjonktürel olarak artsa da teoride açıkça gösterildiği üzere ihracat toplam üretimin bir fonksiyonudur. Yani bu durumda üretim artmayacağından ihracat da artamaz. Bu strateji hızla tökezleyecek, ihracat ciddi olarak artmayacaktır"

Fakat ihracat gözle görülür biçimde artıyordu. Bir kısmı hayali bile olsa sonraki yıllarda da artmış, belli ölçülerde büyümeyi de indüklemiştir. Aynı yıllarda yazılarımızda bunun olacağını söylemiştik. Söylerken Özal'ın politikasını da yine ve bence daha geçerli gerekçelerle eleştirerek...

İktisatçılarımızın söylediklerinin politik olarak hoşa gitmesi bir şeydir; uzun dönemde güvenilir olmaları daha başka bir şey...

Gelecek yazımda meseleyi rakamlarla tartışacağım...

EKONOMİSTÇE DEĞİNMELER

Birikimdergisi.com 8.3.2006

Malum, sosyalist literatürde" ekonomist" terimi pek makbul bir şey değil. Karmaşık toplumsal gelişmeleri "ekonomik" değişkenlere fazlaca önem atfederek açıklayan, çok boyutlu meseleleri büyük ölçüde iktisadi boyuta indirgeyen bir yaklaşımı anlatır. İşte ben de bu yazıda kelimenin tam bu anlamıyla ekonomist bir tavır sergileyeceğim... Arada biraz da komploculuğa yer verip üstelik...

Neyse ki bu yazı ebadın da anlaşılacağı üzere öyle ciddi analizleri filan hedeflemiyor.. Birikim dergisinde editörleri canından bezdiren onlarca sayfalık yazılarımı hatırlayan okuyucular rahat bir nefes almışlardır umarım...

Adı üstünde "Değinmeler..." Maksat fikir jimnastiği...

ALAN SATAN GAVUR OLSUN!

Geçtiğimiz ay **Merkez Bankası** 5 milyar dolarlık döviz alım yaptı; Dolar yerinden bile oynamadı... Ekonomiyle ilgili bütün köşe yazarları tam bir umutsuzluk tablosu çizdiler. "Artık bu kadar alım bile TL'nin dövize karşı değerini yükseltmiyorsa elden ne gelir"di ki... Yani Türkiye, AB ve DTÖ kurallarından feragat etmedikçe ithalatı kotalandıramaz, vergilendiremez; veya enflasyonu azdırmayı göze almadan mesela birkaç yıl önce ABD'de olduğu gibi negatif faize yönelemez, yani faiz hadlerini düşüremez... Merkez'in yeniden döviz alsa belli ki işe yaramayacak -2002 yılından beri 15 kez müdahale edip toplam 25 milyar dolarlık alım yaptı. Alım miktarları her seferinde artıp sonunda 5 milyar gibi dünyanın neresinde olsa piyasaları oynatacak bir rakama dayandı sonuç sıfır bile **değil beklenenin tam aksine kur artacağına düşmeye** devam etti.

Sadece ithalata vergi konamayacağına göre dönüp bu kez yerli yabancı tüm malları vergilendirirsen o takdirde ithalat frenlenebilir ama beraberinde büyüme de dibe vuracağından bu kez sonuç daha bir felaket olur. E öyleyse yapacak bir şey yok. 40 milyar dolar dış ticaret açığını vermeye devam edip ne zaman karaya toslayacağımızı kaderimize rıza gösterip bekleyelim."

Evet köşe yazarların genel havası böyleydi... Sorun açık... **Düşük döviz kuru ya da aşırı değerli TL sanayiyi vuruyor**. İstihdam yeterince artmıyor... Tekstil başta olmak üzere imalat sanayileri çökme tehdidi altında... Ülke büyük miktarda dış açık veriyor -dış ticaret ve cari açık olarak... **Kitaba göre** cari açık veren ülkenin piyasa mekanizmaları sayesinde parasının değeri düşecek, bu da ithalatı azaltıp ihracatı yükselterek durumu dengeleyecek... Böyle olması gerekiyor. **Fakat olmuyordu**. Çünkü tersine ülkeye daha çok döviz giriyor... O zaman iş şansa, kısmete kalacaktı. Dünyadaki para bolluğunun sürmesi ve ülkeye daha fazla "sıcak para", döviz, yabancı sermaye vb... İşte yabancı para cinsinden ne olursa gelmeye devam etmesi için dua etmekten başka çare kalmıyordu.

Türkiye uluslararası mali piyasalar okyanusuna yelkenliyle açılmıştı. Tek şansı **global likidite rüzgarının** yelkeni sürekli doldurmasıydı...

SINIF SAVAŞINDA KAMBURA YATMAK

Bu arada mesela ihracatçılar köşe yazarlarının çoğunluğunun paylaştığı bu kaderciliğe isyanda... Onların gözünde hükümet suçlu... Hükümetin içinde de mesela Ali Babacan gibileri özellikle... Ama asıl suçlu AKP'yi bu programa ikna ettiğini düşündükleri Merkez Bankası Başkanı Süreyya Serdengeçti...

O yüzden şu malum M.B döviz alımı operasyonu fiyaskoyla sonuçlanınca **Serdengeçti'yi hedef tahtasına** koyuverdiler. Bir eski MB başkanı, bu operasyon ile ilgili resmi soruşturma açılmasını istemeye kadar vardırdı – zaten operasyonda bir yabancı fonun tam 1,5 milyar dolar alım yaptığı iddiası soruşturma tezini yabana atılır olmaktan çıkarıyordu.

Aslında Serdengeçti'nin hedefe konmasına reel politika açısından gerek yoktu. Görev süresi zaten bitiyor... Ama onun nezdinde hedefe konmak istenen şey düşük kur ve pozitif reel faiz politikası...

Karşı atak gecikmedi… Serdengeçti nasıl banka ve banka sahibi büyük holdinglerce güvenilir adam sayılıyorsa İhracatçı cephesinin de bir idolü vardı. Eski Gümrük müşteşarı, şimdiki bakan Kürşat Tüzmen… Düşük kurun bir numaralı düşmanı; ihracatçıların kabine içindeki sözcüsü… Basınla ilişkisi fevkalade iyi bu renkli bakanın başına ne geldi dersiniz? Serdengeçti'ye açılan salvo ateşinden bir iki gün sonra bir BDDK raporunda onun hakkında yolsuzluk iddiaları olduğu –hem de aradan yıllar geçtiği halde- aniden ortaya çıkıverdi. Ne denir, bir sizden bir bizden…

Sınıf mücadeleleri kavramının iyiden demode olduğu, sınıfsal analizin sosyalist literatürde bile ya ortada gözükmeyip ya da en sulandırılmış haliyle arzı endam ettiği şu dönemde al sana en banal cinsinden "Türkiye'de Sınıf Mücadeleleri, Bölüm 1.."

NE KADAR PARA O KADAR DEMOKRASİ

Ülkede artık darbeler geride mi kaldı.? Biraz dar dahi olsa artık nispeten istikrarlı bir demokrasimiz mi var?

Hadi indirgemeci sınıf analizinden de bir kademe daha aşağı inelim. "El cevap: **Vallahi demokrasi pahalı mal... Parasını bulursan neden olmasın…**" Sahi onyıllardır kiminin "Filipin Demokrasisi", kiminin "Sömürge rejimi" dediği şeyin demokrasiye ancak profilden benzeyişi, biraz da rejimi yönetenlerin demokrasiyi finanse edemeyişinden değil miydi? Tam işler iyi giderken birden… **"Para bitti demokraside son durak… Yolcular… Aşağı in!"**

Türkiye'de yıllarca enflasyonun gemi azıya alması, aslında yönetenlerin son çare olarak karşılıksız finansmanla bir anlamda gelecekten borç alarak demokrasiyi finanse etmeye çalışmaları değil miydi? Yani dışardan borç al takviye olarak, veya borç bulamazsan tam tekmil olarak enflasyon yarat ki demokrasi sürsün. Bu ikisi de yetmezse o zaman harç bitti yapı paydos!

Özetle ne idüğü belirsiz, **kutup yılı gibi üçte biri karanlık üçte biri aydınlık üçte biri alacakaranlık siyasi rejimden** kurtulup da kendi halinde de olsa "aydınlık" bir rejime geçmenin tek yolu gerekli parayı bulmaya devam etmek… Şimdi gel de köşe yazarlarının karamsarlığına hak verme... "Demokrasi" düşmanları zaten AB filan rüzgarıyla geldiğini düşündükleri paranın yüzü suyu hürmetine öfkelerini zorlukla dizginliyor... Eğer bir ekonomik kriz daha çıkarsa bunlar AB filan dinlemeyecek orası belli...

DÜNYANIN İHTİYACI DAHA FAZLA BASİRETSİZLİK

İmdi... Ülkedeki rejim sorununu da böylece bir muhasebe problemine indirgedikten sonra sıra artık son hamlemizi yapmaya geldi... "Bundan daha basit, daha karikatür bir akıl yürütme olamaz" mı diyorsunuz? O zaman sıkı durun...

İki sayı önce **Birikim dergisine** "Mortgage" üzerine bir yazı yazmış; orada ABD'deki gayrimenkul çılgınlığına da değinmiştim. Belki de toplu olarak yapmamız gereken sıradan Amerikalının bu gayrimenkul çılgınlığının daha yıllarca sürmesi için dua etmek.. Yetmiyor, şu günlerde sanayicilerimizin en büyük şeytan olarak gördüğü Çin'in sağlığına da duacı olmalıyız... Ki o Çin, ucuz mallarıyla ABD'yi istila etsin... Sıradan Amerikalı böylece artan geliriyle gayrimenkule saldırmayı sürdürsün... Yine o Çin (ve Hint ve Pakistan ve Tayvan) sayesinde Amerika mal satamasın, dış ticaret açığı versin... Çünkü ABD'nin o dış ticaret ve cari açıkları sayesindedir ki dünyada Dolar bolluğu oluyor... O dolar bolluğu sayesinde Türkiye'ye ve birkaç orta büyüklükte ülkeye daha oluk gibi ucuz dolar akıyor... Biz de bu sayede demokrasimizi finanse ediyoruz! Amerika kendi başının çaresine şimdilik bakıyor. Çin gibi ülkeler sağ olsunlar, ABD'yi dış ticarette hallediyor ama karşılığında dış fazlalarından kalan parayı yine Amerikan hazine bonolarına yatırıyorlar –Çin şimdiden ABD hazine bonolarının iki numaralı müşterisi 2005 ortalarında buraya yatırdığı para tam 243 milyar dolardı.

ABD yaklaşık 2,5 trilyon dolar borçlu bir ülke... Borcu her gün daha da artıyor. Şubat 2006 itibarıyla kamu borcu 8,2 trilyon dolar. 2004'te bütçesi 412 milyar, 2005'te 427 milyar dolar açık verdi. Üstelik henüz 2001 yılında ABD bütçe fazlası veren bir ülkeydi... 11 Eylül sonrası 2001-2004 arası ABD Pentagon ve iç güvenlik harcamaları için 87 milyar dolar harcadı. Halbuki sadece 2005 yılı için askeri operasyonlar adına Bush yönetimi üstelik ek ödeme olarak Kongre'den 25 milyar dolar aldı ve 81 milyar daha isteyeceğini de ilan etti.

ABD 2004 yılında 668 milyar dolar cari açık verdi. 2005'te de(siz bu yazıyı okurken açıklanmış olabilir) 850 milyar dolar civarı açık vermesi bekleniyor. Amerika FED'in eski yönetimi sırasında sürekli faiz artırarak FED faizlerini % 1'den 4'lere çıkardı. **Yeni faiz artırımları morgıç tahvillerinin talebini düşürerek gayrimenkul piyasasını bir anda çökertebilir... Böyle bir durum ABD için bir nevi küçük kıyamet demek...**

"Ne yapalım yani beter olsunlar!" diyorsanız bir daha düşünün... Çünkü ABD'nin durumu kötüleşir ve dış açıklarını finanse edemezse ya da tersine çok iyileşir ve dış açık vermezse diğer değişkenler sabit kaldığı müddetçe dünyada "yeterince" likidite fazlası yaratılmaz. Yani bizim gibi ülkelere o şikayetçi olduğumuz sıcak para gelmez; yani demokrasimiz parasız kalır; yani...

(...)

(**Geçmişe yollanan not:** Bu yazıda ve bu yazıda yapılan alıntının yayımlandığı dergide ABD'de bir mortgage krizi olacağından bahsetmiş ve sonrada bunun muhtemelen bütün dünyayı ekonomik krize sürükleyeceğini idda etmiştim. 1,5 sene sonra burada ve dergi yazısında ayrıntılı olarak anlattığım şeklin aynısı yaşandı. 2007/8 küresel krizinin Türkiye'deki bildiğim tek yazılı uyarısı bu yazımdır. 2006 yılındaki Dergi yazısından ilgili ayrıntılı alıntıyı ise aşağıda Krizden Çıkış Giriş Kadar Acılı olacak yazımın başlarında bulabilirsiniz.)

Aşağıdaki yazı 2006'nın son ayında yazıldı. Bu aynı zamanda AKP'nin ekonomideki cicim aylarının da sonunu işaret eder. 2007 yılından beri AKP, 2001 krizinden sonra yükselen nispî refahın yarattığı "toplumsal rıza"ya değil, daralan/yeterince hızlı büyüyemeyen ekonominin zorunlu kıldığı istatistik makyajlarına, kara para oyunlarına ve polis yargı operasyonlarına yani çıplak devlet zoruna yaslanmak zorunda kaldı. Derviş döneminin dış destekli planını sürdüren AKP, böylece uluslararası fon desteğine kavuştu. Ama öte yandan ülkeyi içinden çıkılmaz, sürdürülemez bir ekonomik modele mahkum etti. Ülke ne zaman biraz hızlı büyüse, bir süre sonra cari açık daha da hızlı büyüyor ve "ekonomi treninin yoldan çıkmaması için" frene basılmak zorunda kalınıyor. Burada yer darlığından çoğunu kitaba alamadığım ekonomi yazılarımda ve TV yorumlarımda o zamanlar AKP ekonomisinin bu zaafını eleştirmiştim. Ama aynı zamanda, yine o sıralar (2003-2006) çok yaygın olan bir yanılsamaya karşı çıkmıştım. O yanılsama AKP iktidarının ekonomiyi yönetemeyeceği, piyasaların ona sert tepki vereceği, kötü bir ekonomik krizle çok geçmeden yıkılacağı düşüncesiydi. AKP'ye karşı etkili bir mücadele verilemeyişinde bu rahatlık ve kolaycılığın da payı vardır. Tersine o dönemde Türkiye uluslararası koşullardan kaynaklı hızlı bir büyüme trendine girmişti ve sol örgüt, parti ve sendikaların yapması gereken bunun inkar yerine bu büyümeden pay talep eden eylemleri yükseltmekti. Yazının sadece bir bölümünü aldım. Kalan bölüm çoğunlukla başlıktaki uyarıyı delillendiren ekonomik rakamları veriyor.

KRİZDEN ÇIKIŞ GİRİŞ KADAR ACILI OLACAK

Birgün Gazetesi 6.9.2009

"1991'den bu yana ABD'de muazzam bir gayrimenkul çılgınlığı yaşanıyor ve herkes yeni bir gayrimenkul çöküşünden korkuyor. (...) Bu noktada dönüp ABD'deki şimdiki duruma ve spekülasyon çarkının nasıl döndüğüne bir bakmakta fayda var. Hem geleceğimizi şimdiden görürüz; hem de ***bu işin niçin global bir sorun olup*** *ne bir ülkeye, ne de o ülkenin mesela gayrimenkul sektörüne has bir vaka olmadığı daha net açığa çıkar.*

(...) (ABD'de) İnsanlar giderek içinde oturmak için değil yeniden satmak için ev alıyor. (...) Alım satım çılgınlığı arttıkça daha riskli morgıç kredilerine dönülüyor. (...) Yeni morgıçların üçte ikisi artık değişken faizli.(...) Bu demektir ki trend tersine dönüp faizler artmaya başlarsa bu insanların çoğu şimdiki gelirleriyle artmış faiz ödemelerini yapamayacak ve bir kaç ay içinde evini kaybedebilecek.

(...) Herkes günün birinde fiyat artışlarının duracağının farkında. Riskin arttığınının da... Ama yine de ev alıyorlar; çünkü herkes alıyor. Herkes aldığı için fiyatlar artıyor. Fiyatlar arttığı için herkes alıyor. Normalde insanların geliri buna yetmez ve alım dalgası bir yerde dururdu. Ama kredi sağ olsun. Kimseye para gerekmiyor ki! İşte spekülasyon böyle sürüyor. Ta ki genel bir satış dalgası başlayana kadar. Ancak o zaman *kağıt üstündeki astronomik fiyatların kimsenin cebinde olmadığı anlaşılacak.*

(...) ***Mesele sadece bir Amerikan sektöründeki spekülasyon meselesi değil. Amerikan ekonomisinin gücü dünya sistemini çok yakından ilgilendiriyor.*** *Ve bu ekonomi şu anda bu spekülasyonun üzerinde duruyor. (...) Amerikalılar son yıllarda sürekli kazandıklarından fazla harcıyor. Amerikan ekonomisi bu tüketim artışının üzerinde duruyor. Bush bütün yönetim sakarlıklarına rağmen koltuğunda bu sayede rahat oturuyor. Amerikalı tipik aile paraya sıkıştıkça gayrimenkulünün değer artışını karşılık gösterip yeniden borçlanıyor.*

(...) Bu değer artışının (maaş/ücret vb) geliri gibi sağlam bir dayanak olmadığı geceden sabaha değişebileceği unutulmaya çalışıldı. Çünkü unutuş kaynaklarının haylisini bu sektöre yatıran bankaların işine geliyor, ekonomi iyiye gidiyor diyebilmek için siyasi iktidarın işine geliyor. Kazandığından fazlasını harcayan sıradan Amerikalının işine geliyor. Amerikaya mal satarak ekonomilerini ayakta tutan Uzakdoğu ülkeleri hatta Avrupa'nın işine geliyor. Bu yolla yaratılan ek para sermayenin uluslararası piyasalara akmasıyla kendi cari açıklarını kapatan Türkiye gibi ülkelerin (en azından orada birilerinin) işine geliyor. ***Bu macera sür git devam edebilse aslında mesele yok. Sorun şu ki, böyle olamayacağının herkes farkında.*** *FED'in eski kurdu Greenspan "merak etmeyin bir şey yok!" derken bile anlayana sivrisinek saz, kibarca uyarmıştı İyimserler spekülatif balonun patlamayıp yavaşça söneceğini umut ediyor. Kötümserler işin sonunun gözyaşları ve intiharlar olacağı konusunda ısrarlı."* Cüneyt Akman, Katı Olan Her Şey Buharlaşıyor: Bir Morgıc Hikayesi! Birikim Dergisi Ocak 2006)

Görüldüğü gibi yukarıdaki alıntılar 2007 veya 2008 yılında, Amerikan gayrimenkul piyasasının çöküşü sırası veya sonrasında yazılmadı. Bu yazı Ocak 2006'da Birikim Dergisinde yayımlandı. Yazıyı 2005'in sonunda kaleme almıştım. Yani gerek yazılış, gerek ise yayımlanış tarihi itibarıyla krizin kopuşundan yaklaşık 20 ay önce...

NE OLDUM DEMEMELİ NE OLACAĞIM DEMELİ!

Peki sonra ne oldu? Neredeyse yukarıda yazılanın aynısı oldu.

(...)

Olay çok kısa sürede yine 2 sene önce yukarıda belirttiğimiz gibi sadece Amerika'nın meselesi olmaktan çıkıp hızla bir dünya sorunu oldu ve global bir ekonomik krize dönüştü. Kriz ilk işaretini Şubat 2007'de HSBC'nin Amerikan morgıçları nedeniyle zarar ettiğni açıklamasıyla vermişti. Kimse umursamak istemedi Haziran'da daha sonra kendi de satılmak zorunda kalacak büyük yatırım bankası Bear Stearns'ün korgıçlara yatırım yapmış 2 yatırım fonu zor duruma girdi ve biri battı. Temmuz ayında rating kuruluşları morgıçlarla ilgili menkullerin derecelerini düşürmeye başladı. Zararlar arttı, panik yoğunlaştı. Ağustosta Amerikan Home Insurance, Eylül'de ise efsanevi yatırım bankası Lehman Brothers battı.

Ve bu bir dönüm noktası oldu. Lehman'ın batışı tüm dünyada piyasaları eşi görülmemiş bir paniğe soktu. Ve o andan sonra yetkililer artık her büyük kuruluşu ne pahasına olursa olsun kurtarma yolunu seçtiler ve yine o andan sonra kurtarma paketleri hem sayı hem ölçek bakımından iyice arttı. Yöneticiler ilk kez bu krizin devasa çapta bir müdahale olmazsa 1930 krizini geçeceğinin ayırdına vardılar.

İLK GERÇEK GLOBAL KRİZ

"Global kriz İhtimali! " başlığı altında aşağıdaki satırlar 2001 Mayıs'ında kaleme alındı.

"Bir global krize gelince zor ama imkansız değil! Eğer olursa 1930 krizini aratır; çünkü çok daha büyük boyutlu olacak. Özellikle spekülatif türev piyasaları aşırı balon yaratıcı etkileriyle krize zemin hazırlıyor. (1980- 98 arasındaki bir dizi kriz) adeta öncü depremleri andırıyor. ***Bir büyük global deprem hiç de boş verilecek bir ihtimal değil!"*** (Cüneyt Akman, Devletin Borç Çukuru, Mayıs 2001, Birikim Dergisi)

Bir yılı aşkın süredir yaşanan aynen budur. Herkes artık bu krizi 1929-1930 krizi ile kıyaslıyor. O krize Büyük Bunalım ya da sadece Bunalım (The Depression) adı takılmıştı. Bu krize de Büyük Durgunluk (Great Recession) adı takıldı. Ve şimdiki kriz yarattığı yıkımın oranı açısından 29 krizine yetişemedi ama yarattığı zarar ve yaygınlık o krizden çok daha fazla. Öncelikle 2008 krizi, dünyada yaşanan gerçek anlamda ilk global kriz. Yukarıdaki yazımızda Global kriz ihtimali terimini o yüzden kullanmıştık. Daha önceleri de bütün büyük krizler hem sektörler, hem ülkeler arası bulaşma eğilimi gösteriyordu. Ama örneğin 1930'da dünyanın önemli bir bölümü mesela SSCB krizden etkilenmemişti. Dünyanın yine çok geniş bir alanı ise henüz kapitalist ilişkilerin girmediği yerlerdi ve oraları ancak dolaylı olarak ve daha az etkilenmiş, bazıları hiç etkilenmemişti. Yok olan toplumsal sermaye miktarı, işsiz kalan insan miktarı da aslında daha azdı. Sadece deprem daha dar alanda sıkıştığından ve daha zayıf bir yapıyı (kapitalist sistemin o zamanki hali) hedef aldığından yıkım etkisi daha fazla olmuştu. Üstelik bu kez krizin boyutu anlaşılır anlaşılmaz yeni bir 1930 felaketi yaşanmasın diye bütün dünya devletleri sermaye sınıfının başından aşağı kovalarla para dökmekle meşgul. Kriz istese de derinleşemiyor. Bunun korkunç bir maliyeti var ama bunu şimdi kimse umursamıyor.

***

TÜRKİYE SPEKÜLATİF SALDIRIYA MI UĞRAYACAK?

Odatv 3.2.2011

Vatan gazetesinin 2 Şubat Çarşamba tarihli nüshasında Maliye Bakanı Mehmet Şimşek ile yapılmış bir söyleşi var. Özetle Merkez Bankası'nın yazımızın ilk bölümünde tartıştığımız kararlarını seçimi gözetmeden, diğerkâmca ele aldıklarını ve desteklediklerini; tek amacın uzun vadeli sürdürülebilir büyümeyi elde etmek olduğunu vurguluyor. Soruyor: "**Seçime giderken frene basan hükümet var mı?**" Sonra, kendilerinin uzun vadeli kazançlar adına, seçimi de önemsemeden kredi genişlemesini durdurup frene bastıklarını vurguluyor. Şimşek, Merkez Bankası'nın kararları nedeniyle 8 milyar doların üzerinde bir paranın Türkiye'den çıktığını açıklıyor. Yabancı fonları teskin etmek amaçlı Londra ve New York ziyaretlerini anlatıyor. Bakanın sözlerinden bile anlaşıldığı kadarıyla fonlar tam da ikna olmamışlar.

Doğrusu ne AKP'nin, ne de herhangi bir hükümetin yaklaşan kritik bir seçimi hesaplamadan bu kadar riskli ve önemli bir karar alacağına bakan bey kusura bakmasın ama 30 yıllık gazeteci ve iktisatçı olarak inanmamız zor. Öte yandan iktisatçıların lisanıyla 'ortodoks olmayan' yani alışılmadık bu kararlar niye alındı? Bakan Mehmet Şimşek, **'Kuzey Afrika olaylarını hesaba katmamıştık'** diyor; bilseler böyle bir şeye tam bu anda girişmeyebilirlerdi. Fakat önceki yazımda da söylediğim gibi fazlaca çareleri yoktu.

(...)

CARİ AÇIK PROBLEMİ AKUT APANDİSİTE BENZEDİ

Durum öyle değil çünkü hiç zaman yok. Kendini cari açık şeklinde gösteren aslında çok daha derin bir sorunun tezahürü olan ekonomik sorun kronik olmaktan çıkıp akut hale geldi. Türkiye'nin borç sermayeyi kaldıraç olarak kullanıp büyümeyi artırma stratejisi- ki bu ABD bankerlerinin 2007 öncesi iflasa götüren yönteminin bir ülke için uygulanmasından başka bir şey değildir- tıkanma noktasında.

Daha 2008 yılına gelmeden, Türkiye büyümesini sürdürmek için gerekli imkanlardan yoksun kalmıştı. 2004'te % 9,4, 2005'te %8,4, 2006'da %6,9 büyüyen Türkiye, 2007'de büyümesini %4,7'ye çekti. Ve 2008 krizi olmasaydı bile büyüme hızını belki daha da geriletmek zorunda kalacaktı.

(...)

AKP iktidarının sözüm ona iyi ekonomik performansına, örneğin **Binnaz Toprak** ve kimi CHP çevrelerince eski hükümetin ekonomi reformlarının politikalarını uyguluyor diye sahip çıkılmaya çalışılıyorsa da Türkiye ekonomisinin içinde bulunduğu çıkmaz, evet, AKP'nin hiçbir biçimde değiştirmediği bu politikaların bizzat kendisidir. Türkiye; Çin, Hindistan hatta Brezilya'nın izlediği yolu izlememiş; elindeki kaynakları artıracak ve dünya pazarında pay sahibi olmayı deneyecek yerde mevcutları satıp savıp bunları oya tahvil etme yoluna gitmişti. Bugün sanayinin içinde bulunduğu çıkmazların sebebi bu tercihtir. Gerçi bu hovardalığa elverecek, AKP iktidarının elinde 2002 yılında önemli bir kullanılmamış kaynak vardı: Özelleştirmeler. AKP bu kaynağı tepe tepe kullandı. Böylece içerdeki görece refahın kaynağı sadece sıcak borç para olmakla kalmayıp 'evdeki eşyaların satışı'ndan gelen gelirdi de...

(...)

Merkez Bankası bununla TL'nin değerini düşürme ve içeride kredi hacmini azaltma yolunda adım atmış oldu. Yurt dışındaki yatırımcılara ise şu mesajı verdi: ' Evet bu yolla eskisi kadar para kazanamayacaksınız belki ama Türkiye'de bir cari açık krizinin yakın zamanda olması da artık daha az muhtemel, getiriniz biraz azaldı ama riskiniz daha çok azaldı. Üstelik TL'nin değeri düştüğü için borsada olsun, borsa dışında olsun Türk işletmeleri daha ucuz hale geldi. Gelin bunları alın; Türkiye'yi daha uzun dönemli fonlayın; çünkü biz sadece çok kısa vadeli fonlamaları daha pahalı hale getirdik."

HESAPTA OLMAYAN AYAKLANMALAR

Türkiye hükümeti ve merkez bankası bu yeni icat ettikleri kararları alırken 2008 krizinin bir başka beklenmedik sonucunu hesaba katmamıştı şüphesiz: Arap ülkelerindeki ayaklanmalar. Bunlar iki ayrı sebeple dövizi merkez bankasının istediğinden daha fazla hareketlendirme potansiyeli taşıyor. Birincisi petrol fiyatları üzerindeki spekülasyonu artırarak ve petrol fiyatlarını yukarı iterek petrol üreticisi olmayan ülkelerin yani bu arada Türkiye'nin de riskini artırdığı için. İkincisi ise her ne kadar ekonomik lig itibarı ile Türkiye uluslararası sınıflandırmada Arap ülkeleri ile birlikte anılmasa da AKP'nin yeni dış politikası nedeniyle siyasi olarak artık bu ülkelerle birlikte anılır olmasından dolayı. Yani Türkiye'den çekilen para-sermaye bu yüzden de çekilişini hızlandırabilir. Merkez Bankası böyle bir duruma karşı başlangıç için yeterli engelleyici güce sahip; ancak sözünü ettiğimiz bu iki etken de etkisini hemen değil orta vadede sürdürecek, temposuz ama süreğen eğilimler. Türkiye 'emerging market'ler içinde şimdi sadece tasarruf hacminin düşük-cari açığının yüksekliğinden kaynaklanan kırılganlığıyla göze batmayacak; aynı zamanda uluslararası finans açısından sorunlu bir coğrafyaya yakın tek emerging market olarak fazladan dikkat çekecek. Bu kez Merkez Bankası'nın 'korkulacak bir şey yok!' mesajını vermeye yönelik tam tersi yönde, TL'yi değerlendirmeye yönelik operasyonlarını görürsek buna da şaşılmamalı. Her halükarda bu yeni durumda böyle bir çaba sonucu örneğin döviz düşürülebilse bile, bu durum yatırımcı ve spekülatörler tarafından muhtemelen alım fırsatı olarak kullanılacaktır.(Not: Yatırım analistleri buraları destek seviyesi olarak görmekle birlikte, ben böyle bir alım için ancak daha aşağı seviyelerin karlı olabileceğini; TCMB'nin, ekonomi yönetimi mevcut 'makas' stratejisini terk etmedikçe, örneğin doların 1,65 seviyesinin üstüne çıkmasına hele de orada yerleşmesine var gücüyle karşı koyacağını düşünüyorum) Arap ülkelerindeki ayaklanmaların Türkiye açısından bir başka riski ise bu ülkeler ile olan ekonomik ilişkilerin de ister istemez belli bir belirsizliğe uğramasıdır. Bunun çok önemli olmadığını düşünenler olursa sadece 2008 krizinden hemen önce Türkiye ihracatının %56,3'ünü oluşturan AB pazarının 2009'da %46'ya indiğini aynı dönemde İslam Konferansı ülkelerinin Türkiye ihracatındaki payının %18,9'dan %28,1'e, ihracat rakamının da 15 milyardan 28,7 milyar $'a çıktığını hatırlatalım.

Bundan sonra ne olacak? Bundan sonra olacaklar biraz da dünya çapında yaşanan bir ekonomi politik bilek güreşinin sonucuna bağlı... 2009 ve 2010, tıpkı 1930 başları gibi finansal krizin ateşten topunu her ülkenin birbirinin kucağına atma hevesleri ve bunların uluslararası çabalarla engellenmeye çalışılmasıyla geçti. 2011 ise, tıpkı 1973-74 krizinin sonrasında olduğu gibi, krizin etkilerinin karşılıksız dolarlarla Türkiye gibi azgelişmiş ülkelere ödetilmesi planlarının yapıldığı bir yıldır.

Malum Türkiye'nin ve Latin Amerika'nın 1978-83 arası yaşadığı ekonomik ve siyasal kaosun gerisinde işte bu karşılıksız ve ABD'nin militarist harcamalarını finansman için çıkarılmış dolarlar vardı. Arap halklarının isyanı, her ne kadar bazı arkadaşlarımız bunların ardında emperyalizm arasa da, hatta diyelim bunda gerçek payı olsa da, yine de bu şer planının önünde bir settir.

Hiç belli olmaz bu sete bir tuğla da Türkiye vatandaşları koyar!

Arap Ayaklanmalarının Ekonomi Politiği

KRİZ MISIR'I DA TEĞET GEÇMİŞTİ...

Odatv.com 5.2.2011

Türkiye kamuoyunda Arap ülkelerini hafiften bir küçük görme, itiraf edelim hep mevcuttur. Bu sık sık İslamcılar tarafından Kemalist geleneğin Arap halklarına karşı soğuk bakmasına atfedilirse de köklerinin çok daha eskiye gitmesi bir yana, şu son gelişmelerin gösterdiği üzere aslında İslamcı kesimde daha da derin kök salmıştır. Son Arap isyanlarında bu kesimin TV'lerinde gazetelerinde sık sık Türkiye'nin ekonomik olarak onlardan ne kadar üstün, ne kadar ileri olduğu ve bu ülkelerin Türkiye'ye ve AKP'ye ne kadar hayran oldukları; bütün hasretlerinin Türkiye'ye benzemek olduğunu dinleyip duruyoruz. Arap isyanının merkez üssü Mısır olduğuna göre bu meseleyi Mısır açısından ele alalım bakalım, durum söylendiği gibi mi?

Elbette Türkiye ile Mısır arasında önemli politik rejim farkları var; daha doğrusu vardı... Mısır'ın daha demokratikleşeceği yolunda iddiaları bir an için gerçek kabul edersek, Türkiye'nin 'ileri demokrasisi'nin de en azından bazı önemli noktalarda geri vitese taktığı düşünülürse bu 'fark'ın da ne kadar süreceği tartışılır. Fakat biz şimdi dönelim ekonomik duruma... Elbette isyanların nedeninin ekonomik problemlerden ibaret olduğunu söylemiyoruz; ama ekonomik faktörlerin etkileri sanıldığından fazla, ve isyanın, sonrasındaki muhtemel rejimlerin izleyeceği yolu da en az politik faktörler kadar belirleme potansiyeli taşıyorlar.

Bize anlatılan; Mısır'ın 'Nasır tipi sosyalizmin bakiyesi hantal bir devletçi ekonomiye' sahip olduğu, Türkiye gibi açık ve modern, 'reformcu' bir yönelime sahip olmadığı... Bize anlatılan, Türkiye'nin krizi teğet geçerek atlattığı; başta Mısır, bu Arap ülkelerinin krizden çok yara aldığı... Bize anlatılan, bu Arap ülkeleri ve Mısır'ın Türkiye'ye göre çok fakir olduğu ve gelir eşitsizliği ve yoksulluğun yine bize göre çok aşırı boyutlarda olduğu... Böylece anlatanın meşrebine göre değişmekle birlikte, mesela İslamcılara göre AKP sayesinde Türkiye ekonomik açıdan çağ atladığından Mısır'dan onyıllarca ileride bulunuyor.

Acaba öyle mi?

(...)

Sonuçta büyük bölümü çöllerle kaplı ve ekilebilir toprağı Türkiye'den çok daha az, doğal gaz dışında önemli bir ihracat kaynağı olmayan Mısır'ın ekonomik performansı Türkiye'den hiç de geride değildir. Sorun mevcut dünya sistemi içinde ülkelerin ancak IMF-Dünya Bankası programlarına teslim olmaları şartıyla kendilerine ekonomilerini büyütecek mali kaynakların kullandırılmasıdır. Bu ambargoya karşı hem ülke içi, hem de küresel çapta mücadele gerekirken şu veya bu çapta bu programlara teslim olanların ülkesinde ortaya çıkan 'gelişme'den o ülkenin sıradan vatandaşları, halkı bir türlü yararlanamamaktadır. Türkiye'nin yolunu birkaç sene geriden izleyen Mısır'ın birçok göstergede Türkiye'den ileri olması bu nedenledir. Bu programlarda ne kadar ileri gidersen aslında o kadar geri gidilmektedir.

İSYAN, AMA KİME İSYAN

Mısır halkı sadece Mübarek'e isyan etmemiştir; Mübarek'in şahsında emperyalizme teslim olmuş onursuz bir dış politikaya, emperyal uluslararası kuruluşların programlarına teslim olmuş, halka hiçbir şey vermeyen 'ekonomik mucize'lere isyan etmiştir. Bütün bunları doğru bir önderliği olmadığından içgüdüsel olarak yapmakta, bütün kötülükleri Mübarek'le özdeşleştirdiğinden o gidince kurtulacağını sanmaktadır.

Son olarak, madem Türkiye'nin durumu bu kadar kötü niye Türkiye'de de insanlar isyan etmiyor diye sorulabilir. Mısır benzeri bir ayaklanma olmadığı; halkın kafasının o kadar 'net' olmadığı doğrudur ama bunu cidden soracaklara 'acaba hangi ülkede yaşadıklarını' da ben sormak isterim. Doğu'daki onyıllardır süren olayları sadece feodal ilişkilerle, ekonomik nedenlerle açıklamayı sevmem ama; Mısır isyanından çok daha uzun süreli, daha çok insanı içinde barındıran bu isyanda Mısır'dakilere rahmet okutacak derecedeki yoksulluğun payı yok mudur? Tunus ve Mısır'da eğitimli işsiz gençlerin isyanından bahsedenlerin Türkiye'deki eğitimsiz işsiz gençlerin yumurtalı-yumurtasız isyanını görmeyişlerine ne demeli! Mübarek'in paralı adamları ve polis gücünün kalabalıklığından bahseden TV yorumcularının Türkiye'deki aynı güçlerin sayısından haberleri yok mu? 300 milyar dolar civarında dış borç ile, ülkeye bu parayı hak edecek bir eser de yapılmadığına göre, bu para ve devletin yarattığı başka rantların sayesinde Mübarek benzeri besleme yandaş kitleler yaratılmamış mıdır?

Mısır, ekonomi olarak Türkiye'den bazı bakımlardan birkaç yıl geri, bazı bakımlardan birkaç yıl ileridir. Politik bakımdan da sakın öyle olmasın! **Türkiye, Mısır'a örnek olacak derken sakın Türkiye halkı Mısır'ı örnek almasın!**

Demedi demeyin...

Geçmişe yollanan not: Bu yazının ve bir önceki yazının bitiş cümlelerine dikkat etmişsinizdir. İki sene sonra Türkiye'de de Arap ülkelerinden daha sağlıklı ve daha uygar ama onlar kadarbüyük ve kitlesel bir direniş, Gezi direnişi yaşandı.

SONUÇ YERİNE

Türkiye ne ayrılıkçıların iddia ettiği gibi vatandaşlarının büyük çoğunluğu gizli ırkçı bir ülke, ne islamcıların iddia ettiği gibi cumhuriyettin temel ilkelerinin asla benimsenmediği, dikiş tutmadığı bir vatan... **Türkiye sıradan bir Orta Doğu ülkesi değil...** Dünya için de bu coğrafya için de çok özel bir ülke...

Bu ülke bugün hasta... Hak etmediği bir karanlığın içine sürüklendi. Bu tuzağa düşmesinde **vatandaşların**, başta yargı ve silahlı kuvvetler, **belli kurumlara çok fazla güvenmesi** ve kendi cumhuriyet ilkelerini İslamcıların, kendi gerici düzenlerini savundukları sebat ve gayretle savunmamaya çok geç olmadan girişmemeleri büyük rol oynadı. Düşmanınızı küçük görür, sizi ondan sadece "evin büyüklerinin" koruyacağını zannederseniz başınıza elbette kötü şeyler gelir.

Bu karanlığa biraz da asgari **cumhuriyetçi tutumu paylaşan partilerin** tıpkı biz vatandaşlar gibi yüksek yargı ve TSK şemsiyesi altında tabiri caizse pek kuralcı hanım evlatlarına, biraz muhallebi çocuğuna dönüşmeleri yol açmıştır. Hiçbir kuralı tanımayan, sürekli takiyye yapıp, bel altı dövüşen islamcı siyasete karşı yetersiz kaldılar ve kalmaktalar.

Bu karanlığa bir **asıl yol açan ise kesinlikle dış güçlerdir**. 1950'lerden sonra bir taraftan Orta Doğu'daki şeriatçı rejimlerinin petrol parasıyla zenginleşmeleri ve ardından bu parayı çevre ülkelere siyasi hesaplarla rejim ihracı için kullanmaları Türkiye'deki islamcı parti ve örgütleri gizli **petrodolarlarla** besledi ve güçlendirdi.

Aynı dönemde soğuk savaşın şiddetlenmesi NATO'nun güneydoğu kanadında yer alan ana ülke Türkiye'de "komünizm tehlikesi"ne karşı **dinci örgütlerin ABD ve Avrupa tarafından kollanıp beslenmesiydi.** Sovyetlerin yıkılmasından sonra da Türkiye rejimi bu gruplar tarafından dolaylı olarak hedef alınmış Türkiye'nin Batı Bloku içinde olmakla birlikte görece bağımsızlığı son noktasına kadar ortadan kaldırılmak istenmiştir.

Genişetilmiş Orta Doğu Projesi temelinde Orta Doğu'nun güya demokratikleştirilme hamleleri için ise Türkiye **model ülke** olarak önerilmiş; ancak Arap toplumlarına kemalist bir Türkiye'nin model olamayacağı iddia edilerek **"ılımlı bir islamcı"** partinin başa geçirilmesi arzu edilmiştir.

Bütün bu söylediklerimiz Batı dünyasındaki prestijli askeri veya diplomatik dergilerde açık açık yazılmış, tartışılmıştır.

Sonuçta **Türkiye'nin sağlıklı ve aydınlık güçleri** karşısında neredeyse bütün dünyayı bulmuş, hazırlıksız yakalandığı bu mücadelede yenik düşmüştür. AKP ve müttefiki islamcı gruplar en kötü rakibine göre bile, birebir kıyaslamada ülkeyi yönetmede yeteneksiz ve vizyonsuzdur. AKP iktidarı ele geçirme sürecinde sona yaklaştıkça **gerçek düşüncelerini** uygulamaya cesaret edebilmiş, gerçek yüzünü bütünüyle göstermiştir.

AKP'nin "zafer"i bu nedenle de yenilgisi olmaktadır. Gerçekten iktidarı bildiği gibi kullanmaya başladığı andan itibaren ülke, kadın cinayetleri, çocuk tecavüzleri, işçi katliamları, iç ve dış terörden geçilmez hale gelmiştir. Ekonomi sürekli borç parayla döndürülmeye çalışılmakta bu yol tükendikçe, kara para aklama, yasadışı altın ticareti ve çok daha başka suç yöntemleriyle ayakta tutulmaya çalışılmaktadır. AKP kendi tebaası haline getirdiği halkın en zayıf kesimini sürekli sadakalarla beslemek zorundadır. Kendi türedi ve iş yapamaz yandaş işadamları için daha da fazla para gerekiyor. AKP'nin bu besleme düzeninin mali kaynakları da tükenmeye çoktan başladı.

AKP adeta bir dolandırıcılık şebekesi gibi tutamayacağı vaatleri karşılıksız çekler gibi dağıta dağıta bugüne kadar geldi. Şimdi ise her birinin ödeme günü geldiğinde bir destekçisini daha kaybediyor. İçeride Cemaat'le, "Liberaller"le, PKK ile böyle papaz oldu. Şimdi kendi içindeki hiziplerle papaz olmakla meşgul... Toplumsal tabanı en geniş olduğu anda çıkarları birbiriyle çelişen bu toplum gruplarını ayna anda memnun etmek tümüyle imkansız hale geldi. AKP'yi iktidara taşıyan iç dinamikler, eski ittifaklar kaçınılmaz olarak çatladı.

AKP'yi iktidara getiren dış dinamiklerin memnuniyeti de daha iyi durumda değil. Avrupa kendini aldatılmış, dahası son mülteci pazarlığından beri şantaja uğramış hissediyor. ABD ile durumun ne olduğu zaten Erdoğan'ın son ABD ziyaretindeki skandallarla iyice ortaya serildi. AKP'nin Obama ile arası iyi değil; Cumhuriyetçi Parti'nin muhafazakârları AKP'den daha da fazla nefret ediyor. Yani ABD seçimini kim kazanırsa kazansın AKP'nin işi zor.

Rusya'yı ve diğer komşuları saymıyorum bile...

Diyebilirsiniz ki yine de AKP her zamankinden güçlü görünüyor; oy oranında düşüş gözlenmiyor!

Ben de derim ki Zamanın Ruhu çok sessiz ve çok derinden çalışır. Su yüzüne çıktığında avı için artık çok geçtir. AKP, çoktan Zamanın Ruhu'nun ağına düşmüş durumda... Böyle despotik rejimler içten çürür ve hiç beklenmediği anda yıkılır. AKP çürümüş, köksüz bir ağaç şimdi... Sonunu hep beraber göreceğiz.

Tek bir korkumuz olmalı; AKP yıkılırken ülkeyi de mahva sürüklemesin... İçeride dışarıda bütün aktörlerin Türkiye'ye ihtiyacı var. Onun içindir ki bütün Türkiye halkı, bütün uluslararası toplum tedbirli davranıyor; aklını başına toplaması için son şansları tanıyor.

Bilinmeli ki bir çılgın istese de aklını başına alamaz...

Siyasal islamcılık çılgınlıktır... Tıpkı tarihteki sıradan faşizmler gibi o da kendini yok edene kadar çılgınlıklarına devam edecek ve deliliğiyle birlikte mahvolacaktır.

AKP çılgınlığının üstünü kirlettiği Türkiye ise burada sapasağlam durmakta...

Gericiliği tarihte kazandığı görülmemiştir; Türkiye'de de kazanamayacak. Ve o kiri üstünden attıktan sonra Türkiye, eskisinden daha da güçlü olarak uygarlık yarışında Zamanın Ruhu'na bağrını açacaktır.

***

UMUDU KESME YURDUNDAN!

Aydınlık gelecekten bizi alıkoyabilecek tek risk giderek üstümüze çöken yenilgi ruhudur. Sakın ha! Umudu kesmeyelim yurdumuzdan... En kötü zamanlarda bu vatanı kurtaranlar kesmedi... Biz de kesmeyelim... Bazen en doğru şeyi şarkılar anlatır... Bu kitaba da yakışan Zülfü Livaneli Usta'nın o müthiş bestesinin sözleriyle bitirmek...

Nasıl başlarsa fırtına
Öyle diner birdenbire
Bir ışık parlar yeniden
Karanlıklar arasından
Umudu kesme yurdundan

**

Şah damarı vurulsa da
Dört bir yandan sarılsa da
Işık yener karanlığı
Bak çocukların gözlerine
Umudu kesme yurdundan

**

Kara kışın buzu bile
Sürmedi sonsuza kadar
Bahara döndü sonunda
Filiz sürdü kar altından
Umudu kesme yurdundan